编委会

第三卷

陈其人文集

陈其人 著

复旦大学出版社

陈其人，广东新会人，著名的马克思主义政治经济学家、上海首批社科大师、上海市哲学社会科学"学术贡献奖"获得者、复旦大学国际关系与公共事务学院教授，一生致力于对《资本论》的深入研究和阐释以及对马克思主义政治经济学的传承和发展。

陈其人雕像于2023年11月13日在复旦大学文科楼和五教间的"国箴园"揭幕。

EXERCISE BOOK

Written by

CHUNG HWA BOOK Co., LTD.
SINGAPORE
中华书局有限公司製

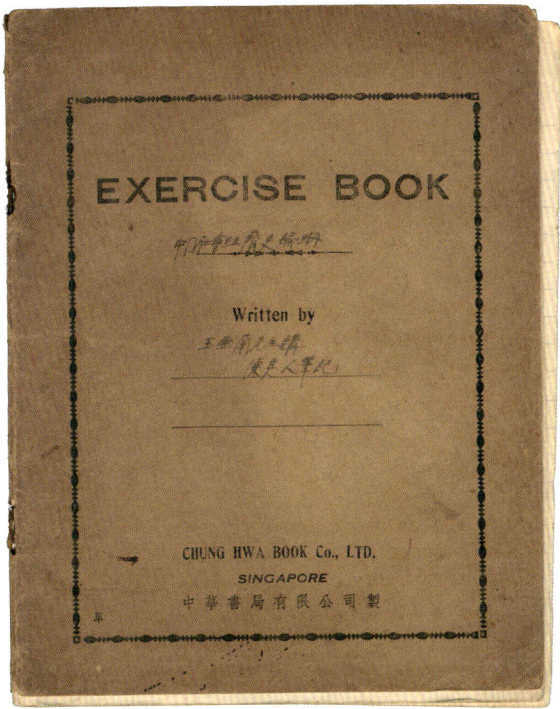

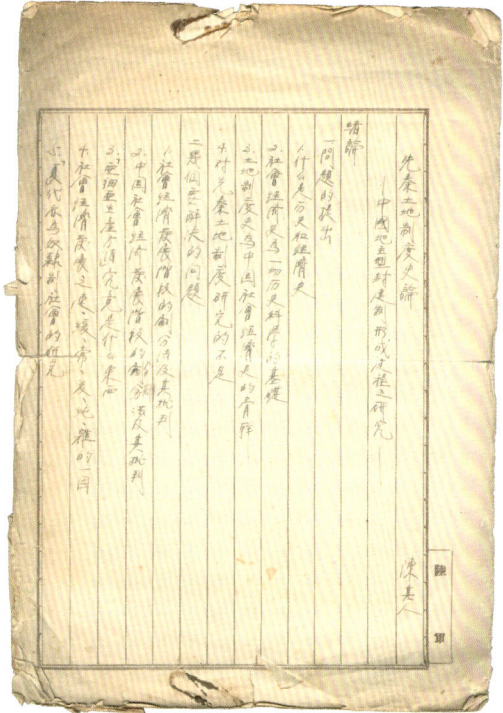

陈其人著《先秦土地制度史论——中国地主型封建制形成过程之研究》手稿

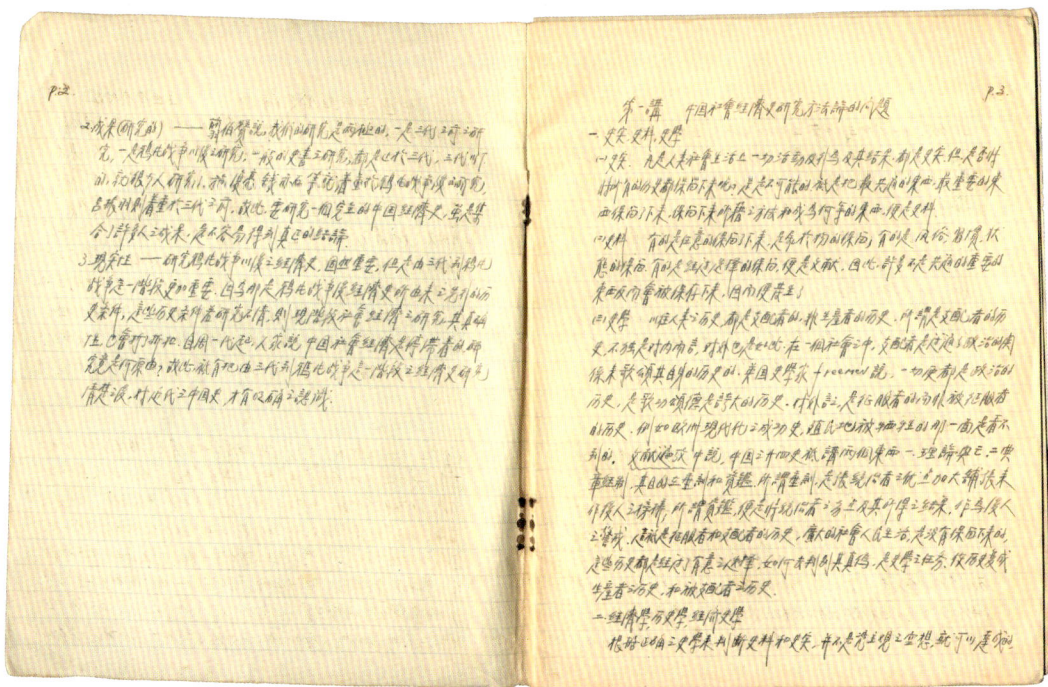

王亚南先生讲"中国社会经济史论纲"，陈其人笔记手稿

第一单元　劳动价值是商品生产关系的反映

马克思从更早的时代开始考察商品经济的...，以揭示剩余价值的来源，同时揭露各类思想，则是...价值是...的那样，...人从...的。这是从商品各级各生产关系中所...反映，而这个商品价值的一种具体而普遍的事实，是劳动价值论所以成为剩余价值论的基础。①

本单元讲述的是从第一章中所讲一章商品和货币，在货币这个问题上，一"商品是天生的平等派"，还要讲第1章第2章的问题，讲解其所...价值的，其次是讲解...三、货币作为商品的更深一步的平等派，三、作为商品与货币所体现出来的平等资产阶级的公平，它所体现的...局限性和社会主义制度所不容在的。

一　商品是天生的平等派

在历史时期的...劳动一章，这里的...，现在不...的内容...问题的一致。（商品是天生的平等派）

（一）商品的两个因素，使用价值与价值（价值的...价值的价值）。他对...价值的问题，...价值过程论述，在所...各种中的价值发现的是使用价值，表现商品的交换价值，因为...它生产出的价值或使用价值表现价值的各种过程是价值的...使用...它...它表现...使用价值，这一...的资料；的问题，使使用

①《反杜林论的政治经济学批判》马克思著

陈其人著《〈资本论〉中的政治学原理》手稿

马克思主义政治经济学

前　言

陈其人教授出生于 1924 年 10 月 16 日,广东新会人,1943 年考取中山大学经济系,1947 年毕业,获法学士学位。1949 年 2 月到上海市洋泾中学工作,同年考入复旦大学经济研究所,1952 年 2 月进入复旦大学经济系任助教,1954 年晋升为讲师,1957 年至 1959 年在上海宝山县蕰溪乡参加劳动,1959 年回到复旦,任教于复旦附中。1962 年调入复旦大学政治系,1964 年复旦大学政治系改为复旦大学国际政治系,担任国际政治系讲师,1980 年晋升为副教授,1985 年任教授,1986 年起担任国际关系专业博士生导师,1994 年 12 月离休,2017 年 10 月 1 日在上海岳阳医院逝世,享年 94 岁。他先后担任复旦大学校务委员会委员和学位评定委员会委员、复旦大学国际政治系学术委员会主任、综合性大学《资本论》研究会理事、美国经济学会理事等。

陈其人教授学养深厚、著述等身,长期从事马克思主义政治经济学理论教学和研究,在经济学说史、古典经济学说、《资本论》、殖民地理论等学术领域多有建树,为我国马克思主义经济学理论的研究和发展作出了独创性的贡献。他胸怀天下,坚持"为穷人摆脱贫困而研究马克思主义经济学",几十年如一日,年逾 90 仍笔耕不辍。七十多年来,陈其人教授出版专著 24 部,发表论文 150 余篇。1984 年获得上海高等学校哲学社会科学研究优秀成果论文奖,1986 年获得上海市论文奖,专著《李嘉图经济理论研究》获得上海市第十届哲学社会科学优秀成果著作类三等奖,《卢森堡资本积累理论研究》获得上海市第八届邓小平理论研究和宣传优秀成果著作类三等奖。鉴于陈其人教授在马克思主义政治经济学理论研究方面的突出贡献,他于 2012 年荣获作为上海市哲学社会科学领域最高奖项的"学术贡献奖",2018 年荣获首批"上海社科大师"称号。

陈其人教授是著名的马克思主义政治经济学家、政治学家、《资本论》研究专家,长期从事帝国主义政治与经济、殖民地经济、南北经济关系的研究,其学术活动几乎涉及政治经济学的所有领域,尤其精通古典政治经济学和帝国主义理论。他的研究贡献主要有:批判斯密教条并指出它对西方经济理论的影响;对商品生产、货币价值和物价上涨问题提出独特的见解;对危机理论和战后危机周期性作出系统的分析;提出帝国主义是垄断资本主义的世界体系的理论;全面总结斯密-马克思-列宁的殖民地理论;明确界定世界经济学的研究对象和基本范畴——外部市场;研究再生产理论及其历史;研究马克思的亚细亚生产方式理论,并以此为指导研究东西方发展同中有异的原因——亚细亚生产方式的存在。

陈其人教授在大学时代,师从梅龚彬教授,并深受王亚南教授的影响。早在 1946 年,他就着手研究了亚细亚生产方式理论、中国先秦时期的土地制度、中国封建社会发展等理论问题。他继承和发展了王亚南的"地主型封建制理论",对中国封建社会长期发展迟缓原因的解释得到学界认可,不仅在当时引起学术界的重视,即使今天也仍有学术价值。1954 年,他开始研究经济思想史,尤其是马克思政治经济学的主要理论渊源——英国古典经济学,在商品价值量、工资与物价的关系,货币理论等领域都取得令人瞩目的成果。1985 年,陈其人教授的研究专著《大卫·李嘉图》出版,得到学界很高评价。1962 年,转入国际政治系后,他曾集中研究过空想社会主义理论和政治思想史。1978 年,根据工作需要,陈其人教授着手研究帝国主义理论、殖民地理论和一般的世界经济理论问题。为深入研究帝国主义理论,他又把研究重点转入中国半封建半殖民地经济形态,力求在方法论方面有所建树。他独立建立的殖民地经济关系理论(尤其是国内殖民地理论),可以与七八十年代国际盛行的依附理论学派相关论述媲美。他先后出版了《帝国主义理论研究》《帝国主义经济政治概论》《殖民地的经济分析史和当代殖民主义》等多部专著。九十年代以来,在改革开放的新形势下,陈其人教授还关注并研究经济改革中出现的理论问题,如工资物价理论、货币理论、中国社会主义计划经济与商品经济的关系等。

陈其人教授从教四十余年,潜心教书育人,桃李满天下,先后荣获 1979年复旦大学先进工作者、1980 年复旦大学优秀教学一等奖、1985 年复旦大学优秀工作者等奖项。他每年主动承担繁重的教学任务，为本科生开设"帝国主义政治和经济概论"等一系列课程。在教学中，他既坚持马列主义基本观点，又关注理论研究的新动向；既严密和细致地说明问题，又努力提供新的研究视角，授课效果好，深受学生欢迎，他的学生至今仍对此记忆犹新。在研究生教育方面，他特别注重培养学生的抽象思维和创新能力，尤其要求掌握马克思主义方法论，为国家为社会培养了一大批有创新能力、理论联系实际的优秀研究生。他十分重视扩展学生的基础知识、基础理论和研究能力，支持学生在学术上深入研究；他提倡学生多读书，要求学生研究问题要有理有据；他爱护学生、爱惜人才，注意发挥学生的特长，培养了很多硕士、博士研究生。这些研究生毕业后，无论在教书育人、学术研究、国家建设方面都作出贡献，取得很大成绩。

陈其人教授非常关心青年教师的成长。工作期间经常和年轻教师谈心，介绍自己的治学经验，在业务上支持鼓励，在生活上关心照顾，使他们能全身心投入工作。在青年教师准备新课时，给予他们诸多指点和帮助，使青年教师能尽快进入角色，更好地完成新承担的任务。

陈其人教授一生以教书育人、学术研究为己任。他淡泊名利、甘于奉献，为复旦大学马克思主义政治经济学、国际政治学教学、研究的发展作出巨大贡献；他热爱国家、追求真理，持之以恒地耕耘在马克思主义政治经济学研究领域；他关心学生、提携后进，为国家为社会培养了众多优秀人才。先生曾在古稀之年作一对联，堪为其人生写照："执教著文中有我，吃饭穿衣外无他。"思考和学术，就是他的生命的全部。

陈其人教授是国务学院教师的楷模！他是大先生也！

2024年是陈其人先生诞辰一百周年。复旦大学国际关系与公共事务学院于2019年立项《陈其人文集》编辑出版工作，成立了编委会。陈其人教授学术思想宏富，体系严密，作品时间跨度大，我们按照先生作品内容，按照主题分为八卷，较为完整地体现先生的政治经济学思想体系。复旦大学国际关系与公共事务学院多位教授全身心投入文集的编选、编校工作中，他们是：第一卷（《古典政治经济学与庸俗政治经济学批判》）：周志成；第二卷

（《资本主义政治经济制度》）：陈晓原、陈周旺；第三卷（《马克思主义政治经济学》）：陈周旺、熊易寒；第四卷（《货币理论与价值理论》）：周志成、郑宇；第五卷（《殖民地与帝国主义理论》上、下）：殷之光；第六卷（《世界经济体系理论》）：张建新；第七卷（《世界经济发展与南北关系》）：苏长和、李瑞昌；第八卷（《社会主义经济制度》）：苏长和、陈玉刚、张骥。复旦大学副校长陈志敏一直关心文集的出版工作；陈其人先生子女在著作权授权上给予了很大方便；复旦大学出版社董事长严峰、副总经理王联合以及编辑邬红伟、朱枫、张鑫等，为文集出版作出了不可替代的贡献。我们对以上各位表示衷心的感谢。

复旦大学国际关系与公共事务学院

《陈其人文集》编委会

于 2024 年 9 月 10 日第四十个教师节

编 校 说 明

一、《陈其人文集》(全8卷)收录了陈其人教授各类已出版作品,并在此基础上对原作品进行了校订。具体编校工作之依据参见各部分辑封页说明。

二、全卷注释采用脚注形式,编者对原著文献引用统一进行校订处理(补齐、增加、规范化处理),部分文献因年代久远,现已无法查证,遂保留了原出版物中的注解。

三、若未特别注明,全卷所引马克思主义著作,译者均为中共中央马克思恩格斯列宁斯大林著作编译局。

四、为保证上下文内容的完整连贯,部分重复内容予以保留。

目　　录

第五部分　经济规律方法论、价值规律和剩余经济规律

第一部分

《资本论》中的政治学原理

（本部分内容根据陈其人先生著、上海人民出版社2011年3月出版的《〈资本论〉中的政治学原理》一书校订刊印）

自　序

　　我从新中国成立前的大学经济系毕业，专业一直是经济学。新中国成立后，在经济系当过教师，讲授政治经济学多年，后来因故调到国际政治系工作。从这时起，我就一直考虑如何才能既不放弃原来的专业，又能适应新的工作岗位的要求。最初，我对研究生讲授《资本论》等书中的政治学原理，在讲授时，重点讲授《资本论》中阐述的阶级关系和平等思想，后来就有意识地讲授阶级关系了，学生反映良好。现在这本书，就是根据当时的讲稿加以修订而成的。

　　我从1946年在大学读三年级时，就开始研读《资本论》，这是由于受到当时的女朋友的鼓励。原因是当时我丧父，极为悲伤，她劝我化悲伤为动力，致力于《资本论》的研读。1951年我到教育部举办的政治经济学研究生班学习，专心研读《资本论》，从此打下深厚的基础。

　　女朋友后来成为我的伴侣，2008年她离我而去。从此，我就像丧父时那样，化悲伤为动力，埋头写作。在短短一年中，出版了三本书，发表了五篇文章。现在这本书稿，就寓有纪念她的意思。她永远活在我的心里。

写于 2010 年 4 月 1 日凌晨

第一章　平等思想是商品生产关系的反映

第一节　商品是天生的平等派

马克思认为,商品有两个因素:"使用价值和价值(价值实体、价值量)。"对这里有关商品的定义,从前理解有过错误,即认为括号中的价值实体是指使用价值,价值量指的是价值。其实,马克思说的是价值包括价值实体和价值量两个方面,这一点谈下去便清楚。这里分析了四个问题,即使用价值、交换价值、价值(价值实体和价值量)、使用价值和价值的统一;其中侧重谈价值实体问题,实体问题解决了,量如何决定的问题也随之解决。

从这里开始,说明我们的研究要从分析商品开始。接着便谈使用价值。因为"商品首先是一个外界的对象,一个靠自己的属性来满足人的某种需要的物"①。这就是使用价值。需要特别指出的是:"物的有用性使物成为使用价值。但这种有用性不是悬在空中的。它决定于商品体的属性,离开了商品体就不存在。"②不论财富的社会形式如何,使用价值总是构成财富的物质内容,这就是说:"使用价值同时又是交换价值的物质承担者。"③政治经济学并不研究使用价值本身,它只是从使用价值是交换价值的物质承担者这个角度,涉及使用价值。既然使用价值是物的有用性,不能离开物质,而它又是交换价值的物质承担者,那么,凡是非物质的东西,就不可能有交换价值(以后就谈到,也不可能有价值)。资产阶级庸俗政治经济学,虽然也谈使用价值,但常常把它和物质相分离,以为它只是一种效用,或一种劳动即服务,

①　马克思:《资本论》(第一卷),人民出版社2004年版,第47页。
②　同上书,第48页。
③　同上书,第49页。

从而认为效用,服务都有交换价值(从而也有价值),这是错误的,违反了马克思的理论。

从使用价值转到研究交换价值。"交换价值首先表现为一种使用价值同另一种使用价值相交换的量的关系或比例,这个比例随着时间和地点的不同而不断改变。"①两种不同的使用价值的量的关系,例如 1 夸特小麦同 X 量鞋油或 Y 量绸或 Z 量金相交换,即交换价值表明:"第一,同一种商品的各种有效的交换价值表示一个等同的东西。第二,交换价值只能是可以与它相区别的某种内容的表现方式,'表现形式'。"②交换价值或等式说明,在不同的物或使用价值里面,即在 1 夸特小麦和 Z 量金里面,有一种等同的东西,即两种不同的物都等于某种第三种东西,这个第三种东西不是第一种即小麦,也不是第二种即金,但是第一种物和第二种物都能化成这第三种东西,这第三种东西,即"共同东西不可能是商品的几何的、物理的、化学的或其他的天然属性"。因为"商品的物体属性只是就它们使商品有用,从而使商品成为使用价值来说,才加以考虑"。而"商品交换关系的明显特点,正在于抽去商品的使用价值"。换句话说就是:"作为使用价值,商品首先有质的差别;作为交换价值,商品只能有量的差别,因而不包含任何一个使用价值的原子。"③这里需要特别指出,有的庸俗经济学家,认为等式中共同的第三种东西是使用价值或效用,有的认为是客观效用,有的认为是主观效用,从上述分析可以看出,这是错误的。④

在这里研究交换价值只是作为过渡到研究价值的桥梁。在等式中,"如果把商品体的使用价值撇开,商品体就只剩下一个属性,即劳动产品这个属性"⑤。但由于把劳动产品的使用价值抽去,也就是把那些劳动产品或使用价值的物质组成部分和形式抽去,随着劳动产品的有用性质的消失,这些劳动的各种具体形式也消失。"各种劳动不再有什么差别,全都化为相同的人类劳动,抽象人类劳动",这样,交换价值中的第三种东西,"只是无差别的人

---

① 马克思:《资本论》(第一卷),人民出版社 2004 年版,第 49 页。
② 同上。
③ 同上书,第 50 页。
④ 由此可见,目前资本主义国家的统计,将劳务和物质生产劳动等同起来,认为都创造国民收入,这是错误的。为了同资本主义进行比较,近年来我国经济统计,也认为劳务创造价值。
⑤ 马克思:《资本论》(第一卷),人民出版社 2004 年版,第 50—51 页。

类劳动的单纯凝结","这个社会实体的结晶,就是价值——商品价值"。① 这里说的价值,是价值实体。

以上的分析,是运用了抽象法的。运用抽象法是很重要的。因为"分析经济形式,既不能用显微镜,也不能用化学试剂。两者都必须用抽象力来代替"②。所谓抽象法是相对于舍象法而言的,两者同时发生,这就是分析经济形式时,将某些与研究对象无关的因素去掉,即予以舍象,余下来的因素便是要予以研究的,这就是抽象。运用抽象法不能任意胡来。上述抽象法其实是经济过程本身就存在的现象在科学方法上的反映。

庸俗经济学家主观效用价值论者庞巴维克反对马克思的价值理论,并曲解他在价值理论形成中运用的抽象法,将其说成只是逻辑的运用。庞巴维克认为,按照马克思的说法,价值既然是某一种共同的因素决定的,那为什么不能由其他的共同因素来决定呢? 马克思主张劳动决定价值,但他没有任何积极的理由,而只提出消极的理由,那就是与使用价值无关,使用价值不能是价值的决定者。结论是:从没有看见过比这更坏的逻辑。于是,他就运用逻辑,找寻共同的因素,认为这就是交换的双方都有效用,并且是主观评定的效用,由它决定价值。这从方法论到理论都是错误的。

应该指出,马克思运用的抽象法,绝不是逻辑的运用,如果一定说是逻辑,那就是经济生活本身的逻辑,因为"在有些社会状态下,同一个人时而缝时而织,因此,这两种不同的劳动方式只是同一个人的劳动的变化,还不是不同的人的专门固定职能,正如我们的裁缝今天缝上衣和明天缝裤子只是同一的个人劳动的变化一样。其次,一看就知道,在我们资本主义社会里,随着劳动需求方向的变化,总有一定部分的人类劳动时而采取缝的形式,时而采取织的形式……如果把生产活动的特定性质撇开,从而把劳动的有用性质撇开,劳动就只剩下一点:它是人类劳动力的耗费"③。同时,亿万次商品交换这个事实本身就说明,交换中相等的不可能是劳动的有用性质,而是撇开了这种性质的劳动本身。这种劳动就形成价值的实体。

---

① 马克思:《资本论》(第一卷),人民出版社 2004 年版,第 51 页。
② 同上书,第 8 页。
③ 同上书,第 57 页。

　　价值量就是价值实体的量,它由形成价值的实体的劳动的量来计算,劳动本身的量是用劳动持续时间来计算的,而劳动时间又是以一定的时间单位如小时、日等做尺度,决定商品的价值量不是生产该商品的个别劳动时间,而是社会必要劳动时间。"社会必要劳动时间是在现有的社会正常的生产条件下,在社会平均的劳动熟练程度和劳动强度下制造某种使用价值所需要的劳动时间。"①生产商品的社会必要劳动时间随着劳动生产力的变动而变动。"劳动生产力是由多种情况决定的,其中包括:工人的平均熟练程度,科学的发展水平和它在工艺上应用的程度,生产过程的社会结合,生产资料的规模和效能,以及自然条件。"②商品价值量与体现在商品中的劳动的量成正比,与这一劳动生产力成反比。

　　现在的问题是,商品价值量由生产该商品的社会必要劳动时间决定,而社会必要劳动时间则由生产该商品的不同生产者的平均生产条件决定,那么,这些生产者或由他们生产的商品量有没有一定量的限制呢? 这就是经济学界讨论的第二种含义的社会劳动时间问题。

　　"商品的价值量表现出一种必然的、商品形成过程内在的同社会劳动时间的关系。"③商品交换时,其"交换比例既可以表现商品的价值量,也可以表现比它大或小的量,在一定条件下,商品就是按这种较大或较小的量来让渡的"④。以后我们知道,这就是价值和价格发生偏离。其所以如此,是由于分布在生产这两种商品生产上的劳动量,并不恰好相等。如果生产 1 码麻布的社会必要劳动时间,即社会为满足它对 1 码麻布的需要必需时间是 1 小时,但是,"我们也决不能由此便得出结论说:如果已经有 1 200 码麻布生产出来,也就是已经有 1 200 劳动小时……被使用,社会也就'必然'会把它所有的劳动时间这样大的一部分,用在麻布的制造业上。……尽管产品每个可除部分只包含它生产上必要的劳动时间……但用在一定生产部门上的劳动时间总量,对全部可以使用的社会劳动时间来说,仍然可以高于或低于适当

①　马克思:《资本论》(第一卷),人民出版社 2004 年版,第 52 页。
②　同上书,第 53 页。
③　同上书,第 122 页。
④　同上书,第 122—123 页。

的比例"①。这样,"从这个观点出发,必要劳动时间就取得了另一种意义。……如果有数量过大的社会劳动时间被用在一个部门,那也只会被付以这样多的代价,好像只有适当的数量被使用一样,总产品——也就是总产品的价值——这时,将不等于其中所包含的劳动时间,而只等于它的总产品和其他部门的生产保持比例时按比例应当使用的劳动时间。但总产品的价格低于它的价值时,它的每个可除部分的价格也会同样低落,如果生产的是6 000码,而不是4 000码麻布,并且如果6 000码的价值是12 000先令(它是6 000码麻布个别价值的总和——本书作者注),它就只会卖8 000先令,每码的价格将是1.33先令,而不是2先令……结果等于每1码麻布已经过多地用了三分之一的劳动时间"②。

根据上述分析,可以认为,社会必要劳动时间,并不单纯指生产一个商品在平均条件下所需要的时间,而是指生产商品的数量符合社会需要时所需要的必要劳动时间。正是这样,列宁便在《市场理论问题评述》中指出:价值理论假设而且也应当假设需要和供给是均衡的。但他决不断言资本主义社会的商品生产一直遵守着或可能遵守这种均衡。

认为价值理论以假设需要和供给均衡为前提,这似乎是一种循环论证,因为需要本身要以价值为前提。其实不是这样。因为商品是从产品变来的。在产品生产中,人们就要根据各种需要,均衡地将劳动分布在各个生产部门上。这种劳动均衡分布,已经包含着价值量形成的物质因素。在一定历史条件下,它便决定价值量。当然,随着商品生产的发展,劳动的均衡分布也在变化。

认为价值理论以假设需要和供给均衡为前提,绝不是说,需要和供给的关系决定价值量,供给和需要不均衡,能使价格高于或低于价值量,而两者均衡时的价格便等于价值量,这时的价值量的决定,只能由社会必要劳动时间来说明。但这并不是说,需要和供给的关系,不能影响生产商品的社会必要劳动时间的变化。这里有必要谈一谈社会或市场价值和个别价值的关系问题。"市场价值,一方面,应看作一个部门所生产的商品的平均价值,另一

---

① 马克思:《剩余价值学说史》(第一卷),郭大力译,人民出版社1975年,第240—241页。
② 同上书,第241页。

方面,又应看作是在这个部门的平均条件下生产的并构成该部门的产品很大数量的那种商品的个别价值。只有在特殊的组合下,那些在最坏条件下或在最好条件下生产的商品才会调节市场价值。"①那么,是哪一种特殊组合呢? 这就是:"如果需求非常强烈,以致当价格由最坏条件下生产的商品的价值来调节时也不降低,那么,这种在最坏条件下生产的商品就决定市场价值";因为这时大量最坏条件的生产者进入生产,社会平均劳动条件下降;"如果需求小于供给,那么在有利条件下生产的那部分不管多大,都会把它的价格缩减到它的个别价值的水平,以便强行占据地盘。但市场价值决不会同在最好的条件下生产的商品的这种个别价值相一致,除非供给极大地超过了需求"。② 供给极大地超过了需求,其所以要由最好的条件生产的商品的个别价值决定商品的社会价值,是由于这时最坏条件的、中等条件的生产者退出生产,社会平均劳动条件提高。由于生产是一个不断的过程,情况就是这样。很明显,在这些场合,还是社会必要劳动时间本身决定价值量,需要和供给关系变动的作用,只限于使社会必要劳动时间发生变化。

所有资产阶级经济学家都不能这样分析价值实体和价值量,即使是最早提出劳动价值理论的古典政治经济学家也是这样。"古典政治经济学在任何地方也没有明确地和十分有意识地把表现为价值的劳动同表现为产品使用价值的劳动区分开。当然,古典政治经济学事实上是作了这种区分的,因为它有时从量的方面,有时从质的方面来考察劳动。但是,它从来没有意识到,各种劳动的纯粹量的差别是以它们的质的统一或等同为前提的,因而是以它们化为抽象人类劳动为前提的。"③他们不研究价值的实体是什么,只认为价值量由劳动时间决定。例如,李嘉图就是这样。"他只把交换价值的量的规定放在眼里,即交换价值等于一定量的劳动时间,但忘记了质的规定,即个人的劳动只有通过让渡,才表现为抽象的一般的社会的劳动。"④正因为这样,在价值源泉的问题上,主张劳动价值学说的李嘉图,虽然同主张使用价值或效用的价值的萨伊完全对立,但在价值决定问题上,李嘉图却发

---

① 马克思:《资本论》(第三卷),人民出版社 2004 年版,第 199 页。
② 同上书,第 205—206 页。
③ 马克思:《资本论》(第一卷),人民出版社 2004 年版,第 98 页脚注 31。
④ 马克思:《剩余价值学说史》(第二卷),郭大力译,人民出版社 1978 年,第 583 页。

现萨伊完全支持他的学说。

　　商品是使用价值和价值的统一物。"要生产商品,他不仅要生产使用价值,而且要为别人生产使用价值,即生产社会的使用价值。"①对于马克思这段说明,恩格斯觉得不够严密,因此加了一段说明:"而且不只是简单地为别人。中世纪农民为封建主生产作为代役租的粮食,为神父生产作为什一税的粮食。但……并不因为是为别人生产的,就成为商品。要成为商品,产品必须通过交换,转到把它当作使用价值使用的人的手里。"②

　　生产使用价值,需要进行特定种类的生产活动。它是由人的目的、操作方式、对象手段和结果决定的。"由自己产品的使用价值或者由自己产品是使用价值来表示自己的有用性的劳动,我们简称为有用劳动"③,即具体劳动。使用价值不同,生产它们的劳动的具体特点也不同。各种使用价值的总和,表现了同样多的有用劳动的总和,即表现了社会分工。劳动作为使用价值的创造者,作为有用劳动,是不以一切社会形式为转移的人类生存条件,是人和自然之间的物质变换即人类生活得以实现的永恒的自然必然性。使用价值是自然物质和劳动这两种要素的结合。因为"如果把上衣、麻布等等包含的各种不同的有用劳动的总和除外,总还剩有一种不借人力而天然存在的物质基质。……因此,劳动并不是它所生产的使用价值即物质财富的唯一源泉。正如威廉·配第所说,劳动是财富之父,土地是财富之母"。④萨伊正是通过将使用价值或效用说成是价值,然后认为价值是由自然物质即生产工具和劳动对象,以及劳动这些所谓生产要素创造出来的。与此相反,拉萨尔则将价值的唯一源泉的劳动,说成是一切财富的源泉:这都是错误的。

　　如果把生产使用价值的"生产活动的特定性质撇开,从而把劳动的有用性质撇开,劳动就只剩下一点:它是人类劳动力的耗费。尽管缝和织是不同质的生产活动,但二者都是人的脑、肌肉、神经、手等等的生产耗费,从这个

① 马克思:《资本论》(第一卷),人民出版社2004年版,第54页。
② 同上书,第54页。
③ 同上书,第55页。
④ 同上书,第56—57页。

意义上说,二者都是人类劳动。这只是耗费人类劳动力的两种不同的形式"①。将生产商品的劳动的有用撇开,或者说在商品交换过程中,经济过程本身就将劳动的有用性撇开,生产商品的劳动就成为没有任何特点的劳动,成为抽象劳动,它的结果就是价值。

当然,人类劳动力本身必须有一定发展,才能以这种或那种形式耗费。但是,商品价值体现的是人类劳动本身,是一般人类劳动的耗费。"它是每个没有任何专长的普通人的有机体平均具有的简单劳动力的耗费。简单平均劳动本身虽然在不同的国家和不同的文化时代具有不同的性质,但在一定的社会里是一定的。比较复杂的劳动只是自乘的或不如说多倍的简单劳动,因此,少量的复杂劳动等于多量的简单劳动。……一个商品可能是最复杂的劳动的产品,但是它的价值使它与简单劳动的产品相等,因而本身只表示一定量的简单劳动。"②因此,决定商品价值量的抽象劳动量,是以简单劳动计算的,如是复杂劳动,也已经换算为简单劳动。

复杂劳动换算或简化为简单劳动,是劳动价值理论的一个问题。马克思指出:"各种劳动化为当作它们的计量单位的简单劳动的不同比例,是在生产者背后由社会过程决定的,因而在他们看来,似乎是由习惯确定的。"③这里强调的是社会过程。与此相反,在马克思之前,李嘉图认为:"为了实际目的,各种性质不同的劳动估价很快就会在市场上得到十分准确的调整……估价的尺度一经完成,就很少发生变动。"④这里强调的是市场估价,并且一经形成,便很少变动;在马克思以后,威廉·李卜克内西认为,从事复杂劳动的人比从事简单劳动的人,在同一时间内消耗的营养较多,因而形成的价值较多,这里强调的是生理上的需要,而不是一种社会过程:这两种看法都是错误的。

商品具有二重性,生产商品的劳动也具有二重性。"就价值量说,有意义的只是商品中包含的劳动的量,不过这种劳动已经化为没有进一步的质的人类劳动。在前一种情况下,是怎样劳动,什么劳动的问题;在后一种情

---

① 马克思:《资本论》(第一卷),人民出版社 2004 年版,第 57 页。
② 同上书,第 58 页。
③ 同上。
④ 李嘉图:《政治经济学及赋税原理》,郭大力、王亚南译,商务印书馆 1962 年版,第 15 页。

况下,是劳动多少,劳动时间多长的问题。"①

　　有的经济学家根据马克思这段论述,认为抽象劳动是个永恒的范畴,这段论述是:"一切劳动,一方面是人类劳动力在生理学意义上的耗费;就相同的或抽象的人类劳动这个属性来说,它形成商品价值。"②这种看法未必正确,因为抽象劳动是经济过程的结果,而不是思维过程的结果。离开商品生产和商品交换,这个过程便不存在,抽象劳动也随之消失。到了共产主义高级阶段,商品生产消灭了,社会按照需要有计划地分配劳动,进行生产,这时的劳动当然有质的差别,因为要生产不同的使用价值。但它相同的一面,则是劳动本身或劳动时间,但这并不是什么抽象劳动。

　　古典经济学家虽然首先提出劳动价值理论,但是他们并不理解生产商品的劳动具有二重性。其原因在于他们的资产阶级世界观,使他们认为资本主义的商品生产制度,是生产的自然形态,从而商品生产是生产的自然形态。斯密由于要反对封建主义,便感到资本主义以前是有历史的,而资本主义则是永恒的,即使资本主义以前,存在的也是商品生产,这样,商品生产便是生产的自然形态了。李嘉图由于只反对封建主义的尾巴——谷物法,所以连斯密所有的那一点历史观他都没有。只要把商品生产看成是生产的自然形态,就必然看不到商品生产的劳动具有二重性,因为这二重性是产品成为商品后,生产产品的劳动变为生产商品的劳动才具有的社会性质。详细地说就是:"使用物品成为商品,只是因为它们是彼此独立进行的私人劳动的产品。这种私人劳动的总和形成社会总劳动。因为生产者只有通过交换他们的劳动产品才发生社会接触,所以,他们的私人劳动的独特的社会性质也只有在这种交换中才表现出来。"③在交换中,劳动的质的差别便在经济过程中舍象,剩下来的是抽象劳动,相对于抽象劳动来说,劳动的质的差别便是具体劳动。

　　由于这样,古典经济学家就无法解决商品生产者的一次劳动,怎么既能创造新的价值,又能转移生产资料的旧价值的问题,因为抽象劳动创造新的

---

①　马克思:《资本论》(第一卷),人民出版社 2004 年版,第 59 页。
②　同上书,第 60 页。
③　同上书,第 90 页。

价值,具体劳动在生产出使用价值时,又把生产资料的旧价值转移到商品价值上去。这样一来,他们就无法区别产品价值(即生产物价值)和价值产品(即价值生产物)。为了解决矛盾,斯密就认为,同新的价值构成收入一样,生产资料的旧价值最终也全部分解为收入,也就是说全部价值都等于收入,这就是斯密教条。它对政治经济学的研究带来很大的妨碍。斯密在其巨著《国民财富的性质和原因的研究》中,开宗明义第一句话,就是由于不了解生产商品的生产劳动的二重性,从而混淆了产品价值和价值产品。这句话就是:"一国国民每年的劳动,本来就是供给他们每年消费的一切生活必需品和便利品的源泉。"①这里的错误:第一,"是把年产品价值和年价值产品等同起来。后者只是过去一年劳动的产品;前者除此以外,还包含在生产年产品时消费掉的、然而是前一年生产的、一部分甚至是前几年生产的一切价值要素……斯密把这两种不同的东西混淆起来,从而巧妙地赶走了年产品中的不变价值部分。这种混淆本身建立在他的基本观点的另一个错误上:他没有区分劳动本身的二重性";第二,他"片面地站在单纯的有用劳动的立场上,诚然,这种劳动使这一切生活资料取得可以消费的形式。但是,这里他忘记了,如果没有前几年留下的劳动资料和劳动对象的帮助,这是不可能的,因而形成价值的'年劳动',无论如何也没有创造它所完成的产品的全部价值;他忘记了,价值产品是小于产品价值的"。② 斯密教条对资产阶级经济学的影响,一直延续到今天。

从上述全部分析中可以看出,在商品生产中是存在着平等关系的。第一,不管是什么劳动,即使是生产油画的艺术家,其劳动和砍柴的樵夫一样,都形成价值实体,就这点说没有贵贱之分,商品生产的发展,必然扫除封建主义的等级关系。第二,不管复杂劳动还是简单劳动,不管各自劳动时间如何,商品的价值量都由简单的平均劳动时间决定,在价值量的决定上,各种劳动也是平等的。正是这样,商品便成为天生的平等派。

应该指出,并不是有了商品生产,反映商品生产中的平等关系的平等思想便能产生。古代希腊奴隶社会大思想家亚里士多德对交换价值的分析,

① 亚当·斯密:《国民财富的性质和原因的研究》(上卷),郭大力、王亚南译,商务印书馆1972年版,第1页。
② 马克思:《资本论》(第二卷),人民出版社2004年版,第418—419页。

说明了这一点。首先,他清楚地指出:"商品的货币形式不过是简单价值形式——一种商品的价值通过任何别一种商品来表现——的进一步发展形态,因为他说:'5 张床=1 间屋''无异于':'5 张床=若干货币'。"①其次,他看到:"包含着这个价值表现的价值关系,要求屋必须在质上与床等同,这两种感觉上不同的物,如果没有这种本质上的等同性,就不能作为可通约的量而互相发生关系。他说:'没有等同性,就不能交换,没有可通约性,就不能等同。'"②直到现在,亚里士多德都是正确的。但是,他的分析到此便停止了,他认为:"'实际上,这样不同种的物是不能通约的',就是说,它们不可能在质上等同。这种等同只能是某种和物的真实性质相异的东西,因而只能是'应付实际需要的手段'。"③

亚里士多德为什么最终看不到商品交换中的平等关系呢? 什么原因使他最终不能达到这种认识? "这是因为希腊社会是建立在奴隶劳动的基础上的,因而是以人们之间以及他们的劳动力之间的不平等为自然基础的。价值表现的秘密,即一切劳动由于而且只是由于都是一般人类劳动而具有的等同性和同等意义,只有在人类平等概念已经成为国民的牢固的成见的时候,才能揭示出来。而这只有在这样的社会里才有可能,在那里,商品形式成为劳动产品的一般形式,从而人们彼此作为商品占有者的关系成为占统治地位的社会关系。"④这就是资本主义社会,在这里,如恩格斯所指出的:所有人的劳动——因为它们都是人的劳动并且只就这点而言——的平等和效用,不自觉但最强烈地表现在现代资产阶级经济学的价值规律中,根据这一规律,商品的价值是由其中所包含的社会必要劳动来计量的。⑤

第二节　货币是比商品更进一步的平等派

这里我们要研究货币。马克思在《资本论》中说:"以货币形式为完成形

① 马克思:《资本论》(第一卷),人民出版社 2004 年版,第 74 页。
② 同上。
③ 同上书,第 74—75 页。
④ 同上。
⑤ 恩格斯:《反杜林论》,人民出版社 1999 年版,第 108—109 页。

态的价值形式,是极无内容和极其简单的。然而,两千多年来人类智慧对这种形式进行探讨的努力,并未得到什么结果,而对更有内容和更复杂的形式的分析,却至少已接近于成功。为什么会这样呢?因为已经发育的身体比身体的细胞容易研究些。"①"还在 17 世纪最后几十年,人们已经知道货币是商品,这在货币分析上是跨出很大一步的开端,但终究只是开端而已。困难不在于了解货币是商品,而在于了解商品怎样、为什么、通过什么成为货币。"②我们根据这个提示进行分析。

我们研究价值形式或交换价值和交换过程。交换过程是研究商品交换的历史发展,而交换价值的发展是其表现形式。

简单的、个别的或偶然的价值形式:20 码麻布=1 件上衣。在这里,"麻布通过上衣表现自己的价值,上衣则成为这种价值表现的材料。前一个商品起主动作用,后一个商品起被动作用。前一个商品的价值表现为相对价值,或者说,处于相对价值形式。后一个商品起等价物的作用,或者说,处于等价形式"③。当然,这种表现也可倒过来,表现相反的关系。一旦这样做,成为等价物的就是麻布,而不是上衣了。"可见,同一个商品在同一个价值表现中,不能同时具有两种形式。不仅如此,这两种形式是作为两极互相排斥的。"④

这种简单的价值形式,是历史上最初产生的商品交换的表现。"商品交换是在共同体的尽头,在它们与别的共同体或其成员接触的地方开始的"⑤,也就是在原始公社后期开始的。"但是物一旦对外成为商品,由于反作用,它们在共同体内部生活中也成为商品。它们交换的量的比例起初完全是偶然的。"⑥

让我们进一步分析这价值形成的两极。

相对价值形式的内容不涉及它的量的规定性。简单价值形式或价值形式本身的内容是麻布=上衣,而不是 20 码麻布=1 件上衣,"要发现一个商

① 马克思:《资本论》(第一卷),人民出版社 2004 年版,第 7—8 页。
② 同上书,第 111—112 页。
③ 同上书,第 62 页。
④ 同上书,第 63 页。
⑤ 同上书,第 107 页。
⑥ 同上。

品的简单价值表现怎样隐藏在两个商品的价值关系中,首先必须完全撇开这个价值关系的量的方面来考察这个关系。人们通常的做法正好相反,他们在价值关系中只看到两种商品的一定量彼此相等的比例。他们忽略了,不同物的量只有化为同一单位后,才能在量上互相比较"①。"上衣作为价值物被看作与麻布相等时,前者包含的劳动就被看作与后者包含的劳动相等。固然,缝上衣的劳动是一种与织麻布的劳动不同的具体劳动。但是,把缝看作与织相等,实际上就是把缝化为两种劳动中确实等同的东西,化为它们的人类劳动的共同性质。通过这种间接的办法还说明,织就它织出价值而论,不具有和缝相区别的特征,所以是抽象人类劳动。"②这就说明没有价值的东西,不能充当等价物。

相对价值形式的量的规定,例如 20 码麻布＝1 件上衣是由于这两者的抽象人类劳动相等。这样,麻布即处在相对价值形式上的商品的价值,以及上衣即等物的价值的变化,就可能引起相等价值的变化,也可能不引起,情况如下:(1)麻布价值变化,麻布相对价值的增减同上衣本身价值的增减成正比;(2)麻布价值不变,上衣价值变化,麻布相对价值的增减同上衣价值的增减成反比;(3)麻布的价值同上衣的价值按同一方向同一比例发生变化,麻布的相对价值不变,这时只有同价值不变的第三种商品比较,才能发现它们的价值的变化;(4)麻布和上衣的价值,按同一方向但以不同比例发生变化,或者按相反方向发生变化,这时麻布相对价值的变化情况,根据上述三种情况可以推知。上述第(2)点即等价物价值增减,使商品相对价值发生相反的变化这一点,对理解 16、17 世纪资本主义国家物价普遍上涨的现象,即所谓"价格革命",十分重要。

等价形式的特点:第一,"使用价值成为它的对立面即价值的表现形式"③,这就是说,上衣的使用价值原来是供人穿着的,这时它作为等物,它的特殊使用价值是表现麻布的价值;第二,"具体劳动成为它的对立面即抽象人类劳动的表现形式"④,这就是说,织不是在织这个具体形式上,而是在

---

① 马克思:《资本论》(第一卷),人民出版社 2004 年版,第 63 页。
② 同上书,第 65 页。
③ 同上书,第 71 页。
④ 同上书,第 74 页。

作为人类劳动的耗费而形成麻布的价值,为了表明这一点,就要把缝这种制造麻布的等价物即上衣的具体劳动,作为抽象劳动即形成麻布的价值的表现形式;第三,"私人劳动成为它的对立面的形式,成为直接社会形式的劳动"①。既然缝这种具体劳动,只是作为抽象劳动的表现,它就具有与别种劳动即麻布中包含的劳动的等同形式,所以尽管它和其他一切生产商品的劳动一样,是私人劳动,但终究是直接社会形式上的劳动,即它本身无需经过交换便成为社会劳动,"正因为这样,它才表现在一种能与别种商品直接交换的产品上"②。这三点,尤其是第三点,对理解货币的本质是非常重要的。

总和的或扩大的价值形式:20 码=1 件上衣,或=10 磅茶叶,或=10 磅咖啡,或=1 夸特小麦,或=2 盎司金,或=0.5 吨铁,或=其他。在这里,"一个商品例如麻布的价值表现在商品世界的其他无数元素上"③,因为是无数的,"这个价值本身才真正表现为无差别的人类劳动的凝结"④。同时,这个"商品价值表现的无限的系列表明,商品价值是同它借以表现的使用价值的特殊形式没有关系的"⑤。

这种扩大的价值形式,在历史上是商品交换的进一步发展的结果,游牧民族的商品交换是这种形式产生的基础。因为"他们的一切财产都具有可以移动的因而可以直接让渡的形式,又因为他们的生活方式使他们经常和别的共同体接触,因而引起产品交换"⑥。恩格斯指出:自从游牧民族分离出来以后,各部落成员间的交换及其发展和巩固而成为一种制度的一切条件都具备了;起初交换是在部落与部落之间由氏族长来进行的,到了畜群转变为各自的财产的时候,个人与个人间的交换,便逐渐占据优势,乃至成为交换的唯一形式了。⑦ 这时,两个单个商品所有者之间的偶然关系消失了,麻布(在这里是畜产品)的价值,无论是表现在无数千差万别的、属于各个不同所有者的商品上总是一样大的。"显然,不是交换调节商品的价值量,恰好

---

① 　马克思:《资本论》(第一卷),人民出版社 2004 年版,第 74 页。
② 　同上。
③ 　同上书,第 78 页。
④ 　同上书,第 79 页。
⑤ 　同上。
⑥ 　同上书,第 108 页。
⑦ 　恩格斯:《家庭、私有制和国家的起源》,人民出版社 1972 年版,第 163 页。

相反,是商品的价值量调节商品的交换比例。"①

在扩大的价值形式中,除了处于相对价值形式中的麻布以外,其他的每一种商品,都成为表现麻布的等价物,因而其中每一种都是特殊等价物。换句话说就是:"种种不同的商品体中所包含的多种多样的一定的、具体的、有用的劳动,现在只是一般人类劳动的同样多种的特殊的实现形式或表现形式。"②以唯一具体的、有用的劳动来表现一般的人类劳动这样的等价物尚未出现。

由于这样,扩大的价值形式就必然存在着缺点,说到底就是不利于生产商品的私人劳动转化为社会劳动,因为在这里还没有唯一的等价物(其生产的私人劳动直接就是社会劳动),这就妨碍了商品生产的发展。只有生产了唯一的、一般的等价物,这个矛盾才能解决。

一般的价值形式:1 件上衣＝、或 10 磅茶叶＝、或 40 镑咖啡＝、或 1 夸特小麦＝、或 2 盎司金＝、或 0.5 吨铁＝、或其他商品＝20 码麻布。从扩大的价值形式中,可以看出:"如果一个人用他的麻布同其他许多商品交换,从而把麻布的价值表现在一系列其他的商品上,那么,其他许多商品占有者也就必然要用他们的商品同麻布交换,从而把他们的各种不同商品的价值表现在同一个第三种商品麻布上。"③这样一般价值形式便产生了。

这种一般价值形式,并不是扩大的价值形式的简单的颠倒,它表明商品交换已发展为商品生产,即以交换为目的进行的生产。这就是手工业同农业相分离。应该指出,畜牧业、农业直接生产消费资料,它首先供生产者消费,有剩余才拿去交换,这样,交换是否成功,私人劳动是否能实现为社会劳动,还不能决定生产者的再生产是否能继续进行。手工业生产与此不同,它的产品不直接供应生产者消费,交换不成功,其再生产是无法继续进行的。这样,这种经济条件就要求从扩大的价值形式发展为一般价值形式,在这形式下,特殊等价物发展为一般等价物。

一般价值形式和前面说的两种价值形式不同,在后"两种情况下,使自

① 马克思:《资本论》(第一卷),人民出版社 2004 年版,第 79 页。
② 同上书,第 79—80 页。
③ 同上书,第 80—81 页。

己取得一个价值形式可以说是个别商品的私事,它完成这件事情是不用其他商品帮助的",这是因为,"对它来说,其他商品只是起着被动的等价物的作用"①。与此相反,"一般价值形式的出现只是商品世界共同活动的结果。一种商品所以获得一般的价值表现,只是因为其他一切商品同时也用同一个等价物来表现自己的价值,而每一种新出现的商品都要这样做"②。

与此相应,一般等价物就产生了。因为商品世界一般的相对价值形式,"使被排挤出商品世界的等价物商品即麻布,获得了一般等价物的性质"③。现在,"一切商品,在与麻布等同的形式上,不仅表现为在质上等同,表现为价值一般,而且同时也表现为在量上可以比较的价值量"④。一般等价物,由于它是唯一的等价物,因此,在生产所有商品的劳动中,只有生产这种已经成为等价物的劳动,其具体劳动是表现抽象劳动,其私人劳动直接是社会劳动,生产其他商品的私人劳动,要和它相交换,以实现为社会劳动。

货币形式:20 码麻布＝、或 1 件上衣＝、或 10 磅茶叶＝、或 40 磅咖啡＝、或 1 夸特小麦＝、或 0.5 吨铁＝、或一定量其他商品＝2 盎司金。在这里,金代替了麻布取得了一般等价物形式。金在货币形式中同麻布在一般价值形式中一样,都是一般等价物。"唯一的进步在于:能直接地一般地交换的形式,即一般等价物形式,现在由于社会的习惯最终地同商品金的特殊的自然形式结合在一起了。"⑤

货币形式和一般价值形式没有质的差别,因此,历史上的一切等价物也是货币,在这里,游牧民族最先发展了货币形式,畜产品曾经是货币,贝壳、布帛及其他商品也曾经是货币。但是,"随着商品交换日益突破地方的限制,从而商品价值日益发展成为一般人类劳动的化身,货币形式也就日益转到那些天然适于执行一般等价物这种社会职能的商品身上,即转到贵金属身上"⑥。

为什么贵金属的自然属性最适于担任货币的职能呢? 货币就是一般等

---

① 马克思:《资本论》(第一卷),人民出版社 2004 年版,第 82 页。
② 同上书,第 82—83 页。
③ 同上。
④ 同上。
⑤ 同上书,第 87 页。
⑥ 同上书,第 108 页。

价物。前面说过,生产一般等价物的私人劳动直接就是社会劳动,直接就是无差别的人类劳动,由于这样,这种一般等价物就要由它不论产于何地,产自何人,其质量都应相同的商品来担任。"一种物质只有分成的每一份都是均质的,才能成为价值的适当的表现形式,或抽象的因而等同的人类劳动的化身。另一方面,因为价值量的差别纯粹是量的差别,所以货币商品必须只能有纯粹量的差别,就是说,必须能够随意分割,又能够随意把它的各部分合并起来。"①此外,它又要求比重较大,在小小的体积中,包含着较多的劳动时间,包含着较大的价值,这是有利于货币的流通和贮藏的。这样,很明显用牲畜等作为货币是不完全符合条件的,比如用牛来做货币,那就要用观念上平均牛,何况又不能随意分割和合并,也不利于流通和贮藏。贵金属就不是这样,虽然"金无足赤",但它是最接近于足赤的。此外,可分可合,体积小,价值大。凡此种种,都说明:"金银天然不是货币,但货币天然是金银。"②

金和银在生产过程中,和一般金属相比具有的特点,也使它适宜于充当货币。它的质地非常柔软,不能像铁那样制作生产工具。它在消费领域中,也并不是非有不可的,因为它多半作为满足奢侈、装潢、华丽、炫耀等需要的天然物质,它的奢侈品状态和它的条块状态、铸币状态,可以相互转变。这样,不论把多少金银作为货币投入流通过程,也不致影响生产过程和消费过程。从这一点上说,它成为社会财富、社会剩余产品的最好形式——财富的贮藏形式。

货币形式的产生,在历史上同手工业的进一步发展有关,因为最初是由手工业去开采和冶炼的。但开始使用的不是铸造货币,而是条块状态的货币,按重量交换。例如,20 码麻布=2 盎司金,而不是 20 码麻布=20 元。

比较一下简单的价值形式即 20 码麻布=1 件上衣,和货币形式即 20 码麻布=2 盎司金,就可以看出,简单的价值形式是货币形式的胚胎。理解使人炫目的"货币形式的困难,无非是理解一般等价形式,从而理解一般价值形式即第三种形式的困难。第三种形式倒转过来,就化为第二种形式,即扩大的价值形式,而第二种形式的构成要素是第一种形式:20 码麻布=1 件上

---

① 马克思:《资本论》(第一卷),人民出版社 2004 年版,第 109 页。
② 同上书,第 108 页。

衣"①。这样,我们就做了"资产阶级经济学从来没有打算做的事情:指明这种货币形式的起源,就是说,探讨商品价值关系中包含的价值表现,怎样从最简单的最不显眼的样子一直发展到炫目的货币形式。这样,货币的谜就会随着消失"②。

这样,我们就回答了本节开始时所提出的问题:了解商品怎样、为什么、通过什么成了货币。

下面谈货币的职能。价值尺度和流通手段并不需要真正的货币,即作为一种特殊商品的货币;真正的货币是货币贮藏、支付手段、世界货币职能的执行者。

先谈价值尺度。"为了简单起见,我在本书各处都假定金是货币商品。"③这句话引起过不必要的误解,即以为金成为货币,只是为了简单;不是的,因为金和银这两种贵金属都已经是货币,所以为了分析的方便,就假定金是货币。至于金银为什么最适合充当货币,前面已经谈过。

"金的第一个职能是为商品世界提供表现价值的材料,或者说,是把商品价值表现为同名的量,使它们在质的方面相同,在量的方面可以比较。这样,金执行一般的价值尺度的职能。"④而"货币作为价值尺度,是商品的内在的价值尺度即劳动时间的必然表现形式"⑤。

值得注意的是劳动时间是内在的价值尺度的提法。首先提出劳动价值理论的古典经济学家,在认为劳动是价值的源泉的同时,又认为劳动是价值的尺度,即价值的大小由劳动时间的长短来衡量。这里说的就是劳动时间是内在的价值尺度。这样理解价值尺度是片面的,因为这只解决了商品生产者内在计量社会必要劳动时间的问题,没有解决社会对这种商品是否需要,即对生产这种商品的劳动的质是否需要,并在需要的前提下再进行量的计算的问题。要解决这个问题,单纯以劳动时间来衡量价值,亦即以任何劳动生产物即商品来作为货币是不行的,必须以那种直接代表社会劳动的劳

---

①　马克思:《资本论》(第一卷),人民出版社 2004 年版,第 87 页。

②　同上书,第 62 页。

③　同上书,第 114 页。

④　同上。

⑤　同上。

动时间,亦即以货币来衡量价值才能解决问题。从这个意义上说,货币是价值尺度指的是外在的价值尺度,或社会的价值尺度,亦即货币以其包含的直接社会劳动,对生产商品的私人劳动予以质的承认,并加以量的计算。这是马克思的货币理论和古典派的货币理论的重大区别。

这个问题其实就是直接代表劳动时间的劳动券为什么不是货币的问题。"为什么货币不直接代表劳动时间本身,例如,以一张纸代表 X 个劳动小时,这个问题可简单归结为:在商品生产的基础上为什么劳动产品必须表现为商品,因为商品的表现包含着商品分为商品和货币商品这种二重化。或者说,为什么私人劳动不能看成是直接的社会劳动,不能看成是它自身的对立面。"①古典派由于"把资产阶级生产方式误认为是社会生产的永恒的自然形式,那就必然会忽略价值形式的特殊性,从而忽略商品形式及其进一步发展——货币形式、资本形式等等的特殊性。因此,我们发现,在那些完全同意用劳动时间来计算价值量的经济学家中间,对于货币即一般等价物的完成形态的看法是极为混乱和矛盾的"②。空想社会主义者也是这样,"例如欧文的'劳动货币',同戏票一样,不是'货币'。欧文以直接社会化劳动为前提,就是说,以一种与商品生产截然相反的生产形式为前提。劳动券只是证明生产者个人参与共同劳动的份额,以及他个人在供消费的那部分共同产品中应得的份额"③。

商品在金上的价值表现,是商品的货币形式或它的价格。商品的价格或货币形式,同商品的所有价值形式一样,是一种与商品的可以捉摸的实体形式不同的,因而只是观念的或想象的形式。既然商品价值在金上的表现是观念的,所以要表现商品的价值,也可以是想象的或观念的金。"因此,货币在执行价值尺度的职能时,只是想象的或观念的货币。"④

历史上曾经有过同时用金和银充当价值尺度的情况。这样,"一切商品就会有两种不同的价格表现,即金价格和银价格;只要金和银的价值比例不变,例如总是1:15,那么这两种价格就可以安然并存。但是,这种价值比例

① 马克思:《资本论》(第一卷),人民出版社2004年版,第114页脚注50。
② 同上书,第99页脚注32。
③ 同上书,第115页脚注50。
④ 同上书,第116页。

的任何变动,都会扰乱商品的金价格和银价格之间的比例,这就在事实上证明,价值尺度的二重化是同价值尺度的职能相矛盾的"①。凡是在同时采用金和银当作货币的地方,必然发生金和银的法定比价和市场估价不一致的情况。有时金的估价高了,有时银的估价高了。估价过高的金属退出流通,被融化和输出。美国经济史上长期存在这问题,它涉及金矿主和银矿主的利益,涉及共和党和民主党的争论和分歧。

金作为货币,各种商品的价值就作为不同的金量互相比较,互相计量,这在技术上就有必要把某一固定的金量作为商品价值的计量单位。这种计量单位就是价格标准。"作为价值尺度和作为价格标准,货币执行着两种完全不同的职能。……价值尺度是用来计量作为价值的商品,相反,价格标准是用一个金量计量各种不同的金量,而不是用一个金量的重量计量另一个金量的价值。"②

金的价值变化,不妨碍它执行价值尺度和价格标准的职能。商品价值的货币表现是价格,金的价值变化和作为价格标准的金量的变化,会使价格发生变化。金的价值变化和价格变化成反比,作为价格标准的金量变化也和价格变化成反比。因此,假如商品价值不变,而价格变化了,这就要分析是由哪一种原因引起的。这对于理解第二次世界大战后,尤其是 20 世纪 70 年代以来资本主义国家物价普遍上涨的原因,是十分重要的。

价格还因商品的供给和需求不一致,亦即社会劳动在生产部门的分布不均衡,而在价值量的水平上波动。商品的价值量表现出一种必然的、商品形成过程内在的同社会劳动时间的关系。随着价值量转化为价格,这种必然的关系就表现为商品同在它之外存在的货币商品的交换比例。这种交换比例既可以表现商品的价值量,也可以表现比它大或小的量,在一定条件下,商品就是按这种较大或较小的量来让渡的。可见,价格和价值量之间的量的不一致的可能性,或者价格偏离价值量的可能性,已经包含在价格形式本身中。③

货币虽然只是商品的价值形式,但价格可以完全不是价值的表现。"有

---

① 马克思:《资本论》(第一卷),人民出版社 2004 年版,第 116 页。
② 同上书,第 118 页。
③ 同上书,第 122—123 页。

些东西本身并不是商品,例如良心、名誉等等,但是也可以被它们的占有者出卖以换取金钱,并通过它们的价格,取得商品形式。因此,没有价值的东西在形式上可以具有价格。在这里,价格表现是虚幻的……"①

再谈流通手段。"交换过程造成了商品分为商品和货币这种二重化,即造成了商品得以表现自己的使用价值和价值之间的内在对立的一种外部对立。在这种外部对立中,作为使用价值的商品同作为交换价值的货币对立着。"②在交换过程中,货币执行流通手段的职能。

商品交换和产品交换不同,它的形式是商品—货币—商品即 W—G—W。在这过程中,商品生产的基本矛盾即私人劳动和社会劳动的矛盾,集中地表现在 W—G 即出卖的困难上。"商品价值从商品体跳到金体上……是商品的惊险的跳跃。这个跳跃如果不成功,摔坏的不是商品,但一定是商品占有者。"③因为这里是私人劳动要取得社会的承认,要转化为社会劳动。第一,它的具体表现,即具体劳动或使用价值,要被证明是社会需要的,"某种产品今天满足一种社会需要,明天就可能全部地或部分地被一种类似的产品排挤掉"④。这样,这部分劳动的质,就没有得到承认。第二,在这种劳动的质得到承认的前提下,它能吸引多少货币呢? 这就遇到社会必要劳动时间的两种含义问题:其一,这劳动是否和生产该商品所需的平均劳动时间相等;其二,这全部劳动生产的商品是否和对这种商品的需求相等。这些问题都解决了,私人劳动就转化为社会劳动,商品都出卖成功,换得一定量的货币。

由此可见,是商品生产的基本矛盾,使 W—G 发生困难。空想社会主义者欧文和格雷认为,由于有了货币才会发生这种困难,而为了使出售和购买同样容易,便主张消灭金属货币,代之以劳动货币或劳动券,这是十分错误的。

G—W 即购买是比较容易实现的,因为 G 直接是社会劳动,所有 W 即私人劳动都要寻求它,取得它的承认。

---

① 马克思:《资本论》(第一卷),人民出版社 2004 年版,第 123 页。
② 同上书,第 125 页。
③ 同上书,第 127 页。
④ 同上。

$W—G$，从商品所有者来说是出卖，但从货币所有者来说则是购买及$G—W$，因此"一个商品的后一形态变化，同时就是另一商品的前一形态变化"①。

"有一种最愚蠢不过的教条：商品流通必然造成买和卖的平衡，因为每一次卖同时就是买，反过来也是一样。"②这教条的首创者是老穆勒，其后萨伊也信奉它。它要证明："卖者会把自己的买者带到市场上来。"③这就是穆勒的供需均等说、萨伊的销路论，都是错误的。因为"作为两极对立的两个人即商品占有者和货币占有者的相互关系来看，卖和买是同一个行为。但作为同一个人的活动，卖和买是两极对立的两个行为"④。从这点看，"没有人买，也就没有人能卖。但谁也不会因为自己已经卖，就得马上买。流通所以能够打破产品交换的时间、空间和个人的限制，正是因为它把这里存在的换出自己的劳动产品和换进别人的劳动产品这二者之间的直接的同一性，分裂为卖和买这二者之间的对立"⑤。

正是在这一点上，我们又可以说，商品生产的基本矛盾使产品交换发展为商品交换，而货币作为流通手段，又使这个矛盾加深——卖和买可能脱节；只要卖了之后，不立刻继之以买，就有人不能卖。"这些形式包含着危机的可能性，但仅仅是可能性。这种可能性要发展为现实，必须有整整一系列的关系，从简单商品流通的观点来看，这些关系还根本不存在。"⑥

现在的问题是流通手段的量即货币流通量如何决定。假定商品价值已定，流通手段量就由商品总价格决定，"货币不过是把已经在商品价格总额中观念地表现出来的金额实在地表现出来。因此，这两个数额相等是不言而喻的"⑦。但是，在商品价值不变的情况下，商品价格会因金的价值的变动成反比例地变动。随着商品总价格这种变动，流通手段也在同一程度上成正比例变动。"在这里，流通手段量的变化都是由货币本身引起的，但不是

①　马克思：《资本论》（第一卷），人民出版社 2004 年版，第 132 页。
②　同上书，第 135 页。
③　同上。
④　同上。
⑤　同上。
⑥　同上书，第 135—136 页。
⑦　同上书，第 139 页。

由它作为流通手段的职能,而是由它作为价值尺度的职能引起的。先是商品价格同货币价值成反比例地变化,然后是流通手段量同商品价格成正比例地变化。"①要记住的是:金或一切货币材料是作为"具有一定价值的商品……进入流通领域的。这个价值在货币执行价值尺度的职能时,即在决定价格时,是作为前提而存在的"②。

进入流通的商品不是同时出售的。这样,一定量货币便能依次购买许多商品,实现比货币额更多的价格。因此商品价格总额÷同名货币的流通次数＝执行流通手段职能的货币量。这个公式还可以表述如下:已知商品价值总额和商品形态变化的平均速度,流通的货币或货币材料的量决定于货币本身的价值。应该指出的是,不论哪一种表述,货币量始终是结果,商品价格总额、货币流通速度、货币本身的价值,在这里始终是原因。

从货币作为流通手段的职能中产生出货币的铸币形式。铸币有一定的重量和形式,它在流通中必然受到磨损。因此,金币的名义含量和实际含量,开始发生偏离,作为流通手段的金和作为价格标准的金,开始发生偏离。这样,"货币流通中就隐藏着一种可能性:可以用其他材料做的记号或用象征来代替金属货币执行铸币的职能"③。铜或其他较贱金属铸成的辅币,在小额的买卖中代替了金币。辅币流通更快,磨损更厉害,它们的铸币职能实际上与它们的重量完全无关,就是说,与任何价值完全无关。这样,说到底就是:"金的铸币存在同它的价值实体完全分离了。因此,相对地说没有价值的东西,例如纸票,就能代替金来执行铸币的职能。"④因此,纸币和铸币同样是价值符号,它是从货币流通手段职能中产生的,是国家强制流通的。

"纸币流通的特殊规律只能从纸币是金的代表这种关系中产生。这一规律简单说来就是:纸币的发行限于它象征地代表的金(或银)的实际流通的数量。"⑤如果纸币"超过了能够流通的同名的金币量,那么,撇开有信用扫地的危险不说,它在商品世界仍然只是代表由商品世界的内在规律所决定

---

① 马克思:《资本论》(第一卷),人民出版社 2004 年版,第 139 页。
② 同上书,第 140 页。
③ 同上书,第 148 页。
④ 同上书,第 149 页。
⑤ 同上书,第 150 页。

的那个金量，即它所能代表的那个金量"①。如果实现商品总价格的流通手段量是 2 000 金元，而纸币流通量是 4 000 元，那么，每元纸币代替的只能是0.5 金元。"其结果无异于金在它作为价格尺度的职能上发生了变化"②，也就是以纸币来表示的金元价格标准缩小了。因此，价格上涨，原来用 1 元的价格来表现，现在要用 2 元的价格来表现了。我认为，这就是目前资本主义国家物价普遍上涨的原因。

为什么金可以用那种本身没有任何价值的符号来代替呢？因为金的运动，只是表示商品形态变化 $W—G—W$ 的对立过程的不断互相转化。在这里，商品交换价值的独立表现只是转瞬即逝的要素，它马上又会被别的商品代替。"因此，在货币不断转手的过程中，单有货币的象征存在就够了。"③

最后谈货币。"作为价值尺度并因而以自身或通过代表作为流通手段来执行职能的商品，是货币。"④金作为执行货币职能的特殊商品，即货币商品，一方面不像在充当价值尺度时那样纯粹是观念的，也不像充当流通手段时那样可以用别的东西来代替，而必须以其金体出现，另一方面，固定为唯一的价值形态成为交换价值唯一的适当存在，成为绝对的价值，而与其他一切仅仅作用使用价值的商品相对立。这种货币商品，有下面的职能。

货币贮藏。商品形态变化的系列中断，卖了之后没有继之以买，货币便从流通手段变为货币贮藏了，而商品形态变化的中断，是商品生产矛盾包含着的，从这点看，商品生产和商品交换本身就包含着货币贮藏的因素。随着商品交换的最初发展，把由商品转化来的金保留在自己手中的必要性和欲望也发展起来，这就是出售商品不是为了购买商品，而是为了用货币形式来代替商品形式。这样，货币就成为贮藏货币，商品出售者也成为货币贮藏者。在货币因缺乏社会条件未能成为资本时，货币贮藏是很普遍的。这是因为，"货币在质的方面，或按其形式来说，是无限的，是物质财富的一般代表，因为它能直接转化成任何商品。但是在量的方面，每一个现实的货币额又是有限的，因而只是作用有限的购买手段。货币这种量的有限性和质的

---

① 马克思：《资本论》（第一卷），人民出版社 2004 年版，第 150 页。
② 同上。
③ 同上书，第 152 页。
④ 同上。

无限性之间的矛盾,迫使货币贮藏者不断地从事息息法斯式的积累劳动"①。除了这种贮藏外,还有一种美的贮藏,即占有金银制造的商品。货币贮藏能调节金属货币的流通量。"为了使实际流通的货币量总是同流通领域的饱和程度相适应,一个国家的现有的金银量必须大于执行铸币职能的金银量。这个条件是靠货币的贮藏形式来实现的。"②

李嘉图由于认为货币只有流通手段,只是交换的媒介,并认为商品交换不会发生困难,因此货币永远在流通中,不会成为贮藏货币。其原因是他不认识商品生产的历史性,从而不理解商品生产的基本矛盾。由于认为货币只是流通手段,他便接受和发展货币数量说。在他看来,金币流通量过多,如同商品供给过多一样,金币的价格便落在金块的价值以下,商品的价格便上涨;反之亦然。因此,金币的价值除取决于生产它的必要劳动时间外,还要取决于其数量,商品的价格和货币数量成正比。这是错误的。因为金币的流通量可以由它的贮藏职能来调节,过多的可以退出流通,进入贮藏,这是和一般商品不同的。这正是货币这种特殊商品区别于一般商品的特点:它是绝对的价值,它直接就是社会劳动。

支付手段。随着商品交换的发展,商品的让渡同商品价格的实现在时间上分离开来的关系也在发展。这时,卖者成为债权人,买者成为债务人。货币在这里取得了支付手段的职能。在这里,货币执行价值尺度的职能,是实现由契约规定的商品的价格,即买者到期必须如数支付;货币执行观念的购买手段的职能,因为要到支付日期到来时,支付手段才真正进入流通,而这时商品早已买卖完毕。

实现这种价格总额所必需的货币额,取决于支付手段的流通速度,这又取决于两个方面:其一,债权人和债务人的关系锁链有多长;其二,各种不同的支付的期限的间隔。这些锁链的各个环节的债权债务可以相互抵消,支付的只是其中的差额。这能减少支付手段量。"货币作为支付手段的职能包含着一个直接的矛盾。在各种支付相互抵消时,货币就只是在观念上执行计算货币或价值尺度的职能。而在必须进行实际支付时,货币又不是充

---

① 马克思:《资本论》(第一卷),人民出版社 2004 年版,第 156 页。
② 同上书,第 157 页。

当流通手段,不是充当物质变换的仅仅转瞬即逝的中介形式,而是充当社会劳动的单个化身,充当交换价值的独立存在,充当绝对商品。这种矛盾在生产危机和商业危机中称为货币危机的那一时刻暴露得特别明显。"①这时,不管用金支付,还是用下面将谈到的银行券这样的信用货币支付,货币荒都是一样的。这种货币危机只有在一个接着一个的支付的锁链和抵消支付的人为制度获得充分发展的地方,才会发生。这时,只要一个环节不能如期如数支付,其他环节也不能支付,这就是危机。所以,货币作为支付手段,使危机有了抽象的可能性。显然,它是从货币作为流通手段,使买和卖可能脱节而引起的。但为什么必然脱节,这就不能从货币本身来说明了。

"现在我们来考察一定时期内的流通货币的总额。假定流通手段和支付手段的流通速度是已知的,这个总额就等于待实现的商品价格总额加上到期的支付总额,减去彼此抵消的支付,最后减去同一货币交替地时而作为流通手段、时而作为支付手段执行职能的流通次数。"②这里的次数应理解为总额。

信用货币是从货币作为支付手段职能中产生的。它最初是从商业信用产生的,即商业票据,后来又从银行信用中产生,即银行券,它们最后都要兑现为金币。

世界货币。在世界贸易中,货币成为世界货币与商品相对立。货币一跃出国内流通领域,便失去国内具有的价格标准、铸币、辅币和价值符号等地方显示,恢复原来的贵金属块的形式。只有在世界市场上,货币的自然形式才同时就是抽象人类劳动的直接的社会形式,货币的存在方式和货币概念完全相适合。世界货币执行支付手段的职能、一般购买手段职能和一般财富的绝对社会化身的职能。它的最重要职能,是作为支付手段平衡国际贸易的差额。这样,每个国家为了国内流通,需要有准备金,为了世界市场流通,也需要有准备金。因此货币的贮藏职能,一部分来源于货币作为世界货币的职能。

李嘉图根据货币数量说认为,如金的流通量与需要量不等,在国内就会

---

① 马克思:《资本论》(第一卷),人民出版社 2004 年版,第 161—162 页。
② 同上书,第 163 页。

使金币的价格与金块的价值发生偏差,从而调节金的生产,使其与需要量相等,但国际上也是这样:如果一国流通的金币过多,物价上涨,金币价格下降,就会引起商品输入和黄金输出,反之亦然,但都导致金币的流通量和需要量相等。在这里,他同样错误地认为,金币对外也不执行贮藏货币的职能,因此凡输入金币,物价便涨,反之亦然,由此又分别引起商品输入和商品输出,使金币流通量与需要量相等。

根据对商品和货币的分析,可以看出:"正如商品的一切质的差别在货币上消灭了一样,货币作为激进的平均主义者把一切差别都消灭了。"①前面谈到在形成价值实体和决定价值量这一点上,各种商品生产者的劳动是平等的,这种平等性最终表现为一切商品都和货币交换,商品一切质的差别在货币上都消灭了,因为商品随时准备"不仅用自己的灵魂而且用自己的肉体去换取任何别的商品"②。发展下去就是和货币交换。虽然生产商品的劳动是平等的,但是各种商品体是不同的,从而生产各种商品的劳动的质是不同的,就这点说,商品这个天生的平等派,还比不上货币这个平等派来得彻底。这是因为,商品交换成货币后就消失了,从货币上是看不出它是由什么东西转化而来的,并怎样会落到货币所有者手里。不仅如此,在不是商品生产和商品交换的地方,也可以由某种社会职能引起货币的收付。例如捐税就是这样。因此,在货币上商品生产者和某些社会职能执行者之间的差别,也消灭了。这真是"货币没有臭味,无论它从哪里来"③,商品和货币中包含的平等关系不仅存在于商品生产者之间,它表现为在它们之间存在的竞争,而且也存在于商品购买者,以及生产者与购买者之间。正是这样,在资本主义商品生产制度下,人类的平等思想才开始在国民中树立。

在商品和货币中包含的平等关系,以及在这种经济生活中产生的平等思想,它在政治上层建筑上,即在国家形式上最适合的反映就是民主共和制。这个问题,留在以后谈。

---

① 马克思:《资本论》(第一卷),人民出版社 2004 年版,第 155 页。
② 同上书,第 104 页。
③ 同上书,第 132 页。

第三节　作为商品与货币内容的平等关系不包含
　　　　阶级内容，它在社会主义制度下是存在的

　　资产阶级用以反对封建主义统治的理论武器就是平等思想，其实质是反对阶级特权，因而把平等和自由宣布为天赋人权。这种人权最初在美国宪法中得到承认，尽管美国同时存在着种族特权。

　　无产阶级最初用以反对资产阶级统治的理论武器是资产阶级使用过的，其中之一就是平等思想。从资产阶级提出消灭阶级特权的要求的时候起，无产阶级同时就提出消灭阶级本身的要求，起初采取宗教的形式，早期以基督教为依据，以后就以资产阶级的平等思想为依据了。无产阶级抓住了资产阶级的话柄：平等应当不仅是表面的，不仅在政治领域中实行，它还应当是实际的，应当在社会的、经济的领域中实行。无产阶级要求平等的实际内容是消灭阶级，任何超出这个范围的平等要求，都必然流于荒谬。

　　在社会主义制度下，阶级对抗的阶级关系消灭了，但商品经济中包含的平等关系依然存在，因为这种关系不包含阶级关系，只包含平等地交换劳动的关系。而这种交换劳动的关系，即使撇开马克思没有预见到的、社会主义仍然存在商品生产这一点不谈，在社会主义制度下仍是存在的。

　　马克思在批判拉萨尔提出的"劳动的解放要求公平分配劳动所得"错误纲领时指出，能分配的不是劳动所得，而是社会总产品，但它在分配前，先扣除折旧基金、积累基金和用来应对不幸事故、自然灾害的保险基金，余下部分才能用作消费基金，但将它分配给个人消费前，还要扣除和生产没有关系的一般管理费用、用于学校和保健的社会共同消费基金、为丧失劳动能力的人而设立的基金，最后余下来的才分配给生产者。在进行这种分配时，生产者"从社会领得一张凭证，证明他提供了多少劳动……他根据这张凭证从社会储存中领得一份耗费同等劳动量的消费资料。他以一种形式给予社会的劳动量，又以另一种形式领回来"，所以，"这里通行的就是调节商品交

换……的同一原则"①。

这是一种平等的权利,但是,它对不同的劳动来说是不平等的权利。它是平等的权利,因为它不承认任何具有对抗意义的阶级差别,每个人都像其他人一样只是劳动者;它是不平等的权利,因为它默认不同等人的个人天赋,因而默认不同等的工作能力是天然特权,不同等的个人要用同一尺度去计量,此外,这样的劳动者要养活的子女人数也不相同。这样,不仅劳动成果不相同,就是劳动成果相同的劳动者,事实上也存在着经济生活上的不平等。

这是弊病,但它"在经过长久阵痛刚刚从资本主义社会产生出来的共产主义社会第一阶段,是不可避免的。权利决不能超出社会的经济结构以及由经济结构制约的社会的文化发展"②。

列宁在发展马克思这一思想时指出:"'不劳动者不得食'这个社会主义原则已经实现了;'对等量劳动给予等量产品'这个社会主义原则也已经实现了。但是,这还不是共产主义,还没有消除对不同等的人的不等量(事实上是不等量的)劳动给予等量产品的'资产阶级权利'。"③对后一句话的理解,曾经发生分歧。在我看来,它指的是:得到同量消费品,不同的劳动者花的劳动是不等的。这有两种情况:一是生产同种产品的人,耗费的劳动量不等;二是生产不同种产品的人,其劳动相对来说,有较复杂和较简单之分,他们得到同量消费品,而消费的劳动时间不等。在商品生产条件下,这两种不等都要转化为同等价值量。这正是商品生产中包含的平等关系。

因此,社会主义的平等指的是:一切劳动者都摆脱剥削而得到解放;大家平等地废除了生产资料资本主义所有制;大家都有按个人能力劳动的平等义务,一切劳动者都有按劳动质量分配到消费品的平等权利。

---

① 马克思:《哥达纲领批判》,人民出版社 1992 年版,第 11 页。
② 同上书,第 12 页。
③ 列宁:《国家与革命》,人民出版社 1992 年版,第 89 页。

第二章　资产阶级和无产阶级之间的平等问题

第一节　剩余价值的历史起源以劳动力成为商品为条件

商品流通的最后产物即货币，它是资本的最初表现形式。作为货币的货币和作为资本的货币的区别，首先只是在于它们有不同的流通形式。商品流通的公式是：$W—G—W$，即为买而卖；资本运动的公式是 $G—W—G$，即为卖而买，但如果在量上 G 不发生变化，那么，这种运动就是没有意义的，因此这个公式必然是：$G—W—G+\Delta G$ 或 $G—W—G'$。在这里，G 已经成为资本，它的产儿即 ΔG 是它的增殖，也就是剩余价值。现在的问题就是要科学地说明剩余价值的产生。

从历史上看，资本主义是 14 世纪时在地中海沿岸国家中产生的，其后新大陆和新航路的发现，使它迅速发展，这就是说："世界贸易和世界市场在 16 世纪揭开了资本的现代生活史。"①从 16 世纪到 19 世纪中叶马克思科学地说明剩余价值的产生时为止，其间有 300 多年，经济学家们想说明这个问题，但都失败或终于失败，其原因有资本主义发展水平太低的限制，也有观察剩余价值的方法的错误，后者实质上是如何理解资本总公式的问题，需要谈一谈。

1867 年 8 月 24 日，马克思就《资本论》第一卷写信给恩格斯说，此书优点之一，就是讨论剩余价值时，把它的各种特殊形态，如利润、利息、地租等丢开了。他在《剩余价值学说史》中，开宗明义就说，一切经济学者，都在这

---

① 马克思：《资本论》（第一卷），人民出版社 2004 年版，第 171 页。

点上犯错误,他们不把剩余价值纯粹地当作剩余价值来考察,而是在利润和地租等各种特殊形态上进行考察。我们知道,重商主义是从商业利润,重农主义是从农业地租,古典学派尤其是李嘉图是从平均利润出发,去考察剩余价值,并且由此说明它的产生,因而都犯了错误。

我们先看在流通领域中,ΔG 即剩余价值能不能产生。

在这个领域中,"就使用价值来看,交换双方显然都能得到好处。双方都是让渡对自己没有使用价值的商品,而得到自己需要使用的商品。但好处可能不只是这一点。……就交换价值来看,情况就不同了"①。因为就价值来说,交换双方的价值量是相等的。由于商品交换就其纯粹形态来说是等价物的交换,因此,不是增大价值的手段。那些试图把商品流通说成是剩余价值的泉源的人,其实大多是把使用价值和交换价值混淆了。

既然流通领域中等价交换不能产生剩余价值,那么不等价交换能不能产生呢? 假定卖者有某种特权,把价值 100 的商品卖 110,即贵卖 10%,这样他就得到剩余价值 10,但他当了卖者之后,也要当买者。另一位卖者也要对他贵卖 10%,这样,他作为买者要失去 10%。"实际上,整个事情的结果是,全体商品占有者都高于商品价值 10%互相出卖商品,这与他们把商品按其价值出售完全一样。"②反过来,假定买者有某种特权,可以压低商品价值购买商品。但由于他也要成为卖者,另一位买者也这样对待他,结果一切照旧。因此,剩余价值的产生,"既不能用卖者高于商品价值出卖商品来说明,也不能用买者低于商品价值购买商品来说明"③。

如果我们再假定有一个只买不卖,从而只消费不生产的阶级,这时,如果生产者把商品贵卖给他们,剩余价值能否由此产生呢? 如果情况是这样,那么,"这个阶级不断用来购买的货币,必然是不断地、不经过交换、白白地,依靠任何一种权利或暴力,从那些商品占有者手里流到这个阶级手里的。把商品高于价值卖给这个阶级,不过是骗回一部分白白交出去的货币罢了"④。这当然不能产生剩余价值。

---

① 马克思:《资本论》(第一卷),人民出版社 2004 年版,第 183 页。
② 同上书,第 187 页。
③ 同上书,第 188 页。
④ 同上书,第 189 页。

这种理论的创造者是马尔萨斯。他是一个一身而两任的人物:既代表剥削阶级反对无产阶级和社会主义;在土地贵族和资产阶级发生利害冲突时,又代表前者反对后者。在前一场合,他肯定工人的贫困,但认为其原因是工人本身的繁殖;在后一场合,他肯定产品的实现是困难的,一般的生产过剩的危机是可能的,但幸有地主等不生产者的消费,这灾难才得以避免。

马尔萨斯认为利润即剩余价值是预付资本的价值和商品出售所得的价值之间的差额;预付资本的价值由生产资料的价值和工资构成。因此,剩余价值是卖价高于生产成本的差额,即贱买贵卖的产物。假定购买者是工人,并且贵卖 10%,这样,工人以其工资就只能购买其应该买到的商品的十一分之十,余下的十一分之一,是剩余价值,但它表现在商品上,表现在物质资料上,其价值不能实现。因此,剩余价值不能由此产生。由此推论下去,这种贵卖的商品,只能由僧侣、贵族这些僧界和俗界的地主来购买。他们只消费不生产,不可能也用贵卖的办法来对卖者进行报复。而且他们拥有特权和土地私有权,取得源源不断的收入和地租,用来购买,剩余价值似乎能够由此产生。但是,这些收入和地租不可能是从天而降的,在只有资本家、工人和土地所有者三个阶级的社会里,他们只能从已有的剩余价值那里分得。剩余价值同样不能由此产生。

假如个别商品生产者非常狡猾,总使它的同行受骗而不遭到报复,例如把价值 40 镑的葡萄酒卖给别人,换回价值 50 镑的谷物。这样,他就把较少的货币变成较多的货币,把自己的商品变成了资本。但仔细分析一下,就可以看出:"在交换以后,总价值还是 90 镑。流通中的价值没有增大一个原子……一方的剩余价值,是另一方的不足价值,一方的增加,是另一方的减少。"[①]这种情况不用交换作掩饰而直接进行劫夺,也会发生。

以上说明在流通中无论是等价交换,还是非等价交换,都不能产生剩余价值。从这里也可以知道,为什么分析决定现代社会经济组织的资本形式时,不能从洪水期前就已经存在的商业资本和高利贷资本开始。因为它们只能从劫夺产生利润和利息,一方的剩余,是另一方的不足,这不是剩余价值的产生。

---

① 马克思:《资本论》(第一卷),人民出版社 2004 年版,第 190 页。

那么,剩余价值能否从流通以外的什么地方产生呢?有一种看法认为是可以的,但它实质上是把使用价值看成为价值,从而把在生产中产生的使用价值量大于投入的使用价值量的差额看成是剩余价值。重农主义和前期李嘉图就是这样。重农主义认为,农产品例如谷物的产量,大于谷物生产时要消耗的种子以及谷物所需的肥料、劳动者和资本家的口粮、衣服等的差额就是剩余价值,即农业中特有的纯产品或地租。前期的李嘉图认为,假设某人在土地上使用的资本,其价值等于 200 夸特小麦,产品扣除资本后,余下来的是 100 夸特小麦,或其等值,这 100 夸特小麦,就是剩余价值即农业利润。这些看法严格说来是错误的。因为投入的和产出的使用价值,不可能完全相同,不可能从质上计算产出大于投入量,就是说不能从使用价值考察价值包括剩余价值的产生。

既然价值是劳动创造的,那么离开流通,劳动能否创造价值中的一部分,即剩余价值呢?不能,因为"流通是商品占有者的全部相互关系的总和。在流通以外,商品占有者只同他自己的商品发生关系"①。在这里,"商品占有者能够用自己的劳动创造价值,但是不能创造自行增殖的价值。他能够通过新的劳动给原有价值添加新价值,从而使商品的价值增大,例如把皮子制成皮靴就是这样"②。虽然"皮靴的价值大于皮子的价值,但是皮子的价值仍然和从前一样。它没有增殖,没有在制作皮靴时添加剩余价值"③。由此可见,在流通领域以外,商品生产者不同其他商品生产者接触,就不能"使价值增殖,从而使货币或商品转化为资本"④。

总起来说就是,资本"不能从流通中产生,又不能不从流通中产生。它必须既在流通中又不在流通中产生"⑤。这就是资本总公式的矛盾,以及解决这一矛盾必须遵守的方法。

货币转化为资本,带来更多的货币即剩余价值,其原因不可能在货币本身,因为货币作为流通手段和支付手段,只是实现它所购买或所支付的商品

---

① 马克思:《资本论》(第一卷),人民出版社 2004 年版,第 192 页。
② 同上书,第 193 页。
③ 同上。
④ 同上。
⑤ 同上。

的价格,在这里不可能有价值的增殖。这就是说,剩余价值不可能在资本运动第一阶段即 $G—W$ 中产生。它也不可能在资本运动第二阶段即 $W—G$ 中产生。因为在这里是等价交换。这样,价值增殖的秘密,即剩余价值的泉源,只能在"第一个行为 $G—W$ 所购买的商品上,但不是发生在这种商品的价值上,因为互相交换的是等价物"。因此,泉源只能是这种商品的使用价值本身,即剩余价值是从这种商品的使用价值上产生的。"要从商品的消费中取得价值,我们的货币占有者就必须幸运地在流通领域内即在市场上发现这样一种商品,它的使用价值本身具有成为价值源泉的独特属性,因此,它的实际消费本身就是劳动的对象化,从而是价值的创造。货币占有者在市场上找到了这样一种独特的商品,这就是劳动能力或劳动力。"①

劳动力就是活的人体中存在的、每当人生产某种使用价值时就能运用的体力和脑力的总和。

货币所有者要在市场上找到作为商品的劳动力必须存在两个基本条件:第一,劳动力所有者必须是个自由人,必须把劳动力出卖一定时间,就是说他不是奴隶或农奴,也不是卖身为奴;第二,除劳动力外,他没有其他商品可以出卖。这就是说,他既是自由人,又自由得一无所有。

很显然,劳动力成为商品,是历史的产物。"自然界不是一方面造成货币占有者或商品占有者,而另一方面造成只是自己劳动力的占有者。这种关系既不是自然史上的关系,也不是一切历史时期所共有的社会关系。它本身显然是已往历史发展的结果,是许多次经济变革的产物,是一系列陈旧的社会生产形态灭亡的产物。"②正因为这样,有了商品流通的货币流通,绝不是就具备了资本存在的历史条件,只有当生产资料和生活资料的所有者在市场上找到出卖自己劳动力的自由工人的时候,资本才产生,单是这个历史条件就包含着一部世界史。这部世界史就是封建社会的瓦解,人身自由的无产者的产生。它虽然是个经济过程,即个体商品生产者的分化,但这是很缓慢的,为了加速它,暴力起了很大的作用,这个过程是充满血和泪的。

---

① 马克思:《资本论》(第一卷),人民出版社 2004 年版,第 194—195 页。
② 同上书,第 197 页。

在不具备这个历史条件的地方,货币、生产资料、生活资料是不能转化为资本的。例如在最初的自由移民的殖民地北美和大洋洲便是这样。在那里,最初的土地是自由的或者说把土著赶走和剿灭后,土地便是无主的,获得土地十分容易。正是这样:"皮尔先生把共值5万镑的生活资料和生产资料从英国带到新荷兰的斯旺河去。皮尔先生非常有远见,他除此以外还带去了300名工人阶级成员——男人、妇女和儿童。可是,一到达目的地,'皮尔先生竟连一个替他铺床或到河边打水的仆人也没有了'。不幸的皮尔先生,他什么都预见到了,就是忘了把英国的生产关系输出到斯旺河去!"[1]只是在这种条件下,资产阶级经济学家才发现,原来资本不是一种物,而是一种"以物为中介的人和人之间的社会关系"[2]。

作为商品的劳动力,其使用价值即劳动是价值的泉源,其价值由再生产劳动力所必需的劳动时间决定。这是和其他商品的价值决定一样的。但它也有特点,即劳动力价值的决定包含着一个历史的和道德的要素。劳动力的使用即劳动创造的价值,大于劳动力价值的差额,就是剩余价值。

这样,资本总公式的矛盾便按照前面规定的条件解决了,资本或剩余价值不能从流通中产生,但又不能离开流通而产生,因为劳动力商品的买卖是在流通中发生的,但剩余价值是劳动力的使用,即在生产中产生的。

劳动力不是劳动。正如消化力不是消化一样,在认识上区别这两者是容易的。但是要认识无产者出卖的是劳动力而不是劳动,却不容易。因为它要以认识资本主义生产方式是生产的一种历史形态为前提,而资产阶级经济学家却认为资本主义生产是生产的自然形态,这就当然不可能认识无产者出卖的是劳动力,而认为他出卖的是劳动。例如,古典派就是这样。因此,古典派虽然提出了劳动价值理论,但不能提出完全科学的剩余价值理论,这反过来使他们的劳动价值理论不能贯彻到整个理论体系中。

这里以斯密的理论为例加以说明。他认为,在资本积累和土地私有权

---

① 马克思:《资本论》(第一卷),人民出版社2004年版,第878页。
② 同上。

尚未发生以前的社会状态下,劳动的全部生产物都属于劳动者自己,一种物品通常应可购换或支配的劳动量,只由取得或生产这种物品一般所需要的劳动量决定,获取各种物品所需劳动量之间的比例,是各种物品相互交换的唯一标准。资本积累和土地私有权发生以后,情况就不是这样了。这时,劳动者对原材料增加的价值,就要分为两大部分,其中一部分支付劳动者的工资,余下部分支付雇主的利润和地主的地租。这样,生产商品的劳动量,就不能单独决定这种商品一般所应交换或支配的劳动量,而要加上另两种劳动量即利润和地租包含的劳动量。于是,商品价值量就改由交换所支配的劳动量决定。它包含工资、利润、地租三部分。可以看出,斯密已经知道剩余价值是从哪里产生的,因为劳动者形成的价值,扣除工资部分后,余下来的就是剩余价值,它分解为利润和地租。但是另一个问题又妨碍了他的认识:无产者出卖的是劳动,要得到劳动形式的价值,这样,利润和地租就不可能来自生产商品所耗费的劳动,而只能来自交换商品所支配的劳动,这劳动包括工资、利润和地租,他由于不了解劳动力成为商品,无法将剩余价值理论贯彻到底,反过来又不能将劳动价值理论贯彻到底。

还肩负着反对封建主义历史任务的斯密尚且如此,其后没有这个任务的经济学家就不用说了。"这些资产阶级经济学家实际上具有正确的本能,懂得过于深入地研究剩余价值的起源这个爆炸性问题是非常危险的。"①斯密的直接继承者李嘉图,也没有寻求剩余价值存在的原因,而只是寻求剩余价值量的原因,其目的在于使资产阶级占有的份额多些。

李嘉图之所以提出上述问题,是由于资本主义生产方式存在着平均利润率规律的下降趋势,其真正原因是随着技术提高,资本有机构成也随着提高,即不变资本增加得比可变资本快。但李嘉图却错误地认为,原因是农业生产率的降低,其表现是耕地从优到劣,因而农产品价值日益增高,这一方面使地租增大,其对立面利润减小,另一方面使工人名义工资增加,它又使分解为地租和利润的剩余价值减小,地租增大就使利润减少。李嘉图站在产业资本家方面,便提出他们要增加在剩余价值中占有的份额的要求。

---

① 马克思:《资本论》(第一卷),人民出版社 2004 年版,第 590 页。

第二节　劳动力的买和卖是"天赋人权的真正乐园"

　　劳动力的买和卖是平等的,因为两方都是根据自己的自由意志行动的,是作为自由的、在法律上平等的人缔结契约的,契约是他们的意志借以得到共同的法律表现的最后结果;两方都是根据自己的所有权,处理自己支配的东西;两方都只是作为商品所有者发生关系,用等价物交换等价物。总之,它同一般商品买卖,从买卖的角度看,没有什么不同,都是平等的。

　　当然,仔细分析一下,不同之处还是有的。一般的商品买卖,在信用制度不发达的时候和地方,使用价值的让渡和价值的实现,是同时进行的,即"一手交钱,一手交货";但是,"劳动力这种独特商品的特性,使劳动力的使用价值在买者和卖者缔结契约时还没有在实际上转到买者手中",因此,"力的让渡和力的实际表现即力作为使用价值的存在,在时间上是互相分开的",这就是说,要买者实际上使用了劳动力,使卖者劳动了,买者才在实际上买了劳动力,由于这样,买者对卖者的支付,是在卖者劳动了一段时间之后,即到处都是工人给资本家以信贷,买者的货币执行的不是流通手段而是支付手段的职能。① 虽然工人到处都是贷者,到期还是得到他出卖劳动力的价格,从这点看,劳动力的买卖还是平等的,是卢梭所说的天赋人权的重要内容。

　　在资本主义的生产过程中,劳动力的买者和卖者的关系,还是平等的。资本主义生产过程是劳动过程和价值增殖过程的统一,其结果是生产资料转化来的产品,这产品在法律上归买者即资本家所有。这个产品的价值首先包含了已被消费掉的生产资料的价值,还包含了劳动力价值的等价物和剩余价值。这是由于按一定时期出卖的劳动力的价值,低于它在这期间被使用后所创造的价值。但是,工人得到付给他的劳动力价值或价格,因而才让渡了他的劳动力的使用价值,这和任何买卖都一样,"劳动力这种特殊商品具有独特的使用价值,它能提供劳动,从而创造价值,但这并不触犯商品

───────────────

　　① 马克思:《资本论》(第一卷),人民出版社2004年版,第202页。

生产的一般规律。所以，如果说预付在工资上的价值额不仅在产品中简单地再现出来，而且还增加了一个剩余价值，那么，这也并不是由于卖者被欺诈，——他已获得自己商品的价值，——而只是由于买者消费了这种商品"[①]。直到现在为止，劳动力的买卖关系都是平等的。

我们认为劳动力的买卖关系是平等的，同资产阶级学者宣扬资本家和工人的关系是平等的论调有本质的不同。我们的论点是以资本家和工人在生产资料占有上是不平等的，即一个占有，一个丧失生产资料为前提，然后认为从价值规律的作用看，劳动力的买卖由于是等价的，所以是平等的。至于劳动力买卖导致的后果是不是平等的，那是另一个问题。资产阶级学者不是这样，而只认为是资本和劳动相交换，或协作生产、公平分配的关系，在他们的思想里，这种关系就是："买者付出一定数额的货币，卖者付出与货币不同的物品。在这里，法的意识至多只认识物质的区别，这种区别表现在法律上对等的各个公式中：'我给，为了你给；我给，为了你做；我做，为了你给；我做，为了你做'。"[②]这种理论，已成为资产阶级经济学、政治学、法学的理论基础，它的核心是资本与劳动的交换。

第三节　二律背反：工作日的界限

"资本并没有发明剩余劳动。凡是社会上一部分人享有生产资料垄断权的地方，劳动者，无论是自由的或不自由的，都必须在维持自身生活所必需的劳动时间以外，追加超额的劳动时间来为生产资料的所有者生产生活资料。"[③]在资本主义条件下，劳动者还要为资本家生产一个积累基金。我们称为劳动者为维持自身生活进行的劳动为必要劳动，称劳动者为生产资料垄断者提供的劳动为剩余劳动。在资本主义条件下，前者形成劳动力价值，后者形成剩余价值。

这样，一个资本主义的工作日就包含必要劳动时间和剩余劳动时间两

---

① 马克思：《资本论》（第一卷），人民出版社 2004 年版，第 675 页。
② 同上书，第 620 页。
③ 同上书，第 272 页。

部分。这两者之比,等于劳动力价值和剩余价值之比,就是剩余价值率。增加剩余价值和提高剩余价值率有两种办法:一是延长劳动时间,由此产生的是绝对剩余价值;一是减少必要劳动时间,由此增加的是相对剩余价值。相对剩余价值的产生,要以劳动力价值降低,从而生活资料价值降低为前提。生活资料的价值如同所有商品的价值降低一样,是由于资本家要降低商品的个别价值,以攫取超额剩余价值的结果,因为资本家都这样做,商品的社会价值便降低了。正是追逐超额剩余价值,或追逐相对剩余价值,使资本主义生产发展经历了单纯协作、工场手工业和大机器工业的阶段。

劳动力的买卖本身并没有决定工作日的长度,因为它只能决定工作日比必要劳动时间长,而不能决定长多少。但资本主义生产的实质,必然使资本家极力延长工作日,以便增加绝对剩余价值。我们拿封建主义的和资本主义的工作日一比较,便可以了解。在封建主义自然经济占统治条件下,"一个经济的社会形态中占优势的不是产品的交换价值,而是产品的使用价值",这样,"剩余劳动就受到或大或小的需求范围的限制,而生产本身的性质就不会造成对剩余劳动的无限制的需求"。① 封建主义对农民的剥削,还受到肠胃的限制,因而相对地说,不要求无限制地增加剩余劳动,工作日不至于无限延长。"在美国南部各州,当生产的目的主要是直接满足本地需要时,黑人劳动还带有一种温和的家长制的性质。但是随着棉花出口变成这些州的切身利益,黑人所从事的有时只要 7 年就把生命耗尽的过度劳动,就成为一种事事都要加以盘算的制度的一个因素。"②后者正是资本主义生产的特点,所以资本家总是要求延长工作日。

但是,工人不是奴隶,他出卖的是劳动力,而不是人身,工人作为劳动力的出卖者,要日复一日地出卖,因此要求资本家节省地使用劳动力,即限制工作日的长度;而资本家作为劳动力的购买者,要求尽量长时间地使用劳动力,如果可能,就要一天变为两天用,即延长工作日的长度,在这里出现二律背反:"资本家按照劳动力的日价值购买了劳动力。劳动力在一个工作日内

---

① 马克思:《资本论》(第一卷),人民出版社 2004 年版,第 272 页。
② 同上书,第 273 页。

的使用价值归资本家所有。因此,资本家有权要工人在一天之内为他做工。但什么是一个工作日呢?当然比一个自然的生活日短。短多少呢?关于这个极限,即工作日的必要界限,资本家有他自己的看法。"①这就是:"资本家要坚持他作为买者的权利,他尽量延长工作日。"②可是,工人有自己的看法。他说:"你和我在市场上只知道一个规律,即商品交换的规律。商品不归卖出商品的卖者消费,而归买进商品的买者消费。因此,我每天的劳动力归你使用。但是我必须依靠每天出卖劳动力的价格来逐日再生产劳动力,以便能够重新出卖劳动力。……我每天只想在它的正常耐力和健康发展所容许的限度内使用它,使它运动,转变为劳动。"③因此,"工人也要坚持他作为卖者的权利,他要求把工作日限制在一定的正常量内"④。由于这样,资本主义工作日长度的决定是:"权利同权利相对抗,而这两种权利都同样是商品交换规律所承认的。在平等的权利之间,力量就起决定作用。所以,在资本主义生产的历史上,工作日的正常化过程表现为规定工作日界限的斗争。这是全体资本家即资本家阶级和全体工人即工人阶级之间的斗争。"⑤。

　　规定一个适当的工作日,使工人劳动后能恢复正常的体力和脑力,以便日复一日地出卖劳动力,这本来是平等地出卖劳动力的要求,只有这样,才是使用劳动力,如果过度地延长工作日,而支付的劳动力价格又不相应地增加,那就是劫夺劳动力了。工人完全有理由说:"如果在劳动量适当的情况下一个中常工人平均能活30年,那你每天支付给我的劳动力的价值就应当是它的总价值的$1\div(365\times30)$或$1\div10\,950$,但是如果你要在10年内就消费尽我的劳动力,可是每天支付给我的仍然是我的劳动力总价值的$1\div10\,950$,而不是$1\div3\,650$,那就只支付了我的劳动力日价值的1/3,因而每天就偷走了我的商品价值的2/3。你使用3天的劳动力,只付给我1天劳动力的代价。这是违反我们的契约和商品交换规律的。因此,我要求正常长度

---

① 马克思:《资本论》(第一卷),人民出版社2004年版,第269页。
② 同上书,第271页。
③ 同上书,第270页。
④ 同上书,第271页。
⑤ 同上书,第272页。

的工作日。"①这对于理解无产阶级进行减缩工作日长度和提高工资的经济斗争,是十分重要的。

正常工作日的规定,是几个世纪以来资本家和工人之间的斗争的结果。英国从 14 世纪到 18 世纪中叶的劳工法,力图强制地规定工作日,因为这时资本主义尚在萌芽,刚刚出世,不能单纯地依靠经济关系的力量,而要依靠国家政权的帮助,才能确保自己榨取足够的剩余劳动的权利。即使这样,劳工法规定的工作日长度,在 18 世纪最后 30 年和 19 世纪前半期也被突破,因为这时进行的是产业革命,使用机器生产,工人的体力劳动相对地成为次要的,资本家就迫使工人延长工作日。劳工法于 1813 年废除,其原因除了工人运动提出要求外,主要是由于无产者身体衰落影响到士兵体格的降低。于是,有必要把工厂劳动限制一下:"正像有必要用海鸟粪对英国田地施肥一样。同是盲目的掠夺欲,在后一种情况下使地力枯竭,而在前一种情况下使国家的生命力遭到根本的摧残。"②

从 1802 年到 1833 年,英国议会颁布了五种限制工作日的工厂法,但只是纸上的法律,因为议会并没有公布其实施的办法。1836 年,英国工人开始了宪章运动,它把 10 小时工作日的规定作为基本的经济要求。正是这个时候,以马尔萨斯为代言人的地主阶级和以李嘉图为代言人的资产阶级,在议会中进行了一场关于存废谷物法的斗争,资产阶级提出废除谷物法,以便进口廉价谷物的主张获胜,并逐步付诸实施。地主阶级在这场斗争中吃了亏,便伺机对资产阶级进行报复。于是,当工人提出 10 小时工作日的要求时,议会中地主阶级的代表便予以支持。英国工人阶级就这样利用地主阶级和资产阶级的矛盾,使其要求得到实现。

美国南北战争的第一个果实,就是争取 8 小时工作日运动。这个运动很快就影响到整个资本主义世界。1866 年在美国巴尔的摩召开了全美工人代表大会;同年 9 月,在瑞士日内瓦召开了国际工人代表大会,都提出了 8 小时工作日的要求,它终于在 1917 年至 1923 年中,在主要资本主义国家中陆续实现了。

---

① 马克思:《资本论》(第一卷),人民出版社 2004 年版,第 271 页。
② 同上书,第 277 页。

第四节　作为虚假范畴的工资歪曲了两大阶级之间的关系

　　首先要指出的是：工资、劳动的价格、劳动的价值、劳动的报酬，这些在日常生活中产生的概念，指的是同一意义，即无产者劳动后得到的收入，但是劳动者得到的并不是劳动的价格、价值、报酬，并不是工资，而是劳动力的价值或价格，因为他出卖的是劳动力这种商品，所以如同其他商品生产者出卖商品，得到的是商品的价值或价格一样，无产者出卖劳动力，得到的也是劳动力的价值或价格。但是它必然被歪曲为工资，并由此必然掩盖两大阶级之间的剥削与被剥削的关系，这种掩盖是资本主义生产关系神秘化的决定性的原因。

　　"在资产阶级社会的表面上，工人的工资表现为劳动的价格，表现为对一定量劳动支付的一定量货币。在这里，人们说劳动的价值，并把它的货币表现叫作劳动的必要价格或自然价格。另一方面，人们说劳动的市场价格，也就是围绕着劳动的必要价格上下波动的价格。"①必要价格或自然价格，分别是重农主义和古典学派配第、斯密与李嘉图使用的范畴，指的是市场价格因供求关系而发生波动时，波动依以发生的那个中心，亦即撇开供求关系表现在货币上的价值，不言而喻，要研究的是这个中心，亦即劳动的价值。

　　但是，劳动的价值，是一个不合理的表现，一个虚假的范畴。

　　首先，商品的价值量由它所包含的劳动量来计算，这样，就只好说，12个小时的劳动或工作日的价值，由12个小时的劳动来决定，这是无谓的同义反复。

　　其次，劳动有价值，就意味着它成为商品，它在出卖前就要独立存在，但是，如果无产者能使其劳动独立存在，他出卖的就应该是劳动生产物，即商品，而不是劳动了。即使后退一步，撇开这矛盾不谈，假定无产者以其活劳动和货币交换，货币是物化劳动，活劳动和物化劳动交换，如果是等价的，剩

---

　　①　马克思：《资本论》（第一卷），人民出版社2004年版，第613页。

余价值就无法产生,如果是不等价的,又消灭价值的决定,违反价值规律。如果认为物化劳动和活劳动相交换,就应该是少量劳动和多量劳动相交换,从而去说明剩余价值的产生,如老穆勒所做过的那样,这只是徒劳无益。既然商品的价值,从而货币的价值在再生产中,不是由物化在该商品和货币的劳动量决定,而是由再生产它们的活劳动量决定,这种说明就更荒谬了。例如,美洲富饶金银矿的开采,耗费较少的劳动便能生产出同量的金银,欧洲已有的金银所代表的劳动便减少了。可见,商品和货币的价值是由再生产它们所必需的活劳动决定的。

所以,同货币所有者相对立的不可能是劳动,而只能是无产者,他出卖的是劳动力。当它出卖了劳动力,开始劳动时,劳动就不属于无产者,因而也不能被他出卖。总之:"劳动是价值的实体和内在尺度,但是它本身没有价值。"①这里谈的劳动是价值的内在尺度和前面谈过的"商品内在的价值尺度即劳动时间"②是同一意思,谈的是商品生产者之间对商品价值量的计算,而不是社会对商品的生产者的私人劳动,进行质的承认,然后在这基础上进行量的计算——这就是货币的价值尺度职能。

因此,"在'劳动的价值'这个用语中,价值概念不但完全消失,而且转化为它的反面。这是一个虚幻的用语,就像土地的价值一样。但是这类虚幻的用语是从生产关系本身中产生的"③。为什么呢?这个问题就是"劳动力的价值和价格是怎样表现为它的转化形式,即表现为工资"④的问题。

首先,工人是在提供了自己的劳动以后才被支付的,他得到的实质上是他出卖劳动力的价格,但由于是在劳动之后才得到的这一价格便被歪曲为劳动的价格,即工资了。这种认识,从工人方面看是必然的。"他以 12 小时劳动获得 6 小时劳动的价值产品,比如说 3 先令,对他说来,他的 12 小时劳动实际上是 3 先令的购买手段。"⑤劳动力价值随着生活资料的价值变化而变化。这在他看来,"他所获得的等价物的量的任何变化,都必然表现为他

---

① 马克思:《资本论》(第一卷),人民出版社 2004 年版,第 615 页。
② 同上书,第 114 页。
③ 同上书,第 616 页。
④ 同上书,第 618 页。
⑤ 同上。

的 12 小时劳动的价值或价格的变化"①。这种认识从资本家方面看,也是必然的。因为"他总是把低于价值购买和高于价值出售这一纯粹欺诈行为说成他的利润的来源。因而,他理解不到,如果劳动的价值这种东西确实存在,而且他确实支付了这一价值,那么资本就不会存在,他的货币也就不会转化为资本"②。

此外,工资的实际运动显示出一些现象,也使劳动力的价值表现为似乎是劳动的价值。第一,工资随着工作日长度即劳动量的变化而变化;第二,执行同一职能的工人,即从事同种的、劳动熟练程度不同的工人,其工资存在着个人差别。

劳动力价值或价格转化为劳动的价值、劳动的价格、劳动的报酬、工资这些意义相同的虚幻概念或虚假范畴,"消灭了工作日分为必要劳动和剩余劳动、分为有酬劳动和无酬劳动的一切痕迹。全部劳动都表现为有酬劳动"③。正因为这样,便可以懂得:"为什么劳动力的价值和价格转化为工资形式,即转化为劳动本身的价值和价格,具有决定性的重要意义。这种表现形式掩盖了现实关系,正好显示出它的反面。工人和资本家的一切法的观念,资本主义生产方式的一切神秘性,这一生产方式所产生的一切自由幻觉,庸俗经济学的一切辩护遁词,都是以这个表现形式为依据的。"④

古典经济学毫无批判地从日常生活中借用了"劳动的价格"这个范畴,然后提出问题,这个价格是怎样决定的? 它当然知道,价格的波动会相互抵消,此时就出现劳动的价值了。它认为,劳动的价值"和在其他商品的场合一样,是由生产费用来决定的。但是生产费用——工人的生产费用,即用来生产或再生产工人本身的费用,又是什么呢? 这个问题在政治经济学上是不自觉地代替了原来的问题,因为政治经济学在劳动本身的生产费用上只是兜圈子,没有前进一步。可见,政治经济学称为劳动的价值的东西,实际上是劳动力的价值"⑤。但是,它没有这个认识。因此,古典政治经济学就

---

① 马克思:《资本论》(第一卷),人民出版社 2004 年版,第 620 页。
② 同上书,第 621 页。
③ 同上书,第 619 页。
④ 同上。
⑤ 同上书,第 617 页。

"陷入了无法解决的混乱和矛盾之中,同时为庸俗经济学的在原则上只忠于假象的浅薄性提供了牢固的活动基础"①。这种混乱和矛盾集中到一点就是,劳动是价值的泉源,工人出卖的是劳动,得到其劳动形成的价值,利润和地租(两者合起来是剩余价值)就没有来源了。其实,古典派看到的事实上是劳动力的价值,但是没有真正的认识,所以"古典政治经济学几乎接触到事实的真实情况,但是没有自觉地把它表述出来。只要古典政治经济学附着在资产阶级的皮上,它就不可能做到这一点"②。

有一种对劳动力价值或价格转化为工资的解释,我认为是不对的。这就是把工资说成是劳动力价值的货币表现,这种解释等于把工资说成就是劳动力的价格,因为价值的货币表现就是价格。这样说来,工资就不是转化形态,就不是幻觉,不是虚假范畴,不是劳动的价值或价格,丝毫也没有掩盖两大阶级之间的关系。还有一种对工资的解释也是不对的。这就是把它说成是劳动的部分报酬,即它不是劳动的全部报酬,但它还是劳动的报酬,只不过是劳动的部分报酬。应该指出,工资从根本上说不是劳动报酬,而只是劳动价值或价格的转化形态。马克思是经过严密的说明后,才有时使用有酬劳动和无酬劳动这些概念的。

第五节　资本积累表明可变资本与劳动力相交换,形式是平等的,内容是不平等的

资本家按照价值购买了劳动力,便开始了资本主义的生产过程,在这一过程中,工人既生产了归资本家所有的剩余价值,又生产了资本家用以购买他的劳动的可变资本,后者是他以工资形式流回到工人手里之前就生产出来的。当然,资本家是用货币支付给工人,但这些货币不过是工人创造的价值的转化形式。所以,"工人今天的劳动或下半年的劳动是用他上星期的劳动或上半年的劳动来支付的。只要我们不是考察单个资本家和单个工人,

---

① 马克思:《资本论》(第一卷),人民出版社 2004 年版,第 617 页。
② 同上书,第 622 页。

而是考察资本家阶级和工人阶级,货币形式所造成的错觉就会立即消失"①。

工资其所以取得了是资本家对工人实行支付这种歪曲内容的形式,只是由于工人自己的产品不断以资本的形式离开工人,下面的例子可以说明问题。缴纳劳役地租的农民,每周三天用自己的生产资料在自己的耕地上劳动,为自己生产生活资料,其余三天在地主的田庄服劳役,这个农民不断为自己生产生活资料即工资,而这生活资料从来没有采取是别人支付给他的这样的形式,当然他为地主提供的劳役,也从来没有采取有酬劳动的形式。但是,一旦这个地主变成经营地主,农民由于地主收回耕地,无以为生,便只好向地主出卖劳动力,成为雇工。假如其他条件不变,这位雇工还得每周为自己生产生活资料,三天为现在的雇主生产剩余价值。但是,既然劳役劳动采取了雇佣劳动的形式,劳役农民变成了自由雇工,他的生活资料就由自己生产的生活资料变成由雇主支付的工资了。

从再生产过程看,不仅工资是工人自己生产的,而且一切资本也是工人生产的。即使资本家是靠某种与别人的无酬劳动无关的原始积累而取得的。但是,"经过若干年或者说经过若干个再生产期间,原预付资本就会被资本家消费掉,因而消失了"②。因为"经过若干年以后,资本家占有的资本价值就等于他在这若干年不付等价物而占有的剩余价值额,而他所消费的价值额就等于原有资本价值"③。

把剩余价值再转化为资本,叫作资本积累。从物质观点看,"要积累,就必须把一部分剩余产品转化为资本。但是,如果不是出现了奇迹,能够转化为资本的,只是在劳动过程中可使用的物品,即生产资料,以及工人用以维持自身的物品,即生活资料。所以,一部分年剩余劳动必须用来制造追加的生产资料和生活资料,它们要超过补偿预付资本所需要的数量。总之,剩余价值所以能转化为资本,只是因为剩余产品(它的价值就是剩余价值)已经包含了新资本的物质组成部分"④。此外,还要有追加的劳动。如果从外延方面或内涵方面都不能增加对就业工人的剥削,那就必须雇用追加的劳

---

① 马克思:《资本论》(第一卷),人民出版社 2004 年版,第 655 页。
② 同上书,第 657 页。
③ 同上。
④ 同上书,第 670 页。

动力。

西尼尔宣扬资本积累是资本家的"节欲"因而应有利润对其行为进行报酬的谬论。应该指出,是竞争这个资本主义生产方式的内在规律作为外在强制的规律,使资本家不得不进行积累。在这个条件下,资本主义生产的物质结构,也使资本家不能把剩余价值全部用于个人消费,因为钢铁、蒸汽机、肥料等生产资料,是不能供资本家用于个人挥霍的。

资本积累就是资本生资本的不断过程。例如,一个工厂主预付了10 000镑的资本,其中五分之四用于购买生产资料,五分之一用于购买劳动力,假设剩余价值率为100%,产品价值便为12 000镑,其中剩余价值2 000镑。工厂主要进行积累。为了使问题简单,假设这2 000镑剩余价值全部用于积累。在条件不变时,新的2 000镑资本又带来400镑剩余价值;这个400镑又用于积累,又带来80镑新的剩余价值,依此类推。

原预付资本10 000镑是从哪里来的,是不是由其所有者创造的,这个问题并不重要。因为前面已经指出,只要经过若干年,它即便是从所有者的劳动积累而来的,也变成是剩余价值的积累了。"2 000镑追加资本的情况就完全不同了。它的产生过程我们是一清二楚的。这是资本化了的剩余价值。它一开始就没有一个价值原子不是由无酬的他人劳动产生的",资本家再用它的"一部分从工人阶级那里购买追加劳动力,甚至以十足的价格来购买,就是说,用等价物交换等价物,那还是征服者的老把戏,用从被征服者那里掠夺来的货币去购买被征服者的商品"。①

这个追加的资本,如果雇用的就是把它生产出来的人,那么他首先必须使原有资本即10 000镑继续增殖,其次要对自己过去劳动的产品用比它所费劳动更多的劳动买回来;如果雇用的是新的追加的劳动力,即把这过程看成是两大阶级之间的交易,那么,这就是用从前的雇佣工人的无酬劳动,来雇用追加的工人,这追加工人以更多的劳动买回从前雇佣工人提供的、被资本家占有的无酬劳动。"不管怎样,工人阶级总是用他们这一年的剩余劳动创造了下一年雇用追加劳动的资本。这就是所谓'资本生资本'。"②

---

① 马克思:《资本论》(第一卷),人民出版社2004年版,第672页。
② 同上。

这样,对于过去无酬劳动的所有权,成为今日以日益扩大的规模占有活的无酬劳动的唯一条件。资本家积累得越多,就越能有更多的积累。

我们可以看到,构成第一个追加资本的剩余价值,是用一部分原资本购买劳动力的结果,而这种购买完全符合商品交换的规律,从法律上看,这种购买的前提不外是工人自由地支配自己的能力,而货币或商品的所有者自由地支配属于他的价值;构成第二个追加资本的,不过是第一个追加资本的结果,因而是前一种关系的结果。既然每一次交易都始终符合商品交换的规律,资本家总是购买劳动力,工人总是出卖劳动力,甚至可以假定这种交易是按劳动力实际价值进行的,那么很明显:"以商品生产和商品流通为基础的占有规律或私有权规律,通过它本身的、内在的、不可避免的辩证法转变为自己的直接对立物。"①也就是:"商品生产按自己本身内在的规律越是发展成为资本主义生产,商品生产的所有权规律也就越是转变为资本主义的占有规律。"②

这个规律的转变表明,作为最初行为的等价物交换,已经变得仅仅在表面上是交换,这是因为:第一,用来交换劳动的那部分资本本身只是不付给等价物而占有的别人劳动产品的一部分;第二,这部分资本不仅必须由它的生产者即工人来补偿,而且在补偿时还要加上新的剩余额。"这样一来,资本家和工人之间的交换关系,仅仅成为属于流通过程的一种表面现象,成为一种与内容本身无关的并且只是使它神秘化的形式。劳动力的不断买卖是形式。其内容则是,资本家用他总是不付等价物而占有的他人的已经对象化的劳动的一部分,来不断再换取更大量的别人的活劳动。"③

现在我们回过头来再看一看,斯密从主张生产商品投下的劳动量决定价值量,到主张交换商品支配的劳动决定价值,原因何在。应当说,作为资本存在的一种形态的商品,它的价值是会增殖的,这个增殖的价值是由资本所支配的活劳动创造的,并与活劳动成正比。在斯密看来,这里的活劳动是由工资交换来的,所谓交换商品支配的劳动量,也就是以工资购买的活劳动。这样,他就认为是交换商品支配的劳动量决定商品的价值量。从这点

———————
① 马克思:《资本论》(第一卷),人民出版社2004年版,第673页。
② 同上书,第677—678页。
③ 同上书,第673页。

说,他的错误是混淆了作为资本的商品的价值增殖和商品本身价值的形成。这种错误的根源,还是由于他不了解劳动力是商品,而认为活劳动是商品,这就必然把劳动力在生产中支出的活劳动创造的价值,看成是由工资在交换中支配的活劳动形成的价值。

然而,斯密的伟大功绩也在这里。他明显地察觉到,从简单的商品生产和商品交换,过渡到资本主义的商品生产和商品交换,即工资与雇佣劳动交换,从价值全部归于劳动者过渡到价值分解为工资、利润和地租,这当中有一个空隙,在越过这一空隙时,他发现价值规律从发挥自己的作用到不能发挥自己的作用,因为价值既然要分出利润和地租,那么工人的工资就必然小于其劳动创造的价值,而这是以多量活劳动交换少量物化劳动的不等价交换,这是违反价值规律的要求的。这是古典派不能跨越的第一个难关。

古典学派强调指出:"积累过程的特点是,剩余产品由生产工人消费,而不由非生产工人消费,这一点是对的。但它的错误也正是从这里开始。亚·斯密使人们形成一种流行的看法,把积累仅仅看成剩余产品由生产工人消费,或者说,把剩余价值的资本化仅仅看成剩余价值转变为劳动力。"①

例如,李嘉图就是这样。他认为,用于积累的那部分剩余价值,只由生产工人消费。根据这种看法,所有转化为资本的剩余价值都成为可变资本。其实,用于积累的剩余价值有一部分是用于购买生产资料,即变成不变资本的。这个错误的根源是斯密教条,它直接导致这样荒谬的结论:"虽然每一单个资本分成不变组成部分和可变组成部分,但社会资本只分解为可变资本,或者说,只用来支付工资。"②

斯密为了证明这一点,在所举的例子中承认,谷物的价格不仅由 V(可变资本)+M(剩余价值)构成,"而且也由生产谷物时所消耗的生产资料的价格……构成。但是,他说,这一切生产资料本身的价格,和谷物的价格一样,也分为 $V+M$……他引导我们由一个生产部门到另一个生产部门,又由另一个生产部门到第三个生产部门"③。这样,商品的全部价格最终分解为 $V+M$ 云云,不过是一个空洞的遁词,否则,他就得证明,价格直接分解为 C 即不

_____

① 参见马克思:《资本论》(第一卷),人民出版社 2004 年版,第 680 页。
② 参见同上书,第 681 页。
③ 参见马克思:《资本论》(第二卷),人民出版社 2004 年版,第 414 页。

变资本$+V+M$的商品,最后会由这样的商品来补偿,即它们的生产只耗费活劳动,没有耗费物化劳动,只有这样,这种商品的价格才只分解为$V+M$。斯密举的例子,是苏格兰的玛瑙采集者,认为他们只耗费活劳动。其实,他们采集和运装玛瑙,也要使用篮子和口袋这些物化劳动的产物。所以,如果要论证得彻底,斯密就只好将其分析上溯到人类赤手空拳地进行生产的时代。这样的分析,对政治经济的研究是没有意义的。

斯密的这种错误,使他不可能正确地分析社会资本再生产,因为它混淆了社会总产品($C+V+M$)和国民收入($V+M$)。由他的错误导致的李嘉图的错误,即认为用于积累的剩余价值全部由工人消费,又导致生产等于消费的错误理论,这又使他必然否认生产过剩的经济危机。应该说,斯密本人并不认为生产等于消费,因为他虽然认为从价值看,产品价值全部分解为收入,而收入是用于消费的,但他还从物质形态上看问题,他看到有些物质资料不能进入个人消费。李嘉图不是这样,他仅从逻辑上发展斯密的错误论点,因而得出生产等于消费的结论。但他没有把它用于辩护。将这些错误用于辩护,那是庸俗经济学的事。

第三章 资产阶级内部平等关系的形成和破坏

第一节 "平等地剥削劳动力,是资本的首要的人权"

正如商品和货币是天生的平等派一样,资本也是天生的平等派,因而"平等地剥削劳动力,是资本的首要的人权"①。这就是说,由于资本家之间的竞争,他们对于所使用的有同等质量的劳动力,支付的价格是相同的,每天使用时间的长度即工作日是相同的,劳动条件也是相同的。但是,资本虽然平等地剥削劳动力,可是等量资本在相同的时间内支配的劳动力不同,便有不等量的剩余价值,这不等量的剩余价值在自由竞争条件下,要由资本家进行平均分配。"不同的资本家在这里彼此只是作为一个股份公司的股东发生关系,在这个公司中,按每100资本均衡地分配一份利润。因此,对不同的资本家来说,他们的各份利润之所以有差别,只是因为每个人投在总企业中的资本量不等,因为每个人在总企业中的入股比例不等,因为每个人持有的股票数不等。"②这就是说,对各部门具有中等条件的资本家来说,他们得到的利润是均等的。

这种平等关系只存在于资产阶级内部,不存在于资产阶级和土地所有者阶级之间。后者由于拥有土地私有权,因经营的土地不同、对同一土地追加投资的生产率不同、农业比工业使用的活劳动较多而产生的超额利润,都要转化为不同形式的地租,归土地所有者阶级所有,经营和利用土地的资产

---

① 马克思:《资本论》(第一卷),人民出版社2004年版,第338页。
② 马克思:《资本论》(第三卷),人民出版社2004年版,第178页。

阶级内部存在着平等关系,土地所有者阶级能够将与土地有关的超额利润变成地租,据为己有。

平等地剥削劳动力,只存在于资本主义制度下,在奴隶制度和封建制度下是不存在的。这是因为奴隶和封建领主封建制度下的农奴,没有人身自由,不能选择主人即剥削者,即使在地主封建制度下,农民虽有人身自由,并且由于土地自由买卖,地租便由利息率来调节,农民缴纳的地租额大体相同,但由于农民经营的个人经济不同,劳动条件和经济条件不同,其被剥削的条件和程度就不同。

资本平等地剥削劳动力。从历史上看,最初产生于行会手工业中。行会制度产生于封建制度晚期,资本主义商品生产在开始产生、竞争尚未激烈的时候,行会对店东雇用师傅、学徒的数量、产品的规格、工艺过程、劳动时间、买卖价格等,都有统一的规定,其目的在于保证参加行会的手工业者不破产,反过来说,就是限制店东成为资本家。关于行会制度,恩格斯写道:"中世纪的商人决不是个人主义者;他像他的所有同时代人一样,本质上是共同体的成员。在农村,占统治地位的是从原始共产主义中生长起来的马尔克公社。……以后的一切同业公会,都是按照马尔克公社的样子建立起来的,首先就是城市的行会,它的规章制度不过是马尔克的规章制度在享有特权的手工业上而不是在一个有限的土地面积上的应用。整个组织的中心点,是每个成员都同等地分享那些对全体来说都有保证的特权和利益。"[1]由于这样,相等的利润率,"在其充分发展的情况下本来是资本主义生产的最后结果之一,而这里在其最简单的形式上却表明是资本的历史出发点之一,甚至是马尔克公社直接生出的幼枝"[2]。

第二节　等量资本在剥削条件相同时却有不等的年利润率

虽然相等的利润率是资本的历史出发点之一,但真正的资本主义生产

---

[1]　马克思:《资本论》(第三卷),人民出版社2004年版,第1019—1020页。
[2]　同上书,第1021页。

开始后,等量资本却因在相同时间内推动的活劳动不等而有不同的年利润率,这是由于资本有机构成和资本周转时间不同而引起的。但在说明这个问题之前,先要说明剩余价值如何转换为利润,以及这种转化的意义。

按照资本主义生产方式生产的每一个商品 W 的价值,用公式来表示是 $W=C+V+M$,其中 $C+V$ 是耗费掉的资本价值,即商品的成本价格,或生产成本,生产费用。

"商品使资本家耗费的东西和商品的生产本身所耗费的东西,无疑是两个完全不同的量。"①商品价值中分解为剩余价值的那部分,不需要资本家耗费什么东西,它耗费的只是工人的剩余劳动。但是,因为在资本主义生产基础上,工人在进入生产领域以后,就成为执行职能的并属于资本家的生产资料的一个组成部分,资本家是实际的商品生产者。所以,对资本家来说,商品的成本价格必然表现为商品本身的生产费用。"我们把成本价格叫作 K,$W=C+V+M$ 这个公式就转化为 $W=K+M$ 这个公式,或者说,商品价值=成本价格+剩余价值。"②

"成本价格这一范畴,同商品的价值形成或同资本的增殖过程毫无关系。"③这是因为,即使我们知道商品价值 600 镑的 5/6 或 500 镑,只是所耗费的 500 镑资本的等价物或补偿价值,因此只够买回这个资本的各种物质要素,我们由此还是不了解,商品价值中形成商品成本价格的这个 5/6 是怎样生产出来的,也不了解商品价值中分解为剩余价值的最后 1/6 是怎样生产出来的。

假设商品价值 600 镑=400C+100V+100M,其中 400C 是生产商品耗费的生产资料即不变资本的价值的再现;另 200 镑是新生产的价值,其中有一半即 100 镑构成成本价格,因此,成本价格包含着两个来源完全不同的商品价值要素。

成本价格中的 C 有双重意义:"一方面,它加入商品的成本价格,因为它是商品价值中那个用来补偿所耗费的资本的组成部分;另一方面,它形成商品价值的一个组成部分,仅仅因为它是所耗费的资本的价值,或者说,因为

① 马克思:《资本论》(第三卷),人民出版社 2004 年版,第 30 页。
② 同上。
③ 同上书,第 33 页。

生产资料花了这么多的费用。"①

　　成本价格中的 V 却完全不同,V 所推动的劳动力在生产商品中形成一个 200 镑的新价值,这个新价值的一半即 100 镑,补偿 100 镑预付的可变资本。"但是,这个预付的资本价值决不会参加新价值的形成。在预付资本中,劳动力被算作价值,而在生产过程中,它作为价值形成的要素执行职能。在预付资本中出现的劳动力价值,在实际执行职能的生产资本中,为形成价值的活的劳动力自身所代替。"②

　　"商品价值中这些合起来形成成本价格的不同组成部分之间的区别,一旦所耗费的不变资本部分,或者所耗费的可变资本部分发生价值量的变化,就会显示出来。"③假定不变资本由 400 镑增为 600 镑或减为 200 镑,在前一场合,成本价格就由 500 镑增为 700 镑,价值就由 600 镑增为 800 镑,在后一场合,成本价格由 500 镑减为 300 镑,价值也就由 600 镑减为 400 镑。假定在其他条件不变情况下,同量劳动力的价格由 100 镑增为 150 镑或减为 50 镑,在前一场合,成本价格就由 500 镑增为 550 镑,在后一场合,成本价格就由 500 镑减为 450 镑,但在这两个场合,商品价值始终不变,因为预付的可变资本价值不是转移到商品价值中去,而是可变资本推动的活劳动创造价值,而它创造的价值量没有发生变化,总是 200 镑。可变资本增为 150 镑,剩余价值就相应地减为 50 镑;可变资本减为 50 镑,剩余价值就相应地增为 150 镑。

　　在成本价格 K 中,不变资本和可变资本的区别消失了,"全部 500 镑的成本价格,现在取得了双重意义:第一,它是 600 镑商品价值中用来补偿商品的生产上耗费的 500 镑资本的组成部分;第二,商品价值的这个组成部分之所以存在,只是因为它以前已经作为所使用的生产要素即生产资料和劳动的成本价格存在了,也就是说,已经作为预付资本存在了。资本价值之所以作为商品的成本价格再现出来,是因为而且只是因为它已经作为资本价值耗费掉了"④。

---

① 马克思:《资本论》(第三卷),人民出版社 2004 年版,第 34 页。
② 同上。
③ 同上。
④ 同上书,第 39 页。

在成本价格 K 中只有固定资本和流动资本的区别,固定资本和流动资本的区别,是从资本周转的特点上加以考察的,即预付资本的价值,在一次资本周转中取回来的是流动资本,在多次资本周转中取回来的是固定资本。换句话说,工资和原材料的价值是在一次资本周转中取回来的,这样工资这个可变资本,便和原材料这个不变资本同列入流动资本,而劳动资料的价值是在多次资本周转中取回的,它这个不变资本便和同样是不变资本的原材料相对立成为固定资本。由于"在劳动力上支出的可变资本部分,在这里,在流动资本这个项目下,显然和不变资本(即由生产材料构成的资本部分)等同起来,这样,资本的增殖过程的神秘化也就完成了"①。

以上考察的是商品价值中的一个要素,即成本价格。现在进而考察商品价值中另一要素,即超过成本价格的余额或剩余价值。

"虽然剩余价值 M 只是产生于可变资本 V 的价值变动,因而本来只是可变资本的一个增长额,但在生产过程结束以后,它同样也成为所耗费的总资本 $C+V$ 的一个价值增加额",因为它"就是商品的生产上耗费掉的并且会从商品流通中流回的资本的价值增加额"。② 由于这样,$C+(V+M)$ 这公式,也可以用 $(C+V)+M$ 来表示。"在生产开始以前,我们有一个 500 镑的资本。在生产完成以后,我们就有了一个 500 镑的资本加上一个 100 镑的价值增加额。"③

对资本家来说很清楚,这个价值增殖额来自用资本进行的生产过程,也就是来自资本本身,因为它在生产过程完成以后才存在,而在生产过程开始以前并不存在,由于这样,"就生产中所耗费的资本来说,好像剩余价值同样都来自所耗费的资本的不同价值要素,即由生产资料构成的价值要素和由劳动构成的价值要素,因为这些要素同样都加入成本价格的形成。它们同样都把自己的作为预付资本存在的价值加入产品价值,而并不区分为不变的价值量和可变的价值量"④。关于这一点,只要我们设想一下,全部耗费的资本完全由工资构成,或者全部由生产资料的价值构成,就很清楚了。这

① 马克思:《资本论》(第三卷),人民出版社 2004 年版,第 40—41 页。
② 同上书,第 41 页。
③ 同上。
④ 同上书,第 42 页。

时,在前者商品价值是 $500V+100M$,在后者商品价值是 $500C+100M$。"在这两个场合,我们都知道,剩余价值是由一个既定的价值产生的,因为这个价值是以生产资料的形式预付的,至于是以劳动的形式预付,还是以生产资料的形式预付,那是没有关系的"[①]。

"剩余价值,作为全部预付资本的这样一种观念上的产物,取得了利润这个转化形式。"[②]由于这样,"我们目前在这里看到的利润,和剩余价值是一回事,不过它具有一个神秘化的形式,而这个神秘化的形式必然会从资本主义生产方式中产生出来。因为在成本价格的表面的形成上,不变资本和可变资本之间的区别看不出来了,所以在生产过程中发生的价值变化的起源,必然从可变资本部分转移到总资本上面。因为在一极上,劳动力的价格表现为工资这个转化形式,所以在另一极上,剩余价值表现为利润这个转化形式"[③]。

这是一段极其重要的论述,它不仅从成本价格这个范畴推论出剩余价值被认为是预付资本的产物,剩余价值就转化为利润的结论,而且论述了同一个经济过程,即使劳动力的价格转化为工资,又使剩余价值转化为利润,因为劳动力的价格被歪曲为劳动的价值即工资,剩余价值就当然不能被认为是劳动的产物,而只能被认为是全部预付资本的产物。这样,剩余价值就转化为利润。这是资本主义生产关系神秘化的最重要的根源。

有的经济学家将工资是劳动力的价值或价格的转化形式,错误地理解为如同价格是价值的货币表现一样,工资是劳动力价值的货币表现。与此相应,这些经济学家认为,工资是劳动力价值或价格的转化形式和利润是剩余价值的转化形式,是两个意义不同的转化,这种看法是不正确的。

从以上看出,商品的成本价格小于它的价值。这样,资本家即便低于商品的价值出售商品,也可以得到利润。在商品价值和成本价格之间,显然有无数的出售价格。商品价值中由剩余价值构成的要素越大,这些中间价格的实际活动余地也就越大。"这不仅可以说明日常的竞争现象,例如某些低价出售的情形,某些产业部门的商品价格异常低廉的现象等等。我们下面

---

① 马克思:《资本论》(第三卷),人民出版社 2004 年版,第 43 页。
② 同上书,第 43—44 页。
③ 同上书,第 44 页。

将会看到,政治经济学迄今没有理解的关于资本主义竞争的基本规律,即调节一般利润率由它决定的所谓生产价格的规律,就是建立在商品价值和商品成本价格之间的这种差别之上的,建立在由此引起的商品低于价值出售也能获得利润这样一种可能性之上的。"①

资本家的利润是由于他出售他没有支付分文的某种东西而得到的。剩余价值或利润,就是商品价值超过商品成本价格的余额,就是商品包含的劳动总额超过了它所包含的有酬劳动额的金额。因此,不管剩余价值来自何处,它总是一个超过预付资本的余额。由于这样,"这个余额和总资本会保持一个比率,这个比率可以用 M/C 来表示,其中的 C 表示总资本,这样,我们就得到了一个与剩余价值率 M/V 不同的利润率 $M/C=M/C+V$"②。

用可变资本计算剩余价值的比率,叫作剩余价值率,用总资本计算的剩余价值的比率,叫作利润率。这是同一个量的两种不同的计算方法,由于计算的标准不同,它们表示同一个量的两种不同的比率或关系。

尽管利润率和剩余价值率在数量上不同,而剩余价值和利润实际上是一回事并且数量上也相等,但是利润是剩余价值的转化形式,在这个形式中,剩余价值的起源和它存在的秘密被掩盖了,被抹杀了。在剩余价值中,资本和劳动的关系赤裸裸地暴露出来了,在资本和利润关系中,也就是资本和剩余价值的关系中,资本表示一种对自身的关系,在这种关系中,资本作为原有的价值额,因它与自身创造的新价值相区别,这种新价值虽然是资本在生产过程中创造的,但这种情况是怎样发生的,在利润的形式中是看不出来的,剩余价值的生产神秘化了,它好像来自资本本身固有的秘密性质。

转化为利润的剩余价值是由可变资本推动的劳动生产的。因此不同的生产部门,其他条件相同,但只要等量资本中可变资本的份额不同,它就会有不同的利润率。这是由"1.资本有机构成上的差别;2.资本周转时间上的差别"③引起的。这里先研究资本有机构成的差别对利润率的影响。

"如果在生产部门 A 的一个投资中,总资本每 700 只有 100 用在可变资本上,600 用在不变资本上,而在生产部门 B 的一个投资中,600 用在可变资

①　马克思:《资本论》(第三卷),人民出版社 2004 年版,第 45 页。
②　同上书,第 51 页。
③　同上书,第 161 页。

本上,只有 100 用在不变资本上……在劳动剥削程度相等(都是 100%——引者)时,在前一个场合,利润为 $\frac{100}{700}=\frac{1}{7}=14\frac{2}{7}\%$,在后一个场合 $=\frac{600}{700}=85\frac{5}{7}\%$,是前者 6 倍的利润率。但是在这个场合,利润本身实际上也是前者的 6 倍,对 B 来说是 600,对 A 来说是 100,因为用相等的资本,B 所推动的活劳动为 A 所推动的活劳动的 6 倍,所以在劳动剥削程度相等时,生产了 6 倍的剩余价值,也就是生产了 6 倍的利润。"①

资本有机构成不同,同资本的绝对量无关。问题始终是:每 100 资本中有多少可变资本,有多少不变资本。

由固定资本和流动资本组成的资本构成的比率,就它本身来说,是根本不会影响利润率的。因此,在不同产业部门中由固定资本和流动资本组成的不变资本的不同构成本身,对利润来说,并没有什么意义,因为起决定作用的,是可变资本和不变资本之比,并非不变资本的价值,因而不变资本同可变资本相比的相对量,同不变资本的各个组成部分的固定性质和流动性质是完全无关的。

上述原理,"在比较各国之间的利润率时特别重要。假定在一个欧洲国家,剩余价值率为 100%,这就是说,工人半天为自己劳动,半天为雇主劳动;在一个亚洲国家,剩余价值率为 25%,这就是说,工人在一天中 4/5 的时间为自己劳动,1/5 为雇主劳动。假定在这个欧洲国家,国民资本的构成是 84C+16V;在这个亚洲国家,国民资本的构成是 16C+84V,因为在那里机器等等用得不多,并且在一定时间内一定量劳动力在生产中消耗掉的原料也比较少。这样,我们就会得出以下的计算:

"在这个欧洲国家,产品价值=84C+16V+16M=116;利润率=16/100=16%。

"在这个亚洲国家,产品价值=16C+84V+21M=121;利润率=21/100=21%。

"可见,这个亚洲国家的利润率比这个欧洲国家的利润率高 25% 以上,

---

① 马克思:《资本论》(第三卷),人民出版社 2004 年版,第 164—165 页。

尽管前者的剩余价值率只有后者的 1/4。"①

前面说的资本有机构成不同对剩余价值率的影响,其中的利润率没有时间因素,这里说的资本周转时间不同对利润率的影响,其中的利润率是有时间因素的,即年利润率。

资本周转是从流通角度考察社会资本的概念。从这个角度考察资本还有一个概念,那就是资本循环。要了解资本周转,就要先了解资本循环。

资本运动的公式是 G(货币资本)—W(商品资本)…P…W'(增殖了的商品资本)—G'(增殖了的货币资本),详细点说就是:C(货币资本)—W(商品资本)A(劳动力)和 P_m(生产资料)…P(生产过程)…P(生产领域)…W'(增殖了的商品资本)—G'(增殖了的货币资本)。"在这里,资本表现为这样一个价值,它经过一系列互相联系的、互为条件的转化,经过一系列的形态变化,而这些形态变化也就形成总过程的一系列阶段。在这些阶段中,两个属于流通领域,一个属于生产领域。在每个这样的阶段中,资本价值都处在和不同的特殊职能相适应的不同形态上。在这个运动中,预付的价值不仅保存了,而且增长了,它的量增加了。最后,在终结阶段,它回到总过程开始时它原有的形式。"②这个过程是资本循环。

资本价值在它的流通阶段所采取的形式,是货币资本和商品资本的形式;在它的生产阶段所采取的形式,是生产资本的形式。在循环过程中采取而又抛弃这些形式,并在每一形式中执行相应职能的资本,是产业资本。

在资本循环中的货币资本、商品资本、生产资本,指的并不是一些独立的资本,这些独立资本的职能形成同样独立的、彼此分离的营业部门的内容。在这里,它们只是指产业资本的特殊的职能形式,产业资本是依次采取所有这三种形式的。

资本循环,只有不断地从一个阶段转入另一个阶段,相应地从一种形态转入另一种形态,才能正常进行。

"资本的循环,不是当作孤立的过程,而是当作周期性的过程时,叫作资本的周转。这种周转的持续时间,由资本的生产时间和资本的流通时间之

① 马克思:《资本论》(第三卷),人民出版社 2004 年版,第 168—169 页。
② 马克思:《资本论》(第二卷),人民出版社 2004 年版,第 60 页。

和决定。这个时间之和形成资本的周转时间。"①换句话说,资本循环说明的是产业资本形态的变化,资本周转说明的是这种形态变化经历的时间。

把加速或缩短单个资本周转时间的个别冒险行为撇开不谈,资本周转时间在不同投资部门是不同的。

年是计算资本周转时间的自然单位,它表现为一年中资本周转的次数。这个计量单位的自然基础是:在温带这个资本主义生产的祖国,最重要的农作物都是一年收获一次。

假如用 U 表示周转时间的单位——年,用 u 表示一定资本周转时间,用 N 表示资本的周转次数,那么 $N=U/u$,例如,如果周转时间 u 等于 3 个月,那么 $N=12/3=4$,资本一年中完成 4 次周转,或者说,周转 4 次。如果 U 等于 18 个月,那么 $N=12/18=2/3$,或者说资本在一年中只完成它的周转时间的三分之二。对资本家来说,他的资本周转时间,就是他必须预付他的资本,以便使它增殖并回到它原来形式所经历的时间。

资本周转时间的不同,怎样对利润率发生影响呢?

"要把总资本的周转对利润率的影响纯粹地表现出来,我们就必须假定,互相比较的两个资本的其他一切条件是相等的。"②所以,除了假定剩余价值率和工作日相等,还特别要假定资本的百分比相等。假定资本 A 的构成是 80C+20V=100C,剩余价值率为 100%,资本每年周转两次。这样,年产品就是:

"160C+40V+40M。但是在求利润率时,我们不是按周转的资本价值 200 来计算 40M,而是按预付资本价值 100 来计算。因此 $P'=40\%$。

"让我们用这个资本和资本 B＝160C＋40V＝200C 比较一下。资本 B 有同样的剩余价值率 100%,但每年只周转一次。这样,年产品就和上述的年产品一样是:

"160C＋40V＋40M。但在这个场合,40M 要按预付资本 200 来计算,利润率只有 20%,也就是只有资本 A 的利润率的一半。"③

---

① 马克思:《资本论》(第二卷),人民出版社 2004 年版,第 174 页。
② 马克思:《资本论》(第三卷),人民出版社 2004 年版,第 84 页。
③ 同上书,第 85 页。

从上述可以看出:在资本有机构成相等,剩余价值率相等,工作日相等的时候,两个资本的利润率同它们的周转时间成反比。

让我们进一步分析上述例子。资本 A 一年周转两次,它的 100C 当作 200C 来用;资本 B 一年周转一次,它的 200C 只能当 200C 来用。它们的资本有机构成相同,剩余价值率相同,一年生产的剩余价值量相同,但 A 的预付资本仅为 B 的一半,所以 A 的利润率比 B 高一倍。

如果将 B 由 200C 减为 100C,其他条件不变,即 A 和 B 都是 80C+20V,但 A 每年周转两次,每月使用的可变资本为 3.33,B 每年周转一次,每月使用的可变资本为 1.66,在同一时间内,A 推动的活劳动比 B 多一倍,所以 A 的年利润率比 B 高一倍。

将资本有机构成不同和资本周转时间不同对利润率的影响合起来考察,就可以看出,问题都发生在等量资本中的可变资本不同,资本有机构成不同。等量资本中的可变资本不同,由此引起的利润率是没有时间因素的,资本周转时间不同,使等量资本在一年中可使用的可变资本不同,由此引起的利润率不同是没有时间因素的,是年利润率不同。

第三节　平均利润和生产价格是"资本主义的共产主义"

等量资本投在不同生产部门内,因资本有机构成不同和资本周转时间不同而有不同的年利润率,这在自由竞争充分展开的条件下是不可能的。由于自由竞争在各个生产部门之间展开,不同的年利润率会均衡化为一个平均的年利润率,与此相应,价值便转化为生产价格,商品按生产价格出售,利润便是平均的。资产阶级经济学家,即使是提出劳动价值学说的英国古典政治经济学家也没有科学地说明平均利润和生产价格的形成。庸俗经济学家在这个问题上大肆攻击马克思,那是徒劳的。

"求出不同生产部门的不同利润率的平均数,把这个平均数加到不同生产部门的成本价格上,由此形成的价格,就是生产价格。生产价格以一般利润率的存在为前提;而这个一般利润率,又以每个特殊生产部门的利润率已经分别化为同样多的平均率为前提。这些特殊的利润率在每个生产部门都＝M/C，并且……要从商品的价值引申出来。没有这种引申，一般利润率（从而商品的生产价格），就是一个没有意义、没有内容的概念。"①

不言而喻，在一般利润率的形成上，不仅要考虑到不同生产部门利润率的差别，求出它们的简单的平均数，而且还要考虑到不同利润率在平均数形成上所占的比重，即不是算术平均，而是加权平均。

计算成本价格时，是按所费的资本计算的，计算平均利润时，是按所用全部预付资本计算的，所用资本和所费资本不一致，是固定资本的特征。生产力越发展，固定资本越庞大，两者的差额越大，社会折旧基金，从而可以用于长期借贷的社会资金也越大。

平均利润和生产价格的形成，不仅与不同生产部门的资本有机构成有关，而且与它们的资本周转时间有关，因为平均利润率实质上是年平均利润率，那种把平均利润和生产价格的形成只归结为资本有机构成不同的说法，是不全面的，应该考虑有机构成和周转时间两者的作用。

生产价格的形成一定要用劳动价值学说来说明，总价值和总生产价格必然相等，总剩余价值和总平均利润必然相等。在其他条件相同的情况下，如果生产商品的必需的劳动时间减少了，生产价格就会降低，如果增加了，生产价格就会提高。

生产价格的形成，要以资本主义的自由竞争在国民经济中充分展开为条件："商品按照它们的价值或接近于它们的价值进行的交换，比那种按照它们的生产价格进行的交换，所要求的发展阶段要低得多。按照它们的生产价格进行的交换，则需要资本主义的发展达到一定的高度。"②这个历史条件便是工业大机器在国民经济中占统治地位，从而技术上战胜个体生产者和行会制度，自由竞争得以全面展开，资本有更大的活动性，更容易从一个部门和一个地点转移到另一个部门和另一个地点，劳动力的转移也是这样。自由竞争的全面展开，在同一生产部门的个别价值转化为社会价值，在不同生产部门的社会价值转化为生产价格。

因此，把商品价值看作不仅在理论上，而且在历史上先于生产价格，是

① 马克思：《资本论》(第三卷)，人民出版社 2004 年版，第 176—177 页。
② 同上书，第 197 页。

完全恰当的。"这适用于生产资料归劳动者所有的那种状态；这种状态，无论在古代世界还是近代世界，都可以在自耕农和手工业者那里看到。这也符合（这样的）……见解，即产品发展成为商品，是由不同共同体之间的交换，而不是由同一公社各个成员之间的交换引起的。这一点，正像它适用于这种原始状态一样，也适用于后来以奴隶制和农奴制为基础的状态，同样也适用于手工业行会组织。"①

平均利润和生产价格的阶级本质，可以分两方面来谈。从资产阶级内部说，是他们之间的平等关系的反映。马克思于1868年4月30日给恩格斯的信中写道：各个资本量，被投到不同的生产部门，会有不同的构成，在各个资本量内，竞争所造就的，是资本主义的共产主义。② 平均利润表明，资产阶级在共剩余价值之产。从资产阶级对无产阶级来说，则是一个阶级共同剥削另一个阶级；在平均利润和生产价格中，"我们在这里得到了一个像数学一样精确的证明：为什么资本家在他们的竞争中表现出彼此都是假兄弟，但面对整个工人阶级却结成真正的共济会团体"③。

平均利润和生产价格的形成，使资本主义生产关系进一步神秘化，使劳动和价值的关系进一步被掩盖起来。

首先，剩余价值率转化为利润率便发生了这种作用。"因为在利润率中，剩余价值是按总资本计算的，是以总资本为尺度的，所以剩余价值本身也就好像从总资本产生，而且同样地从总资本的一切部分产生。"④由于这样，"剩余价值本身在它的这个转化形态即利润上否定了自己的起源，失去了自己的性质，成为不能认识的东西"⑤。但是，到目前为止，"利润和剩余价值的差别，只同质的变化，同形式变换有关……实际的量的差别还只存在于利润率和剩余价值率之间，而不是存在于利润和剩余价值之间"⑥。但平均利润一旦形成，情况就不同了。

现在，如果一个生产部门实际生产的剩余价值或利润，同商品出售价格

① 马克思：《资本论》（第三卷），人民出版社2004年版，第198页。
② 《马克思恩格斯通信集》（第四卷），李季译，生活·读书·新知三联书店，第54—55页。
③ 马克思：《资本论》（第三卷），人民出版社2004年版，第220页。
④ 同上书，第187页。
⑤ 同上。
⑥ 同上。

中包含的利润相一致,那只是一种偶然的现象,这就是说,一个部门现实的平均利润,确实不是该部门的工人的劳动创造的;一个部门产生的生产价格,加到成本价格上去的平均利润,确实不是由该部门的价值形成过程的界限决定,而是由完全外在的条件决定的。

其次,生产价格的形成是由生产部门内部竞争形成社会价值,再由生产部门之间的竞争使各种商品的社会价值发生形态变化的结果。前者使生产部门内产生不等的利润率,后者使各生产部门的利润率趋向于平均。这两者同时并存。这样,节省劳动和更多地使用不变资本,都表现为经济上的合理行为,因为它不仅不会降低一个企业的利润,反而使它得到超额利润。这样一来,至少对单个企业来说,活劳动就似乎不是利润的唯一源泉了。

再次,平均利润率指的是年平均利润率,资本周转时间在这里有重大意义。资本周转时间包括资本生产时间和资本流通时间,后者除劳动期间外,往往包括生产上没有耗费而让劳动对象经历生物学上的生长过程、化学上的变化过程本身,整个周转过程虽然有一部分没有耗费劳动,但在平均利润率规律的作用下,预付资本是按周转时间计算平均利润的,并且按复利计算。这就是为什么新酒藏成陈酒,窖藏时间不另耗费劳动(固定资本的耗费除外),但陈酒的价格比新酒贵,窖藏时间越长的陈酒比新酒越贵的原因,是因为它的生产价格大为增加。这从表面看,似乎时间本身也能影响商品的价值,有的资产阶级经济学家就是这样解释问题的。在这样的条件下,劳动和价值的关系,便被掩盖起来了。

在庸俗经济学家看来,工资变动和价值、价格的变动成正比。这种理论是价值理论上生产费用论的逻辑结论。从劳动价值学说看,价值从而价格的变动,只取决于生产商品的劳动量的变动,既然工资变动并不涉及这种劳动量的变动,那么它的变动就不会影响价值和价格,这是清楚的。在这样的条件下,工资变动了,包含在商品价值中的剩余价值做相反的变动就是了,即工资提高,剩余价值减少,工资降低,剩余价值增加。

但工资变动,影响到成本价格,并影响到根据总预付资本计算的平均利润,从而影响到由成本价格和平均利润构成的生产价格。

关于工资变动对生产价格的影响,首先要指出的是,工资的任何变动,都不会影响总生产价格,因为总生产价格等于总价值,而总价值不因工资变动而变动。至于对不同生产部门生产价格的影响,那就有不同的情况,即有的与工资变动做同方向变动,有的做反方向变动,有的不随工资变动而变动。

下面从资本有机构成不同和资本周转时间不同两方面来谈。

假设其他条件不变,工资一般提高了,剩余价值率从而平均利润率就降低了,这时低位资本有机构成的部门,不变资本不动,可变资本则有了较大的增加,从而按照降低了的平均利润率计算,平均利润量较前减少,但减少部分小于可变资本增加部分,所以生产价格较前提高;高位资本有机构成的部门,不变资本不动,可变资本则有了较小的增加,从而按照降低了的平均利润率计算,平均利润量较前减少,但减少部分大于可变资本增加部分,所以生产价格较前降低;中位资本有机构成的部门,不变资本不动,可变资本则有了中等的增加,从而按照降低了的平均利润率计算,平均利润量也较前减少,但平均利润量恰等于剩余价值量,因为剩余价值量因工资提高而减少了。这就是说,平均利润量减少的部分恰与可变资本增加的部分相等,所以生产价格不变,与价值相等。

由于工资提高,"对于社会平均构成的资本来说,商品的生产价格保持不变",它仍等于价值,"对于较低构成的资本来说,商品的生产价格提高了,虽然不是按照利润降低的比例而提高","对于较高构成的资本来说,商品的生产价格降低了,虽然也不是按照利润降低的比例而降低"。①

上述情况,再加上资本周转时间不同这个因素,工资提高对生产价格的影响,有如下述:这样一来,平均利润率就降低了,不同的生产部门在一年中投下的资本不变或相同,再因有机构成不同和周转时间不同,在一年中使用的可变资本不同,其中较多的,其生产价格提高,但仍低于价值,较少的,其生产价格降低,但仍高于价值,居中的,其生产价格不变,并仍等于价值。

从上述分析,可以得出结论:具有中位有机构成和周转时间的部门,它在一年中使用的可变资本量,恰好等于各不同部门在一年中能使用的可变资本的平均数,它的商品的生产价格永远等于价值,工资变动,从而利润率的相反变动,对它的生产价格不发生影响,在这种条件下,它的商品的价值

---

① 马克思:《资本论》(第三卷),人民出版社 2004 年版,第 223—224 页。

或生产价格的变动,只能由它生产商品的必需劳动量的变动引起。这个原理,当然也适用于这样的部门,这个部门的有机构成和周转时间两者都不居中位,但这两者合起来发生的作用,也使它在一年中使用的可变资本量恰好等于各生产部门在一年中能使用的可变资本的平均数。其中的规律是:这个可变资本生产的剩余价值,与这个预付资本实现的平均利润相等。

现在进一步谈论马克思如何克服英国古典政治经济学矛盾的两大难关。

英国古典政治经济学的伟大代表斯密及其后继承者李嘉图的理论体系,存在着不可克服的矛盾。他们的理论体系的基础,是劳动价值学说,就价值而论价值的时候,这个学说没有遇到矛盾,商品的价值量由生产它的必要劳动时间决定这个原理,是由他们确定的。矛盾是在运用这个原理说明利润或剩余价值时产生的。它集中地表现为以下两点。

第一,劳动决定价值,劳动是价值的尺度。如果和资本相交换的是劳动,即工人出卖的是劳动,它就有价值,它的价值就由自己的量来衡量,这样不仅在理论上是循环推论,而且无法说明剩余价值的产生,因为工人作为劳动的出卖者,已全部得到其劳动形成的价值。

斯密明显地看到这矛盾,力图解决,但归于失败。他是用交换商品支配的劳动量——这劳动量包括工资、利润、地租——决定价值的原理来解决这一矛盾的。但是,这样一来,就等于说价值是由工资、利润、地租构成的。这已经是生产费用论了。如果追问一句,工资、利润、地租的源泉是什么,就只好说分别由劳动、资本和土地创造的,庸俗经济学家就是这样利用了斯密的错误。其实,斯密的真正想法是:资本主义以前的商品价格,由生产商品投下的劳动决定;资本主义的商品价值,由交换到的劳动力商品所支出的劳动决定。但他对此不可能有真正的认识。

李嘉图虽然指出了斯密的错误,但不了解发生错误的原因。他也遇到同样的矛盾而不觉察。他事实上用劳动力的价值代替劳动的价值。矛盾并没有解决。他的论敌抓住这一点向他进攻。

很明显,只要认为工人出卖的是劳动而不是劳动力,矛盾就无法解决。而站在资产阶级立场上,视资本主义生产方式为生产的自然形式的经济学家,是无法理解劳动力成为商品的。

第二,劳动决定价值,利润或剩余价值是价值的一部分,等量资本推动的活劳动不等,就应有不等的利润量,有不同的利润率,但在自由竞争下,利润率却是趋于均等的。

斯密事实上遇到这个矛盾,但由于他后来改用交换的劳动决定价值的错误原理,认为是具有自然率或平均率的工资、利润、地租构成等于价值的自然价格,自然率的形成是由供求或竞争决定的,这样,矛盾便被掩盖了。但这样一来,就等于承认价值由供求决定,从而为庸俗的供求决定价值论开了方便之门。其实,供求关系的变动,只能说明市场价格,或工资、利润、地租率的变动,而不能说明它们在其上下波动的那个水平。

李嘉图明显地看到这个矛盾,力图解决,但归于失败。我们知道,他混淆了平均利润、利润和剩余价值,混同了生产价格和价值,这样,他越是坚持生产商品投下的劳动决定价值的正确原理,不同斯密的错误观点妥协,就越不能用这原理来解决矛盾。最后,只好修正这原理,认为它有例外,但他仍然坚信,这个原理是正确的。这当然是说不过去的。他的论敌抓住这一点向他进攻,认为他说的"例外"是通例。这是马尔萨斯对李嘉图的攻击。

马尔萨斯说:"李嘉图先生自己也承认他的法则有相当多的例外。……如果我们研究一下……就会发现其为数之多,使得该法则可以看成是例外,而例外倒成了法则了。"①

只要混同了平均利润和利润,生产价格和价值,矛盾就无法解决。而由资产阶级世界观决定的方法论,又使李嘉图必然混同这两者,因为平均利润和生产价格是资本主义发展到较高阶段才出现的,他受到资产阶级世界观的限制,不能觉察到这个发展的阶段性。

由于混同了生产价格和价值,无法根据生产商品投下的劳动决定价值的原理,去说明生产价格的形成,李嘉图最后只好修正劳动价值学说。他认为除劳动之外,生产商品的资本划分为固定资本和流动资本的比例不同,固定资本的耐久性或商品上市时间的不同,以及在上述两者不同条件下工资的涨落,都是决定商品的相对价值的原因。现在分三点论述如下。

第一,固定资本和流动资本的比例不同。他举了这样一个例子(甲例):假定两人各雇 100 人劳动一年,制造两架机器,另一人雇 100 人种植谷物,年

---

① 马尔萨斯:《政治经济学定义》,何新译,商务印书馆 1960 年版,第 13 页。

终每架机器和谷物的价值相等,因为它们是等量劳动生产出来的。下一年,一架机器所有者雇100人利用机器制造毛呢,另一架机器所有者雇100人制造棉布,农场主则和以前一样雇100人种植谷物。第二年末,毛呢和机器,棉布和机器,是200人劳动一年,或100人劳动两年的结果,谷物是100人劳动一年的结果。前两者的价值就应为后者的两倍。但他认为实际上不止两倍,因为前两者的"资本在第一年中的利润都被消费和享受掉了……商品价值的大小便不会恰好与各自投入的劳动量成比例,也就是说,比例不是二比一,而是大一些,以便补偿价值较大的一种被送上市场以前所须经过较长的时间"①。他还用数字来说明价值的形成。假定工人每年工资为50镑,即资本为5 000镑,利润为10%,第一年末,每架机器和谷物的价值都是5 000镑＋(5 000镑×0.1)＝5 500镑。第二年末,机器作为固定资本使用,它要求产生550镑利润,这利润要加到毛呢和棉布上,构成它们的价值,所以它们的价值是5 000镑＋(5 000镑×0.1)＋550镑＝6 050镑,而谷物的价值仍为5 500镑。毛呢、棉布和谷物耗费的劳动相同,前两者的价值比后者多550镑,那是因为它们生产时使用了价值5 500镑的固定资本,它要求利润550镑。

在这里,李嘉图的论证是不符合他的前提的,因为例子中并不存在两种资本的比例不同。毛呢和机器,棉布和机器,其价值是谷物的两倍多,并不是由于前两者多用了固定资本,而是由于它们上市时间是两年,比后者上市时间一年长些;毛呢和棉布的价值,各自比谷物多,是由于它们的生产使用了机器这种固定资本,但谷物的生产根本没有使用固定资本,一个有,一个没有,也不是比例不同。

李嘉图在这里说明的其实是生产价格和价值的不同。第一年末,每架机器和谷物的价值5 500镑,这价值虽然包含着10%的平均利润,但它是由劳动决定的价值。因为它不因工资和利润的相反变动而变动。第二年末,谷物的价值5 500镑,仍然是由劳动决定的价值;但机器和毛呢,机器和棉布,各自合起来的价值为谷物的两倍多,这价值就不是由劳动决定的价值,

① 李嘉图:《政治经济学及赋税原理》,郭大力、王亚南译,商务印书馆1962年版,第26—27页。

而是包含着由于它们之中的机器上市时间比谷物长一年,要按其价值获得的平均利润,因此是生产价格;毛呢和棉布的价值 6 050 镑,也是生产价格,因为其中的 550 镑,是它们生产所使用的固定资本即机器 5 500 镑获得的平均利润。李嘉图由于混同了生产价格和价值,便得出错误的结论。

第二,商品的上市时间不同。他举了这样的例子(乙例):假定 A 花 1 000 镑,雇用 20 个人劳动一年生产一种商品,第二年再花 1 000 镑,雇用 20 个人来加工这商品,第二年末上市出售,如利润为 10%,商品价值为 2 310 镑。第一年使用的资本 1 000 镑,到第二年便变为 1 100 镑,再加上第二年新用 1 000 镑,第二年共用资本 2 100 镑,所以商品价值为 2 310 镑。其实,这个价值是包含着平均利润的生产价格。B 花 2 000 镑,雇用 20 个工人劳动一年生产一种商品,年末上市出售,利润为 10%,商品价值为 2 200 镑。其实,这价值和甲例中的谷物价值一样,是由劳动决定的价值,但李嘉图由于混同了生产价格和价值,便得出错误的结论。

他认为甲例和乙例,实际上是相同的,"一种商品价值较高是由于被送上市场之前所须经过的时间较长……在这两种情形下,价值的差额都是由于有利润积累成为资本所造成的。这一差额不过是对占用利润时间的一种公正补偿"[①]。

在我们看来,这两个例子并不完全相同。甲例中的毛呢和棉布的价值(其实是生产价格),其所以大于用同样劳动时间生产出来的谷物,是由于它们的生产使用了不变资本,它要获得平均利润,而谷物不是这样。乙例中 A 的商品和 B 的商品,虽然用同样的劳动时间生产出来,但 B 的 2 000 镑资本是一年周转一次,A 的 2 000 镑有 1 000 镑是两年周转一次,它要多获一年的平均利润。李嘉图由于没有不变资本和可变资本的概念,只有固定资本和流动资本的概念,并且把它们的差别看成只是周转时间的长短,再加上他假设的固定资本即机器,也是由生产毛呢和棉布的资本家雇用工人像生产毛呢和棉布那样生产出来的。这样,他便把所有差别只归结为商品的上市时间不同了。他一点不理解,他看到的现象,如能揭露其本质,是有重大的科学意义的。至于他一再谈到的利润是一种补偿的问题,那是极其庸俗的。

---

① 李嘉图:《政治经济学及赋税原理》,郭大力、王亚南译,商务印书馆 1962 年版,第 30 页。

第三,在两种资本结合比例不同、商品上市时间不同条件下的工资涨落。他举了这样一个例子,它是甲例的继续。李嘉图一直认为,工资上涨,利润就下降,但两者合起来数额不变。现在假定由于工资上涨,利润从10%下降为9%。根据工资和利润的关系的原理,谷物的价值不变,仍为5 500镑(可见它是由劳动决定的价值),毛呢和棉布由生产它们的劳动决定的价值,也是5 500镑,但由机器获得的利润,却从550镑(5 500镑×0.1)下降为495镑(5 500镑×0.09),利润加到毛呢和棉布上去,它们的价值(其实是生产价格)便从6 050镑下降为5 995镑。这个要获取平均利润的固定资本额越大,商品价值下降越大。如果工资下降,利润上涨,情况就相反,他把生产价格的变动,看成是价值的变动。毛呢和棉布情况相同,其相对价值不变。

李嘉图也不了解他看到的这个现象其实质是什么。他看到的其实是:工资变动,即剩余价值率变动,利润率从而平均利润率变动,由平均利润构成的生产价格也变动,其变动情况要取决于不变资本与可变资本之比。他应该把机器和原料等列为不变资本,再从可变资本的变动、平均利润率的变动,来考察生产价格的变动,但他不能有此认识。

李嘉图在这里看到的,事实上是平均利润率的变动,对这些商品的生产价格的变动有不同的影响,这些商品生产上耗费的劳动时间虽同,但资本周转时间不同。

他本来是坚持生产商品投下的劳动量决定价值这一正确原理的,但由于混同了生产价格和价值,便将生产价格的形成和变动,认为是价值的变动,便错误地认为除了劳动之外,在生产价格形成上起作用的固定资本和流动资本比例不同(其实应该是资本有机构成不同)、商品上市时间不同(即资本周转时间不同),以及在生产价格变化上起作用的工资和利润的变动,都是价值决定的因素。

在上述分析中,利润率(而且是平均利润率,10%)是未经说明便存在的。其实,李嘉图应该根据劳动决定价值、价值分解为工资和利润的原理,将利润量和全部预付资本量相比,得出各个生产部门的利润率。这样,他就会发现,由此决定的各个生产部门的利润率是不同的。它取决于全部预付资本中可变资本占的比重,即资本有机构成;以及在同一时间比如在一年内,这可变资本的使用次数,即资本周转时间。只有在劳动价值学说的基础上,说明了各生产部门特殊利润率的形成,才有可能说明它们由于竞争而平均化,以及平均利润率的高度,而不至于 10% 还是 100% 都无法说明。他由于混同了平均利润和利润,便不可能这样分析问题。

在李嘉图看来,因两种资本结合比例不同、商品上市时间不同而引起的商品价值不同,只是一种例外;因工资变动引起利润的变动,而使商品价值发生的变动,比因劳动量的增减而使价值发生的变动,其作用要小得多。换句话说,他认为价值变动的主要原因是劳动的增减。在修正劳动价值学说的同时,他仍然要坚持劳动价值学说。

他在分析工资的变动对价值变动的作用时指出:在前述工资上涨使利润从 10% 下降到 9%,即利润下降 1% 时,毛呢的价值才从 6 050 镑下降为 5 995 镑,即价值下降 1% 左右。因此,"工资上涨对商品相对价格的最大影响不能超过 6% 或 7%,因为利润在任何情况下都不能有超过这个限度的普遍和持久的跌落"①。

在分析劳动的增减对价值变动的作用时,他指出,如果生产谷物所需人数不是 100 而是 80,谷物的价值就会下降 20%,从 5 500 镑下跌为 4 400 镑;如果生产毛呢的人数不是 100 而是 80,毛呢的价值就会从 6 050 镑下降为 4 950 镑,因为毛呢本身的价值也是 4 400 镑,加上从机器获取的利润 550 镑,合起来是 4 950 镑(这是生产价格)同工资变动相比,劳动变动对价值变动的影响是更大的。

他认为,长期利润率的任何大变动,总是要经过许多年才会发生作用,而生产商品所需的劳动量的变动却是天天都有的事。因此,在研究商品价值变动的原因时,完全不考虑劳动价值涨落所发生的影响固然是错误的,但过于重视也是错误的。② 在他的分析中,他总认为商品价值的巨大变动,是由生产它所必需的劳动的增减所引起的。

他在这里分析的,事实上是劳动的变动直接使价值和生产价格发生变动,工资和利润变动只能迂回曲折地使生产价格发生变动,但他对此没有认识。

---

① 李嘉图:《政治经济学及赋税原理》,郭大力、王亚南译,商务印书馆 1962 年版,第 28 页。
② 同上书,第 29 页。

我们知道,李嘉图着重考虑的是价值量的决定,并且是相对价值量的决定。相对价值量的变动,是由两种交换的商品中有一种发生价值变动,还是由两种商品的价值同时变动所引起的,这从相对价值量的变动本身是得不到回答的。为了找出千千万万种相对价值量变动的原因,他总想找出一种不变的价值尺度,以便用它去衡量相对价值的变动,找出变动的原因。这就是说,假设货币即黄金的价值是不变的,那么其他商品的价值由货币来衡量时如有变动,其原因就在商品方面,而不在黄金方面了。

他在这里所说的,其实是相对生产价格的变化。我们知道,这里所说的,除了劳动时间的变动,既使价值变动,又使生产价格变动外,其他因素的变动,只能使生产价格变动。这就等于揭示了这个规律,把所有资本结合比例差异,商品上市时间差异去掉,即还原一个平均数或中位数,如果一个商品,生产它的资本有机构成和周转时间,都居于社会的中位,那么,不管生产它的劳动时间和工资、利润的变动如何,它的生产价格永远等于它的价值。

应该说,李嘉图探索不变价值尺度所需具备的条件是没有什么意义的,因为这样的尺度确实是没有的,但他从中揭示的因素却是有重大意义的,因为他事实上已经指出生产价格永远等于价值的条件,尽管他不认识这一点。

马克思明确指出生产价格不因工资的变动而变动所须具备的条件,这个条件就是:具有中等资本有机构成和周转时间的生产部门,它在一年中使用的可变资本量,就恰好等于各不同生产部门在一年中能使用的可变资本的平均数,这样,它的商品的生产价格就永远等于其价值。工资的变动,从而利润率的相反变动,对其生产价格不发生影响;这个原理当然也适用于这样的生产部门,这个部门的资本有机构成和周转时间都不属于中等条件,但加上权数的作用,也使它在一年中使用的可变资本,恰好等于各不同生产部门在一年中能使用的可变资本的平均数。其中的规律是:这个可变资本生产的剩余价值,和这个预付资本实现的平均利润相等。这样的生产价格,就是马克思了解而不使用的不变价值尺度。他所以不使用不变价值尺度的概念,是由于只存在在分配变动时生产价格不变的商品,而不存在在生产本身变动时价值不变的商品,就是说,即使是生产价格永远等于价值的商品,其生产所需劳动时间必然发生变动,因而其价值和生产价格也随着发生变动。

自从 1894 年恩格斯整理的《资本论》第三卷出版后,经济学家便看到马克思是怎样克服古典政治经济学矛盾的第二个难关的。从这时起,资产阶级经济学家又在这个问题上攻击马克思。这集中在两个问题上。第一,《资本论》第一卷和第三卷是矛盾的,因为前者认为商品是按生产中所耗费的劳动决定的价值出卖,而后者又认为商品是按成本价格加平均利润,即按生产价格出卖的,这种攻击是由庞巴维克发动的,但很快便销声匿迹了。因为只要细心读《资本论》第三卷,便可以了解,只有以劳动价值学说为基础,才能说明生产价格的形成,如果不是这样,构成生产价格的平均利润的高度就无法说明。这个内在联系是在《资本论》中第一次被揭示出来的。

第二,马克思的生产价格理论有漏洞:只有产出品转化为生产价格,而一切投入品却仍然以价值来表现。这就是所谓的转型理论。自从1970年鲍特基维兹提出这个问题及其解决办法后,虽然有一段时间没有引起注意,但从20世纪50年代起,经济学家们又谈论起这个问题。1960年斯拉法的《用商品生产商品》,实质上提出这个问题及其解决办法。这个问题很复杂,这里不拟展开。对它有兴趣的读者可以找《用商品生产商品》这本书来看。我国商务印书馆有中译本。据说,这本书作者花了20多年才完成。

第四节　垄断的产生和资产阶级内部 平等关系部分地被破坏

随着垄断的产生,垄断企业在资本主义企业中占统治地位,资产阶级内部的平等关系,便部分地被破坏了。

在垄断资本主义产生以前,就已经存在着垄断了。最常见的,就是土地私有权的垄断。由于这种垄断,不缴纳地租,资本家就不能投资土地。这样,农产品就不能像工业品那样按生产价格出售,而要按生产价格加绝对地租的价格出售,其高度在农产品价值和生产价格之间,由市场竞争条件决定。农产品价值之所以高于生产价格,是由于农业资本有机构成较低。这样,农产品价值中高于生产价格的部分,亦即农业相对于工业资本而言多产生的剩余价值,就不参加平均利润的形成,而成为绝对地租归土地所有者。这就是说,虽然资产阶级和土地所有者之间的关系是不平等的,但资产阶级之间仍然是平等的。还有一种对自然力的垄断。它和上述的对土地私有权的垄断不同,但有联系。假如一个葡萄园在它所产的葡萄酒特别好时(这种葡萄酒一般说来只能进行比较小量的生产),就会提供一个垄断价格。由于这个垄断价格(它超过产品价值的余额,只决定于高贵的饮酒者的财富和嗜好),葡萄种植者将实现一个相当大的超额利润。这种在这里由垄断价格产生的超额利润,由于土地所有者对这块具有特殊性质的土地的所有权而转化为地租,并以这种形式落入土地所有者手中。

此外,还有一种垄断价格是由土地私有权产生的。其起因和农产品要纳绝对地租一样。农产品的价格是高于生产价格而低于或等于价值,由于它高于生产价格,所以也是一种垄断价格。但现在我们要谈的由土地私有权产生的垄断价格与此不同,它是高于价值的。这就是畜产品价格。畜牧业资本有机构成很高,因此畜产品的生产价格高于价值。而农产品因资本有机构成较低,因而价值高于生产价格,如果用农产品按价值出售,其中的超额利润便转化为绝对地租这种办法,是不能说明畜牧业用地地租的产生的,因为后者的高度要取决于有同等质量的农业用地的地租。这样,谷物的地租就会参加决定牲畜的价格,畜产品的价格就这样决定:一块土地用作畜牧业的人工牧场,但这块土地同样也可以变为有一定质量的耕地,那么,这块土地的产品的价格,必须提高到这种程度,足以使这块土地和一块质量相等的耕地提供相等的地租……通过土地私有权,畜产品的价格就被人为地提高了,成为一种高于价值的垄断价格。

以上两种垄断价格,其中的垄断利润化为地租,这就是说,虽然资产阶级和土地所有者之间的关系是不平等的,但资产阶级内部的关系,仍然是平等的,他们都得到了平均利润。

但是,随着垄断企业的产生,资本主义发展为垄断资本主义,自由竞争受到限制,垄断利润成为大量现象,资产阶级分裂为一般的资产阶级和垄断资产阶级,情况就不同了,资产阶级内部的平等关系部分地被破坏了。

问题在于:包含着垄断利润的某些商品的垄断价格,不过是把某些商品生产者的一部分利润,转移到具有垄断价格的商品上去。剩余价值在不同生产部门之间的分配,会间接受到局部的干扰。但这种干扰不会改变这个剩余价值本身的界限。如果这种具有垄断价格的商品进入工人的必要消费，那么，在工人照旧得到他的劳动力价值的情况下，这种商品就会提高工资，并从而减少剩余价值。

一般来说，具有垄断价格的商品，除了奢侈品和军火都直接进入工人的必要消费。由于这样，工人的生活费用提高了，如果工人照旧得到他的劳动力的价值，那么，他的货币工资就要相应提高。这个提高部分，就是非垄断资本家减少的剩余价值，也就是垄断资本家得到的垄断利润。

当然，也有可能把工资压到劳动力的价值以下，但只是工资要高于身体最低限度。这时，垄断价格就要通过对实际工资（即工人由于同量劳动而得到的使用价值的量）的扣除和对其他资本家的利润的扣除来支付。

在这样的条件下，工人的货币工资虽然有所增加，但是实际工资还是下降了；货币工资增加的部分，就是非垄断资本家的使用价值减少的部分，实际工资下降的部分，就是工人劳动力价值扣除部分。

在上述情况下，由于垄断资本家得到垄断利润，非垄断资本家的剩余价值减少，资产阶级内部的平等关系部分地被破坏了。当然，非垄断资本家之间仍然存在着自由竞争，其利润有平均的趋势，但这不是社会的剩余价值的平均化，因为他们实现的利润总和同他们的企业生产的剩余价值总和不等。应该说，在垄断资本主义条件下，平均利润和生产价格规律已退出历史舞台。正如资本主义未发展到自由竞争阶段时它不存在一样，到垄断阶段，它也不存在。

第四章　资本主义社会三大阶级之间的关系被歪曲

第一节　劳动力价值被歪曲为工资和剩余价值被歪曲为利润

资本主义生产的决定性历史条件,亦即剩余价值的历史起源的条件,是劳动力成为商品;但是,劳动力是一种潜在的东西,所谓买卖劳动力就是劳动力的使用即劳动,因此,和一般商品买卖是一手交钱、一手交货不同,劳动力的买卖是先交货后交钱,即劳动后才支付劳动力的价值或价格的。因此,一般商品买卖中双方授受的货币,便明白无误地表现为这商品的价格,而劳动力买卖中双方授受的货币,却不能明白无误地表现为劳动力这商品的价格,而被歪曲为出卖劳动力的价格,被歪曲为劳动价值、劳动报酬、工资。既然在工资这个范畴下,劳动者即工人得到其劳动创造的价值,剩余价值就必然被歪曲为不是劳动的产物,而是别的什么因素的产物,无产阶级和资产阶级之间的剥削和被剥削的关系,就被掩盖起来了。这是决定性的第一步。

劳动力价值或价格被歪曲为工资这个过程的另一面,就是剩余价值被歪曲为全部预付资本的产物,即被歪曲为利润。剩余价值本来是劳动生产的,即本来是可变资本所推动的劳动的产物,但由于劳动的产物已被歪曲为全部成为工资,因此剩余价值就再也不可能是可变资本的产物,而被歪曲为全部垫支或预付资本的产物,或资本的产物,这样,剩余价值就转化为利润。

一个生产部门的特殊利润率,就是该部门的剩余价值和预付资本之比;全社会的平均利润率,就是各特殊利润率的平均化,亦即全社会的剩余价值和预付资本之比,这种平均不是算术平均,而是加权平均,这是我们分析过的,实质上是产业利润和产业部门的平均利润率。但除产业利润外,还有商业利润和银行利润,平均利润率应该是全社会的剩余价值和产业资本、商业资本和银行资本总和之比。由于增加了一个商业资本和银行资本去平分剩余价值,现在的平均利润率比原来的降低了。

商业资本和银行资本,是分别由产业资本循环中的资本的两种形态,即商品资本和货币资本转化而来的商品经营资本和货币经营资本的独立化。

"商品经营资本无非是生产者的商品资本,这种商品资本必须经历它转化为货币的过程。"①

"必须在市场上完成它作为商品资本的职能;不过这种职能已经不是表现为生产者的附带活动,而是表现为一类特殊资本家即商品经营者的专门活动,它已经作为一种特殊投资的业务而独立起来。"②这样,作为产业资本循环的一种形态的商品资本,就独立化为商品经营资本即商业资本了。

商业资本既然是商品资本的独立化,是在流通过程中的资本形态,那么它就不生产剩余价值,但要参加剩余价值平均利润的平均化,即获取商业利润。假设一年中全社会预付的总产业资本为720C+180V,剩余价值率为100%,商品总价值或总生产价格便为720C+180V+180M=1 080,平均利润率为180M÷(720C+180V)=20%。现在900产业资本之外,有100商业资本加入,它是总1 000即(900+100)中的十分之一,因此它也要从180的剩余价值中分到十分之一即18,余下来的162剩余价值由900产业资本平分利润率也是18%。这是商业资本加入后的新的平均利润率,比原来的低。这样,产业资本家按(720C+180V)×(1+0.8)=1 062的价格,把商品卖给商业资本家,后者再按1 062+18=1 080的价格,即按价值或生产价格把商品卖给购买者,获取18的平均利润。

上述意义的商品资本实质上是产业资本的补充,其量的大小由产业资本经历的流通时间的增大部分来决定。假设上述720C+180V的产业资本,为当地市场生产商品,9个月内周转一次生产180M,但其后由于市场的开拓,流通时间增加1个月,资本周转时间为10个月,一年中的利润量和利润

---

① 马克思:《资本论》(第三卷),人民出版社2004年版,第301页。
② 同上。

率都必然降低,为获取同量利润量,就要增加预付资本100,这就是上述意义的商业资本。在这样的条件下,利润率同样降低。

另外还有一种意义的商业资本,它由纯粹流通费用构成。纯粹流通费用有生产性流通费用或流通费用和纯粹流通费用两种。它们的区别在于商品二因素的运动:凡与商品的使用价值运动,即从生产过程结束进入消费过程所必需的劳动耗费,如运输、包装、保管所耗费的物化劳动和活劳动,这实质上是生产过程在流通过程中的继续,即使商品生产消灭了,这种劳动耗费仍然存在。在资本主义条件下,它是生产性的劳动,和生产商品的劳动一样,其活劳动创造价值包括剩余价值。全部预付资本都要获得平均利润,它生产的剩余价值参加平均利润的形成,原理和产业资本一样。

凡与商品的价值运动,即为价值的实现所必需的劳动耗费,可归结为计算、簿记、市场、通信等方面的开发,为此必需的不变资本包括事务所、纸张、邮资等,可变资本则是为雇用在这种意义上的商业雇佣工人而支付的工资,这种纯粹流通费用随着商品生产的消灭而消灭,它是不生产性的,它不创造价值包括剩余价值,归根结底它要从社会剩余价值中来补偿,这种资本耗费要获取平均利润。

目前,资本主义纯粹流通费用在国内生产总值中所占的比重增加,这是由资本主义基本矛盾决定的。这是因为,剩余价值的剥削和剩余价值的实现条件不同;前者取决于生产力水平,后者主要取决于消费力水平,而资本主义生产方式又妨碍劳动群众消费水平的提高。这样,产品销售必然遇到困难,为了销售,上述费用就增加。同时,资本主义特有的生产和消费的矛盾,使普遍的生产过剩的经济危机发生,危机就是消灭那部分对消费力来说是过多的产品。消灭有多种形式,增加纯粹流通费用的耗费是其中的一种。

斯威齐说:由于垄断资本主义攫取的垄断利润不只是剩余价值,因而发达国家的经济剩余不论绝对还是相对都增加。"一般说来,剩余的吸收有下列各种方式:1.它可以被消费掉;2.它可以用来投资;3.它可以被浪费掉。"[①]上述的"3"就包括了实行军国主义的开发和用于纯粹流通费用,尤其

---

① 保罗·巴兰、保罗·斯威齐:《垄断资本:论美国的经济和社会秩序》,南开大学政治经济学系译,商务印书馆1977年版,第80页。

是广告的开发。发达国家有的商品价格,其中纯粹流通费用占 50％,某些化妆品则占 90％,即是说这些费用所代表的物质财富,既不进入生产消费,也不进入个人消费,白白地浪费掉了。

斯威齐由于是美国人,所以举的都是发达国家的数字。其实,中国虽然是发展中国家,纯粹流通费用的支出,尤其是广告费的支出,也实在惊人。

假设纯粹流通费用为 50,这样,180M 就要由 900 产业资本和 150 商业资本(100 实质上是产业资本,50 是纯粹流通费用,生产性的流通费用不予计算)来平分,平均利润就因纯粹流通费用的产生,再由 18％ 下降为 $17\frac{1}{7}$％,产业资本分得 $154\frac{2}{7}$M,商业资本分得 $25\frac{5}{7}$M,产业资本家按 $(720C+180V)\times\left(1+17\frac{1}{7}\%\right)=1\,054\frac{2}{7}$ 的价格,将商品卖给商业资本家,商业资本家则按价值 $1\,054\frac{2}{7}+150\times17\frac{1}{7}\%+50=1\,130$ 的价格,出售商品。

但是,这样一来,商品总价格 1 130 便高于商品总价值即总生产价格 1 080,这是违反价值规律的。所以纯粹流通费用不可能是这样补偿的。它只能从社会总剩余价值中来补偿。其原因是:由于纯粹流通费用的产生,个别商品价格提高了,它直接间接提高劳动力价值,在其他条件不变下,这使剩余价值相应减少,即从 180 减为 130。这样,平均利润率应降为 $130\div(900+100+50)\approx12.38\%$。在这新的平均利润率下,产业资本家按 $900\times(1+0.123\,8)\approx1\,011.43$ 的价格,将商品出售给商业资本家,后者则按 $1\,011.43+(150\times0.123\,8)+50\approx1\,011.43+18.57+50=1\,080$ 的价格,将商品出售。所以,作为一个经济过程的结果,商品出售价格是等于价值即生产价格的。

现在谈一谈资本循环中的另一种形式,即货币资本怎样独立化为货币经营资本,再由货币资本发展为银行资本,以及货币经营业和银行利润的来源。

货币在产业资本和商品经营资本即商业资本的流通过程中,所完成的各种技术性的活动,"当它们独立起来,成为一种特殊资本的职能,而这种资本把它们并且只把它们当作自己特有的活动来完成的时候,就把这种资本转化为货币经营资本了"[①]。货币经营业就成为一种独立的企业。

---

① 马克思:《资本论》(第三卷),人民出版社 2004 年版,第 351 页。

正如商业是经营一般商品的企业一样，货币经营业是经营货币商品的企业，它的业务是纯粹技术性的收付和兑换货币，它在结算、平衡和兑换中耗费的物化劳动和活动，是一种纯粹流通费用，不创造价值包括剩余价值，这种费用随着商品生产从而货币经济的消灭而消灭，在资本主义条件下，如商业中的纯粹流通费用一样，要由社会剩余价值的扣除来补偿。

"货币经营者的利润不过是从剩余价值中所作的一种扣除，因为他们的活动只与已经实现……的价值有关。"① 他们在纯技术的收付、兑换货币时，向产业资本家和商业资本家收取的手续费，扣除了他们经营中的耗费外，剩下的余额便是他们的利润。各行业之间资本家的竞争，使这种利润与其耗费的比例同平均利润一致。

我们现在考察的只是纯粹形式的货币经营业，即与信用制度相分离的货币经营业，当信贷的职能和信用贸易同货币经营的其他职能结合在一起时，货币经营业就得到了充分的发展，成为现代银行业。现代银行业与一般货币经营业相比，其决定性特征就是经营资本商品。经营银行的各种耗费同样是纯粹流通费用，它的补偿是社会纯粹流通费用的扣除，银行贷款利息大于存款利息的差额，除补偿这种耗费外，余下的便是银行利润。同样道理，各行业资本家之间的竞争，使这种利润与其耗费的比例同平均利润率一致。

第二节　利润分割为企业收入和利息

货币在资本主义生产基础上能转化为资本。它使资本家从工人身上榨取剩余价值，分取平均利润，据为己有。这样，货币除了作为货币具有的使用价值外，又取得了一个追加的使用价值，即作为资本来执行职能的使用价值。"在这里，它的使用价值正在于它转化为资本而生产的利润。就它作为可能的资本，作为生产利润的手段的这种属性来说，它变成了商品，不过是

---

① 马克思：《资本论》(第三卷)，人民出版社 2004 年版，第 359 页。

一种特别的商品。或者换一种说法,资本作为资本,变成了商品。"①

假定平均利润率为20%。这样一来,一台价值100镑的机器,在中等条件下当作资本使用,一年会提供20镑利润。同理,一个手中有100镑的人,手中就有使100镑产生20镑的权利。如果他把这100镑交给另一个人一年,让后者把100镑实际当作资本来使用,那就等于他给了后者获得20镑利润的权利。这个利润对后者来说,什么也没有花费,如果后者在年终将80镑中的5镑付给100镑的所有者,他就是用5镑来支付这100镑的使用价值,即支付这100镑产生20镑利润的职能的使用价值。他支付给所有者的那一部分利润,叫作利息。在这个条件下运动的资本商品,成为生息资本和借贷资本。

生息资本是在货币资本形态上的职能资本即产业资本和商业资本的独立化。因为职能资本总有闲置的时候,这在固定资本的周转中尤为明显。这样,它便可以在其闲置的期间内,用来借贷,成为生息资本。当然,这种独立化也可以扩展,使生息资本不仅是货币资本形态上的职能资本的独立化。

资本商品的运动不同于产业资本循环中的商品资本和货币资本的运动,正是这样,才使资本商品的运动成为借贷资本。

在产业资本循环中的"商品资本和货币资本实际执行职能,在过程中实际发生作用时,商品资本仅仅起商品的作用,货币资本仅仅起货币的作用。在形态变化的无论哪一个要素上,就其本身来看,资本家都不是把商品作为资本出售给买者……他也不是把货币作为资本让渡给卖者。在这两个场合,他把商品单纯作为商品来让渡,把货币单纯作为货币,作为购买商品的手段来让渡"②。

资本商品的运动不是这样。尽管大多数它采取货币的形态,有时采取商品资本的形态,即货币和商品形态,但它不仅对于它的所有者来说是作为资本,而且它一开始就是作为资本交给别人,它在运动中保存自己,并在执行职能后,流回它的所有者手中,这就是说,"它既不是被付出,也不是被卖

---

① 马克思:《资本论》(第三卷),人民出版社2004年版,第378页。
② 同上书,第383页。

出，而只是被贷出"①。

在生息资本运动中，借入者必须把它作为已经实现的资本，即作为价值加上剩余价值即利息来偿还，而利息只能是它所表现的利润的一部分。"只是一部分，不是全部，因为对于借入者来说，这个货币的使用价值，就在于它会替他生产利润。不然的话，贷出者就没有让渡使用价值。另一方面，利润也不能全部归借入者。不然的话，他对于这种使用价值的让渡就没有支付什么。"②

由此看来，贷出和借入商品资本的关系，就是出卖和购买拥有资本便能实现利润这样一种权力或特权的关系。由于这样，利息便表现为资本的"价格"。在资产阶级经济学家看来，正如地租是土地资本利息一样，利息是货币资本价格。这两者都是不合理的。这里先谈后者，在这里，资本商品有了双重的价值，先是有价值，然后又有和这价值不同的价格，其所以不同，因为价格是价值的货币表现，而现在的价格不是价值的货币表现，"和价值有质的区别的价格，是荒谬的矛盾"③。但是，在资本主义条件下，利息必然表现为资本商品的价格，因为价格是表示商品价值的，利息是贷款人为了取得资本商品即产生利润的权力而付给借款人的价格，因而是资本商品的价格。

利息率的高低，即利润分割为归货币资本家所有的利息和归职能资本家所有的企业收入，这两者所占的比重，只由竞争决定，即由借贷资本的供求关系决定。我们知道，供求关系不能决定价格水平和工资水平，只能决定价格环绕着价值、工资环绕着劳动力价值上下波动。利息率不是这样，不存在自然的利息率。然后借贷资本的供求关系使实际利息率环绕着自然利息率上下波动。"在这里，竞争并不是决定对规律的偏离，而是除了由竞争强加的分割规律之外，不存在别的分割规律，因为我们以后会看到，并不存在'自然'利息率。相反，我们把自然利息率理解为由自由竞争决定的比率。利息率没有'自然'界限。"④

为什么不能有"自然"的利息率？理由很简单，由于利息的性质。利息

① 马克思:《资本论》(第三卷)，人民出版社 2004 年版，第 384 页。
② 同上书，第 395 页。
③ 同上书，第 397 页。
④ 同上书，第 399 页。

不过是平均利润的一部分。同一资本在这里有双重规定:在贷者手中,它作为借贷资本;在借入者即职能资本家手中,它作为产业资本或商业资本,但它只执行一次职能,只产生一次利润。这两种有权要求利润的人怎样分割这利润,纯粹是经验、偶然的事情。"利润率的决定在本质上是建立在剩余价值和工资的分割上,劳动力和资本这两个完全不同的要素起着决定的作用……从它们质的区别中产生了所生产的价值的量的分割。"①但在利息上,却不会发生类似情况。"在这里,质的区别相反地是从同一剩余价值部分的纯粹量的分割中产生的。"②

因此,一般来说,利息率是在零以上,平均利润率以下,至于在哪一点,这只能由竞争来决定。由于利息率是受平均利润率限制的,随着资本主义社会生产力的发展,社会资本有机构成的提高,平均利润率有下降趋势,利息率也有下降趋势。

市场上的利息率虽然在不断变动,但在每一既定的瞬间,都像商品在每个时候的市场价格一样,不断表现为固定的和一般的。这和平均利润率不同,后者表现为一种趋势和一个过程。其所以如此,是因为利息率取决于货币资本家供给的资本商品和职能资本家对这种商品的需求。这种情况在特殊利润转化为平均利润率是不会发生的,因为一个部门的商品的价格如果高于或低于生产价格,那么平均化就会通过生产的扩大或缩小来达到,这是一个过程。

如果说平均利润率的形成,意味着产业资本只是在特殊部门之间的运动和竞争中把自己表现为整个阶级共有的资本,那么利息率的形成则现实地、有力地在资本的供求中表现为整个阶级共有的资本。这是因为,在资本商品的市场中,只有贷出者和借入者的对立,并且商品具有同一的形式——货币:资本因投在特殊生产部门或流通部门而具有的一切特殊形式,在这里都消失了;在这里,资本是存在于独立的价值即货币的没有差别的彼此等同的形态上;特殊部门之间的竞争在这里停止了,它们全体作为借款人出现,资本则以这种形式与它们全体对立,在这个形式上,按怎样的方式使用的问

---

① 马克思:《资本论》(第三卷),人民出版社 2004 年版,第 408 页。
② 同上。

题对资本家来说是无关要紧的事。

平均利润分割为企业收入和利息后,资本主义生产关系进一步神秘化了,在这个条件下,利息必然表现为资本自身的产物,企业收入则表现为资本家"劳动"的产物,工人的劳动才是价值包括剩余价值,即利息和企业收入的源泉这一点就被掩盖起来了。这一切都和平均利润分割为企业收入和利息这种纯粹量的分割,必然转变为质的分割相关联。

对于那种借入资本而从事经营的生产资本家来说,总利润总分成利息和超过利息的余额这两部分。如果平均利润率已定,后一部分就由利息率决定;如果利息率已定,后一部分就由平均利润率决定。无论总利润在每个具体场合怎样同平均利润发生偏离,它分割后属于生产资本家的那部分仍然要由利息决定,因为利息是由一般利息率决定的。资本的产物是剩余价值或利润。对于借入资本而从事经营的生产资本家来说,就是利润减去利息以后留给自己的那部分利润。因此,"这部分利润,对他来说必然表现为执行职能的资本的产物;这对他来说确实也是这样,因为他所代表的资本只是执行职能的资本"①。这样,同他必须从总利润中付给贷出者的利息相反,剩下归他的那部分利润必然采取产业利润和商业利润的形式,这就是企业收入。

第三节　企业收入被歪曲为资本家的"劳动"的工资和利息被歪曲为资本的产物

在总利润从量的分割,即分割为企业收入和利息的同时,企业收入必然被歪曲为资本家的"劳动"的产物,利息被歪曲为资本自身的产物。这是因为,如果总利润等于平均利润,企业收入的大小就只由利息率决定;如果总利润同平均利润相偏离,两者都扣除后的差额,就由会引起这偏离的市场行情决定;一个企业的具体利润率,不仅取决于剩余价值,而且取决于其他许多情况,其中就包括资本家是否高于或低于生产价格出售,因而在流通过程

---

① 马克思:《资本论》(第三卷),人民出版社 2004 年版,第 418 页。

中占有总剩余价值的一个较大或较小的部分,这就要取决于特殊的市场行情,而就每一次交易来说,取决于资本家的狡猾程度和钻营能力。这样一来,企业收入便好像是生产资本家"作为产业和商业企业主所执行的职能产生出来的",而利息对他来说,只表现为"资本所有权的果实,表现为抽掉了资本再生产过程的资本自身的果实,即不进行'劳动',不执行职能的资本的果实"。①

由于这样,总利润这两部分便"硬化并且互相独立化了,好像它们出自两个本质上不同的源泉。这种硬化和互相独立化,对整个资本家阶级和整个资本来说,现在必然会固定下来。而且,不管能动资本家所使用的资本是不是借入的,也不管属于货币资本家的资本是不是由他自己使用,情况都是一样"②。

由于这种质的分割,企业收入就不与雇佣劳动形成对立,而只与利息形成对立。这种对立表现为:第一,假定平均利润已定,企业收入率就不由工资决定,而由利息率决定,企业收入率的高低和利息率成反比;第二,企业收入是由执行职能的资本家执行产业资本和商业资本这些职能而活动得来的,因为资本家在这里指挥生产过程和流通过程,对生产劳动的剥削也要花费力气,不管是自己花费力气,还是让别人替他花费力气,他不像生息资本家那样毫不花力气,只是领干薪。

由于有这种对立,"人们完全忘记了:资本家作为资本家,他的职能是生产剩余价值即无酬劳动,而且是在最经济的条件下进行这种生产。由于利润即剩余价值所分成的两个部分的对立形式,人们忘记了,二者不过是剩余价值的不同部分,并且它的分割丝毫不能改变剩余价值的性质、它的起源和它的存在条件"③。而真正的情况是:"在再生产过程中,执行职能的资本家代表他人所有的资本,同雇佣工人相对立,而货币资本家则由执行职能的资本家来代表,参与对劳动的剥削。"④

让我们分别进一步考察企业收入和利息。

①　马克思:《资本论》(第三卷),人民出版社 2004 年版,第 420 页。
②　同上书,第 420—421 页。
③　同上书,第 427 页。
④　同上。

由于利息表现为资本的产物,剩余价值的另一部分即企业收入就必然表现为不是资本产生的,而是由与资本无关的生产过程产生的。但是,"生产过程同资本分离开来,就是劳动过程一般。因此,同资本所有者相区别的产业资本家,不是表现为执行职能的资本,而是表现为甚至与资本无关的执行职能的人员,表现为一般劳动过程的简单承担者,表现为劳动者,而且是表现为雇佣劳动者"①。由于这样,企业收入就"不仅不是他人的无酬劳动,相反,它本身就是工资,是监督工资……是高于普通雇佣工人工资的工资,1.因为这是较复杂的劳动,2.因为是资本家给自己支付的工资"②。

这样一来,职能资本家变成是创造剩余价值的,这不是因为他作为资本家进行劳动,而是因为除了他作为资本家性质之外,他也进行劳动……"剥削的劳动和被剥削的劳动,二者作为劳动成了同一的东西"③。

企业收入是劳动的监督工资这种看法,是从企业和利息的对立中产生的,并且由于这一点而加强:"利润的一部分事实上能够作为工资分离出来,并且确实也作为工资分离出来,或者不如反过来说,在资本主义生产方式的基础上,一部分工资表现为利润的不可缺少的组成部分。"④

凡是直接生产过程具有社会结合过程的形态,而不是表现为独立生产者的孤立劳动的地方,都必然会产生监督劳动和指挥劳动。不过它具有二重性。一方面,凡是具有许多人进行协作的劳动,过程的联系和统一都必然要表现在一个指挥的形态上,表现在各种与局部劳动无关而与工场全部活动有关的职能上。

另一方面——完全撇开商业部门不说——凡是建立在作为直接生产者的劳动者和生产资料所有者之间的对立的生产方式中,都必然会产生这种监督劳动。这种对立越严重,这种监督劳动所起的作用也就越大。它在资本主义生产方式下是不可缺少的,因为在这里,生产过程同时就是资本家消费劳动力的过程。在这里,政府的监督劳动和全面干涉包括两方面:既包括执行一切社会的性质所产生的各种公共事务,又包括由政府同人民大众相

---

① 马克思:《资本论》(第三卷),人民出版社 2004 年版,第 429 页。
② 同上书,第 427 页。
③ 同上书,第 430 页。
④ 同上。

对立而产生的各种特殊职能。

布哈林将公共事务称为"公益的职能",并认为它无非是"剥削过程的必要条件"。他认为:"国家政权执行着所谓公益的职能,如建设铁路、医院、颁布工厂法、实行保险等等。但是,公正的分析表明,国家政权的这些职能绝不排斥它的阶级性质。这些职能要么是扩大剥削过程本身的必要条件(铁路),或维护统治阶级的其他利益(卫生措施),要么是对阶级敌人的战略让步,这里的情况同统治阶级任何组织中的情况是相同的。托拉斯或辛迪加的目的是增加利润,而不是养人活命。但是,要增加利润,它就必须进行生产和雇用工人,在某些情况下(罢工等情况),它还向工人作让步,然而正像德国工人所说,它一分钟也没有停止其作为企业主的'阴谋者'的组织。这里,'公益的'职能无非是剥削过程的必要条件。"[1]

上面的论述,很值得设有"公共事务"学院的办学者深深思考。

应当怎样理解这个问题? 这就是说,监督指挥的劳动有二重性,只要它是由于对立的性质,由资本对劳动的统治产生,因而为一切以阶级对立为基础的生产方式和资本主义生产方式所共有,那么,在资本主义制度下,它也是交给单个人作为特殊劳动去完成的。只要资本主义企业达到相当大的规模,足以为企业的经理支付报酬时,这报酬"就会完全同利润分离而采取熟练劳动的工资的形式"[2],虽然我们的产业资本家远没有因此去从事政务或研究哲学。

但是,"只要资本家的劳动不是由单纯作为资本主义生产过程的那种生产过程引起……只要这种劳动不只限于剥削他人劳动这个职能……只要这种劳动是由作为社会劳动的劳动的形式引起,由许多人为达到共同结果而形成的结合和协作引起,它就同资本完全无关"[3]。这就像一个乐队要有一个指挥一样,从这点看,这种性质的监督劳动是一种生产劳动,是每一种结合的生产方式中必须进行的劳动。[4] 在商品生产下,它是创造价值的。这就

---

① 尼古拉·布哈林:《过渡时期经济学》,余大章、郑异凡译,生活·读书·新知三联书店1981年版,第13—14页。

② 马克思:《资本论》(第三卷),人民出版社2004年版,第434页。

③ 同上书,第435页。

④ 同上书,第431页。

是说，这样的资本家，有一部分收入是他自己的生产劳动创造的工资，但它和利润结合在一起。

从这一点看，资本主义企业特殊利润率的高低，与资本家的指挥劳动有关，这就是说，"如果一定量可变资本的剩余价值已定，这个剩余价值会表现为多大的利润率，从而会提供多大的利润量，在很大的程度上还要取决于资本家自己或他的经理和职员的经营本领"，其中包括"生产过程各个阶段的总安排的完善程度，即……指挥和监督是否简单而有效"。①

英国古典经济学家拉姆赛对企业利润即企业收入作过详细的分析。他指出这种收入具有两重性质，它"与劳动者的收入不同，它不完全是从劳动中得来的。确实，不管雇主在他的职务上付出了什么样的劳苦，与其说是手的劳动，不如说是脑的劳神。因为尽管有很多企业的领导人亲自动手干活，但是他们这样做的时候，他们在那个时候已停止作为雇主而成为操作者。他们与劳动者的情况不同，无论是利润量还是收益量都与他付出的操劳量与技术水平不成比例"②。但是，不管怎样，"企业利润还是不完全取决于资本的数量，而是为发挥个人的才干和勤奋留下了相当大的余地，而且肯定会得到相应的报酬"③。认为雇主即企业主亲自动手干活时，他就停止作为雇主而成为操作者，这是不对的，宁可说，他的劳动时刻都具有前面说过的那种二重性。

劳动的剥削是要花费劳动的，在产业资本家所做的劳动只是因为资本和劳动的对立所以有其必要时，这种劳动会加入到他的监工（产业上的低级职员）的费用中者，要算在工资的范畴内，这好像奴隶监视者和他的鞭笞所引起的费用，要算在奴隶主的生产费用中一样。这种费用，像大多数商业费用一样，属资本主义生产的杂费范围。这是监督劳动的一种职能。它的另一种职能是："组织若干个人之间的分工和协作。这种劳动完全要由大资本主义企业的经理人员的工资来代表。"④这种工资"已经从一般利润率中扣除出来"，不过，"即使我们把这种监督的（报酬）看作是隐藏在一般利润率中的

①　马克思：《资本论》（第三卷），人民出版社 2004 年版，第 154 页。
②　乔治·拉姆赛：《论财富的分配》，李任初译，商务印书馆 1984 年版，第 143 页。
③　同上。
④　马克思：《剩余价值学说史》（第三卷），郭大力译，人民出版社 1978 年，第 398 页。

工资,兰赛和其他经济学家所展开的规律,在这里也还适用:利润[产业利润和总利润(包括利息)]和所投资本的大小成比例,利润的这个部分却与资本的大小成反比例,对大资本来说,那是小到近于没有的,对小资本来说,也就是,在资本主义生产不过徒有其名的地方,利润的这个部分就会大得吓人。如果几乎亲自担任全部劳动的小资本家,表面上会比例于他的资本享受极高的利润率,那么,事实仍然是,如果他不使用少数劳动者并占有他们的剩余劳动,他实际会根本赚不到利润,不过在名义上从事资本主义生产(不管那是产业,还是商业)"。① 这对资本家监督劳动的二重性,是重要的解释。

此外,"英国劳动者的合作工厂,提了一个最好的实例,因为这种工厂虽然要支付较大的利息,但和平均利润相比,还是提供了更大的利润"②。而"自任经理的产业资本家,节省了一项生产费用,他们把这项工资付给自己,因而使他们的所得,比平均利润率更高"③。

虽然利润或扣除了利息后的利润即企业收入包括了管理工资,而后者有一部分是资本家的生产劳动创造的,但无论如何不能将企业收入等同于管理工资,在股份公司中,这两者是完全分开的。"随着信用而发展起来的股份企业,一般地说也有一种趋势,就是使这种管理劳动作为一种职能越来越同自有资本或借入资本的占有权相分离",在这条件下,那些"不能以借贷也不能以别的方式占有资本的单纯的经理,执行着一切应由执行职能的资本家自己担任的现实职能"。④ 这时,经理人员得到了管理工资,在这条件下的企业收入就表现在纯粹的形态上,再也不能用资本家自己的劳动来说明它的产生了。

现在来谈利润的另一部分——利息。

利息是借贷资本运动的产物,并且好像是借贷资本自己产生的。在这个运动中,"我们看到的是 $G—G'$,是生产更多货币的货币,是没有在两极间起中介作用的过程而自行增殖的价值"⑤。这和商业资本不同,在商业资本

---

① 马克思:《剩余价值学说史》(第三卷),郭大力译,人民出版社1978年,第398—399页。"兰赛"即"拉姆赛"。
② 同上书,第398页。
③ 同上书,第399页。
④ 马克思:《资本论》(第三卷),人民出版社2004年版,第436页。
⑤ 同上书,第440页。

即 $G—W—G'$ 上至少还存在着资本运动的一般形式,利润仍然表现为一种社会关系的产物,而不是表现为物的产物,但在 $G—G'$ 中,资本是作为一定价值的本金用作为自行增殖的价值自身,用作为已经生产剩余价值的本金关系,"社会关系最终成为一种物即货币同它自身的关系"①。由于这样,"在 $G—G'$ 上,我们看到了资本的没有概念的形式,看到了生产关系的最高度的颠倒和物化……货币或商品具有独立于再生产之外而增殖本身价值的能力……资本的神秘化取得了最显眼的形式"②。

资本只有在生息资本的形式上,生息资本又只有在采取货币资本的形式上,才变成这样一种商品,这种商品的自行增殖的性质有一个固定的价格,这个价格在每一具体场合都表现在利息率上。资本在这里,在生息资本采取货币资本的形式上,它的运动被简化了,中介过程被省略了。"像生长表现为树木固有的属性一样,生出货币……表现为资本在这种货币资本形式上固有的属性。"③货币资本只要被"贷放出去,或者投到再生产过程中去……那就无论它是睡着,还是醒着,是在家里,还是在旅途中,利息都会日夜长到它身上来"④。

这就无怪乎德国庸俗经济学家卡·阿伦德用欧洲原始森林每年增长率来说明利息率了。他说:"在财物生产的自然进程中,只有一个现象——在已经充分开发的国家里——看来在一定程度内负有调节利息率的使命;那就是欧洲森林的树木总量由于树木的逐年增长而增加的比率。这种增长完全不以树木的交换价值为转移(说树木的增长不以树木的交换价值为转移,这是多么滑稽啊! ——马克思注),而按每 100 棵增加 3—4 棵的比率来进行。因此……不能指望它(利息率——马克思注)会下降到最富有的国家的现有水平以下。"⑤马克思讽刺这种利息率是"原始的森林利息率"。

---

① 马克思:《资本论》(第三卷),人民出版社 2004 年版,第 441 页。
② 同上书,第 442 页。
③ 同上书,第 443 页。
④ 同上。
⑤ 参见同上书,第 407 页脚注 67。

第四节 价值被歪曲为使用价值或效用 与地租被歪曲为土地的产物

前面说过,在资本主义制度下,劳动力必然被歪曲为工资,即歪曲为劳动创造的全部价值;由此决定,剩余价值必然被歪曲为不是劳动创造的,而是资本创造的。这样,它就转化为利润,而利润平均化则进一步使利润的源泉被掩盖;利润分割为企业收入和利息后,由于利息的获得者是丝毫劳动也不耗费的,因此利息就被歪曲为资本的产物,而企业收入的获得者是耗费劳动的,因为监督工人是要耗费劳动的,因此企业收入便被歪曲为经营资本家的劳动的产物。在上述所有条件下,地租就必然被歪曲为土地的产物。它不可能是劳动的产物,因为劳动的产物已全部成为工资,它也不可能是资本的产物,因为工业资本和农业资本,都同样得到由它们生产的平均利润,而农业资本家要比工业资本家交多得多的地租,同时也比工业资本家使用多得多的土地,这样,地租就只能来自土地,而把价值认为是使用价值、财富、效用则是将地租说成是土地产生的理论基础。

其实,正常的资本主义地租不过是超额利润。这种地租分为级差地租和绝对地租两种,前者是农业资本之间的超额利润,后者是农业资本和工业资本之间的超额利润。

"资本主义生产方式的前提是:实际的耕作者是雇佣工人,他们受雇于一个只是把农业作为资本的特殊开发场所,作为对一个特殊生产部门的投资来经营的资本家即租地农场主。这个作为租地农场主的资本家,为了得到在这个特殊生产场所使用自己资本的许可,要在一定期限内(例如每年)按契约规定支付给土地所有者即他所开发的土地的所有者一个货币额(和货币资本的借入者要支付一定利息完全一样)。这个货币额,不管是为耕地、建筑地段、矿山、渔场还是为森林等等支付的,统称为地租。这个货币额,在土地所有者按契约把土地租借给租地农场主的整个时期内,都要进行支付。因此,在这里地租是土地所有权在经济上借以实现即增殖价值的形式。"①

　　研究地租时,要把土地租金和地租分开,在经营或新耕土地时,有些资本投入土地,固定在土地中的,比如化学性质的改良、施肥、修排水渠、建设灌溉工程、平整土地、建造经营建筑物等,它们属于固定资本范畴。如果这些投资是属于土地所有者的,那么租地农场主交纳的地租,就包括这些投资的利息和每年的折旧金,这两者和地租合在一起称为土地租金。要把地租和土地租金区别开来。

　　政治经济学研究的地租只是为了使用土地本身而支付的。这种区分是很重要的。它最初是由李嘉图提出来的。他说:"地租是为使用土地的原有和不可摧毁的生产力而付给地主的那一部分土地产品。但它往往和资本的利息和利润混为一谈。"②话说得不精确,因为土地的生产力不可能是原有的和不可摧毁的,但它的真正用意在于把地租从土地租金中划分出来加以研究,这是正确的。

　　地租还可能在另一种形式上和利息相混同。由于它表现为土地所有者出租一块土地而每年得到的一定货币额,而在资本主义条件下,任何一定的货币收入都可以资本化,都可以看作一个相像的资本利益。假定利息率是5%,这样,一个每年200镑的地租就可以看作一个4 000镑的资本的利息。这种资本化地租形成土地的购买价格或价值,一看就知道,这种由资本化的地租形成土地的价格,和劳动价格是由于同样的不合理的范畴,因为土地不是劳动的产品,从而没有任何价值,也不可能有价格。在这个不合理的形式的背后,却隐藏着一种现实的生产关系。因为用4 000镑购买土地,每年得200镑地租,和把4 000镑投在有息证券上,每年以5%计息,得200镑利息是一样的。"但是,地租的这种资本化,是以地租为前提,地租却不能反过来由它本身的资本化而导出和说明。"③现在就要说明这个作为前提的地租的产生和决定。

　　马克思把资本主义农业地租区分为级差地租和绝对地租两种。

　　级差地租是租佃资本家之间的利润差额,即生产条件较好的农场所得

---

① 马克思:《资本论》(第三卷),人民出版社2004年版,第698页。
② 李嘉图:《政治经济学及赋税原理》,郭大力、王亚南译,商务印书馆1962年版,第55页。
③ 马克思:《资本论》(第三卷),人民出版社2004年版,第703页。

到的超过平均利润的额外利润。由于土地的差别,等量资本有不同的生产率,有不同的利润;由于农业中存在着作为资本主义经营对象的土地垄断,这种不同的利润具有相对经常的性质,其中超过了平均利润的余额,就转化为级差地租。

假定有一个工厂,当其余同类工业用耗费较多的蒸汽作为动力时,它却利用毫无所费的瀑布作为动力,在其余条件相等下,这工厂的商品的个别生产价格较社会生产价格小些,它就会获得额外利润。瀑布是一种自然力,它既被这个工厂所利用,就等于被垄断了,其他工厂虽有资本也不能使用同样的瀑布。只要瀑布的使用比蒸汽的使用更加有利,在其他条件相等下,这工厂的额外利润就是牢固的和经久的了。但是,由于资本家竞争租用这瀑布,这额外利润就转化为地租落到瀑布所有者的口袋里。农业中的级差地租和这一样,它也是由这种额外利润转化而来的。

在资本主义农业中,由于土地肥沃程度和土地位置的差别,耗费等量资本有不同的生产物;对同一土地作连续追加投资也有不同的生产物。生产率较高的投资所生产的农产品个别生产价格,低于社会生产价格,从中获得额外利润。由于在资本主义农业中存在着作为经营对象的土地垄断,就使这种额外利润不是暂时的和流动的,而是相对牢固和经久的,并且转化为级差地租。

资本主义经营对象的土地垄断的意义如下:由于土地面积有限,优良地被某些资本家所经营,它就被垄断了,因为其他资本家不可能用资本来创造这些优良的土地。由于这种垄断,优良地和中等地又不能随意增加,但市场上对粮食的需要不能从耕种优良地和中等地得到满足,还需要劣等地的耕种所生产的粮食。这样,粮食的社会生产价格就不由平均的生产条件决定,而由劣等地的生产条件决定。既然社会生产价格由劣等生产条件决定,于是生产条件较优的资本所获得的额外利润,就是相对牢固和经久的了。但是,由于租佃资本家对于经营的竞争,这部分额外利润就转化为级差地租归土地所有者所有。

由此可见,这种地租只是级差地租,它是由资本的不同生产率之间的差额形成的,它本身并不构成由劣等生产条件所决定的社会生产价格。这种转化为级差地租的额外利润的产生,并不是由于个别农业劳动生产率绝对提高,而且是由于它垄断了比较有利的自然力,比较不能利用这种自然力的农业有相对的较高的劳动生产率。但自然力不是额外利润的源泉,而只是它的必要条件和自然基础。同时也很清楚,土地所有权对这种额外利润的创造,是没有作用的。假如土地是无主的,这种额外利润也是存在的,因为它是由土地经营的垄断所产生的,土地所有权不过把它转到土地所有者的口袋中去,使它成为地租。

由土地的肥沃程度和位置的差别而产生的地租,马克思称为级差地租第一形态(级差地租Ⅰ)。

土地肥沃程度的差别,就是土壤所含有的为植物所必需营养素的差别;随着农业化学和农业力学的发展,这些差别会发生变化。土地位置的差别,就是土地位置距离市场远近和交通条件的差别;随着城市的形成和交通运输工具的发展,这些差别也会发生变化。所以,由这种差别所产生的额外利润,并不是绝对不变的,但它都是相对的牢固和经久。

在土地肥沃程度的差别的基础上怎样产生级差地租呢?假设有最肥沃的优等地、较肥沃的中等地和较贫瘠的劣等地三种,在等量土地上投下等量资本,会有不同的产量和利润。由于自己竞争的缘故,平均利润以上的额外利润转化为级差地租。这就是说,各以 100 元生产费用投在三种土地上,分别得 4、5、6 担粮食。农业资本的平均利润率由工业中形成的平均利润率决定,假定为 20%。生产费用加平均利润构成的个别生产价格总额各为 120元。但由于产量不同,各种土地每担粮食生产价格各不相同;劣等地为 30元,中等地为 24 元,优等地为 20 元。粮食的社会生产价格由劣等地生产条件决定,每担为 30 元,各种土地粮食都按此价格出卖。结果劣等地租佃者卖 4 担粮食得 120 元,除平均利润 20 元外,没有额外利润;中等地租佃者卖 5 担粮食得 150 元,除平均利润 20 元外,额外利润为 30 元;优等地租佃者卖 6 担粮食得 180 元,除平均利润 20 元外,额外利润为 60 元。由于租佃资本家之间的竞争,这些额外利润转化为优等地和中等地的级差地租,归土地所有者所有。劣等地没有级差地租。但在这里,租佃资本家一般都得到平均利润。

土地位置的差别也能引起级差地租的产生。各种土地距离市场的远近不同,粮食的运费不同。大家知道,运费是生产费用,是生产价格的构成因素。因此,在其他条件相等下,经营位置较好的土地的租佃者比经营位置较差的土地租佃者可以得到较多的利润,其中超过了平均利润的余额,也转化为级差地租。

由土地的肥沃程度差别和位置差别所产生的级差地租Ⅰ的共同点在于:它们都是由等量资本投在面积相等的不同土地上所产生的利润差额转化而来的。

假使不把资本分散投在不同土地上,而是追加投在同一土地上,各资本间仍然会有不同的生产率和不同利润。其中的额外利润也转化为级差地租。这样产生的级差地租,马克思称为级差地租第二形态(级差地租Ⅱ)。

对同一土地的追加投资怎样引起级差地租Ⅱ的产生呢?

追加的投资通常是在优等地上进行的,因为在优等地上施用化学肥料、改善土地耕作、使用农业机器等,可以预期较劣等地第一次投资有更高的生产率。

按照前面的例子,对优、中、劣三种土地各投资100元,分别产粮食6、5、4担,依平均利润率20%计算,生产价格是120元,由劣等地决定的每担社会生产价格是30元,于是优等地和中等地各得额外利润60元和30元,它们都转化为级差地租Ⅰ。假定这是第一年的情况,如果第二年由于对粮食的需要增加了,以致要对优等地作追加投资,而对中等地和劣等地的投资和产量仍然照旧,再假定优等地追加投资所增加的粮食全部为市场所需要,不排斥劣等地的耕种,那么,现在的优等地投资200元,这追加的100元资本的生产率就有以下三种可能。

第一,较原来100元资本的生产率大,即追加的100元资本增产不止6担粮食。这时,决定粮食社会生产价格的依然是劣等地的投资,劣等地依然没有级差地租,中等地和优等地的级差地租Ⅰ不动,优等地追加的100元资本就按照它与劣等地100元资本的利润差额,转化为级差地租Ⅱ,优等地的级差地租Ⅱ比级差地租Ⅰ大,这情形和把资本投在另一块最优地上,产生比优等地更大的级差地租是一样的。

第二,和原来100元资本率相同,即追加的100元资本增产了6担粮食。情况和前面所说的一样,所不同的只是优等地的级差地租Ⅱ和级差地租Ⅰ相等。这情形和把资本投在另一块优等地上,产生和优等地相同级差地租是一样的。

第三,较原来100元的生产率小,即追加的100元资本增产的粮食数量,没有原来投下100元资本那样能生产出6担粮食来。这又有三种可能。

(1)较劣等地100元资本的生产率大,生产出粮食在6担以下4担以上。这种情况和前面说的一样,所不同的只是优等地的级差地租Ⅱ比级差地租Ⅰ小。这情形和把资本投在另一块介乎优等地和劣等地之间的土地上,产生比优等地较小的级差地租是一样的。

(2)和劣等地100元资本的生产率相同,也生产4担粮食。这时,追加的投资和劣等地的投资同样成为粮食社会生产价格的决定者,不产生级差地租。情况和前面说的一样,所不同的只是优等地不能产生级差地租Ⅱ。这种情况和把资本投到另一块劣等的不产生级差地租的土地上是一样的。

(3)较劣等地100元资本的生产率小,只生产3担粮食。这种投资之所以成为可能,是由于市场对粮食需要的增加,已不能由其他方法得到满足。这时,粮食的社会生产价格改由这次生产率最小的资本决定,每担粮食为40元,即120元÷3担。优等地的追回100元不产生级差地租,但原来100元资本生产的6担粮食,由于每担粮食的社会生产价格涨为40元,6担就卖240元,额外利润因而增至120元,除原来的级差地租Ⅰ的60元外,余60元转化为级差地租Ⅱ。中等地100元资本生产的5担粮食,可卖200元,额外利润增至80元,除原有级差地租Ⅰ的30元外,余50元转化为级差地租Ⅱ。劣等地的100元资本生产的4担粮食,可卖160元,产生额外利润40元,原来没有级差地租,现在这40元全部转化为级差地租Ⅱ。这种情况和把资本投到另一块更劣的不产生级差地租的土地上,而原来的劣等地就产生级差地租,中等地和优等地的级差地租就增大是一样的。

对优等地第二次以上的投资,和对于中等地的追加投资的不同生产率而产生的级差地租Ⅱ,也可参照上述方法求得。

当然,对同一土地追加投资所产生的级差地租Ⅱ,事实上并不像上述的假设那样简单。有时,这种追加投资会把已耕的劣等地排挤掉,以致级差地租Ⅰ会发生变化,并且和级差地租Ⅱ的产生构成一很复杂的图画。但基本原理是:在同一土地上追加投资的生产率和劣等地上投资的生产率不同,就产生级差地租Ⅱ。

对同一土地的追加投资所产生的额外利润怎样转化为级差地租Ⅱ呢？本来，租佃资本家所交纳的租金是由契约规定了的，在契约有效期间，这额外利润是归租佃资本家所有的。但契约期满重订时，土地所有者就会估计到这种额外利润的提高而提高租金，于是额外利润就转化为级差地租Ⅱ。

所以，土地所有者是毫无所碍地把资本主义农业发展的成果据为己有。他和租佃资本家之间在租地问题上进行着激烈的斗争。他们之间的矛盾很大：前者极力缩短租期，在契约期内规定后者必须进行一定的追加投资，确定租金时尽量预计到农业的进步；后者则极力延长租期，并且只有在契约期内有可能捞回投资的本金和利息的条件下，才追加投资。

由上面的分析可以看出：级差地租Ⅰ和级差地租Ⅱ有相同的本质，它们都是由等量资本的利润差额，即由额外利润转化而来的。额外利润如果是由等量资本投在不同土地上所产生的，就转化为级差地租Ⅰ，如果是由在同一土地的追加投资所产生的，就转化为级差地租Ⅱ。但是，它们也有很大的区别：级差地租Ⅰ标志着资本主义在农业中发展的较低阶段，它与扩大耕地面积而不提高技术的粗放耕种相联系。资本主义侵入农业的初期，仍然以手工技术为基础，只是扩大耕地面积并未提高耕种技术；同时，资本主义初期还有相当数量的未开垦地，资本主义农业也有可能在较广阔的土地面积上进行分散的投资。级差地租Ⅱ则标志着资本主义在农业中发展的较高阶段，它与在单位面积土地上提高耕种技术的集约经营相联系。随着资本主义的发展，农业的技术水平的提高，追加投资才有可能，因此，级差地租Ⅱ才能产生。

级差地租理论最初是由资产阶级经济学家提出来的，李嘉图是其中的代表者。但是，他的级差地租理论有很大的缺陷。

他认为在不同的土地上，投下等量的资本会产生不同数量的产品。随着社会发展对粮食的需要增加，耕种必然由优等地到劣等地，农产品价值是由劣等地决定的，这样优等地就产生级差地租。随着耕种扩大到更劣等的土地，级差地租就增加。

由此，他得出结论，认为地租只是人们生产粮食日益困难的结果。他不了解地租是剩余价值的特殊形态，是一种剥削关系。而且，他既然认为级差地租的产生要以由耕种优等地过渡到耕种劣等地为前提，就必然要把级差地租的产生和土地报酬递减律联系起来。因为如果对优等地的追加投资的生产率不是递减的,就没有必要从优等地过渡到耕种劣等地了。

马克思揭示了资本主义地租是剩余价值的分枝形态,是一种剥削关系;并说明了级差地租的产生与由优等地过渡到耕种劣等地无关,它的产生条件只是在土地经营垄断条件下的各级土地的差别。而且认为土地的耕种序列是由优等地过渡到劣等地,这是不符合历史事实的。土地耕种可能由优等地到劣等地,也可能相反;也可能从优等地到劣等地,再从劣等地到优等地,乃至更多的变化。在这里起作用的是以下几个因素:(1)土地的肥沃和位置,可能从同一方向起作用,也可能从相反方向起作用;(2)农业科学的发展,会使劣等地变为优等地;(3)掠夺土地的机会;(4)资本主义国家经济情况和粮食市场变化。

绝对地租是租佃资本家全体的利润(他们之间的利润差额除外)和各部门工业资本家的利润的差额,即额外利润。在不同的生产部门中,由于资本有机构成不同,等量资本在剩余价值率相等时会产生不同的剩余价值。在工业中,这不同的剩余价值会均衡化为平均利润,分配在各资本之间。在农业中,资本有机构成较低,剩余价值较多,由于土地私有权的垄断,阻止剩余价值均衡化为平均利润,因此,平均利润以上的剩余价值余额,转化为绝对地租归土地所有者所有。

在前面,为了简明地说明级差地租的产生,我们假设决定粮食的社会生产价格的劣等地是不交地租的,但事实上土地所有者绝不会把土地交给别人白白使用。他们根据土地私有权,一定要向在他的土地上所有的投资(包括在劣等地上的)都勒索地租。

既然耕种劣等地的租佃资本家都要交纳地租,他自己又至少要获得平均利润,那就只有抬高粮食的价格,即不是按生产价格,而是按生产价格加绝对地租的价格出卖粮食才有可能。在市场对粮食需要增加的条件下,粮食价格是可能涨到生产价格以上的,这样就使劣等地也有人经营耕种,也能提供地租。

由此可见,这种地租和级差地租不同,马克思把它称为绝对地租。级差地租本身并不是由劣等地生产条件所决定的粮食社会生产价格的构成部分,绝对地租却是,因此,它使粮食的价格高于生产价格。土地私有权对级差地租产生与粮食的社会生产价格的决定无关,它不过使级差地租归土地所有者所有。但土地私有权都产生绝对地租。劣等地必须待粮食价格涨到它的生产价格以上,以致能够交纳地租时,才能被租佃资本家耕种,所以土地私有权是粮食价格上涨的原因,是产生绝对地租的原因(假如劣等地不要交地租,劣等地投入耕种,从而粮食供给增加,价格就会下落)。既然各级土地的粮食都按照这个价格出卖,各级土地都能获得额外利润,因此,和级差地租只由生产率较高的投资产生并具有级差的性质不同,绝对地租是一切耕地都有的。

既然绝对地租使粮食价格涨到生产价格以上,这是否等于说,只有以高于价值的价格出卖粮食,违反了价值规律的要求,才能说明绝对地租的产生呢?李嘉图由于混同了价值与生产价格,不能解决问题,就否认有绝对地租。马克思则根据他的生产价格学说与土地私有权存在,科学地解决了这个问题。

我们知道,价值和剩余价值是由可变资本推动的活劳动创造的,不变资本的价值只是不变地转移到产品中去。资本有机构成不同的企业,在其他条件相等下,所生产的商品的总价值和剩余价值各不相同,利润率也各不相同。但这种情形,在工业各部门中,由于资本能够自由转移,不同的利润率就转化为平均利润率,价值就转化为生产价格,各种商品不同的价值就转化为相同的生产价格。

假定社会的剩余价值率是100%,社会平均利润率是20%。前面说过,工业品不是按价值,而是按生产价格出卖的。各种商品的生产价格并不恰好等于价值,资本有机构成较低部门的商品的价值高于生产价格。同时也可以看出,工业各部门中不同的剩余价值,不同利润所以能均衡化为平均利润,要以资本在各生产部门自由转移为前提。

明白了这道理,就能说明粮食价格和价值的关系,以及绝对地租从何而来的问题。

在农业资本中拿出100元来看,不变资本占70元,可变资本占30元,它的资本有机构成低于社会平均资本有机构成。假如剩余价值率和工业中的相同,都是100%,剩余价值就是30元,农产品价值为130元,利润率是30%,比工业的平均利润率高。但农业资本家应该和工业资本家得到同样的平均利润,社会平均利润率是 20%。因此,粮食的生产价格应该是 120元,低于它的价值。假如农业部门不存在任何垄断,资本投到这部门来不遇到阻碍,农业部门的更多的剩余价值就要均衡化为平均利润,并且提高了平均利润率,粮食就按生产价格出卖,情况和上述的工业部门一样。但是,在资本主义农业中存在着土地私有权的垄断,资本投到农业部门来遇到阻碍;无论经营何种土地,不交纳地租,资本就不能投入。由于这种垄断,粮食才不是按生产价格而是按高于生产价格的价值出卖,价格最高等于价值。生产价格和价值的差额,即额外利润,由于土地私有权垄断的原因,就不均衡化为平均利润,而留在农业部门中,转化为绝对地租归土地所有者所有。

但不能认为,农业资本有机构成低下是产生绝对地租的原因,工场手工业的资本有机构成也是低下的,利润率是较高的,但由于它不存在垄断,资本可以自由转移到那里去,因此它的较高的利润率就均衡化为平均利润。农业与此不同,它存在着土地私有权的垄断,额外利润就转化为绝对地租。所以,绝对地租产生的原因是土地私有权。

杨学成在《当代经济研究》上发表文章,不同意马克思关于绝对地租理论,我认为值得提出来讨论一下。

杨学成之所以对绝对地租的来源与形成提出新的解释,是由于他认为马克思的解释已不适合新形势的要求。这在他看来有两方面:

第一,在马克思以后,"在非农业迅速发展,城市化不断推进(尤其是城市型国家不断出现),非农土地迅速扩张,城市地租、地价飞涨(城市地租、地价往往是农村地租、地价的十几倍、几十倍,甚至上百倍),绝对地租对社会剩余价值分配影响越来越大(不仅劣等地上有绝对地租,中等地、优等地的地租中也包含一个相应的部分)的历史条件下,若再忽视城市土地的绝对地租,就不妥当了"[①]。城市地租飞涨,为什么成为问题的是绝对地租,而不是级差地租,或者垄断地租呢?"非农土地的级差地租遵循和农业的级差地租相同的规律是毫无疑问的,问题是非农业地的绝对地租是否也受农业绝对地租规律的支配呢?"[②]

[①]　杨学成:《绝对地租来源与形成新解》,《当代经济研究》1996 年第 5 期,第 7 页。

[②]　同上。

在叙述他的回答之前,有必要先指出上述引文的一个错误,那就是他认为只有劣等地有绝对地租,中等地和优等地本来是没有绝对地租,只是在上述新形势下,它们也有绝对地租了。其实,土地私有权无条件地要勒索绝对地租。

那么,在他看来,非农土地的绝对地租的规律是什么呢?它不可能受马克思揭示的农业绝对地租规律的支配,因为后者是农产品价值高于生产价格的那部分超额利润的转化形式,它的存在以农业资本有机构成低于社会资本的平均构成为条件,而非农业部门或城市并不存在这条件。这样,非农土地的绝对地租就只能按照下面叙述的,由他揭示的规律解释了。

第二,在马克思以后,随着农业机械化、化学化和社会化的推进,出现了农业资本有机构成超过工业资本有机构成的趋势,在新形势下,农业绝对地租有必要以新规律来解释。

他不同意这几种解释。一是两权结合论,即认为土地私有权和土地经营权同属一个人,就不产生绝对地租。他说,除非土地是世代承袭的,否则就要购买,这以地价为前提,地价中有一个因素是地租,包含绝对地租和级差地租。二是农业利润和工资扣除论,即从利润或工资中扣除,这必然妨碍农业的再生产。三是垄断价格论,他认为这用来解释农业绝对地租还可以,但用来解释包括城市绝对地租在内的社会绝对地租就失灵了。因为就一个社会来说,社会产品不可能同时按垄断价格出售。我认为,一和二正确,三还可以商榷。

杨学成认为,上述两个问题,即非农土地的绝对地租问题,以及农业资本有机构成超过工业资本有机构成条件下的绝对地租(他认为这时仍有马克思所说的绝对地租)问题,过去人们一直是分开来论述的,所以未能形成具有普遍意义的绝对地租理论。于是,他就提出一个统一的社会平均绝对地租率理论。他认为"如同竞争和资本部门的流动亦可以导致社会平均利润率的形成一样,竞争和土地流动亦可导致社会平均地租率的形成(在劣等地上,地租率就是绝对地租率)"①。接着就用三个表,分别表解农业资本有机构成低于、等于和高于非农资本有机构成时,剩余价值如何被瓜分并形成

---

① 杨学成:《绝对地租来源与形成新解》,《当代经济研究》1996 年第 5 期,第 8 页。

社会平均绝对地租率,以及社会平均利润率。他在表下注,这"两者的数值均是假设的"①。这样,他就说明,如同社会平均利润一样,社会平均绝对地租不是来自某一生产部门的剩余价值,而是来自平均利润瓜分的全社会的剩余价值平均化。这是绝对地租形成的新解。

在提出商榷之前,我先指出上述引文中的平均利润率,指的不可能是包括级差地租在内的利润率,而只能是社会绝对地租率,引文中括号内的解释和三个表所用的术语,都证明这一点。这样,我就提出商榷如下。

第一,从上述全部论证可以看出,杨学成认为,起初只有劣等地有绝对地租,后来各级土地都有。但各级土地,至少是城市和农村的各级土地,其绝对地租是不同的。因此,才产生平均的问题,才产生用各生产部门的不同利润转化为平均利润率为例子,来做例证的问题。这样理解绝对地租,我认为是不对的。这个问题是最重要的。

第二,无法说明社会平均绝对地租率水平是怎样决定的,杨学成说明它和平均利润率的数值都是假设的(其实,如要假设,假设其中一个便可,因为两者瓜分剩余价值,一个定下来了,另一个也被定下来了)。这不能解决问题,因为不变资本、可变资本和剩余价值都给定了,绝对地租和平均利润也就确定了。

第三,杨学成事实上是用竞争来说明社会平均绝对地租率和社会平均利润率的形成的,即在瓜分剩余价值中决定各自的水平。这同样存在问题。因为竞争不能说明瓜分依从进行的界限,相反,竞争以界限为前提。马克思说明资本家和土地所有者瓜分剩余价值时,是以超额利润为界限的。杨学成说,实践表明,社会平均绝对地租率有上升的趋势,社会平均利润率有下降的趋势,这不是理论说明,而是经验证明。并且也说明是从哪一界限开始,分别上升和下降的,这同样不能解决问题。

那么,应当怎样解决农业资本有机构成和资本周转时间等于或高于中位时的、取代绝对地租那种地租问题呢? 我认为还是要回到马克思的垄断价格。杨学成认为农产品和非农产品,不可能都按垄断价格出售。可惜他没有说明原因。可能是垄断价格中的垄断利润要来自非垄断产品,全部产

---

① 杨学成:《绝对地租来源与形成新解》,《当代经济研究》1996 年第 5 期,第 9 页。

品按垄断价格出售,垄断利润就没有来源了。但是,这是从一国看的,如果从全世界看,那么,尚未工业化的农业国家就成为垄断利润的支付者。如果全世界都存在这个问题,这时垄断价格就要取决于消费者的需求和支付能力了。

由农业资本间的额外利润转化而成的级差地租,和由农业资本超过工业资本平均利润的额外利润转化而成的绝对地租,马克思认为是资本主义社会中唯一正常的地租形态。只有这种地租才是由商品价值限制着的,为了交纳这种地租,粮食的价格不必涨到超过它的价值。除它以外,如果还有什么地租,那只能是从垄断价格中产生的垄断地租。垄断价格高于价值的程度由购买者的需要和支付能力决定。由垄断价格所产生的额外利润就转变为垄断地租而为土地占有者所有。农业中的垄断地租是由消费者支付的。

例如,某葡萄园生产特别珍贵和稀有的葡萄,是其他的园地不能用资本的力量来生产的。在这种条件下,这种稀有的葡萄就像古董和名画一样,其价格就超过价值而成为垄断价格。其高度由购买者的富有和嗜好程度来决定。这样,其经营者就能从垄断价格中得到很高的额外利润,由于经营者互相竞争经营这种土地,这额外利润就转化为垄断地租归土地所有者所有。

以上分析的是农业地租。

至于牧场的地租,马克思认为,是由品质相同的农业耕地的地租规定的。相对于农业来说,畜牧业资本中可变资本的比重要小些,剩余价值也小些,因此,其资本家就不可能从利润中交纳与农业地租相等的牧场地租。这时农业耕地的地租就会成为一个因素加到牲畜的价格中去,使畜牧业资本家也能交纳牧场地租。

建筑地段地租是由于租用土地来建筑住宅和工商企业而交纳给土地所有者的。马克思认为,其"基础,和一切非农业土地的地租的基础一样,都是由真正的农业地租调节的"①。这就是说,建筑地段的地租起码要和农业地租相等,然后在这基础上,根据各种情况,产生级差地租和垄断地租。

建筑地段的位置对其级差地租有很大的影响。例如,设在城市中最繁

---

① 马克思:《资本论》(第三卷),人民出版社 2004 年版,第 874 页。

华地段的某商店,以同样资本在相同时间内比其他地段的商店销售更多的商品,获得更多的利润,其中超过平均利润的余额,就成为级差地租归土地所有者所有。

由于城市和工业中心的土地极其有限,城市土地所有者除了取得相等于农业地租的那种地租和级差地租外,往往还以垄断地租形式向社会征收贡物,从而使房租大大提高。这使工人的实际工资降低,地租的提高又使住宅建筑受到阻碍。劳动人民就不得不忍受沉重的剥削并往往住在贫民窟里。

矿山地租是由于为租用土地来采矿而交纳给土地所有者的。马克思认为:"真正的矿山地租的决定方法,和农业地租是完全一样的。"①这就是说,矿山地租就其性质来说,也可能区分为级差地租、绝对地租和某种场合下的垄断地租。

各个矿井、油田的矿藏量、矿床深浅、距离市场不同,因而等量资本投在矿山中有不同的生产率,产品的个别生产价格不同,然而矿产品是按最劣等生产条件决定社会生产价格出售的,因此其他矿山有不等的额外利润,它们转化为不等的级差地租。

土地所有者对所有的矿山还勒索绝对地租。在采掘工业中,机械化水平较低,又不需要购买原料,其资本有机构成低于工业中的平均资本有机构成,因此其产品的社会生产价格低于其价值,其差额由于土地私有权的垄断,不能均衡化为平均利润,而转化为绝对地租归矿山土地所有者所有。因此,绝对地租使矿产品的价格增高。

在开采非常稀有的矿物的土地上,存在着地租。它是由垄断价格决定;稀有的矿产品的垄断价格高于价值,其高度取决于购买者的需要程度及其支付能力。

在资本主义条件下,所有的产品都是商品,都是买卖的对象,都有价格;土地也是这样。

说土地有价格和说劳动有价格一样,是不合理的。因为土地是没有经过人类劳动耗费而存在的自然物,它没有价值(土地改良和设备除外),当然就没有价格。那么,土地价格究竟是什么呢?

---

① 马克思:《资本论》(第三卷),人民出版社 2004 年版,第 876 页。

马克思指出:土地价格不外是资本化的地租,并从而是预计的地租。

资本主义地租表现为土地所有者把土地租与别人,从而每年获得的一定货币额。在资本主义条件下,每一个确定的货币收入都可以资本化,那就是说可以当作一个想象的资本的利息来考察。假定社会一般利息率为5%,每年200元的地租,可以想象为是4 000元资本的利息。这就是说,在土地所有者看来,这块年产200元地租的土地价值4 000元,因为4 000元每年的利息也是200元。如果土地是由他买来的,200元地租就好像是他购买土地所用掉的4 000元资本的利息。这样,资本化的地租就表现为土地价格;土地价格也就是预计的地租。本来,土地是没有价值也没有价格的,但由于这种反射关系,就有了价格。

既然土地价格不外就是资本化的地租,其大小就是由利息率除地租来决定。按前例,土地价格是:200元÷0.05=4 000元。它表现土地私有者把土地所有权出卖了,把取得地租的权利出卖了,把得到的货币存在银行里,得到的利息仍与地租相等。

由此可见,土地价格与地租成正比,与利息率成反比。由于这样,土地价格就随着资本主义发展而日益增长。

首先,随着资本主义发展,利息率有下降趋势。这一方面由于平均利润率有下降趋势,利息率在一般情况下低于平均利润率,利息率因而也有下降趋势,另一方面,由于借贷资本供给增加,利息率也有下降趋势。

其次,地租有增加趋势。随着资本主义的发展,要求更多的农业原料和粮食,就需要耕种更多的土地,这可能有两种结果。第一,耕地面积扩大,级差地租Ⅰ在如下情况中必定增加。新耕种地是更劣的土地,农产品社会生产价格上涨,原来所有耕地的级差地租Ⅰ都增加(劣等地开始产生级差地租Ⅰ)。新耕地是更优良的土地,只要它增加的生产物与社会对农产品的增加需要相等,农产品社会生产价格虽然不变,而新耕地级差地租Ⅰ会在各级耕地之上。第二,距离市场更远的土地用于耕种,因土地位置差别而产生的级差地租Ⅰ会增加。虽然,交通发达和由此引起的运输费用日益低廉,会降低由此增加的级差地租Ⅰ,而且由于农产品价格是如此的高涨,或因运输费用是如此的低廉,会降低由此增加的级差地租Ⅰ,而且由于农产品价格是如此的高涨,或因运输费用是如此的低廉,以致距离市场较远的土地生产的农产品也参加竞争,有时会使农产品价格及级差地租Ⅰ的增加趋势受到阻止,但不能消除这种趋势。

随着对农产品需求的增加,引起对同一土地追加投资增加,级差地租Ⅱ会增加。我们知道,只要对同一土地追加投资的生产率与劣等地投资的生产率不同,级差地租Ⅱ就会产生。如果投资再增加,级差地租Ⅱ就增加。这说明在同一土地上使用的资本量增加了,级差地租总量就增加。

当然,对同一土地的追加投资和扩大耕地面积两者是互相影响的,这使级差地租Ⅰ和级差地租Ⅱ的运动变得非常复杂,但级差地租的增加是一种趋势。

绝对地租也在增加。当然,随着资本主义的发展,农业资本的有机构成也在提高,绝对地租似乎应该降低。但问题不在这里。问题在于:由于农业发展落后于工业,其资本有机构成的增长落后于工业资本有机构成的增长,其差额越来越大,绝对地租就越来越增加。

随着人口的增加,住宅需求增大,和资本主义各种工业建筑物、铁路、堆栈、船坞、商业中心等的发展,建筑地段的地租就越来越增加。

随着资本主义发展的需要,矿产品采掘工业越发展,矿山地租就越增加。

这样,土地所有者一方面利用农业的绝对发展而增加级差地租,另一方面又利用农业发展的相对落后而增加绝对地租。他们利用资本主义工商业的发展和住宅增加而增加建筑地段和矿山地租。资本主义国家地租的增加是惊人的。这说明土地所有者和一般资本家之间的关系是不平等的。

这就表明,土地所有者完全是寄生虫。他依靠土地私有权,以级差地租形式掠夺社会成果,以绝对地租抬高农产品和矿产品的价格。总之,用地租形式使整个社会向其交纳特殊的贡物。这使劳动人民要按高昂的价格购买农产品,要支付昂贵的房租。

利息率下降和地租增加以两重作用促使土地价格上涨。

第五节　三大阶级通力合作进行生产,按照贡献公平分配的公式:三位一体公式

资本—利润,土地—地租,劳动—工资。"这就是把社会生产过程的一

切秘密都包括在内的三位一体的形式。"①但是,利润还是要分解为企业收入和利息,前者表现为资本家劳动的产物,后者表现为资本的产物。这样,上述公式就变为:资本—利息,土地—地租,劳动—工资。"在资本—利息这个形式上,一切中介都消失了。"②真是货币自己能产仔。"正是由于这个缘故,庸俗经济学家宁愿用资本—利息这个公式,而不用资本—利润这个公式。"③在这个新公式下,如果要问企业收入的来源,那就是资本家的劳动,而企业收入也就是资本家的工资。这样,劳动—工资,就包含两种劳动和两种工资。

这个三位一体公式,从思想来源说,原是斯密理论中的庸俗因素。他错误地认为工人出卖的是劳动,工资是劳动的全部产物。这样,利润和地租就不可能是工人的劳动创造的,而另有来源。由于要说明这两者的来源,他就认为,资本积累和土地私有制产生以前的商品,其价值由生产商品投下的劳动决定,但在其后的商品,其价值便改为由交换商品的劳动决定。这劳动包括工资、利润和地租。如果再问这三者的来源又是什么,那他只好回答说:"工资、利润和地租,是一切收入和一切可交换价值的三个根本的源泉,因而不论是谁,只要自己的收入来自自己的资源,他的收入就一定来自人的劳动、资本和土地。"④资本和土地便被看成是劳动一样,是收入即价值的源泉。这就被庸俗经济学家杜撰出一个三位一体的公式。

这个公式的错误,首先是方法论的错误。

"每年可供支配的财富的各种所谓源泉,属于完全不同的领域,彼此之间毫无相同之处。"⑤它们之间的关系,是风马牛不相及的,就像"公证人的手续费、甜菜和音乐之间的关系一样"⑥。

在这个公式中,资本、土地、劳动被放在一起,被认为都是收入的源泉,但这三者没有共同之处,不应放在一起。"资本不是物,而是一定的、社会

---

① 马克思:《资本论》(第三卷),人民出版社 2004 年版,第 921 页。
② 同上书,第 925 页。
③ 同上书,第 926 页。
④ 亚当·斯密:《国民财富的性质和原因的研究》(上卷),郭大力、王亚南译,商务印书馆 1972 年版,第 47 页。
⑤ 马克思:《资本论》(第三卷),人民出版社 2004 年版,第 922 页。
⑥ 同上。

的、属于一定历史社会形态的生产关系,后者体现在一个物上,并赋予这个物以独特的社会性质……生产资料本身不是资本,就像金或银本身不是货币一样。"①现在,与资本即与体现在物上的生产关系相关的,是土地,而土地是"无机的自然界本身"②,是个天然物。在资本和土地之旁的是劳动,而劳动"只是一个幽灵……只不过是一个抽象,就它本身来说,是根本不存在的"③。因为劳动只表明人与自然的关系,而人总是在一定的社会形态下,才与自然发生关系的,因而只有具有一定社会性质的劳动,而没有抽象的劳动。因此,在这里,具有一定社会性质的资本,和不具有社会性质的劳动、土地,不恰当地放在一起了。

这个公式"显示出一种既整齐对称又不一致的性质",这是因为,尽管资本、劳动、土地三者的性质是不同的,可是它们各自的"幼仔",即各种收入,反而全部属于一个范围,即价值的"范围",④并表现为全部属于资本主义的范畴,即利润、地租和工资。

因此,这个公式,单从方法论上说,就应改为资本—利润,土地私有权—地租,雇佣劳动—工资。

从内容看,这个公式也是错误的。

资本—利润,或进一步资本—利息。利润或利息这种收入的来源是无法解释的。资本如果被理解为一定的价值,那么这个公式不过是 $100 = 100 + 10$,这等于说:"一个价值是比它的所值更大的价值,显然是无稽之谈。"⑤如果被理解为一定量的生产资料,用这种方法来代替前面的 $100 = 100 + 10$,那么,不过重新搬出一个完全不能通约的关系,即一方是使用价值,是"物",而另一方利润,都是"一定的社会生产关系,是剩余价值"⑥。土地—地租。在这里,"我们看到的是没有价值的使用价值土地和交换价值地租:于是,一种当作物来理解的社会关系,竟被设定在同自然的一种比例关

---

① 马克思:《资本论》(第三卷),人民出版社 2004 年版,第 922 页。
② 同上。
③ 同上书,第 923 页。
④ 同上书,第 933 页。
⑤ 同上书,第 925 页。
⑥ 同上书,第 926 页。

系上"①。在这里,地租的来源是无法说明的。劳动—工资。劳动存在于任何社会中,它并不要求工资。如果把工资理解为劳动的价值。"这种说法显然是和价值的概念相矛盾的。"②因为劳动是价值的泉源,它本身没有价值。

即使将这一公式改为资本—利润,土地私有权—地租,雇佣劳动—工资,错误还是一样。虽然这公式从方法论上说是合理的。这是因为:"如果劳动与雇佣劳动合而为一,那种使劳动条件和劳动对立起来的一定的社会形式也就会和劳动条件的物质存在合而为一。这样,劳动资料本身就是资本,土地本身也就是土地所有权了。"③

就现在的资本—利润这个公式看,资本不表现为物,也不再表现为单纯的价值,而表现为同劳动相对立的体现在物上的社会关系。这样,"从资本对工人的关系,即资本通过对劳动力即对雇佣工人的强制来榨取剩余劳动的关系来说,那么,这个剩余价值,除了包括利润(企业主收入加上利息)之外,还包括地租,总之,包括全部没有分割的剩余价值。相反,在这里,资本作为收入的源泉,只和归资本家所有的那部分有关"④。即只和利润有关。如果这个公式转化为资本—利息,在这个条件下,与资本相对立的就不是雇佣劳动,那么,一切联系就更看不出来了。

土地所有权—地租这个公式也是这样。土地所有权就是对地球地壳的一部分的占有。地壳即土地的肥力不同,虽然能产生不同的农产品,但调节产品社会价值的条件,是一定的社会关系,因此产量不同的农产品能转化为级差地租,其原因在社会。绝对地租更是这样。

甚至雇佣劳动这个公式也是不合理的。劳动诚然是形成价值的,但它和这个价值在不同范畴之间的分配无关,例如个体生产者的劳动形成的价值就是这样。而就劳动具有雇佣劳动的特殊社会性质来说,这个性质本身并不形成价值,因为形成价值的始终是劳动本身,而不是它的雇佣的社会性质。因此,问题在于劳动形成的价值,在劳动成为雇佣劳动的条件下,具有什么特点。这个特点是,价值分为两部分,一是雇佣劳动所以能形成的劳动

---

① 马克思:《资本论》(第三卷),人民出版社 2004 年版,第 925 页。
② 同上书,第 926 页。
③ 同上书,第 934—935 页。
④ 同上书,第 932 页。

力本身的价值,一是剩余价值,这就是雇佣劳动产生了劳动力价值和剩余价值。工资是劳动力价值的不合理的表现形式。剩余价值再分解为利润(包括企业收入和利息)和地租。

因此,三位一体公式是不存在的,存在的只是作为商品的劳动力,它的使用即劳动创造的价值。分解为劳动力价值和剩余价值,前者转化为工资,后者分解为利润和地租的公式。

三位一体公式事实上认为:收入不是由价值分解而来的,相反,价值是由收入构成的。由于认为价值是由工资、利润和地租构成的,商品价值中的旧价值,即生产资料的价值就已存在了。如果说,这旧价值也是由工资、利润和地租构成,这是不能解决问题的,因为按照生产三要素论或三位一体公式,劳动、资本和土地创造的工资、利润和地租,并不是旧价值中的工资、利润和地租。否认商品中生产资料价值的存在,或虽然承认其存在,却不能说明其泉源,这是三位一体公式的一个漏洞。

这个错误是由斯密留下来的,他由于不了解生产商品的劳动具有二重性:它作为抽象劳动创造新价值,它作为具体劳动在创造使用价值的同时,转移旧价值。因此就无法说明,生产商品的一次劳动,怎能既创造新价值,又转移旧价值。于是,他就将商品中的旧价值驱除掉,但为了自圆其说,就认为这部分旧价值最终也分解为工资、利润和地租,和劳动创造的价值分解为工资、劳动和地租(当他认为交换商品支配的劳动决定时,便认为工资、劳动和地租构成价值)一样。总之,商品价值等于工资、利润和地租三者。这就是所谓的斯密教条。

问题似乎只能像斯密或三位一体公式所说的那样。因为表面看来,"商品中代表工人在一天或一年内所追加的总劳动的总价值部分,即年产品中由这个劳动所创造的总价值,分为工资价值、利润和地租",而除了这个劳动之外,"工人再没有完成什么劳动","因此很明显,在一年所创造的产品价值中没有再生产出不变资本部分的价值"。[①] 所以,产品价值中不变资本价值的存在,似乎是无法解释的,三位一体公式的存在,似乎是对的。

这个问题,要以生产商品的劳动具有二重性来解决,不变资本的价值是

---

① 马克思:《资本论》(第三卷),人民出版社 2004 年版,第 945 页。

转移到商品价值中的,不需另花劳动。

三位一体公式既然否定生产资料价值的存在,就必然等同总产品或总收益即 $C+V+M$,和总收入或国民收入即 $V+M$。否认产品中不变资本价值的存在,等同总产品和总收入,就必然认为供给与需求相等,进一步就认为生产与消费相等,这就必然否认生产过剩经济危机的可能性。这是因为,不变资本中的固定资本部分,是一次购买多年使用的,它的使用价值全部参加生产,它的价值都逐步转移。因此,要这部分固定资本的供给需求相等,就要每年生产的固定资本价值,和每年用来购买这固定资本的折旧基金相等,这在生产无政府状态下是很难办到的,这就是资本主义供给与需求,一般说来不能相等的重要原因。此外,尽管为了进行再生产,总产品中必然有一部分物质资料是吃不得、穿不得,用于生产的,如钢铁和机器之类,但如果把总产品等同于总收入,而总收入是可以全部用于个人消费的,那么就必然忽视总产品中某些物质资料的特点,而逻辑地认为一切总产品都能进入个人消费,这就导致生产等于消费论,供需均等论和生产等于消费论,这些都是否认生产过剩的经济危机的。

“为了避免不必要的困难,必须把总收益和纯收益同总收入和纯收入区别开来。”“总收益或总产品是再生产出来的全部产品。把固定资本中曾被使用但是没有消费掉的部分撇开不说,总收益或总产品的价值,等于预付的、并在生产中消费掉的资本即不变资本和可变资本的价值,加上分解为利润和地租的剩余价值”,“总收入是总生产中扣除了补偿预付的、并在生产中消费掉的不变资本的价值部分和由这个价值部分计量的产品部分以后,总产品所余下的价值部分和由这价值部分计量的产品部分”,即总收入等于工资、利润和地租,“纯收入却是剩余价值,因而是剩余产品”。①

既然总产品是包含不变资本的价值的,那么,第一,由于不变资本中固定资本的运动,有如上述那样的特点,它的供给和需求很难一致,这样,认为供给总是等于需求,便是错误的;第二,由于不变资本由生产资料构成,生产资料不进入个人消费,这样,认为生产总是等于消费,便也是错误的。

从生产要素或三位一体公式看来,总产品的实现是很简单的。总产品

---

① 马克思:《资本论》(第三卷),人民出版社 2004 年版,第 951—952 页。

由工资、利润、地租构成,因此工资、利润和地租这三种收入,刚好能够购买总产品。但是,"每年由劳动创造出来的,分割为工资、利润和地租形式的并以这些形式来花费的价值"似乎就"不足以支付或购买年产品中除了这些收入的价值之外还必须包含的不变资本部分"。① 换言之,一年内生产的价值,怎么能够买到比这价值本身有更大价值的产品呢?

首先要指出,认为购买总产品的只是一年中的劳动创造的价值,即分解为工资、利润和地租这三种收入,这样理解是不正确的。因为一年中的劳动不能把过去的劳动创造的价值,即不变资本的价值转移到总产品中,它分解为资本,资本和三种收入一起购买总产品,总产品是能够实现的。情况如下表:

$$\left.\begin{array}{l} \text{Ⅰ } 4\,000C+1\,000V+1\,000M=6\,000 \\ \text{Ⅱ }\quad 2\,000C+500V+500M=3\,000 \end{array}\right\} 9\,000$$

社会总产品价值为 9 000,从物质形态看,它分为两类,即Ⅰ生产资料和Ⅱ消费资料,它们的价值都分解为C(不变资本)、V(可变资本)和M(剩余价值)。为使问题简单,C在一次生产过程中便消耗掉,这样,第Ⅱ部类在物质形态上是消费资料,它便由Ⅱ的资本家和工人消费一部分,其价值是500V和500M,余下 2 000C,由于它在价值上是属于生产消费资料部类的产品成本价值中的不变资本,所以不能由该部类的资本家和工人来消费,或者说,他们的供消费的收入仅Ⅱ($V+M$),不足以购买或消费Ⅱ($C+V+M$);第一部类由于在物质形态上是生产资料,它便由这部类的再生产消费一部分,其价值是 4 000C,即在价值上是属于生产资料部类的产品价值中的不变资本,余下的 1 000V 和 1 000M,由于它在物质形态上是生产资料,所以不能由这部类的工人作为资本来消费。现在Ⅱ 2 000C 在物质上由生产资料来补偿,Ⅰ(1 000V和1 000M)和Ⅱ 2 000C 相交换,便能解决问题。整个产品实现过程,就是如此。

现在产生怎样区分资本和收入的问题。在生产三要素论和三位一体公式那里,这个问题被取消了。因为它认为资本最终也是收入。其实,从社会

---

① 马克思:《资本论》(第三卷),人民出版社 2004 年版,第 947 页。

资本的角度看Ⅰ($C+V+M$)全部等于社会资本,因为上述中的Ⅰ4 000C是第Ⅰ部类的资本,Ⅰ(1 000V和1 000M)经过交换后,成为第Ⅱ部类的资本;Ⅱ($C+V+M$)全部等于收入,因为上述中的Ⅱ(500V+500M)是第Ⅱ部类的收入,Ⅱ2 000C经过交换后,成为第Ⅱ部类的收入。

这里要谈一谈劳动力的价格是资本还是收入的问题。商品劳动力有两重性。在工人那里是商品,在资本家那里是生产资本的因素,与此相应,它的价格也有两重性:在工人那里是收入,在资本家那里是资本,但从再生产的角度看是收入。

三位一体公式不是哪一位经济学家想出来的,在资本主义竞争条件下,一切都颠倒过来,它是必然要产生的。

本来,"每年由新追加的劳动新加到生产资料或不变资本部分上的价值,分化并分解为工资、利润和地租这些不同的收入形式,这不会改变价值本身的界限,不会改变分为这些不同范畴的价值总和;同样,这各部分之间的互相比例的变化也不会改变这些部分的总和,不会改变这个既定的价值量"①。

这就是说,分解为工资、利润和地租的商品价值结果是已定的,商品各价值部分的总和的绝对界限是已定的,这三种范畴各自之间的平均地起调节作用的界限也是已定的。其中,工资是各范畴的这种界限的基础。而工资这个劳动力价值式价格的转化形态,是由劳动力的生产和再生产的费用决定,并由它的供求关系调节的。在每个国家的一定时期中,它是一个一定的量。在新的价值中,扣除了工资后,余下来的便是剩余价值,或其转化形态即利润。

剩余价值或利润的分配,在资本主义自由竞争下,是通过利润转化为平均利润,即价值转化为生产价格进行的。平均利润率是各个生产部门的特殊利润率的加权平均,而特殊利润率的形成,则由生产中投下的资本即不变资本和可变资本,和可变资本推动的劳动所创造的价值扣除掉可变资本的价值的余额,即和剩余价值两者决定。平均利润分为企业收入和利息。农业中超过平均利润的超额利润,都转化为地租;农业资本间的超额利润转化

① 马克思:《资本论》(第三卷),人民出版社2004年版,第972页。

为级差地租,农业工业资本间的超额利润转化为绝对地租。"如果各不同生产部门中剩余价值平均化为平均利润的过程,遇到人为的垄断或自然的垄断的障碍,特别是遇到土地所有权的垄断的障碍,以致有可能形成一个高于生产价格和高于受垄断影响的商品的价值的垄断价格,那么,由商品价值规定的界限也不会因此消失。某些商品的垄断价格,不过是把其他商品生产者的一部分利润,转移到具有垄断价格的商品上。"①如上所述,畜产品的价格,就是这种垄断价格。

因此,"竞争只能使不等的利润率平均化。要使不等的利润率平均化,利润作为商品价格的要素必须已经存在。竞争不创造利润"②。

但是新的价值分为工资、利润和地租,"在资本主义生产的显露出来的表面上,因而也在那些受这种表面现象束缚的当事人的观念中,总是颠倒地表现出来"③。这是竞争造成的假象。三位一体公式就是这样产生的。

首先,工资的一般提高和降低,在其他条件不变的情况下,会使利润率发生方向相反的变动,从而改变不同商品的生产价格,按照各生产部门资本有机构成和周转时间不同的情况,有的上涨,有的下降,有的不变。"因此,在这里,在某些生产部门无论如何会有这样的经验:工资上涨,商品的平均价格就上涨,工资下跌,商品的平均价格就下跌。"④但"经验"不能说明,那种不以工资转移的商品价值隐蔽地调节着这种变动。如果工资上涨或降低,只是在特殊生产部门内由于特殊情况才产生的,这些商品的价格会相应上涨或降低。另外,作为劳动力价值转化形态的工资,是由必要生活资料的价格决定的。后者上涨或降低,前者也随着上涨或降低。

其次,撇开市场价格的变动不谈,在其他条件不变下,工资变动,利润率就发生方向相反的变动,这一点是由劳动决定价值,价值分解为工资和剩余价值的原理来说明的。但是,利润率可以由与工资变动无关的不变资本价值的变动来决定,"因此,工资和利润率可以不按相反的方向,而按相同的方

---

① 马克思:《资本论》(第三卷),人民出版社 2004 年版,第 975 页。
② 同上书,第 979 页。
③ 同上书,第 981—982 页。
④ 同上书,第 983 页。

向变动"①。而"在工资由于生活资料价格提高而提高时,利润率也能因劳动强度加大或工作日延长而保持不变,甚至提高"②。因此,"所有这些经验,都证实了由于各个价值组成部分具有独立的颠倒的形式而引起的假象,好像决定商品价格的,只是工资,或工资加上利润"③。

第三,资本主义的现实运动,必然使工资、利润和地租,"好像不是一个预先已定的价值量分为具有互相独立的收入形式的三部分,而是反过来,好像这个价值量是由构成这个价值量的各个独立地、分别地决定的要素的总和,即由工资、利润和地租的总和形成的"④。因为工资虽然在新价值中是分解的结果,但是,在现实运动中,"工资在与它相当的价值等价物被生产出来以前,已经由契约规定。因此,工资作为一个在商品和商品价值生产出来以前数量已定的价格要素,作为成本价格的一个组成部分,不是表现为一个以独立的形式从商品总价值中分离出来的部分,而是相反,表现为已定的量,它预先决定商品的总价值,也就是说,是价格或价值的形成要素"⑤。

三位一体公式不仅"把社会的生产过程,同反常的孤立的人在没有任何社会帮助的情况下也必须完成的简单劳动过程相混同"⑥,或者不如说,把没有社会内容的劳动过程,看成是社会的生产过程,并且是资本主义的生产过程;而且把分配关系看成是"自然的关系,是从一切社会生产的性质,从人类生产本身的各种规律中产生出来的关系"⑦。总之,在三位一体公式中,生产是自然的,生产三要素是生产的永恒因素;分配也是自然的,收入的三种形式是分配的永恒形式。在生产和分配的关系中,根本不存在分配的历史特点是由生产的历史特点决定的这种关系。这些都是错误的。

首先要指出,生产关系和分配关系都是历史性的。资本主义生产关系,不过是生产的一种历史形态。"对资本主义生产方式的科学分析却证明:资本主义生产方式是一种特殊的、具有独特历史规定性的生产方式;它和任何

---

① 马克思:《资本论》(第三卷),人民出版社 2004 年版,第 984 页。
② 同上。
③ 同上。
④ 同上书,第 985 页。
⑤ 同上书,第 985—986 页。
⑥ 同上书,第 1000 页。
⑦ 同上书,第 993 页。

其他一定的生产方式一样，把社会生产力及其发展形式的一个既定的阶段作为自己的历史条件，而这个条件又是一个先行过程的历史结果和产物，并且是新的生产方式由以产生的既定基础"①，因而同这种生产方式相适应的生产关系，也就具有独特的、历史的和暂时的性质，而分配关系本质上同生产关系是同一的，两者都具有同样的、历史的、暂时的性质。

这种同生产关系同样具有历史性，并且在本质上同生产关系是同一的分配关系，指的是这种生产关系，资本本身以这种分配为前提："劳动者被剥夺了劳动条件，这些条件集中在少数个人手中，另外一些个人对土地拥有排他的所有权。"②因此，这种分配关系是在生产关系范围内的，两者具有同样的历史性。

与生产关系不同的分配关系，指的是对产品的分配。这种分配关系完全由生产关系决定。因为如果生产资料不采取资本和土地私有权这种形式，和劳动采取雇佣劳动这种形式相对立，产品的分配就不会采取工资、利润和地租的形式。

从这方面看，资本主义生产有两个特征。第一是商品生产制度。"使它和其他生产方式相区别的，不在于生产商品，而在于，成为商品是它的产品占统治地位的、决定的性质。"③这是由工人成为劳动力出卖者这个条件决定的。因为这样一来，工人就丧失生产资料，就不能为自己生产消费资料，消费资料成为商品。生产资料分别属于资本家，也都成为商品。正因为产品全部变成商品，分配才以价值的形式，而不是实物的形式出现。

第二是剩余价值生产。这也是由劳动力成为商品，生产资料成为资本这一历史条件决定的。这样，工人的劳动创造的价值，就一定要在质上分割为劳动力价值，或其转化形态的工资，和剩余价值两部分；后者由资本家平均分配而成为平均利润，它再生产资本家、借贷资本家，分割为企业收入和利息。而经营土地或借助土地经营其他企业的资本家获得的超过平均利润的利润余额，转化为地租。

---

① 马克思：《资本论》（第三卷），人民出版社 2004 年版，第 994 页。
② 同上书，第 995 页。
③ 同上书，第 995—996 页。

第五章　工业国和农业国交换中的平等和不平等

第一节　世界市场上的价值规律

根据马克思的劳动价值学说,决定商品价值的社会必要劳动时间,是在社会正常生产条件下,在社会平均的劳动熟练程度和劳动强度下,生产某种使用价值所需的劳动时间。国家不同,这些条件就不同。进入世界市场的商品,会使这些条件形成平均条件,由平均条件决定商品在世界市场上的价值。越是发达的资本主义国家,这些条件就越在世界平均条件以上,它在同一时间内生产的同一种商品的较大的量,就表现为较大的国际价值;反之,越是落后的国家,情况就越相反。这原理也适用于国内生产价格转化为国际生产价格。

这样,发达资本主义国家出口这些商品,其对外贸易的利润率便会提高,因为生产这种商品的"劳动没有被作为质量较高的劳动来支付报酬,却被作为质量较高的劳动来出售"①。但是,只要在对外贸易这个领域中没有形成垄断,这个较高的利润率便会参加该国平均利润率的形成,从而使内外利润率平均化,并提高平均利润率。反之,落后国家如果形成了资本主义生产,出口这种商品,情况就相反。

这种平均利润率的变化和生产价格的关系如何,值得研究。我们知道,平均利润率的变化,如果是由于在新形成的价值中工资和剩余价值所占的比重发生变化而引起的,那么总生产价格还是不变,因为它等于总价值,而

---

① 马克思:《资本论》(第三卷),人民出版社 2004 年版,第 264—265 页。

总价值不因其中的工资和剩余价值所占比重发生变化而变化。但是,这种平均利润率的变化是由对外贸易,也就是商品在世界市场上国际价值高于或低于国内价值而引起的,由这种平均利润率调节的总生产价格相应发生变化,平均利润率提高了,总生产价格增大,平均利润率下降了,总生产价格减小。

如果一个国家,其出口商品在国民经济中占的比重很大,就这一点说,其平均利润率便受到很大的影响。假如它是发达资本主义国家,如像19世纪中叶的英国是个所谓的世界工厂,出口的工业品在国民经济中占的比重很大,其平均利润率便由此而大为提高,或抵消由于资本有机构成而引起的平均利润率的下降;假如它是落后国家,如当时的印度,其出口主要是由手工生产的棉织品,其国内价值高于主要由英国棉织品调节的国际价值,情况就相反。

现在经济学界正在讨论在国际贸易中是否存在"价值转移"的问题。我认为,就同种商品来说,如上述的棉织品,不存在这个问题。因为价值决定的原理说明,正如国内商品社会价值不由商品个别价值决定一样。在世界市场上商品国际价值也不由商品国内价值决定。既然价值是这样决定的,那就当然不存在"价值转移"。

由对外贸易的有利或不利条件引起一国平均利润率和总生产价格的变动,又影响该国货币工资和总利润量的变动。发达资本主义国家总生产价格的提高,其中包括消费资料的生产价格的提高,这就使工人的货币工资提高。这样,平均利润率会下降,但不会下降到原来水平,因为平均利润率由于有利的外贸而提高时,由此增大的平均利润是加到全部商品的生产价格中去的,并使全部商品的生产价格提高,现在平均利润率降低,是由于工人所消费的那部分商品的生产价格提高而引起的工资提高,因此,后者导致的总利润量的减少,必然小于前者形成的总利润量的增加,从而平均利润率仍高于原来的水平。

落后国家的情况与此相反。此外,落后国家存在大量前资本主义的农业生产,消费资料的价格受平均利润率变动的影响较小,这里不予论述。

货币工资的提高和平均利润率的相应下降,虽然不会引起已经形成的总的生产价格的变动,但会引起不同生产部门的商品生产价格的变动,我们知道,高位资本有机构成的商品,如重工业产品,其生产价格高于价值,中位资本有机构成的商品,如纺织品,其生产价格等于价值,低位资本有机构成的商品,如农产品,其生产价格低于价值。工资提高和平均利润率下降,从生产成本和平均利润两方面影响这些部门的商品的生产价格,使前述第一种商品生产价格降低,但仍高于价值,第二种商品生产价格不变,仍等于价值,第三种商品生产价格提高,但仍低于价值。这个原理,也适用于资本周转速度慢的、中等的和快的生产部门的商品的生产价格的变化。

这就意味着,如果发达资本主义国家出口资本有机构成既高、资本周转又慢的产品,如轮船、飞机,同落后国家资本有机构成既低、资本周转又快的产品,如花边、草帽相交换,即使指生产价格交换,也是以小量劳动交换大量劳动。

马克思在《资本论》第一卷第二十章国民工资的差异中说:"货币的相对价值在资本主义生产方式较发达的国家里,比在资本主义生产方式不太发达的国家里要小。"①

读李嘉图的著作,或有助于理解马克思这段论述。李嘉图认为,对外贸易是会影响一国的物价水平的。他说:"(通过外贸)在生产方法有所改良的国家中,物价会提高;而在没有发生变化,但有一种对外贸易被剥夺的国家中,物价倒会下落。"②他认为其原因,不是斯密所说的在商品方面,而在货币方面,即货币价值变化使商品价格发生相反的变化。他认为,其所以如此,是由于某国例如英国,制造业发达,商品出口增加,货币进口增加,这样,货币价值就会比任何其他国家更低,而谷场和劳动的价格相对说来会更高。③ 如果是经济落后国,商品进口增加,货币出口增加,货币价值就升高,商品自然价格就降低。

马克思对李嘉图货币相对价值变动的理论,只接受货币相对价值会因外贸而发生变动的思想,但不认为这是由货币数量变化引起的。在马克思看来,资本主义发达国家和落后国家在相同时间内同一种商品,前者由于劳动生产率较高而在世界市场上实现更多的价值的同时,也得到更多货币。

① 马克思:《资本论》(第一卷),人民出版社 2004 年版,第 645 页。
② 李嘉图:《政治经济学及赋税原理》,郭大力、王亚南译,商务印书馆 1962 年版,第 118 页。
③ 同上书,第 123 页。

这更多的货币可以从两方面看：(1)比落后国家多，这就是说，在世界市场上获得一单位货币，发达国家花的劳动比落后国家少些；(2)比国内市场多，这就是说，发达国家获得一单位货币，在国外市场花的劳动比国内市场少些，货币价值比国内市场低些。但是，货币在国外市场和国内市场之间流通，货币从价值低的地方向价值高的地方流动，结果，发达国家货币价值降低，落后国家货币价值提高；发达国家的货币价值比原来的降低了。这个过程的另一面就是：发达国家物价水平提高，落后国家物价水平降低。

为了加深对马克思这一理论的理解，我们可以回顾一下美洲发现富饶银矿，其劳动生产率比旧大陆高，银子输入旧大陆，使旧大陆劣矿退出生产，银价下跌，使物价上涨，这就是经济史上的价格革命；现在，不是在海外发现富饶银矿，而是发现有利的市场，在那里出售商品比国内可以得到更多的银币，这就等于用较少劳动换来1单位货币，其相对价值下降，引起物价上涨，情况同发现富饶银矿相似，不同的只是，不是用劳动去开发银矿而生产货币，而是用劳动生产了商品再到有利的世界市场上去换取货币。所以就不是货币的绝对价值而是相对价值发生变动。

这样，我们就可以看到，对外贸易既从商品价值方面，又从货币价值方面影响一国的物价水平；它对商品价值的作用和对货币价值的作用，方向刚好相反，即增加商品价值的，就降低货币价值，反之亦然；而商品价值和商品价格成正比，货币价值和商品价格成反比。因此，发达国家对外贸易以二重作用使其物价上涨。

这一理论提供了一种研究资本主义发达国家剥削落后农业国家的新方法。我们曾用这种方法说明这种关系：发达国家的工业产品是资本有机构成较高的产品，其生产价格高于价值，落后国家的初级产品则是资本有机构成较低的产品，其生产价格低于价值，两者交换，在总价格相等的背后，总价值即所耗费的劳动都是不等的。西方经济学家将这理论接过去，认为这是从静态看的，从动态看就不是这样。因为制约价值和生产价格的劳动生产率，是工业品高于初级产品，这样，初级产品从外贸中交换到的工业品将越来越多，它们不必工业化和现代化，就能得到工业化和现代化的好处。我们有人从统计数字上进行反驳，这是不够的。现在，我们完全可以从货币相对价值的变化，即从它影响物价方面进行反驳。

第二节　世界分工的原因

　　马克思认为,越是发达的资本主义国家,其劳动平均熟练程度和强度越高,其商品国内价值低于国际价值,按国际价值(或国际生产价格)出售,便能取得额外利润,从而提高该国的平均利润率,但他认为,这主要是对工业品说的,对资本主义的农产品而言,就不一定是这样。他说:"就工业品来说,大家知道,拿英国比如说同俄国相比,100万人生产的产品,不仅数量多得多,而且产品价值也大得多,虽然英国的单位商品便宜得多。但就农业来说,看来在资本主义发达的国家和比较不发达的国家之间就不存在这样的关系。落后国家的产品比资本主义发达的国家的产品便宜。"①

　　马克思提出这一理论时,他认为发达国家由于较多地使用先进农业工具,生产农产品耗费的活劳动便较少,即单位农产品价值中的新价值较小。

　　但是,单位农产品的旧价值即生产资料的价值就不是这样。马克思指出,在英国有大批人从事农业生产各种要素的生产和运输,而在俄国就没有。这样,"无论如何……却没有这样一部分不变资本的价值加入俄国土地耕种者的产品的价值"②。假定这部分不变资本的价值等于10个人的一日劳动,这不变资本由一个英国农业工人来推动,这样,英国的这种农产品价值就等于10+1=11个劳动日。如果同量的农产品,要5个俄国农业工人才能生产出来,但他们使用的不变资本只等于一个人的一日劳动,那么,俄国的这种农产品的价值就等于1+5=6个劳动日,比英国的农产品价值低。

　　马克思认为整个问题归结为:如果俄国的土地比英国肥沃,以致不使用不变资本或只使用十分之一的不变资本生产出来的农产品,就和英国使用十倍的不变资本生产出来的一样多,那么,同量的农产品价值,英国和俄国的比率将是11∶5,他说:"只要英国人比俄国人使用较少的直接劳动而使用较多的不变资本,并且,只要这种不变资本……没有把劳动生产率提高到足

---

　　①　马克思:《剩余价值理论》(第二册),人民出版社1975年版,第542页。
　　②　同上书,第543页。

以抵消俄国土壤的自然肥力的程度,英国谷物的价格和价值较高的情况就会始终存在。"①正是从这里可以看出,世界分工为工业国和农业国。

这里包含着马克思一个深刻的思想,即随着资本主义的发展,大工业和大城市的兴起,使农业耕地的自然肥力降低。马克思说:"资本主义生产使它汇集在各大中心的城市人口越来越占优势。这样一来,它一方面聚集着社会的历史动力,另一方面又破坏着人和土地之间的物质变换,也就是使人以衣食形式消费掉的土地的组成部分不能回归土地,从而破坏土地持久肥力的永恒的自然条件。"②因此,为了提高土地的肥力,便要多使用生产资料,其中包括化学肥料,它的制造运输,都要耗费许多劳动。当农业资本家用这种方法提高土地肥力时,由于土地私有权的存在,如果土地不属于他所有,他就必须在租约有效期内尽量榨取土地的肥力,所以,在一定时期内提高土地肥力的任何进步,同时也是破坏土地肥力持久源泉的进步。③ 这样,资本主义越发达,用来提高土地肥力而使用的生产资料就越多。

因此,只要条件没有变化,越是发达的资本主义国家,其农产品的国内价值就越高于其国际价值;反之,落后的资本主义国家,其农产品的国内价值就低于其国际价值。

落后国家还有一个前资本主义的农业生产问题。这里的生产者多半是个体农民。其劳动生产率很低,其农产品的个别价值高于农产品的国内社会价值。但是,个体生产者的再生产条件,用资本主义的范畴来表示就是取得产品价值中的 C＋V,即不变资本和可变资本,在遇到竞争时,M 即剩余价值可以放弃。这样,它也可以按国内资本主义生产的农产品的同样条件,甚至更劣的条件,进入世界市场。

第三节　两大类国家交换商品的实质是大量劳动交换小量劳动

我认为,马克思是根据上述原理,而不是根据李嘉图的比较成本原理,

---

① 马克思:《剩余价值理论》(第二册),人民出版社 1975 年版,第 543 页。
② 马克思:《资本论》(第一卷),人民出版社 2004 年版,第 579 页。
③ 同上书,第 579—580 页。

来解释世界分工为工业国和农业国这个事实的。随着产业革命的进行，"一种和机器生产中心相适应的国际分工产生了，它使地球的一部分转变为主要从事农业的生产地区，以服务于另一部分主要从事工业的生产地区"①。其所以如此，是由于机器产品的便宜和交通运输业的变革……摧毁国外市场的手工业产品，迫使这些市场成为它的原料产地"②。这就是说，美国新大陆和通往东方的新航道的发现，虽然扩大了世界市场，但是并没有产生工业国和农业国这样的国际分工。世界市场的扩大，促使产业革命的发生，大的工业城市也随之产生。根据上述分析，在这种条件下，同种工业品，大工业生产的比手工业生产的便宜，英国的棉布打败印度的棉布，同种农产品，在多数情况下，先进工业国生产的比落后国家生产的昂贵，英国的谷物被美国和波兰的谷物打败。工业国、农业国的国际分工由此产生。

主要从事工业生产的国家以其工业品，同主要从事农业国生产的国家产品交换，其经济内容如何，亦即这两者在世界上交换时，价值规律如何发生作用，这是一个极其重大的理论问题和实际问题。

李嘉图首先提出世界市场上价值规律的作用问题，认为它和国内交换是等量劳动的交换不同，在国家之间的交换可能是不等量劳动交换。他说："支配一个国家中商品相对价值的法则不能支配两个国家或更多国家相互交换的商品的相对价值。"③

他是从国际贸易中的比较成本理论来说明这个问题的。根据这个理论，各国应该分工生产比较成本低的商品，然后交换，大家有利。他假设生产毛呢和葡萄酒各一单位，英国所需劳动各为 100 日和 120 日，葡萄牙则各需 90 日和 80 日。绝对成本上英国都高于葡萄牙，但英国毛呢的比较成本低，因为 $100/90 > 120/80$，英国生产毛呢有利，葡萄牙葡萄酒的比较成本低，因为 $90/100 > 80/120$，葡萄牙生产葡萄酒有利，分工生产前，英国和葡萄牙生产毛呢和葡萄酒各两单位；分工生产后，英国可生产 2.2 单位毛呢；葡萄牙可生产 2.125 单位葡萄酒，合起来看，产量增加；然后相互交换，大家有利。他认为："正是这一原理，决定葡萄酒应在法国和葡萄牙酿制，谷物应在美国

---

① 马克思：《资本论》(第一卷)，人民出版社 2004 年版，第 519—520 页。
② 同上书，第 519 页。
③ 李嘉图：《政治经济学及赋税原理》，郭大力、王亚南译，商务印书馆 1962 年版，第 112 页。

和波兰种植,器皿制品及其他商品则应在英国制造。"①根据这个原理,是不能说明随着产业革命的进行,世界为什么分为工业国和农业国的,因为不可能前者比较成本低的只是工业品,后者比较成本低的只是农产品和其他原料。这个问题,只有用马克思的上述原理才能解释。

现在要说明的是,要用多少毛呢交换多少葡萄酒。李嘉图认为,要用100劳动日生产的毛呢和80劳动日生产的葡萄酒交换。他认为这种不等劳动的交换,在一国之内是不可能的,在国家之间是可能的。其原因是:"只要我们想到资本由一国转移到另一国以找寻更为有利的用途是怎样的困难,而在一国中资本必然会十分容易地从一省转移到另一省,情形就很清楚了。"②

李嘉图显然没有清楚地回答问题。从他谈到的资本在国家之间转移十分困难,在一国之内转移十分容易来看,他谈的实际上是国家之间利润率不等,国家之内利润率均等。国家之间利润率不等,在他看来,是由于资本主义生产越发展,耕种的土地越恶劣,或在同一土地上增加投资的生产率越低,因而粮食价值越高,货币工资增加,利润率越低;与此相反,资本主义生产不发达,利润率较高,而资本在国家之间转移困难,使这些不等的利润率不能趋于均等。从利润率来考察商品交换中所包含劳动大小问题,就等于说,商品是按生产价格(他称为自然价格)交换的。我们知道,李嘉图是混淆了生产价格与价值的。这样,他就不能将劳动价值学说贯彻到底,有时就将生产价格内形成条件,即除劳动外,资本构成和周转时间不同,以及由工资变动引起利润率变动,都看成是形成价值的原因。因此,他认为国内必然是等量劳动交换,那是指按这种生产价格交换,它等于只由劳动形成的价值,而不是指由许多条件形成的生产价格,如果从后者看,生产价格相等的商品,包含的劳动倒不一定相等。他认为在国家之间交换可能是不等量劳动交换,那又是按这种生产价格交换,它由许多条件形成,其中最重要的是不等的利润率,而不是指等于价值的那种生产价格,只有从这种生产价格看,才可能是真正的不等量劳动交换。他始终未能从生产价格和价值的偏离去

①　李嘉图:《政治经济学及赋税原理》,郭大力、王亚南译,商务印书馆1962年版,第113页。
②　同上书,第114页。

说明问题。

马克思论述李嘉图这个理论时指出,一国的三个劳动日可以和别一国的一个劳动日相交换,价值规律在这里有重要的修正。但是,他没有具体论证这个问题。有些经济学家对这个问题的论述,似乎还可以商榷。他们多半从发达资本主义国家相对于落后国家而言,其劳动熟练程度和强度要高些这个论点来说明问题。我认为,从这点看,并不存在不等量劳动的交换,也不能说明价值规律有重要的修正,因为这种情况也存在于国内交换,但国内交换都不存在价值规律的修正问题。我认为,应该根据马克思的生产价格理论,即生产价格和价值可能有偏差的理论来说明问题。我们知道,资本有机构成高的产品,生产价格高于价值,资本有机构成低的产品,生产价格低于价值,这样,两者交换便是小量劳动和大量劳动交换。用这个原理来说明以工业为主和以农业为主的国家的交换,情况便如表1-1所示。

表1-1　国家之间交换

国家类别	部门	不变资本	可变资本	剩余价值	价值	平均利润率	平均利润	生产价格
发达资本主义国家	Ⅰ	8 000	1 000	1 000	10 000	15.15%	1 363.50	10 363.50
	Ⅱ	4 000	500	500	5 000	15.15%	681.75	5 181.75
	Ⅲ	2 000	1 000	1 000	4 000	15.15%	454.50	3 454.50
	共计	14 000	2 500	2 500	19 000	—	2 499.75	18 999.75
落后国家	甲	2 000	1 000	500	3 500	24.07%	722.22	3 722.22
	乙	4 000	2 500	1 250	7 750	24.07%	1 564.55	8 064.55
	丙	1 000	3 000	1 500	5 500	24.07%	962.80	4 962.80
	共计	7 000	6 500	3 250	16 750	—	3 249.57	16 749.57

这里假设,发达资本主义国家资本有机构成高,全部 C 和 V 之比;是14 000∶2 500,剩余价值率是100%,资本在各个生产部门间分布趋势是,有机构成越高的部门所占资本比重越大;落后国家资本有机构成较低,全部 C 和 V 之比;是 7 000∶6 500,剩余价值率是50%,资本在各生产部门间的分布趋势是,有机构成最低的部门所占资本比重最小,因为这里存在大量前资本主义生产,如个体农业,他们使用的不是资本,也不参加平均利润率的形

成。这样,我们便可以看到,发达资本主义资本Ⅰ的产品,价值为10 000,生产价格为10 363.5,即在100的生产价格中,价值为96.49,落后国家资本丙的产品,价值为5 500,生产价格为4 962.8,即在100生产价格中,价值为110.82。这样,按生产价格交换,资本Ⅰ便可以用价值为96.49的产品,同资本丙价值为110.82的产品交换,即以小量劳动交换大量劳动。

以上仅就资本有机构成不同来分析。如果再加上资本周转时间不同的因素,即假设资本Ⅰ既是资本有机构成又是资本周转时间较长的部门,其产品如轮船和飞机的生产价格高于价值的程度更大,资本丙既是资本有机构成低又是资本周转时间短的部门,其产品如花边和草帽的生产价格低于价值的程度更大,两者交换,必然是更小量的劳动和更大量的劳动相交换。某些资本主义国家同落后国家之间的交换的纯粹经济内容,基本上是这样。

我认为,只有在上述情况下,即两个国家的不同产品,其中一种的生产价格高于价值,另一种的生产价格低于价值,两者交换,才存在"价值转移"。这就是在价值规律发生作用的基础上的剥削和被剥削关系,是价值规律的重要修正。

要指出的是,上述交换关系也存在于资本主义国家内部,那为什么马克思并不认为是价值规律的修正呢?这是因为,在·国之内,损失和得利会相互抵消,投下的劳动和形成的价值相等;在国家之间不是这样,甲国大量出口生产价格高于价值的商品,大量进口生产价格低于价值的商品,即使等价交换,前者得到的价值仍大于它投下的劳动,后者得到的价值仍小于它投下的劳动,单就这点而言,发展下去就是前者越富,后者越穷,差距拉大。马克思指出,在这个场合富国剥削穷国,虽然穷国由交换得到利益。

我们知道,生产价格经常低于价值的产品,多半是农产品和原料,这正是殖民地的特点。马克思明确认为,政治上取得独立(1776年)以后的美国,在他研究其经济关系时,仍然是殖民地。他说:"从经济上来说,美国仍然是欧洲的殖民地。"①他进一步指出:"美国的经济发展本身就是欧洲特别是英国的大工业的产物。目前(1866年)的美国,仍然应当看作是欧洲的殖民

---

① 马克思:《资本论》(第一卷),人民出版社2004年版,第876页注253。

地。"①他以美国和印度为例,说明美国输到大不列颠的棉花(原料)多于印度。

24年以后,即1890年,恩格斯为马克思出版《资本论》第一卷第四版。他在马克思论述美国仍然是欧洲的殖民地的地方加注说,1866年以来,北美合众国已一跃成为世界第二大工业国了,但它的殖民地性质,依然还没有完全除掉。因为这时的美国,仍然以大量的农产品供应英国,仍然是英国工业原料的供应地。

第四节 宗主国和殖民地国家的赤裸裸的不平等②

上述的美国独立后仍为英国的殖民地(经济殖民地),它以原料(棉花)供应英国,是按生产价格进行的,这样,双方都按生产价格进行,虽然从价值看是不平等,但从生产价格看都是平等的。下面论述的宗主国与殖民地国家的关系与此不同,它是赤裸裸的不平等。我们以不列颠和爱尔兰为例,加以说明。

早在12世纪爱尔兰就成为不列颠的殖民地。英格兰人将爱尔兰的大部分土地据为己有。1801年,不列颠和爱尔兰组成不列颠与爱尔兰联合王国,不列颠为此花了1 000 000英镑。与不列颠合并为联合王国的爱尔兰,仍然是殖民地。

在强占爱尔兰土地的基础上,不列颠就将自己的生产关系强加于爱尔兰,使其仍然为殖民地。根据马克思的分析,这个过程如下:减少粮食耕地,增加饲料地,增加牧场。"从前的大片耕地转化为休耕地或永久的草地,而同时一大部分从前未开垦的荒地和泥沼地被用来扩大畜牧业。"③从1860年到1865年,在畜牧业中,牛、马的数量绝对减少,羊、猪的数量绝对增加,羊的增加尤其显著。这是不列颠强占爱尔兰土地,用暴力消灭耕地的办法进行

---

① 马克思:《资本论》(第一卷),人民出版社2004年版,第520页注234。
② 参见马克思:《资本论》(第一卷),人民出版社2004年版,第519页注232、第520页注234。
③ 同上书,第811页。

的。由于畜牧业的资本有机构成较高,使用的劳动力减少,丧失土地的小农,因大多数转化为农业工人,就离开农村。这样,虽然"随着人口的减少,用在农业上的生产资料量也减少了,但是用在农业上的资本量却增加了,因为从前分散的生产资料中的一部分转化为资本了"①。换言之,从前分散在个体经营上的生产资料较多,但这并不是资本,现在个体经营逐渐消灭。集中在大生产上的生产资料,因技术改进不大,其量虽只是原来个体经营中生产资料的一部分,亦没有绝对增大,但是这都是资本量的增加。这是在技术没有变革条件下,个体经济转变为资本主义经济的特征。

这样,不列颠在爱尔兰发动的"农业革命的第一个行动,就是以极大的规模,像奉天之命一样,拆除耕地上的那些小屋。因此,许多工人不得不到村镇和城市里去寻找栖身之所。在那里,他们就像废物一样被抛进阁楼,洞窟,地下室和最糟糕的街区的屋角里"②。那些男人,现在必须到邻近的租地农场主那里找寻工作,由于劳动力供过于求,他们只能按日受雇用,而且工资收入极不稳定。大量找不到工作的人,成为农业地区中的过剩工人,城市不得不加以收容。这些过剩工人,只有在春秋农忙季节,才回到农村去工作,其余大部分时间都闲着没事干。也有这样一些过剩工人,流入英格兰,寻找工作,成为资本家压低英格兰工人工资的工具,并以此来离间英格兰和爱尔兰工人。还有一些,则流到美洲。

这样,在爱尔兰我们就看到,它的"普遍贫困并不像马尔萨斯所设想的那样同人口的数目成正比,而是同人口的数目成反比"③。我们也看到,它同英格兰有不同的规律,"在工业国的英格兰,工业后备军是从农村得到补充,而在农业国的爱尔兰,农业后备军则是从城市,即被驱逐的农业工人的避难所得到补充。在英格兰,过剩的农业工人转化为工厂工人,而在爱尔兰,被驱逐到城市里去的农业工人,虽然对城市的工资形成压力,但仍然是农业工人,并不断地被送回农村去找活干"④。

爱尔兰的唯一大工业,是亚麻加工业,它需要的成年男工比较少。仍然

① 马克思:《资本论》(第一卷),人民出版社2004年版,第809页。
② 同上书,第813-814页。
③ 同上书,第810页注186a。
④ 同上书,第815页。

居住在农村的贫困农民,成为巨大的衬衫厂的基础,这类工厂的劳动大军大部分散布在农村中,他们从事的是家庭劳动制度,即他们领来原料后,各自在家里加工,这可节省工厂主的厂房、照明、取暖的支出。

这样,我们就可以看到爱尔兰这个被不列颠以资本主义生产关系强加于它的殖民地人的特点了:"爱尔兰仅仅是英格兰的一个被大海峡隔开的农业区,它为英格兰提供着谷物、羊毛、牲畜、工业新兵和军事新兵。"①

1885年,恩格斯指出:"英国应当成为'世界工厂',其他一切国家对于英国应当同爱尔兰一样,成为英国工业品的销售市场,同时又供给它原料和粮食。英国是农业世界的伟大的工业中心,是工业太阳,日益增多的生产谷物和棉花的爱尔兰都围绕着它运转。"②

上述的美国和爱尔兰不同,它是具有主权的,是经济殖民地,以区别于爱尔兰的殖民地,恢复了主权,就不是殖民地了。第二次世界大战后,联合国下了非殖民地化的法令,许多原殖民地国家恢复了主权,但其经济结构没有改变,仍是殖民地。原因是先后实行的进口替代发展战略和出口替代发展战略都失败,结果仍然要出口原料给发达国家,情况像获得独立后的美国那样,即仍为经济殖民地。在这一条件下,美国经济学家马格多夫受联合国一道非殖民地化法令的束缚,提出战后出现了所谓"没有殖民地的帝国主义"理论,就是由于缺乏经济殖民地概念所导致的理论错误。

---

① 马克思:《资本论》(第一卷),人民出版社2004年版,第808页。
② 《马克思恩格斯全集》(第二十一卷),人民出版社1965年版,第225页。

第六章　垄断资本主义宗主国全面反动的政治

第一节　资本主义商品生产的发展和民主主义、自由主义、民族主义的产生

商品生产本身，就包含着平等因素，商品生产的发展，会促进民主主义和自由主义的产生和发展，并使它们成为一种普遍思想。马克思指出，商品是天生的平等派，或平等主义者。因为商品价值的实体，就是无差别的抽象劳动，从这点说，商品生产者是没有高低贵贱之分的，不管是画家的劳动，还是樵夫的劳动，从形成价值这点看，是平等的；商品价值的量，由社会平均劳动时间决定，而不问商品生产者的生产条件有何不同，从决定价值量这点看，生产同种商品的人，也是平等的。马克思进一步说，货币是比商品更进一步的平等派。因为商品从价值看是无差别的，从使用价值看，则是不同的，这种不同反映了生产者的劳动不同，但当商品转化为货币时，在商品体上还保留的差别，在货币身上一点也看不出来了。同时，货币能够买任何商品，甚至商品以外的东西，任何事物，在货币面前，都是平等。正因为这样，列宁便认为"平等思想本身就是商品生产关系的反映"[1]。以上我们将学习过的关于平等思想的理论，复习了一遍。

平等思想只有商品生产普遍化，并动摇了人身依附关系时，它才能产生。自由和平等才被认为是人权，并用来反对封建主义。

民主主义、自由主义和民族主义，在政治制度上的反映，就是民主共和

---

[1] 《列宁选集》（第四卷），人民出版社1995年版，第216页。

制。同君主立宪制相比,民主共和制更适合于资本主义商品生产制度。因为在君主立宪中,血统和特权发生作用,是违反民主主义和商品关系中的平等主义的。所以,恩格斯说,民主共和制是最高的国家形式;列宁发挥了这个思想,认为民主共和国是资产阶级所能采取的最好的政治外壳。

第二节　民主主义发展为集权主义,自由主义发展为干涉主义,民族主义发展为世界主义

　　垄断资本主义的形式和垄断利润的攫取,使垄断资产阶级对无产阶级、个体生产者的剥削加深,使资产阶级内部的平等关系遭到部分破坏。这种经济条件,必然使政治上业已形成的民主制度,实质上遭到破坏。也就是在这样的条件下,虽然保留其形式,但其民主主义已从资产阶级一个阶级享有,变成垄断资产阶级享有,并且是最大的一小撮垄断资本家享有,即已成为垄断资产阶级的集权主义。这种变化,在政治制度上的表现就是议会权力下降,行政权力上升,总统或内阁总理和首相,将一切权力集中于一身这种趋势加强。议会最初是新兴的资产阶级和封建国王较量的政治工具。英国资产阶级最初是从争夺议会权力开始其反封建主义的斗争的。其后发展为议会为一方,国王为另一方的内战。在这基础上产生的立法、行政、司法三权分立、相互制衡的制度,原是资产阶级在一个阶级内的分工合作,调节矛盾,以加强对无产阶级统治的工具。现在,这种权力已经集中在一小撮垄断资本家手里,以加强对垄断利润的攫取。由这一经济条件决定,经济上的自由主义变为干涉主义。从前,最好的政府只是一个更夫,守卫资本主义生产是其唯一责任,现在,则要为垄断资本家攫取垄断利润而效力,制定保护国内市场的政策,通过财政、货币政策,使垄断资本家增加垄断利润,成为不可或缺的职责。垄断资本的产生,使资本冲出民族国家的界限,奴役其他落后民族,成为必然的现象。从前,资产阶级为了自身的利益,认为民族有独立为国家的权力,即民族主权。现在,垄断资产阶级也是为了自身的利益,认为民族和国家都不应有主权,以便让其输出资本和商品,没有任何障碍,这就是世界主义。在这个基础上,他们认为有必要成立世界政府,以便最强

大的垄断资本集团,通过它来剥削全世界,民族主权和国家主权,受到严重的挑战。

但是,从实行到反对民主主义、自由主义和民族主义,显然是同垄断资本主义最一般基础中的平等原则相矛盾的。如果不仅连本质,而且连形式都抛弃平等原则,那将引起广大人民群众反对垄断资本主义的统治,利用他们最初用来反对封建主义的理论武器,来反对垄断资本主义。这样,无产阶级起来要求民主权利,殖民地人民起来要求民族主权,并独立为民族国家,垄断资本家就难以统治了。因此,除非处于阶级矛盾非常尖锐的特殊状态,垄断资产阶级并不抛弃民主主义、自由主义和民族主义的形式,而是保留并发展它,但是却阉割其实质,使它变成一个躯壳,以便巩固其统治。这就是垄断资本主义的全面反动的政治。

第三节　垄断利润和无产阶级上层分子资产阶级化

列宁指出:"资产阶级化了的工人阶层即'工人贵族'阶层,这个按生活方式、工资数额和整个世界观说来已经完全市侩化了的工人阶层,是第二国际的主要支柱,现在则是资产阶级的主要社会支柱……。"①我认为,垄断资本主义宗主国全面反动的政治,也是以无产阶级上层分子资产阶级化为其社会支柱的。这就是说,垄断统治阶级巩固其统治最有效的办法,就是使无产阶级不起来反对它,而这就要使无产阶级上层分子资产阶级化。垄断利润的攫取使其成为可能。英国资产阶级早就这样做了。英国从 19 世纪中叶起,便拥有许多殖民地,又成为世界工厂,由此获得巨额利润。无产阶级从中得到好处,日益资产阶级化,工人运动中出现只看见眼前利益,局部利润,而忘记根本利益的机会主义。1858 年 10 月恩格斯写信给马克思说:"英国无产阶级日益资产阶级化了,因而这一所有民族中最资产阶级化的民族,看来想把事情最终导致这样的地步,即除了资产阶级,还要有资产阶级化的贵族和资产阶级化的无产阶级。自然,对一个剥削全世界的民族来说,这在某

---

① 列宁:《帝国主义是资本主义的最高阶段》,人民出版社 1964 年版,第 9—10 页。

种程度上是有道理的。"①1892 年恩格斯在《英国工人阶级状况》第二版的序言中,也叙述了同样的看法。

自从 19 世纪 80 年代以来,美、德、法等在经济上赶上英国,英国一国垄断世界的地位,已被几个列强垄断世界所代替。因此,像英国那样整个无产阶级资产阶级化,是不可能了。但是,无产阶级的一部分,即其上层资产阶级化,却是可能的,并已成为现实。这些上层分子包括工人官僚、工人领袖、工人合作组织经理,其中最重要的是工人政党领袖、工人报刊编辑等,他们身为工人或工人出身,但生活和思想都资产阶级化,从政策和一般意识形态方面,散布机会主义,为垄断资产阶级服务。

这就是为什么第二国际某些领袖使工人运动走上歧途的经济原因。他们赞成美帝国主义,反对解放殖民地。他们也说要建立社会主义,但这种社会主义是不能没有殖民地的,其所以如此,是由于假如没有殖民地,欧洲工人的生活水平将下降到东方人的水平! 这种社会主义,其实是社会帝国主义。这就说明,为什么第二国际某些领袖,虽然也谈民族问题,但是不谈东方被压迫民族的解放问题,因为这是同他们的世界观不相容的。

第二次世界大战后,东方被压迫民族大多数已经独立,但是,除了极少数,大多数还没有实现工业化,它们仍以大量劳动交换小量劳动,垄断资本主义国家由此获得的垄断利润仍然很大,无产阶级上层分子资产阶级化的经济条件仍然存在。只要这个条件存在,无产阶级革命的主观条件就不成熟。

第四节　实行普选制和把被统治阶级代表人物吸引到统治阶级方面来

商品货币关系中的平等原则,在经济生活中表现为商品生产者之间存在着竞争,商品购买者之间存在着竞争,生产者和购买者之间也存在着竞争。它在政治生活中表现为,公民都能参加竞选,即有被选举权,公民都能

---

① 《马克思恩格斯全集》(第二十九卷),人民出版社 1972 年版,第 344—345 页。

参加选举,即有选举权。公民有这两种权利,就是有普选权。这是从本质说的,但并不是说,再没有什么限制了,限制是有的,如财产、文化、居住期限等。但这并不是本质的,随着资本主义发展和阶级矛盾日益尖锐,这些限制已经消失。本质的问题是,即使没有限制,在一定经济政治条件下,普选制本身仍能巩固垄断资产阶级的统治。

随着资本主义发展为垄断资本主义,无产阶级已取得普选权,不仅民主共和制国家,而且君主立宪制国家,都是这样,不同的仅在于,如在英国,上议院议员、英王不是选举产生的,在这个领域内,是连资产阶级民主主义也没有的。现在,不仅男公民,而且妇女也取得普选权。

垄断资产阶级能够通过普选权巩固其统治,最根本的原因在于它能把被统治阶级中的优秀分子吸收到自己方面来。马克思曾深刻地分析了信用制度和股份公司的产生,能在经济上起这样的作用。他说:在这制度下,"一个没有财产但精明强干、稳重可靠、有能力和经营知识的人,通过这种方式也能成为资本家(因为在资本主义生产方式中,每一个人的商业价值总会得到或多或少正确的评价),这是经济学辩护士们所赞叹不已的事情,这种情况虽然不断地把一系列不受某些现有资本家欢迎的新的幸运骑士召唤到战场上来,但巩固了资本本身的统治,扩大了它的基础,使它能够从社会下层不断得到新的力量来补充自己。这和中世纪天主教会的情况完全一样,当时天主教会不分阶层,不分出身,不分财产,在人民中间挑选最好的人物来建立其教阶制度,以此作为巩固教会统治和压迫俗人的一个主要手段。一个统治阶级越能把被统治阶级中的最优秀的人物吸收进来,它的统治就越巩固、越险恶"①。

我认为,在政治制度上,普选制也能起这样的作用。我们知道,中国历史上的科举制度,起了这样的作用,现在我们看到,普选制也是这样。因为在目前条件下,教育制度是资产阶级的,统治阶级的意识形态是社会的统治的意识形态,无产阶级上层分子资产阶级化,在无产阶级中弥漫着社会民主主义思想,在这个条件下,即使选举时没有任何限制,选民确实能把要选的人选上去,无产阶级能把其代表人物选上去,当上议员、总统、副总统,那又

---

① 马克思:《资本论》(第三卷),人民出版社 2004 年版,第 679 页。

有什么用呢？因为他们已经是资产阶级化了的人物，他们站到统治阶级方面来，只能对无产阶级起欺骗作用，从而巩固了垄断资本主义的统治。

第二次世界大战前，已经有无产阶级的代表人物，或者无产阶级政党的领袖人物，通过普选参加政府甚至组织政府，如英国工党两度组织政府；第二次世界大战后，工党、社会党通过普选，组织政府的更多；目前，西欧许多国家，由社会党组织政府。但是，这些国家仍然是垄断资本主义国家，垄断资产阶级正是通过它们，实现其统治。当然，它们是将其纲领和政绩，说成是实现社会主义，把它们执政时的国家说成是非资本主义的国家。但是，它们的纲领和政绩，其实是国家垄断资本主义性质的。

第五节　逐渐废除对劳动人民民主权利的限制和加强军事官僚机构

随着资本主义的发展，随着阶级关系和阶级斗争的发展，劳动人民不仅取得了普选权，而且取得了其他的民主权利，如结社自由、通信自由、集会自由，等等。在垄断资本主义时期，除特殊情况如实行法西斯主义外，劳动人民的权利，从形式上看，是比过去扩大了。这是一方面。另一方面，在这同时，垄断统治阶级又加强军事官僚机构，以便从物质上加强其统治。

资产阶级的国家，作为资本主义的政治上层建筑，执行的职能事实上有两种。一种是资本主义社会化大生产的组织者，即让社会生产能够协调地进行，单从这点说，它其实是社会职能，而不是政治职能，它的基础是社会化大生产，它并不因资本主义消灭而消灭；一种是资产阶级对无产阶级进行剥削的监督者，它不是社会职能，而是政治职能，它的基础是阶级对抗，它随资本主义消灭而消灭。需要指出的是，在资本主义条件下，前一种职能不可能是孤立的，它服从于后一种职能，因为没有抽象地调节社会生产，资本主义协调社会生产的内容，就是加强剥削。关于社会职能这一问题，留在结束语中，和其他问题一起论述。

资产阶级国家作为严格意义的政治上层建筑，又由两个部门构成：一是普通的行政机构，二是官僚军事机构。在执行监督劳动人民（包括无产阶级)的职能方面,后者最为重要,它包括军队、法庭、监狱、公安等机构,以及制定反动政策的机构等,这是资产阶级实行政治统治的最根本的物质力量和精神支柱。

随着资本主义发展为垄断资本主义,国家机器中的军事官僚机构,数量越来越多。美国开国之初,几乎没有军队,仅有的军队是用来对付和统治印第安人的,政府只有三个部,现在则有几百万军队,还有大量公安人员,现在政府有十多个部,其中国防部又设有陆、海、空三个部,司法中有联邦调查局,其特务人员经过特殊的训练,为垄断资产阶级效劳。

第六节　允许无产阶级组织政党和实行新型的资产阶级两党制或多党制

无产阶级政党的普遍化,是随着普选权而来的。恩格斯深刻地指出,资产阶级是通过普选制来实行统治的,在无产阶级对于自己解放自己尚未成熟的时候,这个阶级的大多数人仍将承认现存社会秩序为唯一可能的秩序,而在政治上作为资产阶级的尾巴,构成它的极端的左翼。不过,随着无产阶级对于自己的自我解放的成熟,它就成立自己的政党,选出自己的代表,而不选资产阶级的代表了。普选制是无产阶级成熟的标志。资产阶级政治学家认为,政党是选举团体,是利益相同的人组织起来,推出自己的代表,参加竞选,为自己谋利益的团体。因此,在实行选举制度的国家里,在一般情况下,统治阶级是允许无产阶级组织政党的。

无产阶级政党从本质说,不是选举团体,而是无产阶级进行阶级斗争的工具,其目的在于夺取政权,然后利用政权来消灭资本主义所有制,建立生产资料公有制。一方面允许无产阶级组织政党,另一方面又使它不能改变资产阶级专政,最好的办法,从政党制度方面看,就是在资产阶级实行的两党制基础上,实行资产阶级工人党参加的新型的两党制。资产阶级通过政党制度来统治劳动人民,最好的形式是实行两党制,即组织两个似乎是完全对立的政党,有完全不同的纲领,使人民认为既然是相互对立的,其中就有一个是代表自己的利益的,便把选票送给它。其实这种纲领并不涉及资本主义根本制度问题。例如,美国南北战争后,两党制由共和党和民主党组成,大约有半个世纪之久,共和党主张实行保护关税和金本位制度,民主党主张实行自由贸易政策和银本位或纸币政策;英国保守党和自由党分别主张保护贸易政策(主要对粮食)和自由贸易政策:这种政策分歧并不涉及根本制度问题。人民从中选择,区别不大,或两害相权取其轻。遇到社会矛盾尖锐时,不组织政府的所谓在野党,就攻击组织政府的所谓执政党,转移矛盾。更其重要的是,两党制能阻止真正的社会主义政党的产生,因为两党中的一个攻击对方时,总把自己打扮成是代表劳苦人民的,这样便使无产阶级认为这就没有成立政党的必要。如果无产阶级政党还是产生了,那么就在第三党运动的基础上,把无产阶级政党蜕变为第三党,取代两党制中的一个老党,组成新型的资产阶级两党制。

第三党运动的社会基础,是一些对两党制不满,而又迷恋两党制选举制度的选民。他们认为,既然两个老党都不好,那么我们就组织一个新的代替它。美国的第三党运动开始时是19世纪90年代的人民党,其后是各种形式的进步党和独立党,但都未能取代两个老党中的一个,成为新的两党制中的一个。第三党往往是从两个老党中分裂出来的,尤其是其领袖。这样,它能从另一方面刷新两党制,因为不管怎样,老党分裂为两个,似乎其中有一个总是代表人民的利益的。

第三党运动在英国发展为新型的资产阶级两党制。这个第三党就是英国工党。它在19世纪末20世纪初,由四个社会主义的社会团体和学术组织结合而成,有一定的群众基础。它最初跟随自由党。其领袖也是自由党的领袖。其后取代自由党,同保守党组成新型的两党制。即一个是无产阶级政党,另一个是资产阶级政党,但这个无产阶级政党,虽然群众是工人,但领袖却是资产阶级化的工人,其政治纲领,并没有触动资本主义根本制度。

这种新型的资产阶级两党制,即有工人政党参加的两党制,是垄断资产阶级统治劳动人民的最好的形式,欺骗性最大。这也适用于多党制。因为多党制,必然有几个在野政党联合行动,反对执政党,这种政党联盟本身,也是一种政党或政党联盟。

在目前发达的垄断资本主义国家中,只有美国形式上没有实行有工人政党参加的两党制或多党制。其实不然。我们知道,美国这个原殖民地的主要特点,是工人获得土地容易,这是美国长期工人运动不发达和工人政党缺乏群众基础的原因。在这样的条件下,美国的第三党运动,主要以独立生产者为成员。他们容易分化,第三党不稳定。这样,美国民主党这个原先主张自由贸易政策的政党,因这一政策符合独立生产者都希望获得便宜工业品的要求,曾经得到独立生产者的拥护。从20世纪初开始,便将第三党某些纲领吸收过来,逐渐把自己打扮成代表贫困人民的政党,而与代表富人的共和党相对立,组成新型的资产阶级两党制,巩固垄断资产阶级的统治。

各种工人政党和美国民主党,其纲领都强调干涉经济,多办国营企业,搞福利主义,并将其称为社会主义。其实,这是国家垄断资本主义。当其破产时,另一个政党取代它,改为实行相反的纲领,但两者都不消灭资本主义制度,必然破产,但又轮流执政,时常更换,垄断资产阶级就这样经常交替使用两手来维护其统治。

第七节　一小撮垄断资本家掌握全部政治权力和法西斯主义问题

在资本主义自由竞争时期,资产阶级国家的权力由资产阶级一个阶级掌握,这表现为资本主义的议会,是管理整个资产阶级的事务委员会,是资产阶级的代表共同讨论,以制定治理国家的根本大计,即商定如何巩固其统治的机构,而政府即行政以及司法,不过是实现和维护这根本大计的机构。议会的这种作用,反映了那时资产阶级内部存在着平等关系。这种情况,到垄断资本主义时期发生了变化,即垄断统治加强,而议会中不仅有大垄断资本家的代表,而且还有一般垄断资本家和中小资本家的代表,在这个条件下实行议会民主,显然是相矛盾的。因此,一小撮最大的垄断资本家要掌握全部政治权力,在政治制度上的反映,最根本的就是逐步削弱议会权力,加强行政即总统或总理和首相的权力。这一点,无论在宪法上反映出来,还是不反映出来,实质上都一样,这是必然的趋势。

在宪法上没有反映出来的,以英、美为例加以说明。英国的国体是资产阶级专政,政体是君主立宪制。从表面看,英王是最高国家权力和一切权力的泉源。但自从资产阶级化的封建贵族和新兴的资产阶级代表人物进入议会后,最高权力就转属议会。1832年改革议会选举法以后,下议院为新兴的资产阶级代表控制,最高权力就主要属下议院,进入垄断时期后,最高权力又属于下议院多数党产生的内阁,即属于下议院多数党领袖担任的内阁首相。

美国也是这样。它是资产阶级专政的总统制共和国。按照宪法规定,总统只拥有行政权,而立法权属参、众两院,司法权属法院。现在,美国总统权力事实上已经扩大,他事实上拥有部分立法权,这不仅表现为其否决议会提出的法案有越来越多的趋势,尤其表现为其行政命令已具有法律效力。并且可以提出国家预算和对外缔结对外条约(协定),等等。

在宪法上反映出来的,以法国为例加以说明。法国是资产阶级专政的民主共和国。现在(1958年开始)是第五共和国。按照其宪法规定,总统不再由国民议会和参议会联合选举产生,而由选民直接选举产生。但他有权解散由选民直接选举产生的国民议会。法国总统权力的加强,可由第五共和国宪法制定者戴高乐的话来说明:"行政权力决不能从立法权中产生出来,甚至间接也不行。"除解散国民议会外,法国总统还拥有举行公民投票的权力和根据宪法规定的"根据形势需要采取必要的措施"的非常权力。

一小撮垄断资本家掌握全部国家权力,最合适的政治形式应该是法西斯主义。但是由于实行法西斯主义,是同商品生产的平等原则,同资产阶级反对封建主义时使用过的民主主义、自由主义、民族主义,即使在形式上也是相矛盾的,是赤裸裸的资产阶级专政、极权、独裁,最容易引起劳动人民的反抗。因此,非到阶级斗争已发展到马上威胁到垄断资产阶级的统治的时候,后者一般是不用这种政治形式来进行统治的。

所谓法西斯,从实质看,那就是阶级斗争尖锐化,使垄断资产阶级抛弃或废除选举制度、议会制度,除法西斯政党外,不允许其他政党存在,由一小撮垄断资本家本人,或其爪牙公开执掌政权,把民主主义和自由主义全部抛弃,连形式上也抛弃殆尽,但它不是资产阶级民主主义、自由主义的本质上的否定,而是形式上的否定,它们同样是垄断资产阶级专政的形式,各适用于不同的条件。

认识这一点很重要。20世纪30年代,法西斯德国背信弃义,违反与苏联签订的互不侵犯条约,突然进攻苏联,这是 1941 年发生的事件。苏联展开卫国战争,保卫社会主义的祖国。但是,当时的第三国际(共产国际)的领导认为,由于英、法等所谓民主主义国家也参加对法西斯德国的战争,便认为当时的战争是民主主义和法西斯主义国家之间的战争,就号召苏联和英、法等国人民起来反对法西斯主义,保卫民主主义,而不认识这两者都是维护垄断资产阶级统治的手段。由于这样,第二次世界大战的结果,并没有产生推翻垄断资产阶级统治的民主共和国的革命成果,与第一次世界大战的结果即旧俄国被推翻而产生了社会主义国家相比,是大大地退步了。

法西斯主义最初产生于意大利。1919—1920 年意大利无产阶级的革命形势已经成熟。1922 年,意大利法西斯党徒根据垄断资本家和宫廷的指示,向罗马进军,国王便将政权交给法西斯党头子墨索里尼。

德国从 1933 年起实行法西斯主义。30 年代的经济危机使德国阶级矛盾尖锐。1933 年社会民主党的兴登堡当选了总统,他任命德国民社党(纳粹党)领袖希特勒为总理。1934 年兴登堡逝世,总统和总理职务合并为国家元首,由希特勒担任。

日本从 1936 年起实行法西斯主义。该年 6 月,日本陆军法西斯组织发生叛乱,其后以陆军为中心的法西斯力量就自上而下地改革国家机构,实行法西斯主义。

最后要指出:法西斯主义不是一种政体,而是一种统治方法。恩格斯说,在普选制寒暑表指出工人的沸点时,资本家和工人都知道要干什么。我认为,到达沸点时,垄断资产阶级就要实行法西斯主义,庞大的军事官僚机构是其物质支柱,无产阶级中的工人官僚是其社会支柱。

结束语 对未来社会的憧憬

　　马克思在分析资本主义积累的历史趋势时指出："从资本主义生产方式产生的资本主义占有方式,从而资本主义的私有制,是对个人的、以自己劳动为基础的私有制的第一个否定。但资本主义生产由于自然过程的必然性,造成了对自身的否定。这是否定的否定。这种否定不是重新建立私有制,而是在资本主义时代的成就的基础上,也就是说,在协作和对土地及靠劳动本身产生的生产资料的共同占有的基础上,重新建立个人所有制。"①马克思这里说的,就是建立新型高级农村公社。这里说的:协作和对土地及靠劳动本身产生的生产资料的共同占有的条件下,从事的集体劳动是为公的(个人也可以获得生活品),由个人或家庭占有的生产资料,在这条件下从事的是个体或家庭的劳动,完全是为了全面发展个人的。

　　根据上述,高级农村公社中有为公进行的劳动,又有为全面发展个人进行的劳动,这样,商品生产就不存在了。我在这里要提出的理论问题是:商品生产不存在,为实现商品价值所耗费的纯粹流通费用也应该不存在;在这个领域中从事工作的社会成员就应脱离这个领域而改为从事物质生产和文化事业的劳动;这样,这种高级农村公社将发生怎样的变化呢? 我的看法如下。

　　节省物力:(1)广告业不存在;(2)银行业和金融业不存在;(3)用来记账的簿记不存在,节省下来的物质资料,转用来进行物质生产和文化建设。

　　节省人力:广告从业员、银行金融从业员、商业从业员这些非物质生产劳动者,可以转变为从事物质生产和文化建设的劳动者。这样,高级农村公社全部物质生产劳动量就大为增加,而每个成员的劳动量相应地大为减少,

---

　　①　马克思:《资本论》(第一卷),人民出版社 2004 年版,第 874 页。

使余下的自由时间大为增加,这对全面发展个人大为有利。

关于社会职能保留问题。恩格斯在《论权威》中说:"为什么反权威主义者不只是限于高喊反对政治权威,反对国家呢? 所有的社会主义者都认为,政治国家以及政治权威将由于未来的社会革命而消失,这就是说,社会职能将失去其政治性质,而变为维护社会利益的简单的管理职能。"①

政治国家消失后,与此相应,军队、法庭、监狱、公安等机构,以及制定反动政策的机构等,其从业人员就可以转为从事物质生产和文化事业的劳动。这样,社会物质生产劳动量又可以大为增加,每个成员的劳动量就相应地大为减少。

---

① 恩格斯:《论权威》,人民出版社 1973 年版,第 5 页。

附　录

引　言

　　假如说，我对《资本论》的导读和研究，对殖民地和帝国主义的研究，其对象是很明确的，因此，我能写出研究的专著，那么，我认为政治学研究的对象不是很明确的。这一方面反映出政治学这门科学，从停办政治学系、无人加以研究，到恢复政治学系、学者加紧研究，至今仍然还不够成熟，尽管我常向政治学家请教，它对我影响仍然不大；另一方面说明我对政治学敏感度不高，不像对经济学那样，确实如饥似渴，不管属于哪一方面的，都想学一点。但是，我总记住马克思在《〈政治经济学批判〉序言》中提出的历史唯物论公式：政治和政治思想这些不同层次的上层建筑，说到底是由经济基础决定的。因此，我研究经济学，研究经济基础，就为说明某些有关的政治上层建筑，以及思想上层建筑中的政治思想，提供了有利条件。由于这样，我偶尔涉猎政治学时的信手涂鸦，对某些新学者，也许有点使用价值。据我观察，现在有些政治学原理和政治研究论著，是离开经济基础去谈论问题的，好像政治制度和政治思想，只是人脑的产物。例如，认为美国统治者中的鹰派和鸽派，这些人之所以成鹰成鸽，是由其固有的思想决定的。他们离开社会经济条件，有意无意宣传美国南北战争时林肯总统在葛提斯堡的演讲——"一切人是生而平等的"，而不知恩格斯根据经济条件所说的："如果认为希腊人和野蛮人、自由民和奴隶、公民和被保护民、罗马的公民和罗马的臣民（指广义而言），都可以要求平等的地位，那么这在古代人看来必定是发了疯。"[1]这

---

[1]　《马克思恩格斯全集》（第二十卷），人民出版社 1971 年版，第 113 页。

犹如我国皇宫太监贾桂,由于整天站立惯了,就认为站立是天然的,就不会产生要坐的思想一样。陈胜说"王侯将相,宁有种乎",李逵说"皇帝轮流当当",都是以王侯、皇帝的存在为前提的,谈不上有平等思想。除了宗教上的平等,真正的平等思想,是商品生产关系的反映。在科学的政治学建立过程中,某些研究,有不完全符合历史唯物论的提法是难免的,但是这种倾向值得及早注意。

"资产阶级从提出到反对平等理论"的附录部分除了平等理论,也谈主权理论。因为我认为,主权理论本是政治学的对象。它产生在封建主义向资本主义过渡之时。它不仅要回答何谓主权的问题,更要解决主权属谁的问题:属君、属民、属议会?法国的博丹是其开创者。后来,资产阶级已经确实掌握了这一对内最高的统治权和对外的独立权,就是说,主权的内外问题,都已解决,资产阶级已经坐稳江山,并开始向国外发展了。在这样的条件下,国家主权原则和民族主权原则就成为发达资本主义国家向外扩张的障碍。发达国家务必将其消灭而后快!于是,它就成为国际关系学的对象——主权削弱论、联合主权论、局部主权论、主权消灭论之类的论调就开始产生。

一、《资本论》中的政治学及其方法论研究[①]

《资本论》是一部政治经济学的巨著,同时也包含着政治学的许多重要理论观点。

政治学研究的三大环节是阶级论、国家论和国际政治论。阶级论是政治学理论体系的基础,以阶级论为基础的国家论是政治学的核心,国际政治论则是将国家论延伸为对世界体系的研究。下面我们就《资本论》中有关政治学三大环节的研究作一概要的介绍。

(一)

《资本论》中的政治学,是以商品和货币中包含的平等关系为入门钥匙的。这是从抽象到具体的方法。马克思说"商品是天生的平等派"[②]。这是

---

① 原载于《复旦学报(社会科学版)》1985 年第 1 期。与王明侠合写。
② 马克思:《资本论》(第一卷),人民出版社 2004 年版,第 104 页。

因为,商品价值的实体是无差别的抽象劳动,价值量由社会必要劳动时间决定,商品生产者是没有高低贵贱之分的。货币是比商品更进一步的平等派。① 任何商品在货币面前都是平等的。交换价值"是一切平等和自由在生产上面的真实的基础。作为纯粹的思想,平等和自由不过是交换价值理想化的表现;作为在法律、政治、社会关系上面发展起来的东西,它们也不过是呈现在另一个层次上的这同一个基础而已"②。基于这一思想和方法论,马克思在《资本论》中充分论述了商品交换的平等关系之后,进而分析了无产阶级与资产阶级之间的平等问题。

在资本主义社会,劳动力成了商品。根据上述商品交换平等原则可知,无产者和资产者在流通过程中是平等的。但是一进入生产领域,尤其是在日复一日的扩大再生产的过程中,情形就不是这样了。这时,"劳动力的不断买卖是形式。其内容则是,资本家用他总是不付等价物而占有的他人的已经对象化的劳动的一部分,来不断再换取更大量的他人的活劳动"③。马克思在这里还分析了劳动力买卖的二律背反。资本家和劳动者在双方都符合价值规律的前提下,出现了关于工作日长度的斗争。在平等的权利之间,力量就起决定作用。马克思这一理论对于我们分析工人运动中的经济斗争和当今资本主义社会的福利制度有着十分重要的指导意义。

马克思对资产阶级之间的关系也作了精辟的分析。马克思认为,如像商品和货币是平等派一样,资本也是"天生的平等派,就是说,它要求把一切生产领域内剥削劳动的条件的平等当作自己的天赋人权"④。由此,等量资本在同一时间内推动的不等量活劳动创造的剩余价值,在自由竞争条件下,就要在资产阶级内部实行共产主义。这样资产阶级"在他们的竞争中表现出彼此都是假兄弟,但面对整个工人阶级却结成真正的共济会团体"⑤。这也正是1871年普法两国拼得鱼死网破的资产阶级顷刻之间握手言和,共同镇压巴黎公社的原因所在。

---

① 马克思:《资本论》(第一卷),人民出版社 2004 年版,第 152 页。
② 马克思:《政治经济学批判大纲(草稿)》(第二分册),刘潇然译,人民出版社 1962 年版,第 10 页。
③ 马克思:《资本论》(第一卷),人民出版社 2004 年版,第 673 页。
④ 同上书,第 457 页。
⑤ 马克思:《资本论》(第三卷),人民出版社 2004 年版,第 220 页。

随着借贷资本和信用制度的产生，一个没有财产，但精明强干、把握机会的人，通过这种方式也能成为资本家，于是，在成为资本家的机会面前，人人平等。当代资本主义社会中，某些没有财产的人，从技术阶级、管理人员变成大资本家，其源盖出于此。马克思深刻地指出，这种情况巩固了资本本身的统治，扩大了它的基础，使它能够从社会下层不断得到新的力量来补扩自己，而"一个统治阶级越能把被统治阶级中最优秀的人物吸收进来，它的统治就越巩固，越险恶"①。这段话同时也揭示了资产阶级普选制的本质。我国封建社会的科举制，实质上也是这个问题。

马克思还指出，股份公司和信用制度的发展，使资本直接取得了社会资本的形式，而与私人资本相对立，这是作为私人财产的资本在资本主义生产方式本身范围内的扬弃。这一形式，为资本家"提供在一定界限内绝对支配他人的资本，他人的财产，从而他人的劳动的权利。对社会资本而不是对自己的资本的支配权，使他取得了对社会劳动的支配权"②。"这种转化并没有克服财富作为社会财富的性质和作为私人财富的性质之间的对立，而只是在新的形态上发展了这种对立。"③今天，在资本主义国家里出现了数以千万计的工人入股的现象，资产阶级经济学家认为，这表明无产阶级与资产阶级从对立走向和谐了，谓之"人民资本主义"。读读马克思在 100 多年前的论述，岂不豁然开朗！

由于历史条件的限制，马克思没有系统地研究垄断对资本主义社会阶级关系的影响，但已从根本原理上作了说明。马克思说，垄断价格从而垄断利润是"通过对实际工资……的扣除和对其他资本家的利润的扣除来支付"④。马克思分析的垄断只是私有权和自然条件的垄断，由于是少量现象，并且这种垄断利润归根结底是由土地所有者占有，因此并没有破坏资产阶级内部的平等关系。到了垄断企业产生，垄断价格成为大量现象，根据上述原理，垄断资本家所多得的，就是工人、非垄断资本家（以及其他社会成员）少得的，这样，垄断资产阶级与无产阶级的矛盾进一步深化，垄断资产阶

① 马克思：《资本论》（第三卷），人民出版社 2004 年版，第 679 页。
② 同上书，第 497—498 页。
③ 同上书，第 499 页。
④ 同上书，第 975—976 页。

级与非垄断资产阶级的矛盾也由此而产生。当然,垄断价格是因袭商品交换的平等原则出现在人们面前的,人们在商品市场上分不出哪些是具有垄断价格的商品,哪些是一般商品。垄断利润的其他来源如股票投机等,也同样是以商品交换的形式进行的。垄断资产阶级的国家更是调动了上层建筑的各个方面给垄断资本披上了平等的外套。

资产阶级在平等的大旗之下剥削雇佣工人,而无产阶级则要求有平等的实际内容。"无产阶级抓住了资产阶级的话柄:平等应当不仅是表面的,不仅在国家的领域中实行,它还应当是实际的,还应当在社会的、经济的领域中实行。"①无产阶级平等要求的实际内容,就是剥夺剥夺者,就是消灭阶级本身。

(二)

马克思指出,国家的形式不能从它们本身和所谓人类精神的一般发展来理解,相反,它们根源于物质的生活关系,"应该到政治经济学中去寻找"②。这就是马克思分析国家问题的指导思想。

马克思在《资本论》中对国家的起源有过许多精辟的论述,但更多的是对国家性质、历史类型和国家职能的分析。马克思认为,资产阶级国家是资本的工具。以国家暴力进行资本原始积累是资本主义婴儿的接生婆;资本借国家政权的力量规定或改变工作日长度;国家用警察手段把资本和劳动之间的斗争限制在对资本有利的范围内;国家对某些资本主义生产所需的最低限额的资本给予补助;资本利用国家权力而推行殖民制度、国债制度、现代税收制度和保护关税制度等,都是这方面的例证。

马克思在研究资本主义信用制度和股份公司的发展时,进一步论述了资产阶级国家为资本服务的性质。马克思指出,信用制度和股份公司是资本主义生产方式在其本身范围内的扬弃,"它在一定部门中造成了垄断,因而引起国家的干涉"③。在这里我们看到了国家垄断资本主义的端倪。

由于社会化生产发展的需要,国家干涉的内容中很重要的一点是计划

---

① 《马克思恩格斯选集》(第三卷),人民出版社1972年版,第146页。
② 《马克思恩格斯选集》(第二卷),人民出版社1972年版,第80页。
③ 马克思:《资本论》(第三卷),人民出版社2004年版,第497页。

化生产。有些人就此认为资本主义国家的计划化是社会主义,而社会主义国家发挥市场机制的作用则是资本主义,因而产生了两种制度殊途同归的理论。这种理论的错误是显而易见的。划分国家性质的标准并不是国家干预经济或计划化的程度如何。马克思在《资本论》中指出:"任何时候,我们总是要在生产条件的所有者同直接生产者的直接关系——这种关系的任何当时的形式必然总是同劳动方式和劳动社会生产力的一定的发展阶段相适应——当中,为整个社会结构,从而也为主权关系和依附关系的政治形式,总之,为任何当时的独特的国家形式,发现最隐蔽的秘密,发现隐藏着的基础。"①在国家垄断资本主义中,不管国家干预经济或计划化程度多高,它还总是以雇佣劳动为基础的,实际上它只不过是马克思说的"一种没有私有财产控制的私人生产"②。

　　资产阶级的国家,作为资本主义的政治上层建筑,执行的职能事实上是双重的。马克思说:"政府的监督劳动和全面干涉包括两方面:既包括由一切社会的性质产生的各种公共事务的执行,又包括由政府同人民大众相对立而产生的各种特有的职能。"③这就是说,资产阶级国家职能的一方面,是资本主义社会化大生产的组织者,协调全社会生产,包括计划化。这就像一个乐队要有一个指挥一样。单就这点而论,它实际上是社会职能,而不是政治职能,它的基础是社会化大生产,它并不因资本主义消灭而消灭。资产阶级国家职能的另一方面,是资产阶级对无产阶级进行剥削的监督者。"凡是建立在作为直接生产者的劳动者和生产资料所有者之间的对立上的生产方式中,都必然会产生这种监督劳动。"④它不是社会职能,而是政治职能,它的基础是阶级对抗,它随资本主义消灭而消灭。在资本主义条件下,前一种职能不可能是孤立的,它服从于后一种职能。因为在阶级社会中,抽象地调节生产是不存在的,资本主义协同社会生产的内容,就是增加剥削。这和资本家管理的双重职能一样,"资本家所以是资本家,并不是因为他是工业的管

①　马克思:《资本论》(第三卷),人民出版社 2004 年版,第 894 页。
②　同上书,第 497 页。
③　同上书,第 431—432 页。
④　同上书,第 431 页。

理者,相反,他所以成为工业的司令官,因为他是资本家"。①

前面我们说过,马克思关于商品的交换平等关系的论述,是分析资本主义社会阶级关系的出发点;这里我们又会看到,它也是我们研究资产阶级国家形式的必由通道。

资本主义作为一种商品生产制度,是封建主义的自然经济和人身等级制度的对立物。商品交换的平等关系必然要求取消人身等级制度,废除阶级特权,废除妨碍商品生产发展的封建制度和行会制度。这种经济生活中的平等,必然要求在国家形式上有相应的反映,其最高形式是民主共和制。② 同君主立宪制相比,民主共和制之所以是更好的国家形式,是因为它在形式上奉行商品经济中的平等原则,更适合于资本主义商品生产制度。它是一种形式上平等、事实上不平等的统治方法。而君主立宪制中,血统、世袭特权在政治权力中还有着很大的作用,在这些范围内,商品生产的平等原则不起作用,政治生活和经济生活奉行的原则在形式上存在着相悖之处。正因这样,列宁在发挥这一思想时便指出:"民主共和制是资本主义所能采用的最好的政治外壳,所以资本一掌握……这个最好的外壳,就能十分巩固十分可靠地确立自己的权力,以致在资产阶级民主共和国中,无论人员、无论机构、无论政党的任何更换,都不会使这个权力动摇。"③

马克思在《资本论》中关于垄断利润不能来源于其本身的论述,对于我们分析垄断资本主义阶段的国家形式同样具有十分重大的意义。垄断利润分别来源于无产阶级、个体生产者和非垄断资本家的部分劳动力价值、收入和剩余价值,随着垄断资本主义的发展,垄断资产阶级对无产阶级、个体生产者的剥削必然加深,同时资产阶级内部的平等关系遭到部分破坏。这种经济条件,必然使政治上业已形成的民主共和制名存实亡。因为它虽然保留其形式,但其民主主义已从资产阶级整个阶级享有变为一小撮最大的垄断资本家享有的集权主义,以便加强对垄断利润的攫取。这种变化,在政治制度上的表现,就是议会权力下降,行政权力上升,总统或内阁总理和首相

---

① 马克思:《资本论》(第一卷),人民出版社 2004 年版,第 386 页。
② 参见《马克思恩格斯选集》(第四卷),人民出版社 1972 年版,第 169 页。
③ 列宁:《国家与革命》,人民出版社 1992 年版,第 12 页。

将一切权力集中于一身的趋势加强。

（三）

　　马克思在《资本论》中关于国际政治理论的直接论述不多，但他对国际贸易和世界市场的分析，都为国际政治的研究铺平了道路。

　　马克思对资本主义宗主国与殖民地的研究，是以国际分工为突破口的。

　　马克思把他那个时期的资本主义的殖民地分为真正的殖民地和种植园殖民地两种，前者以移民垦殖为特征，后者以奴役土著为特征。两种殖民地有着不同的前途。前者后来成为欧洲资本主义国家输出社会矛盾的场所，并逐渐走上了资本主义道路；而后一种殖民地则成了宗主国掠夺的对象。

　　随着产业革命的进行，资本主义大工业和工业城市迅速发展，一方面需要更多的农产品供应地和工业品销售市场，另一方面其机器生产的工业品较为便宜，打倒了殖民地手工生产的工业品，但其农业由于土地私有权的束缚落后于工业，又因大城市的兴起，部分地破坏了人和土地间的物质变换，在农业生产中尚未开始技术革命的条件下，农产品价值比落后国家高，这就使殖民地成为主要从事生产农业的地区，为宗主国提供廉价农产品。

　　宗主国与殖民地的这种商品交换，形成了"新世界市场"。世界市场有两种含义。马克思根据资本主义生产方式发展的历史写道，"世界市场本身形成这个生产方式的基础"，这个世界市场指的是超越国界的资本主义经济内部的交换；而"新世界市场的形成，对旧生产方式的衰落和资本主义生产方式的勃兴，产生过压倒一切的影响……这种情况是在已经形成的资本主义生产方式的基础上发生的"。① 新世界市场指的是超越国界的资本主义经济和前资本主义经济之间的交换，它的形成与地理大发现有关。

　　以这种国际分工和国际商品交换为基础的资本主义宗主国和殖民地，其经济关系是前者以小量劳动交换后者的大量劳动，因为工业品的生产价格高于价值，农产品的生产价格低于价值。这就是"一国的三个劳动日可以和别一国的一个劳动日交换"，"在这个场合，富国会剥削贫国，纵然……贫

---

　　① 马克思：《资本论》（第三卷），人民出版社 2004 年版，第 371 页。

国也会由交换得到利益"。①可见,这种国际分工和商品交换关系,实际上就是不平等的国际阶级关系,由此也带来了国与国之间政治上的不平等。第二次世界大战后由于发达国家先进工业渗入农业,农产品价值下降,上述情况有所变化,但发达国家以工业产品和落后国家初级产品相交换,即使撇开垄断因素不谈,仍然是生产价格高于价值的产品与生产价格低于价值的产品相交换。目前世界上许多学者,包括激进派学者正在喋喋不休地争论不发达国家落后的原因。我们认为运用马克思的国际分工理论,有利于问题的解决。

在垄断资本主义阶段,殖民地的主要作用是为宗主国提供垄断利润。马克思在《资本论》中提出了资本过剩的概念:"只要增加以后的资本同增加以前的资本相比,只生产一样多甚至更少的剩余价值量,那就会发生资本的绝对生产过剩。"②另一方面,马克思又详尽论述了落后国利润率利息率较高、土地价格低、农产品便宜、工资低等理论。资本主义经济的发展必然把这两者有机地结合起来,也就是说发达国家能在不发达国家得到更高的利润率。这样就有了资本输出。这一理论是我们分析垄断资本主义经济上剥削、政治上压迫殖民地的重要依据。

同时,根据马克思关于垄断价格的理论可知,垄断利润只能来自垄断企业以外的资本主义和前资本主义经济,这样,它需要有一个和这些经济成分相交换的外部市场,这包括马克思说的"新世界市场"。垄断资产阶级对外部市场的统治和剥削,是殖民帝国最基本最一般的经济内容。这种单纯包含着经济内容的殖民帝国,给人以相得益彰的大家庭的假象,并不表现为帝国的关系,人们不易了解其本质。但它终究要反映在一定的政治形式上,形成政治上的殖民帝国,这时人们才清楚地看到这种帝国的关系,才开始产生帝国主义这个概念。19世纪80年代开始,英国在世界市场上的竞争能力江河日下,不得不运用外交和武力建立"保护地"或进行并吞。殖民帝国由此首先以英国的形式产生。20世纪70年代以来,在西方国际政治学术界和政界中盛行所谓发达国家和不发达国家"相互依赖"的理论,其实只要我们用

---

① 马克思:《剩余价值学说史》(第三卷),郭大力译,人民出版社1978年,第111—112页。
② 马克思:《资本论》(第三卷),人民出版社2004年版,第280页。

马克思主义垄断利润来源的理论予以分析,就能洞若观火。

第二次世界大战后,原殖民地国家纷纷脱离宗主国取得了政治上的独立,但是它们在经济上还没完全摆脱殖民统治。马克思在《资本论》中对这种关系早已有过明晰的分析。马克思指出,原是英国殖民地的爱尔兰在1801年和大不列颠组成联合王国后,也还是英国殖民地,它"仅仅是英格兰的一个被大海峡隔开的农业区,它为英格兰提供着谷物、羊毛、牲畜、工业新兵和军事新兵"①。马克思还把1866年时资本主义的美国看作欧洲的殖民地,因为美国仍向英国输出大量的棉花、谷物。恩格斯对此加注说:"从那时以来,美国发展成为世界第二工业国,但它的殖民地性质并没有因此完全失掉。"②由此可见,殖民统治的实质是宗主国从经济上剥削殖民地。而这种经济上的殖民剥削关系,必然会反映到政治上来。这也就是目前南北关系中,不发达国家不得不接受一些不合理的政治条款和主权不完整甚至重新丧失的根本原因。

以前,资产阶级为了自身的利益,提出了民族主义,认为民族有独立为国家的权力;现在,垄断资产阶级也是为了自身的利益,为了其输出资本和商品的需要,提出民族和国家都不应有主权,这样,资产阶级就从民族主义走向世界主义。世界主义的最高形式是所谓世界政府。当代美国流行的"世界秩序"理论,就是要把世界各国按美国开国初期各州合并的方式融为一体,建立"没有国界的世界"。它的实质无非就是让一个垄断组织或垄断资本主义国家统治全世界,把除它以外的民族和国家主权剥夺殆尽。

当代世界除了上面分析的南北矛盾,还存在着帝国主义与帝国主义之间的矛盾。马克思关于两种世界市场的理论,对于分析帝国主义之间的矛盾,也有着十分重要的理论意义和现实意义。第二次世界大战后,大批民族独立国家脱颖而出,改变了新世界市场原先的结构。由于主权的作用,宗主国对殖民地的劫夺受到了一定程度的限制,新世界市场处于相对萧条的位置了。相反,旧世界市场,即超越国界的资本主义经济成分内部的市场活跃起来,从新独立国家被赶出来的和欲入不得的垄断资本,都涌向旧世界市

---

① 马克思:《资本论》(第一卷),人民出版社2004年版,第808页。
② 同上书,第520页注234。

场。这样,战后发达国家之间的经济和政治联系就有了迅速的发展。于是,帝国主义之间的矛盾由于两方面的原因得到暂时的缓和。一方面,由于旧世界市场的活跃,出现了接连不断的投资战、货币战、贸易战、关税战,如此等等。这些经济冲突,在政治上的反映就是穿梭外交、欧洲议会、西方国家最高级首脑磋商的活动也接连不断。这样就把帝国主义之间的大矛盾分解为若干个小冲突,这在一定程度上调节了帝国主义之间的关系。另一方面,殖民地独立后,原宗主国对其政治上的控制松弛了,原宗主国的垄断资本在很大程度上得靠自己的实力在新独立国家站稳脚跟。如果有实力更为雄厚的垄断资本插足进来,那么前者由于得不到母国政治力量的有力保护,只能在国际竞争面前乖乖地离开该国,或作出一定的让步,从这一点说,各国垄断资本都处于平等竞争的地位。随着垄断资本之间这种国际范围的竞争的发展,新世界市场再度走向活跃。在这一活跃的、又是机会均等的新世界市场面前,垄断资本之间的矛盾是不必诉诸武力的。上述两方面,也正是战后三十年没发生大规模帝国主义战争的重要原因。

然而,随着民族国家本国经济的发展,垄断资本通过新世界市场攫取垄断利润会越来越困难。这样,帝国主义之间在旧世界市场上的竞争和对新世界市场的争夺,也必然愈演愈烈。在这两种世界市场的剧烈争夺中,酝酿着新的帝国主义战争。

二、资产阶级从提出到反对平等理论[①]

恩格斯指出,在资产阶级为了反对封建主义而提出消灭阶级特权的要求的同时,无产阶级也提出了消灭阶级本身,它起初采取宗教的形式,以早期基督教为凭借,即以基督教只承认一切人的一种平等——原罪的平等为依据,以后就以资产阶级的平等理论为依据了:“无产阶级抓住了资产阶级的话柄:平等应当不仅是表面的,不仅在国家的领域中实行,它还应当是实际的,还应当在社会的、经济的领域中实行。”[②]资产阶级的平等理论,作为反对封建制度、封建特权和行会制度的理论武器,是在这样的社会经济条件下

---

① 节录自《帝国主义经济与政治概论》,复旦大学出版社 1986 年版,第七篇第二节。
② 恩格斯:《反杜林论》,人民出版社 1970 年版,第 104 页。

产生的：大规模的贸易，尤其是新航路发现以来的世界贸易，使商品所有者是自由的、在行动上不受限制的，他们作为商品所有者的权利是平等的，他们就根据平等的权利进行交换；手工业发展为资本主义工场手工业，使劳动者是自由的，即既解脱了行会的束缚，又丧失了生产资料，他们可以和工厂主订立契约出租他们的劳动力，他们作为契约的一方和工厂主的一方是平等的；商品生产的发展，使所有生产者在劳动创造价值、价值由社会必要劳动时间决定这一点上，权利是平等的。总之，资本主义商品生产的发展，使资产阶级的平等理论必然产生。这种理论从萌芽、发展，到法国大革命前夕，在卢梭的著作中得到了在资产阶级世界观范围内最完善的阐述。

与平等理论相关联的，是资产阶级的主权理论。这是因为，为了发展资本主义，资产阶级要最终取得最高的政治统治权。这个最高统治权就是本来意义的主权。资产阶级要将主权从封建主或其最高代表者国王手中夺过来。国王拥有主权的依据是"君权神授"，亦即他是天的儿子、上帝之子，与凡人不同，是代表神、上帝、"天"来统治凡人的。至于他的儿子为什么也是国王，在"君权神授"解释遇到困难时，便用"龙生龙、凤生凤"来解释，因为崽子到底是龙种，所以是国王。所有这种理论，在主张商品生产的意识形态即平等理论的新兴资产阶级看来，都是谬论。因而他们主张"主权在民"，不论是在全体人民也好，在人民的代表也好，总之是在民，而不在君。

资产阶级主权理论的另一面是民族主权。我们说过，民族是资本主义产生时的产物。为了自己的利益，资产阶级以民族为范围，建立民族国家，以保护自己的市场。民族有独立为国家的权力，这就是民族主权。民族独立为国家后，民族主权也就是国家主权。这是主权含义的发展。

一般说来，在阶级对抗的社会里，酝酿着一个阶级推翻另一个阶级的统治的政治革命时，在主权理论斗争上，表现为主权谁属问题①；当一个国家侵略和压迫另一个国家和某一民族时，在主权理论斗争上，则表现为主权有无或应否削弱问题。

主权问题上升为理论，最初是法国政治思想家博丹在其《共和国》

---

① 蒋介石在其政权被推翻前说："只要神圣的宪法不由我而违反，民主宪政不由此而破坏，中华民国国体能确保，中华民国的法统不致中断……则我个人更无复他求。"这就是要确保其大地主、大买办阶级的最高统治权。

(1576 年)中提出来的。他将主权定义为:主权是驾驭公民和臣民的不受法律限制的权力,这个权力是最高的、无限制的。这反映出,在当时的教权和王权斗争中,博丹拥护王权。其后,德国古典哲学家黑格尔在其《法哲学原理》(1821 年)中,将主权定义为"自我规定",即为所欲为,而由于君主主宰有一切的权力即主权,所以国家的主权就是君主。这两个定义有相同之处:即主权是至高无上、为所欲为,这是正确的。缺点是讳言它是属于统治阶级的。至于黑格尔,像他将物质与精神的关系颠倒过来一样,他将主权与君主的关系也颠倒过来了:因为是君主,便拥有最高统治权即主权,并不是拥有国家主权,才是君主。在颠倒关系的基础上,黑格尔的主权理论表明他对封建专制制度的崇拜。

以上的主权理论,不能说明平等理论。恰好相反,它事实上是以人与人之间应该不平等来说明主权的。法国大革命前夕的政治思想家卢梭的理论则不同。他在其《社会契约论》(1762 年)中指出:人类从自然状态进入社会状态时,有一种约定,这就是每个结合者及他们自己的一切权利全部都转让给整个的集体。这样,"基本公约并没有摧毁自然的平等,反而是以道德的与法律的平等来代替自然所造成的人类之间的身体上的不平等;从而,人们尽可以在力量上与智慧上不平等,但由于约定并且根据权利,他们却是人人平等的"①。由于契约的结合,就产生一个道德的与集体的共同体,以代替每个订约者的个人,这个由全体个人结合成的公共的人格,以前称为城邦,现在则称为共和国或政治体,"当它被动时,它的成员就称它为国家;当它主动时,就称它为主权者","至于结合者,他们集体地就称为人民;个别地,作为主权的参与者,就叫作公民,作为国家法律的服从者,就叫作臣民"。② 卢梭其所以说他"生为一个自由国家的公民并且是主权者的一个成员"③,原因就在这里。既然凡公民都是主权者的一个成员(这本来是同义反复),那么他们之间当然都是平等的了。

卢梭认为,每个个人作为人来说,可以具有个别的意志,而与他作为公民所具有的公意相反或者不同;他的个人利益可以使他完全违反公共利益。

---

① 卢梭:《社会契约论》,何兆武译,商务印书馆 1980 年第 2 版,第 34 页。
② 同上书,第 22 页。
③ 同上书,第 5 页。

卢梭所说的公意是相对于众意来说的。按照他的解释,它们的区别在于:"公意只包括人们相同的意志,而众意则是人们相同的与不相同的意志的总合。可以说,公意是众意的最大公约数。"①根据这一点他又指出:社会公约赋予政治体以超乎其各个成员之上的绝对权力,这种权力受公意指导时,就获得主权这个名称,既然主权要受公意的指导,那么它就不可转让,也不可分割;而"任何拒不服从公意的人,全体就要迫使它服从公意:这恰好是说,人们要迫使他自由"——这就是卢梭的革命理论的依据。

卢梭的这些理论,即人是生而自由平等的,国家只能是自由的人民自由协议的产物,如果自由被强力所剥夺,也就是个别意志违反了公意,则被剥夺了自由的人民可以根据公意进行革命,用强力夺回其自由,国家的主权在人民,最好的政体应该是民主共和国,等等,这是美国独立战争和法国大革命的理论依据。恩格斯指出,"可以表明这种人权的特殊资产阶级性质的是美国宪法,它最先承认了人权,同时确认了存在于美国的有色人种奴隶制"②。不仅如此,恩格斯又说,卢梭的理论,在法国大革命的时候以及在大革命之后,"起了一种实际的政治的作用,而今天差不多在一切国家的社会主义运动中仍然起着很大的鼓动作用"③。

应该说,自从阶级社会产生后,被剥削阶级最初用来反对剥削阶级的思想武器就是平等思想。奴隶与农奴就是以平等思想为武器,指向奴隶主和封建主的。陈胜、吴广起义时说"王侯将相,宁有种乎",这是对剥削者拥有最高统治权的依据的挑战,其思想基础是我可取代。中世纪的农民革命,多以平等思想为依据,以平分土地为纲领,列宁说:"在反对旧专制制度的斗争中,特别是反对旧农奴主大土地占有制的斗争中,平等思想是最革命的思想。"④但这时的平等思想,多半是和宗教上的平等概念结合在一起,基督教的原罪平等思想在其中起很大的作用。这还不能说是对这时尚未产生的资产阶级的平等理论和主权理论的运用。

最初的无产阶级革命运动就不是这样。无产阶级最初是追随资产阶

---

① 卢梭:《社会契约论》,何兆武译,商务印书馆1980年第2版,第36页注1。
② 恩格斯:《反杜林论》,人民出版社1970年版,第103页。
③ 同上书,第100页。
④ 《列宁全集》(第十三卷),人民出版社1959年版,第217页。

级,同资产阶级一道用资产阶级的平等理论和主权理论,来反对封建主义的。这在法国大革命中表现得最为清楚。但革命的结果,是资产阶级共和国代替封建专制国家制度,无产阶级受剥削、受压迫情况依然如旧。由于这样,在资产阶级革命中终于失望而又提高了认识的无产阶级,便拿起资产阶级用来反对封建主义的平等理论和主权理论,来反对资产阶级。

恩格斯曾经概括地描述了这个历史过程:每次资产阶级运动或革命,相应地都有无产阶级的运动或革命,虽然其成熟程度有所不同:例如,德国宗教改革和农民战争时,爆发了再洗礼派和闵采尔运动,英国大革命时爆发了平均派或掘地派运动,法国大革命时爆发了巴贝夫运动,它们越来越摆脱宗教的影响,而有其相应的理论表现。例如,在 16 世纪和 17 世纪有摩尔关于乌托邦和康帕内拉关于太阳城这种理想社会制度的空想性的描写,在 18 世纪有摩莱里和马布利关于共产主义的理论,19 世纪初则有圣西门、傅立叶和欧文的空想社会主义。这些思想和实践,可以归结为:平等的要求不仅限于政治权利方面,而且扩大到每个个人的社会地位上,证明必须予以消灭的不仅是阶级特权,而且是阶级差别本身。随着阶级的消灭,任何政治权力,更不用说是资产阶级的最高统治权,当然就不存在了——这就是空想社会主义者的平等理论。

由于这样,资产阶级思想家就必然起来反对他们的前人提出过的平等理论。首先起来担负这种任务的,是法国思想家、圣西门的学生孔德。他反对自由、平等和人民主权的学说,认为平等是一种教条,本质上具有无政府的特征,自由是一种错觉,其结果将归于幻灭,而人民主权,则是使优秀者屈服于低劣者,把神圣的权力转让给人民,指责卢梭的理论是无政府学派。他根据当时正在迅速发展的生物学知识,用类比法把社会看作与生物有机体相类似的一种有机体,他称之为社会有机体,或集合有机体。从这里出发,他认为生物有机体的构成要素为细胞,社会有机体的构成要素则为家庭。随着社会的发展,分工越来越细,除家庭外,社会便要建立国家和政府,其主要任务在于维护社会的统一,社会越发展,国家和政府越不可少。他认为社会现象的一切变化,都是由知识的精神支配的。知识的精神有三个发展阶段:神学阶段,神的意志支配人间,国王代表神,君权神授,人民不得反抗;形而上学阶段,人们以理性代替神的意志,天赋人权说和社会契约说由此产生;科学即实业阶段,人们以经验代替理性,实业支配一切,因而指导科学研究和从事实业经营的人,成为社会中最主要的人物,亦即资产阶级的统治是必要的。

资产阶级革命和资本主义发展,作为它的对立面,除了有无产阶级的社会主义运动外,还有被资本主义宗主国或母国压迫的民族的民族独立运动——首先是移民垦殖的殖民地的独立运动。发生在法国大革命之前的美国独立战争,其理论依据就是从资产阶级平等理论,或卢梭的天赋人权理论产生的民族主权理论。其后,英国资产阶级虽然居于其"世界工厂"的垄断地位,主张自由贸易,并在这个意义上主张"解放"殖民地,但他们仍然想维护宗主国的利益,即当英国与"解放"了的殖民地发生经济利益冲突时,便要侵犯这些殖民地的主权,维护英国的利益。庸俗经济学家老穆勒主张英国的殖民地只能成为自治领,主张以卢梭的公意理论为核心制定国际法,设立国际法庭,名为解决国际纠纷,实则侵犯别国主权、否认被压迫民族有独立为国家的权力,以确保英国的利益。它是否认民族主权的征兆。

在工人运动的基础上,马克思对英国古典政治经济学进行了批判,建立了无产阶级的政治经济学,从而揭示了社会主义必然代替资本主义的规律性,科学的社会主义也就代替了空想的社会主义。同空想社会主义相反,科学社会主义认为,阶级斗争是社会主义取代资本主义的政治力量,而阶级斗争必然导致无产阶级专政,只有无产阶级变成统治阶级,掌握了最高统治权,才能消灭生产资料私有制和消灭阶级差别,最终实现人人在经济上和政治上的平等,因而也就是最终导致平等和最高统治权,亦即无产阶级专政的消灭,实现共产主义。这种理论成为国际共产主义运动的指导原则。

首先起来反对这种理论的,是英国的思想家斯宾塞。他的理论是孔德的理论的继续。换句话说就是,社会有机体论到了斯宾塞手里,才告完成。他认为,社会是个有机体,它的关系是均衡的,只有均衡的社会,才是个完全的社会,人类才能从中得到完全的幸福。在他看来,构成均衡社会的根本条件,就是实现平等自由的规律。这个规律指的是天赋的自由权对于任何人都是平等的。但他的平等自由观与卢梭的不同。他认为这是上帝赋予人的,人都有发挥其被赋予的权力以满足上帝的意志的义务。但每个人都这样做时,从全社会看就必然存在着一种限制,亦即人们彼此不能妨碍其自由,这样才是平等的自由,才是社会的均衡。在这一基础上,他认为社会有机体和生物有机体相同:两者都有维持系统,在生物为营养系统,在社会为生产系统;都有分配系统,在生物为循环系统,在社会为运输系统;都有管制系统,在生物为神经系统,在社会为政府和军队。但他认为这两种有机体也有差异:在生物,其构成要素是没有意识的,它们之间的均衡或协调,是在神经系统参与下强制地达到的;在社会,其构成要素是有意识的,因为每个人都是自由意识的主权者,使他们之间达到均衡或协调,在不同历史条件下其方法是不同的。他将社会发展分为两个阶段:在军事社会里,个人没有地位,协调是强制的,如像士兵服从军官一样;在产业社会里,个人在商品货币关系上都是平等的,协调是自发的。这就是说,不存在阶级斗争,只存在个人的自由竞争,社会要在保证产业的利益的基础上协调起来。

19世纪最后30年,随着资本主义过渡为垄断资本主义,资本主义宗主国对国外殖民地的剥削加深,统治加强,要将它们置于宗主国统治之下,宗主国发展为殖民帝国。在资本主义国家的移民垦殖和奴役土著这两种不同的殖民地中,前者由于是资本主义母国生产关系和民族的延续,并逐渐成为殖民帝国中的自治领,因而相对于后者而言,宗主国对其统治不成为严重问题,后者就不是这样。除了加强经济、政治和武装的力量外,欧洲资本主义宗主国还制造种族论,即白种人是优秀的种族,有色人种是低劣的种族,然后根据进化论中的优胜劣败原理,认为白种人应该统治非白种人。鼓吹这种谬论最起劲的,是最老的殖民帝国主义——英国,和发展最快的帝国主义——德国,前者认为盎格鲁-撒克逊种族是最优秀的,后者认为雅利安种族是最优秀的,应该是统治者,其他的种族,尤其是被奴役的土著殖民地的人民,该受其统治。这实质上是对民族主权理论的否定。以后我们就会看到,帝国主义思想家公然否定民族主权,认为它是建立理想国际经济关系的严重障碍。

后　记

书稿是写完了,可我并不满意。因为我不同意目前政治学教材对政治学所下的定义,但是,我又没有在本书中提出一个圆满的定义来。

虽然我在书稿中引用了恩格斯在《论权威》中所说的:"所有的社会主义者都认为,政治国家以及政治权威将由于未来的社会革命而消失,这就是说,社会职能将失去其政治性质,而变为维护社会利益的简单的管理职能。"但是,仍未能由此概括出关于政治学的定义。

一个成功的定义,应该是简明的,边界清楚的,例如:

马克思认为,政治经济学的研究对象是:生产关系,详细些就是生产资料所有制、分配关系和交换关系;

布哈林认为,世界经济是全世界范围的生产关系和与之相适应的交换关系体系。

下面的定义,则是需要加以改造的,例如:

孙中山认为,政是众人之事,治是管理,管理众人之事就是政治。众人之事永远存在,政治则随阶级消灭而消灭。

列宁认为,政治是经济的集中表现。但是,经济永远存在,而政治如上所述,随着阶级消灭而消灭。

我愿意和政治学界的朋友一道,经过努力,提出一个满意的定义来。

不能孤立地对政治学下定义,而要和属于社会科学的各学科一起下,这样它们之间的边界才能分清楚。如马克思和布哈林在上面所下的定义那样。

本书稿能够从手写体变为电子版,全赖于晚辈们的帮助。特此致谢!

2010 年 5 月 14 日写于复旦大学

第二部分

认识资本主义剥削的本质

（本部分内容根据陈其人先生收录于上海人民出版社 1956 年 9 月出版的《认识资本主义剥削的本质》一书中的五篇文章校订刊印）

资产阶级是"勤俭起家"呢，还是剥削起家？
——谈谈资本的原始积累

在资本主义社会里，资本家越来越富有，工人越来越贫困。为什么会这样呢？资产阶级的经济学家说，因为资本家有资本（工具、机器、原料、货币等），而资本本身就能生出利润来；工人是没有资本的，他的工作是资本家给的，他的食物和衣服也是资本家给的。那么，为什么资本家有资本，工人就没有呢？最初的资本从什么地方来的呢？对于这个问题，资产阶级的经济学家又说，资本家的祖先是一些勤劳、节俭的人，所以积累了资本；工人的祖先是一些懒惰、挥霍的人，所以他们一无所有。

作为一个阶级来说，资产阶级是"勤俭起家"的吗？资产阶级最初的资本是靠勤劳积累起来的呢，还是靠剥削积累起来的？这是现在要研究的问题。至于利润是从哪里来的，这要以后才研究。

我们最好先看看历史事实，然后再对这个问题作理论分析。

马克思曾经对世界上几个主要的资本主义国家的历史加以深刻的分析和研究，从他的研究中，我们知道，英国是一个典型的资本主义国家，它的资产阶级的"发迹史"也是最典型的。

早在 14 世纪末期，英格兰的农奴制度已经消灭了。这时候，羊毛制造业的发展，引起了对羊毛需要的增加，羊毛价格也就随着上涨，养羊成为很有利的行业。因此，在 15 世纪末期和 16 世纪初期，已经资产阶级化的封建贵族和土地所有者，就用强力把农民从土地上赶走，拆掉他们的房屋，将农民的耕地变为牧羊的场地。从此直到 19 世纪，连续了几个世纪之久的英国农民被剥夺土地的过程，就是资产阶级运用了政治力量迫使农民脱离生产资料的过程，也是将土地集中在资产阶级手中的过程。

但是,这只是过程的一面。过程的另一面是资产阶级用血淋淋的法律,强迫丧失了土地的农民出卖自己的劳动力,使他们变为资本主义剥削的人身材料。刚刚丧失了土地的农民要是不愿意接受资本主义的劳动纪律、最低工资而不肯当工人,或是找不到工作而成为盗贼流浪者时,法律就要他遭受到鞭打、割耳朵、充当奴隶、面上烙印和斩决等处分。在英国从 1509 年至 1547 年,这样被处死的流浪者和盗贼就有 72 000 人。今天英国工人阶级的祖先就是这样的人,难道可以说他们是因为"懒惰和挥霍"而成为工人吗?

资产阶级将农民的土地剥夺过来集中在自己手里,丧失了土地的农民被迫变成工人,因此再也不能直接为自己生产消费品,这就为资本主义的发展开辟了广大的劳动市场和商品市场——这一切都是资本主义产生和发展的重要条件。但是光有这些条件还是不够的,资产阶级手里显然还要掌握大批货币资金。

为了积累大批货币资金,英国和其他国家的资产阶级使用了种种犯罪的和卑劣的方法:殖民制度,这就是对美洲、东西印度、非洲的土著居民加以杀害、掠夺和贩卖的犯罪行为;商业战争,这是为了取得掠夺殖民地的优先权而进行的血腥的战争;国家财政制度,这就是由国家用加重税收、发行公债、保护关税等办法,将人民的血汗变成资本家的利润的无耻勾当。这样,大批货币资金就在资产阶级手中积累起来了。

作为一个阶级来说,资产阶级就是这样起家的;资产阶级的最初的资本就是这样积累起来的。马克思把这个历史过程称为资本的原始积累,它和资本家将利润的一部分变成资本的资本积累不同。

从这历史过程的分析中,我们可以看出:资本主义的迅速发展,资产阶级一瞬间成为"暴发户",是建立在广大劳动人民贫困破产的基础上的,在这过程中资产阶级使用了惨无人道的手段。大家知道,小商品生产虽然会自发地产生出资本主义,但这过程本身在大多数场合下是靠剥削来完成的。譬如,一个富裕的农民,如果不用投机、放债的办法,而单纯用积累劳动收入的办法来积累一个起码的资本额,恐怕最少也要几十年,这意味着在残酷的竞争中,他有极大可能被别人挤掉。

我国民族资产阶级的"发迹史",虽然由于帝国主义的压迫和封建势力的束缚,同资本主义国家的资产阶级不完全相同,但它也是靠剥削和掠夺农民及其他劳动者积累起最初的资本的，这是可以肯定的。

从历史上看，一部分的地主、官僚、商人、买办就是中国资产阶级分子的前身。我国一部分地主，尤其是官僚地主，在鸦片战争以后，资本主义在中国开始有了显著发展的时候，将他们收租、放债、开当铺搜刮而来的孳钱，投入工商业和金融业。这是我国资产阶级最初的资本的第一个来源。第二个来源是：商人和高利贷者，同封建地主一样，在迫使农民破产的基础上，将血汗钱变成资本。第三个来源是：为帝国主义对我国进行经济侵略服务的买办，将他们从帝国主义手中分沾来的油水变成资本。以上几种来源都是来自剥削，而且经常结合在一起。

当然，今天我国各个资本家最初的资本来源，是不完全相同的，但剥削起家这一点，一般说来是一致的。例如，上海有一位工商业者，据他自己所说，就是从一个"道地的老式商人"，"到老远的产地去收购桐油、苎麻和各种农产品，而且总是趁农民缴租、缺铜钿的辰光，杀价收进，再转运到上海，有的高价卖出，有的卖到外国"，而成为一个出口巨商的。

从表面上看，我国有一些资本家似乎是"勤俭起家"的，例如，某工商业者"原是一个赤手空拳的农家子"，30多年后，却成为一个"丝绸行业中的大老板"。但经过分析就可以知道，他最初办厂的资本是剥削而来的，因为他从技术员成为资本家的代理人，据他自己所说，就是"成为剥削工人的帮凶"后，就当然能够从主人那里分沾些剥削来的钱，然后再将这笔钱变成资本。所以他实质上还是剥削起家的。

不可否认，在我国也有极其个别的资本家的最初的资本，是积累起来的劳动收入。例如，某工商业者"是一个工人出身的手工业工场老板"，最初他是"拿了四个月工资，再向朋友处借点钱"来办工场的。但是，以后他能脱离了工人的生活而过一个小资本家的生活，还是进行了剥削的结果，否则，起初同他在一起做工的工人，为什么到老还是一个工人呢？

其实，最初的资本不管是从哪里来的，随着资本主义生产的不断进行，一切资本都是剥削的结果；这个问题以后就会谈到。

资本家是靠机器赚钱的吗？

——谈谈剩余价值的产生

　　大家知道，握有资本的资本家能够不断赚钱，他们把赚到的钱叫作利润。利润是从哪里来的呢？资产阶级经济学家说，如同果树会长果子一样，资本本身也会产生利润。有些资本家也常说，他是靠机器赚钱的。这两种说法有相同的地方，因为在资产阶级经济学家看来，资本就是货币、原料、工具和机器等物件。

　　这种说法包含着这样的意思：掩盖资产阶级对工人阶级的剥削。假如资本和机器本身会产生利润，那当然就没有剥削了。可是，资本和机器本身是不会产生利润的。假如资本本身会产生利润，那么，为什么把货币、原料、工具和机器搁置起来，不投入生产，就不能产生利润呢？如果说资本家的利润是机器产生的，那么，在没有机器的时候，资本家为什么也能赚钱？要知道，资本主义使用机器还不到 200 年，资本家赚钱起码已有 500 年之久。因为资本主义已有 500 年的历史了。

　　某些资产阶级经济学家说，利润是贱买贵卖的结果；许多资本家也从他的切身经验中看出，利润是欺骗出卖者和购买者的结果。

　　这种说法自觉地或不自觉地包含有这样的用意：如果说资本家有剥削的话，那也只是剥削一般的出卖者和购买者，但没有剥削在企业里做工的工人。因而这种说法还是否认资产阶级对无产阶级的阶级剥削。可是，事实怎样呢？在资本家和资本家进行买卖时，除了很偶然和个别的场合，一般说来他们是不能用贱买贵卖的办法来赚钱的。假如某资本家用贱买和贵卖的办法赚了钱，其他的资本家同他发生买卖关系时，也可以用同样的办法把他赚的钱拿走。大家都这样做,大家都赚不到钱,从整个资产阶级来说,利润不可能增加。

资本家向独立生产者买卖产品时,常常是压价收买和高价出卖的,小生产者由于经济力量脆弱,不能不忍受这种掠夺;资本家向一般消费者出卖产品时,也常常是抬高价格的。这样,资本家当然赚到钱;并且这样赚到的钱在资本家的全部利润中所占的比重也不小。不过分析一下就知道,这其实不过是巧取豪夺。这当然是一种剥削,但这不是资本主义所特有的剥削方法和利润泉源,因为它在封建社会和奴隶社会就已经存在了。

那么,资本主义特有的利润是从哪里来的呢? 马克思对这问题作了科学的分析。

马克思指出,利润是工人劳动所创造的剩余价值(关于利润和剩余价值的关系和区别,以后就要谈到)。资本主义制度有一个特点,就是工人的劳动力成为可以买卖的商品。大家知道,劳动力是人的体力和脑力的总和,这是在任何社会下进行生产不可缺少的因素;但只有在资本主义条件下它才变成商品。奴隶是不能出卖自己的劳动力的,因为奴隶本身是奴隶主的财产;奴隶主可以像买卖牲口一样,将奴隶的人身进行买卖;独立的生产者也不会出卖自己的劳动力,因为他有生产资料;如果要出卖那就出卖自己的劳动生产物。只有在资本主义条件下,丧失了生产资料的无产者,才不得不把他的唯一的、在法律上可以自由处分的劳动力当成商品来出卖。

同一般的商品具有价值,并且这价值由生产商品的劳动时间决定的一样,劳动力这商品也有价值,它的价值也是由生产劳动力的劳动时间决定的。劳动力的价值包括了:(1)工人本身所必需的消费品的价值;(2)工人家属尤其是他的儿女所必需的消费品的价值;(3)为了使工人具有操作技术的起码的文化水平而必需的文化教育费用。这些消费品的价值和教育费用都可以还原为一定的劳动时间。譬如,工人每天所必需的上述各项消费品和费用的价值平均为6元,生产这些物质资料平均需要6小时(假定劳动1小时创造的价值为1元),那么,劳动力每日的价值就等于6元。这就是说,工人每天劳动6小时所创造的价值等于6元,工人拿这6元就能购买到他一天生活所必需的物质资料了。换句话说,工人每天劳动6小时所生产的价值,就足够他作上述各项的一天费用。

同一般的商品具有一定的使用价值（效用）一样，劳动力这商品也有使用价值。劳动力的使用价值是劳动，劳动能创造价值。所以，劳动力的使用价值和一般商品的使用价值不同：当我们使用一般商品时，它的价值就逐渐消失了；但当资本家使用劳动力这商品时，它却创造出价值来。劳动力创造的价值往往比它本身的价值大些，因为劳动力每天的价值虽然是 6 元，是劳动 6 小时的结果，但它每天却可以劳动 6 小时以上，创造 6 元以上的价值，比如劳动 12 小时，创造 12 元的价值。这 6 元的超额的价值就是剩余价值。

我们用例子来说明剩余价值是怎样产生的。假设某皮鞋资本家按照每天 6 元的价值，购买了工人的劳动力来制造皮鞋。再假设制造一双皮鞋所需要的原料值 5 元，所磨损的工具值 1 元；制造一双皮鞋平均需要 6 小时，这 6 小时劳动创造的价值是 6 元。这样一双皮鞋的价值是 12 元。这个皮鞋工人每天要劳动几小时呢？假定他劳动 6 小时吧（这是生产他的劳动力价值所需要的时间），那么，他生产一双皮鞋，价值是 12 元，但资本家的垫支也是 12 元：原料、工具价值 6 元和劳动力价值 6 元。这样就任何剩余价值也没有生产出来。但在资本家的命令下，这工人绝不止劳动 6 小时，而要劳动比如说 12 小时。12 小时生产两双皮鞋，价值共 24 元，但资本的垫支只是 18 元：两双皮鞋的原料和工具价值 12 元，劳动力的价值还是 6 元。这样，6 元的剩余价值就产生出来了。这 6 元的剩余价值，就是工人创造出来的价值（12元）超过劳动力价值（6 元）的余额。

由此可见，资本主义条件下的工人的劳动时间是分成两个部分的：为生产劳动力的价值所需要的时间（在我们所举的例子中是 6 小时），这是工人为了维持生活而必须劳动的时间，我们称为必要劳动时间；必要劳动时间以外的劳动时间（在我们的例子中是 6 小时），这是工人为资本家生产剩余价值的时间，我们称为剩余劳动时间。

从上述的分析可以看出，即使资本家是按价值购买劳动力的（事实上工资还往往在劳动力价值以下），他还是可以赚钱，即榨取剩余价值。榨取工人创造的剩余价值，这就是资本主义剥削的实质，也就是资本主义剥削区别于资本主义以前的剥削的特点。有人认为只有过分压低工人的工资、虐待工人才是剥削，这说法并不全面。因为即使不是过分压低工人的工资，资本家还是要剥削工人创造的剩余价值,否则他为什么要雇用工人呢?

现在问题很清楚了:并不是资本本身或机器给资本家带来利润,而是由资本家购买的工人的劳动力给资本家生产了剩余价值,带来了利润。

工人做工，资本家出工钱，是不是"公平交易"？

——谈谈资本主义企业中工资的实质

我们讲过，资本家占有的剩余价值或利润，是工人的剩余劳动所创造的。自从马克思揭露了这个资本主义剥削的秘密以来，无产阶级就掌握了反对资本统治的理论武器，资产阶级则千方百计地想尽种种办法为自己辩护。于是，资产阶级经济学家就出来讲话了："资本家给工人的工资，就是工人的劳动的报酬；工人的工资，就是工人的劳动的成果；资本家根本没有占有工人的剩余劳动。"有些资本家也常说："工人做工，我出工钱，完全是'公平交易'，不可能有剥削。"

工资真的是劳动报酬吗？工资是资本家给工人的吗？工人拿到工资就不受剥削了吗？我们来谈谈这些问题。

在资本主义条件下，工人做了工之后拿到的钱，不是他的劳动的报酬，而是他出卖劳动力所得到的价格。我们讲过，丧失了生产资料的工人，不得不将自己的劳动力卖给资本家。工人出卖劳动力所得到的价格，大家都把它叫作工资；而工资这名词，照一般人看来仿佛也就是劳动的报酬。

那么，为什么人们总是把工人从资本家那里拿到的钱，看成是劳动报酬并把它叫作工资，而不照实地把它叫作劳动力的价格呢？

这原因是很深刻的。因为一般的商品的买卖关系是看得很清楚的，比如，李四把梨子卖给张三，梨价1元，"一手交钱，一手交货"，梨子这商品和它的价格都表现得很清楚，不会被歪曲成其他的东西。但是劳动力这商品的买卖关系却是被掩盖起来的。第一，劳动力的买卖不是"一手交钱，一手交货"的。大家都知道，资本家总是买了工人的劳动力，要工人劳动了一个时期之后，才给钱的；从工人方面说，就是出卖了劳动力、劳动了一个时期之后，才拿钱的。这样，人们就会产生这样的错觉：工人拿到的钱，不是出卖劳动力的价格，而是劳动的价格，是劳动的报酬。第二，工人拿到的钱，归根到底是由劳动力的价值，即工人及其家属维持生活所必需的消费品的价值决定的，比如说，每天6元。但在这基础上，它还有少许的变化。工人拿到的钱，往往因劳动时间的长短和劳动产品的多少而不同，比如说，每天拿到的钱也许在6元以下，也许在6元以上。既然工人拿到的钱，往往是因劳动时间长短和劳动产品多少而发生变化，人们就会认为这是劳动的报酬，而不是劳动力的价格了。

所以，资本主义制度下的工资实质上是劳动力的价格，但表现得好像是劳动的报酬。这道理首先是由马克思讲出来的，他说，资产阶级社会的工资是劳动力的价值或价格的转化形式。

资本主义制度下的工资既然好像是劳动的报酬，它就必然掩盖资本主义的剥削。因为工资如果是劳动的报酬，工人的全部劳动都有了报酬，那就没有必要劳动和剩余劳动的区分了；也就没有资本家对剩余劳动的占有，也就没有剥削。许多人看不出资本家对工人的剥削，就是因为把资本主义制度下的工资看成是劳动的报酬。资产阶级经济学家也就利用了工资好像是劳动的报酬这假象来欺骗工人。

资本主义制度下的工资不仅不是劳动的报酬，并且也不是资本家给工人的；而是工人创造的价值的一部分，是工人自己给自己的。

我们用从前谈过的例子来说明这一点。某皮鞋资本家按价值（每天6元）购买劳动力，这6元（6小时创造的价值）就是工人一天的工资，也就是劳动力的一天的价格。资本家既然购买的是全天的劳动力，他就可以迫使工人工作不止6小时，而是整个工作日，比如说，12小时。但工人一天劳动12小时，创造12元的价值；其中在必要劳动时间（6小时）内创造的6元，成为自己的工资；其余在剩余劳动时间（6小时）内创造的6元，成为被资本家占去的剩余价值。所以工资是工人创造的价值的一部分，它不是资本家给的；恰恰相反，资本家占有的剩余价值倒真是工人给的。

那么，为什么一般人都说工资是资本家给工人的呢？这是有原因的。工人创造的价值包含在产品（鞋子）中，但这产品不属于工人而属于资本家。资本家把它出卖了，拿到钱，留下一部分占为己有（这一部分等于他垫支的原料和工具的费用,以及他赚到的钱);其余部分再回过头来交给工人,成为工人的工资。这样,工资便好像是资本家给工人的。

我们可以再举一个例子来说明。一个租地耕种的农民交给地主的租子,明明白白是他的劳动创造的,地主占有他的剩余劳动这种剥削关系是一望而知的;农民自己吃的口粮,也明明白白是他自己的劳动创造的,任何人也不会说这是地主给农民的。但是,假使因种种原因,地主收回土地自己经营,农民变成地主的雇工(出卖劳动力的农业无产者),这时,由农民生产的农产品就不属于农民而变成地主所有,地主先把它出卖,换成了钱,然后将一部分钱留下,从留下的这一部分钱里扣回自己垫支的费用后还赚到一笔钱,又将另一部分钱给他的雇工。这样一来,雇工拿到的钱就好像是地主给他的劳动报酬了。从前的剥削关系是看得很清楚的,现在就被掩盖起来了。资本主义企业的工资,就这样掩盖了资本主义的剥削。

所以,“工人做工,资本家出工钱”,就是资本家将工人创造的价值先据为己有,其中一部分作为自己赚到的钱,另一部分拿来购买劳动力,交回到工人手中。这是否“公平交易”,已不言而喻了。

从以上的分析可以看出,资本家即使按照价值购买劳动力,对工人还是有所剥削的;何况资本家经常是在价值以下购买劳动力和劫夺劳动力的价值的,这对工人的剥削就更厉害了。

第一,资本家经常利用劳动力供过于求的情况,将工资压到劳动力价值以下。大家知道,商品是有价值的,商品和货币交换时,价值就表现为价格。如果供过于求,商品价格就落在价值以下;反之,也就相反。劳动力这商品和货币交换时,它的价值就表现为价格(工资)。但是劳动力常常是供过于求的,因此,工资就常常低于劳动力的价值。劳动力供过于求的原因是:资本家使用机器代替工人,工人成为失业者;破产的农民和手工业者成为无产者;资本家使用机器,大量使用女工和童工,妇女和儿童也成为资本主义剥削的人身材料。资本家在这样的情况下就把工资压得很低,女工和童工的工资尤其低。

第二,工人拿到的钱,这只是名义上的工资;用这些钱能够买到的消费品,这才是实际上的工资。因此,如果物价上涨得快,工人拿到的钱没有什么增加或增加得很慢,实际工资就下降了。在资产阶级国家,常常发生通货膨胀，物价上涨，但资本家却很少增加工人的工资，这样实际工资就下降了；此外，工人缴纳的税收、房租的迅速增加，也促使他的实际工资下降。实际工资的下降不仅是劳动力的价格低于价值，而且是资本家将劳动力价值的一部分劫夺为己有。

这样，随着失业者增加和物价上涨，工人所受的剥削就越重，生活就越苦，而资本家赚的钱就越多。

以上所说的情况，在旧中国更看得很清楚。

旧中国工人的工资经常在劳动力价值以下。据 1931 年上海市国民党社会局的调查，上海 305 家工人家庭每年平均生活费用为 454.38 元（这是很低下的劳动力价值）。工人的工资呢？据 1930 年伪工商部调查，上海男工每月平均普通工资只有 15.28 元（最低只有 8 元），平均一家有男工两人做工得到普通工资，还远不够开支。至于女工、童工的工资还远低于此数。据 1930 年国民党工商部调查，上海女工每月普通工资为 12.5 元，最低为 7 元；童工每月普通工资为 8.7 元，最低只有 5 元。上海某工商业者自己也会说："工资最低时，每天每人只有 0.4 元，不够个人一饱。"至于抗日战争以后，加上通货膨胀，工人的实际工资更跌到无法维持最低限度生活水平的地步，那更是众所周知的了。

半封建半殖民地的旧中国的工资制度，还有着浓厚的封建主义，甚至奴隶制度的残余。有一种所谓"养成工"，工人到厂里"学生活"，在一定时间内，工厂只管他两顿难以下咽的饭，不给他工资或给很少的工资；"养成"后，他在数年内不准调厂，他的工资也是十分少的。有一种所谓"包身工"，贫困的农民将儿女以最低廉的价格，在一定时间内卖给"老板"，这"老板"将这些临时奴隶送往工厂做工，他们所得的工资全都归"老板"所有。

这就是"工人做工，资本家出工钱"的真相！

资本家是怎样提高剥削程度的？
——谈谈绝对剩余价值和相对剩余价值

　　大家已经知道：资本主义剥削的特点，是资本家占有工人创造的剩余价值；但这种剥削是掩盖起来的，因为工资好像是工人的全部劳动的报酬。现在我们进一步谈谈，资本主义的剥削怎样日益厉害的问题。

　　奴隶、农奴和工人（无产者）都是被剥削者，他们被剥削的程度，可以用他们为剥削者做工的时间（剩余劳动时间），同为维持自己的生活而做工的时间（必要劳动时间）的比例来表示。奴隶主、地主和资本家分别占有的财富、地租和利润，就是这些被剥削者在剩余劳动时间内创造的；奴隶、农奴的口粮、最低生活必需品和工人的工资，就是他们自己在必要劳动时间内创造的。在奴隶社会和封建社会里，劳动生产率较低，奴隶和农奴的物质生活虽然很坏，但是必要劳动时间在整个劳动时间中占的份额却很大，所以剥削程度一般较低。我们拿中世纪的农奴来说吧。他们每周通常有三天为地主做工，四天为自己做工。剥削程度是三比四即 75％。这就是说，在农奴的劳动时间中，有三分为地主做工，有四分为自己做工。在资本主义条件下，劳动生产率较高，必要劳动时间在整个劳动时间中占的份额较小，所以剥削程度较高。根据 1908 年俄国官方的材料，在调查过的企业中，工人一年的平均工资（必要劳动时间）为 246 卢布，工人一年平均创造的利润（剩余劳动时间）为 252 卢布。剥削程度是 252 比 246 即 100％多一点。这就是说，在工人的劳动时间中，有大半为资本家做工，有小半为自己做工。

　　如果说，在商品生产还不大发展的条件下，奴隶主对奴隶、地主对农奴的剥削，只是为了过奢侈的生活，因而这种剥削往往是由他们的奢侈程度所限制的话；那么，资本家对工人的剥削，则绝不单单为了过奢侈的生活，他们主要是为了多赚些钱、扩大生产,以便在残酷的竞争中站得住脚,并打倒自己的对手,不断增加自己的财富,因而这就决定了资本主义的剥削程度提高得非常迅速。

资本家用什么方法提高对工人剥削的程度呢?

第一种方法是延长劳动时间和提高劳动强度。

仍旧用前面说过的制鞋工人的例子来说明这个问题:工人给资本家创造的剩余价值为6元(剩余劳动时间6小时),他自己的工资为6元(必要劳动时间6小时),剥削程度是6比6即100%。假如把劳动时间延长3小时,即每天劳动时间从12小时增为15小时,剩余价值也就从6元增为9元,工资仍为6元,这样,剥削程度就提高为9比6即150%,比从前增加了50%。

提高劳动强度,即在同样的劳动时间内要工人支出更多的劳动量,也能产生同样的结果。劳动时间虽然仍然是12小时,但由于劳动强度特别高,劳动者支出的劳动量,可以等于平均劳动强度的15小时的劳动量,这样就能创造15元的价值,剩余价值也就增为9元。剥削程度的提高同前面讲的相同。

延长劳动时间和提高劳动强度,都是绝对地增加工人支出的劳动量,由此增加的剩余价值叫作绝对剩余价值。

在资本主义初期,资本主义国家的劳动时间曾经长至16小时,后来由于工人阶级的反对,才减缩一些。资本主义国家的劳动强度,一直是惊人的。由于过度的劳动折磨,资本主义国家的工人很早就衰老或死亡;资本家的利润则越来越多。

旧中国工人每天的劳动时间,一般是在12小时至15小时。许多工厂连工人吃饭的时间都加以剥夺。上海某工商业者现在也承认:解放之前,"在利润高时,也用生产奖金的办法,增强劳动强度,刺激生产,在一天12小时工作之外,还要加点加班"。不过他应该加上一句:"这样一来,利润也就更高。"另一位工商业者也说:"工人们每天工作至少12小时,做10天才有1天休息","对工人进行了残酷剥削"。

这就是资本家用增加绝对剩余价值的手段来提高剥削程度的例子。

用延长劳动时间和提高劳动强度的方法来提高剥削程度,对资本家说来是最好不过的:不必增加机器设备,就能增加利润。但使用这种方法有很大的限制:一天只有24小时,工人吃饭、睡觉要有一定的时间,绝不可能把劳动时间延长至每天 24 小时。工人也反对延长劳动时间,要求把劳动时间限制在一定范围内,以便能够正常地恢复体力和脑力的消耗。

于是就产生了第二种提高剥削程度的方法:不延长劳动时间,但要减少必要劳动时间,以便延长剩余劳动时间,增大剩余价值的生产。

仍旧用前面的例子来说明这问题。制鞋工人一天劳动 12 小时,创造 12 元价值,其中剩余价值为 6 元。假如能够把必要劳动时间减缩为 4 小时(工资 4 元),那么剩余劳动时间就能相应地增大为 8 小时(剩余价值 8 元),剥削程度就提高为 8 比 4 即 200%,比从前(100%)提高了一倍。

怎样才能减缩工人的必要劳动时间即工资呢(这里谈的不是绝对减少工人的消费品,那是经常有的,但我们不谈这个)?这归根到底就要减缩工人的消费品的价值,换言之,就要减缩生产消费品所需要的劳动时间,使工人在更少的劳动时间内生产出同样多的消费品,这样,消费品的价值就下降了,工人拿更少的工资就可以买同样多的消费品。

要减缩工人的消费品的价值,就要提高生产消费品的企业以及同生产消费品有关的企业的劳动生产率,这就是说,要提高农业、纺织业、纺织机器制造业等的劳动生产率,这样,粮食、衣服和其他消费品便宜了,必要劳动时间减缩了,剩余价值生产增大了,剥削程度就提高了。

在劳动时间不变的条件下,用提高劳动生产率、减少必要劳动时间、增大剩余劳动时间的方法而增加的剩余价值,是相对剩余价值。

提高劳动生产率的根本方法是应用新的工具、机器和设备。所以,资本家使用机器是为了从工人身上榨取更多的剩余价值,而不是为了减轻工人的劳动。正因为这样,资本家使用机器是有很大的限制的:在工资很低廉因而利润很高时,资本家就不使用机器,而愿意使用更多的手工劳动。

从上面的分析可以看出,要减少工人的必要劳动时间,同生产消费品有直接或间接关系的企业,就要提高劳动生产率、使用新的工具和机器。这样说来,这些企业的资本家岂不是为了资产阶级的共同利益而使用新的工具和机器吗?不是的,这对"一切为了自己"的资本家说来,是不可能的。

资本家的主观目的总是要自己多赚钱,要别人倒霉的。但是正因为每个资本家都抱着这样的目的,所以大家都要使用新的工具和机器来提高劳动生产率,劳动生产率普遍提高了,其客观结果则是整个资产阶级增大了占有的剩余价值。

我们用前例来说明这问题。假定每双皮鞋的价值12元,这包括了原料、工具的价值6元,制鞋工人6小时劳动创造的价值6元。这6小时劳动是社会上制造一双皮鞋平均所必需的劳动时间。在这种情况下,工人每天工作12小时,可以做好两双皮鞋,他替资本家创造了剩余价值6元(12小时劳动创造价值12元,减去每天工资6元)。但各个企业制造一双皮鞋的劳动时间是不同的,有的4小时,有的6小时,有的8小时等,因为各企业的设备和工人的熟练程度是不同的,它们的个别的劳动生产率也是不同的。4小时生产一双皮鞋的企业,显然比它的同业获得更多的剩余价值。它12小时生产3双皮鞋,价值共36元;资本家的垫支是24元:3双皮鞋的原料、工具价值18元,工人的一天工资6元。这样,剩余价值就由6元增为12元。这增加的6元是超额剩余价值(超额利润)。每个资本家为了要获取超额利润,都提高自己企业的劳动生产率。当劳动生产率普遍提高了,制造一双皮鞋的平均劳动时间减缩为4小时时,皮鞋价值就从12元减缩为10元,原来4小时生产一双皮鞋可以获取的超额利润就没有了。要获取超额利润,就要不断地提高劳动生产率;商品价值就逐渐下降。

所有的资本家都想要获取超额利润,上述情形会在所有企业中发生,因此所有消费品的价值就逐渐下降了,工人的必要劳动时间就普遍减缩了。结果,全体资本家都增大了相对剩余价值。

绝对剩余价值的剥削,和相对剩余价值的剥削,是经常交错起来的。就这样,随着资本主义的发展,劳动生产率逐渐提高了,工人受剥削的程度就越来越高,资本家就越来越赚到更多的钱。

工人不但受本企业资本家的剥削，
而且受整个资产阶级的剥削
——谈谈利润和平均利润

资本家从事生产就要购买原料、工具、机器和建造厂房（合起来就是生产资料），同时最重要的还要雇佣工人，即购买劳动力。这就是说，资本家的资本要分成购买生产资料的和购买劳动力的两部分。前面我们说过，原料、工具和机器等生产资料是不可能给资本家生产剩余价值的，生产资料的价值只是不增不减地转移到生产物中去（如制皮鞋的原料和工具的价值转移到皮鞋上），因此，用来购买生产资料的资本的价值是不发生变化的，我们称它为不变资本。剩余价值是工人的劳动所创造的，工人的劳动创造的价值，用来补偿购买劳动力的资本的价值后，还有一个余额（如购买皮鞋工人的劳动力的资本是 6 元，而这工人创造的价值是 12 元）。既然购买劳动力的资本的价值是会增大的，我们就称它为可变资本。总之，在资本家的全部资本中，只有可变资本这一部分才能产生剩余价值。

但是，在竞争中过生活的资本家不是这样理解问题的。他们根本就没有不变资本和可变资本的概念，他们只把资本当作一个总的垫支资本来看，认为资本的每一个部分同样都会给他赚钱。这样，他们实际上就把剩余价值看成不是可变资本（即购买劳动力的资本）产生的。而是垫支的总资本产生的。把剩余价值看成是垫支的总资本产生的，剩余价值就转化为利润。这就是说，剩余价值和利润是同一东西，但前者是从科学的观点来看的，后者是从资本家的观点来看的。从前，为了方便起见，我们常常把剩余价值和利润这两个概念等同起来使用，严格地说，这是不正确的；但是，有了现在的说明，也就不碍事了。

　　资本家经营活动的目的就是获取利润。剩余价值(利润)和垫支的总资本的比例就是利润率。比如,某资本家垫支的总资本是 100 元,其中不变资本和可变资本各为 50 元。50 元可变资本产生 50 元剩余价值。按照我们从前的说明,工人被剥削的程度是 50 比 50 即 100%。但利润率却是 50(剩余价值)比 100(垫支总资本)即 50%。所以利润率的高低不能如实地说明工人被剥削的程度。

　　利润率的高低和资本家的经营有密切的关系。资本家是为了利润而生活的;资本总是流向利润率最高的地方。

　　利润率的高低是由什么决定的呢?

　　工人被剥削的程度和利润率的高低有很大的关系。工人被剥削得越厉害,同样大的资本产生的剩余价值就越多,利润率就越高。所以,提高剥削程度就能提高利润率。假设各部门的剥削程度是相同的,利润率的高低就要取决于以下两个因素。

　　第一,同样大的资本中,不变资本和可变资本的份额不同。我们从机器制造业、纺织业和食品业中各抽出 100 元资本来看。机器制造业用的机器设备较多较贵,纺织业次之,食品业最少。这样,在 100 元的资本中不变资本和可变资本的份额就会是这样:机器制造业是 80 和 20,纺织业是 70 和 30,食品业是 60 和 40。为使问题简单起见,假使各业的剥削程度相同,都是100%,各业的生产资料的价值全部转移到生产物中去,那么,机器制造业生产的剩余价值是 20 元,商品价值是 120 元,利润率是 20%;纺织业生产的剩余价值是 30 元,商品价值是 130 元,利润率是 30%;食品业生产的剩余价值是 40 元,商品价值是 140 元,利润率是 40%。商品如果按价值出卖,利润率就必然不相等。上述情形可以表解如表 2-1 所示。

表 2-1　各部门的剥削程度与利润率

工业部门	不变资本	可变资本	剥削程度	剩余价值	商品价值	利润率
机器制造	80	20	100%	20	120	20%
纺　　织	70	30	100%	30	130	30%
食　　品	60	40	100%	40	140	40%

　　第二,资本的周转时间不同。所谓资本的周转时间,就是资本家从拿出

货币去购买生产资料和劳动力、经过用生产资料和劳动力生产出商品、到再将商品卖掉拿回更多的货币,平均所需要的时间。例如,制造轮船的资本的周转时间要长达数年,而制造面包的资本的周转时间只要3—4天。资本周转时间不同怎样影响利润呢?为使问题容易了解,我们假设甲乙两生产部门的总资本相等,都是10万元;不变资本和可变资本所占的份额相等,前者都是78 400元,后者都是21 600元;对工人的剥削程度相等都是100%。但甲生产部门的资本周转时间为一年,乙生产部门的资本周转时间为半年。这样,同是21 600元的可变资本,甲生产部门要分在12个月中使用,每个月只能用1 800元来雇佣工人;乙生产部门却分在6个月中使用,每个月就能用3 600元来雇佣工人。假设工人每天工资6元,每月工资是180元。这样甲生产部门的1 800元可变资本只能雇佣10个工人,而乙生产部门的3 600元可变资本却能雇佣20个工人。剥削程度既然都是100%,甲生产部门每月生产的剩余价值是1 800元,一年是21 600元;乙生产部门每月生产的剩余价值是3 600元,一年是43 200元。甲乙生产部门的总资本都是10万元,但一年中生产的剩余价值不同,所以年利润率也不同:甲生产部门为21 600元(剩余价值)比10万元(总资本),等于21.6%;乙生产部门为43 200元(剩余价值)比10万元(总资本),等于43.2%,比甲生产部门高一倍。所以,资本周转时间不同,也会使利润率不同。

虽然由于不变资本和可变资本占的份额不同,资本的周转时间不同,同量资本的利润率就不同,但这在自由竞争的条件下一般是不会有的,因为资本家必然竞争地把资本投到利润率最高的部门。正因为不同生产部门的资本家的竞争,不同的利润率就会平均化,形成平均利润率;整个工人阶级创造的剩余价值就会在各生产部门的资本家之间按照资本量的大小来瓜分,剩余价值就转化为平均利润。

我们用前面的例子来说明这问题。前面说过,商品如果按照价值出卖,食品业的利润率最高。这样,机器制造业和纺织业的资本就会逐渐抽出来,转移去生产食品,于是食品生产大增,机器和纺织品生产大减。假设市场需要仍然和从前相同,那么食品由于供过于求而价格大落,假设由上面说的140元下降至120元,食品业的利润率就相应地从40%下降为20%;机器和纺织品由于求过于供而价格大涨,假设机器由120元涨为150元,纺织品由

130 元涨为 140 元,机器制造业的利润率就相应地从 20％提高为 50％,纺织业的利润率也从 30％提高为 40％。各业的利润率依然不等,资本又转移到利润率最高的部门。由于不同生产部门之间的不断竞争,资本不断自由转移的结果,利润率就趋向于平均化,按上例来说大概是 30％;商品就不一定按照价值出卖——有的高于价值、有的低于价值、有的等于价值出卖,按上例来说,大概都按照 130 元的价格出卖,因为只有这样各业得到的利润才是平均的。这种价格我们称为生产价格,它等于生产成本(资本家所耗费的资本)加平均利润。平均利润率等于各生产部门的剩余价值总量和资本总量的比率,平均利润的总和等于剩余价值的总和,生产价格的总和等于价值的总和。上述情形可以表解如表 2-2 所示。

表 2-2　各部门的剩余价值与平均利润

工业部门	不变资本	可变资本	剥削程度	剩余价值	商品价值	利润率	平均利润率	商品生产价格	生产价格和价值之差
机器制造	80	20	100％	20	120	20％	30％	130	加 10
纺　　织	70	30	100％	30	130	30％	30％	130	0
食　　品	60	40	100％	40	140	40％	30％	130	减 10
合　　计	210	90	—	90	390	—	—	390	0

从表 2-2 中可以清楚地看出:各业总资本是 300 元(不变资本 210 元加可变资本 90 元),它们生产的剩余价值总量是 90 元,所以平均利润率就是 30％;个别商品价值虽然不同,但个别生产价格却相同,都是 130 元,生产价格等于生产成本 100 元(这里假定不变资本全部耗费掉,事实上机器在一次生产中不会全部耗费掉),加平均利润 30 元;个别生产价格和价值虽然有某些差别,但总生产价格和总价值相等,都是 390 元。

依同样道理,不同生产部门之间的竞争,也使由于资本周转时间不同而形成的不同利润率趋向于平均化。

所以平均利润,这就是在不同生产部门的资本家中间共同瓜分的剩余价值。同时应该注意,平均利润是不同的生产部门平均所获得的利润,而不是同一生产部门内大小不同的企业所获得的利润。

以上所说的,就是马克思的关于利润和平均利润的理论的简述。从这里我们可以得出如下的结论。

第一,利润率的高低不能如实地指示出工人被剥削的程度,要了解工人被剥削的程度,就要看工人阶级有多少时间为自己做工,和有多少时间为资产阶级做工,即全体工人有多少工资和全体资本家有多少利润。

第二,平均利润的形成清楚地告诉我们,工人不单受本企业的资本家剥削,而且受全体资本家剥削;也就是说,全体资本家剥削全体工人,因为平均利润就是在资本家之间共同瓜分的剩余价值。为了争夺更高的利润,资本家之间存在着你死我活的竞争,但对待工人阶级时,他们却是一致行动的,因为共同提高剥削程度就能提高平均利润率。

明白了这些,就可以知道,个别资本家认为"赚钱时固然是剥削工人,而蚀本时工人照拿工资,就没有剥削"的想法是错误的。它的错误在于:第一,把资产阶级对无产阶级的剥削关系,不是理解为全体资产阶级共同剥削全体无产阶级的关系,而仅仅理解为个别资本家剥削个别工人的关系;第二,在上述的基础上,把剥削理解为个别资本家有没有利润和利润有多少的问题。其实,个别企业即使是蚀本的,作为资产阶级中一个分子的该企业的资本家,还是剥削作为无产阶级中的分子的该企业的工人的,这不仅因为剥削关系本来就是阶级对阶级的,而且因为该企业的工人的劳动时间同样是分为必要劳动时间和剩余劳动时间的。该企业之所以会蚀本,或者是由于产品普遍过多,引起跌价;或者是由于规模太小,经不起竞争;或者是由于发生经济危机,等等。很明显,这不能说该企业工人没有受剥削。

第三部分

《资本论》导读

（本部分内容根据陈其人先生著、复旦大学出版社 2003 年 6 月出版的《陈其人文集——政治科学卷》一书的 "《资本论》导读"校订刊印）

此部分内容同本卷第一部分第一章至第五章标题相似，为先生授课讲稿，内容与前部分有变化，体现了先生思想的发展历程，为了展现先生学术思索历程，我们将两部分同时保留。

——编者注

引　言①

　　我在复旦大学国际政治系针对专业特点开设《〈资本论〉导读》已四年。最初是为研究生开设的,在系统讲授的同时,突出地讲授几个有关资本主义社会阶级关系的理论问题,引起学生的兴趣。后来便以这几个理论问题为重点,在本科生中开设这门课。经过一段时间后,学生开始产生兴趣;学习完毕后,有的学生说,我们和经济系的同学交谈过,他们说,我们讲授的正是他们的《〈资本论〉研究》中不大讲授的。这正说明了由于系科不同,国际政治系从专业要求开设这门课,是有必要的。其后,由于本科生年龄普遍较小,读《资本论》似乎有些困难,这门课便停开了。但在研究生中一直是开的。从有些本科生随研究生听课毫无困难这一事实看,只要略加改进,在本科生中重新开设这门课,完全是可能的。这里说的是国际政治专业,其实推而广之,也适用于政治类专业。

　　为什么开设这门课?工作经验告诉我,要从经济分析入手,才能说清政治问题。马克思的经历,加深了我对这个问题的认识。马克思研究的专业原来是法律。但是,他在主编《莱茵报》时,遇到种种社会问题,推动他去研究经济,并得出了法律关系如同国家形态一样,既不能从其本身来理解,也不能从所谓人类精神的一般发展来理解,而要求诸政治经济学的结论。由马克思首创的历史唯物论的原理,更从理论上回答了这个问题。目前,大学生学习的政治经济学,除经济、财经、管理专业外,一般都没有针对专业特点来讲授,至少就有关教材来说是这样。而《资本论》中有许多地方对资本主义社会的阶级关系作过精辟的分析,这样,在学习过政治经济学的基础上,对研究生或高年级本科生开设这门课,便是完全必要的。

---

　　① "引言"内容,除第五单元写于 2002 年外,其余写于 1987 年。

开设这门课还有一个目的,那就是通过学习《资本论》,培养和提高学生分析和解决问题的能力。

这门课的主要内容是从经济上分析资本主义社会的阶级关系,包括五个单元:(1)平等思想是商品生产关系的反映;(2)资产阶级和无产阶级之间的平等问题;(3)资产阶级内部平等关系的形成和被破坏;(4)资本主义社会三大阶级之间的关系被歪曲;(5)工业国和农业国交换商品中的平等和不平等。

<h2 style="text-align:center">(一)</h2>

平等思想是商品生产关系的反映这个论点,是列宁根据马克思和恩格斯的有关论述而提出来的。第一单元除了为以后的学习打下基础外,还有一个目的,那就是说明资产阶级的民主共和制是最适合于资本主义商品生产制度的政治形式,它比君主立宪制在形式上要平等些,最有利于资产阶级的统治。

按照马克思在《资本论》和《哥达纲领批判》中有关的论述,这些问题是很容易讲清楚的。但有一点要注意,那就是并不是有了商品和货币,平等思想就能产生;平等思想是随着资本主义商品生产制度在国民经济中的确立而产生的。

关于这一点,恩格斯有过深刻的分析。他说,现代的平等思想,即一个国家的一切公民,或一个社会的一切成员,都应有平等的政治地位和社会地位的思想,是经过了几千年的发展,才成为某种自然而然的、不言而喻的东西;因为"在希腊人和罗马人那里,人们的不平等比任何平等受重视得多。如果认为希腊人和野蛮人、自由民和奴隶、公民和被保护民、罗马的公民和罗马的臣民……都可以有平等的政治地位,那么这在古代人看来必定是发了疯"①,只有当所有人的劳动的平等性,都表现在商品的价值是由其中所包含的社会必要劳动来计量,即表现在价值规律中时,现代平等思想才能产生。

马克思以古希腊伟大思想家亚里士多德为例,说明在奴隶社会中虽有

---

① 恩格斯:《反杜林论》,人民出版社 1970 年版,第 101 页。

商品和货币,其中的平等关系虽已被亚里士多德看到,但奴隶社会的人身不平等又妨碍了他的认识。马克思指出,亚里士多德说过,5 张床＝1 间屋,无异于 5 张床＝若干货币;并认为,没有等同性,就不能交换,没有可通约性,就不能等同。由此他就应该得出商品和货币中包含着平等关系的结论。但是,他并没有得出这样的结论,反而认为,这样不同种的物是不能通约的,货币只能是一种应付实际需要的手段。① 马克思指出:"亚里士多德在商品的价值表现中发现了等同关系,正是在这里闪耀出他的天才的光辉。只是他所处的社会的历史限制,使他不能发现这种等同关系'实际上'是什么。"②

在商品和货币中存在的平等关系,在这种经济生活中产生的平等思想,它在政治上层建筑上,即在国家形式上最适合的反映就是民主共和制。恩格斯指出,曾经有过这样的国家形式,它给予公民的权利是跟他们的财产状况相符合的,这就等于宣告国家乃是有产阶级用来防御没有财产的阶级以保护自己的组织。例如,奴隶制国家和封建制国家就是这样;现代代议制国家把财产状况定为获得选举权的条件,也是这样。但是,这只是国家形式的低级阶段,它的最高形式是民主共和制,在这种制度下,财产差别在形式上已不影响公民的政治权利了。当然,在实质上财产是间接地发挥它的权力的。这种形式上平等、实质上不平等的统治方法,是最适合于在商品经济中生活的人的习惯的。正因这样,列宁在发挥恩格斯的这一思想时便指出:"民主共和制是资本主义所能采用的最好的政治外壳,所以资本一掌握……这个最好的外壳,就能十分巩固十分可靠地确立自己的权力,以致在资产阶级民主共和国中,无论人员、无论机构、无论政党的任何更换,都不会使这个权力动摇。"③

民主共和制同君主立宪制相比,其所以是更好的政治外壳,是由于它在形式上奉行商品经济中的平等原则。竞选者之间、选举者之间、竞选者和选举者之间,都是平等的,恰如商品生产者之间、商品购买者之间、生产者和购买者之间,都是平等的一样。当然,这只是形式,因为在普选制度下,实质上

① 以上有关亚里士多德的理论,参见马克思:《资本论》(第一卷),人民出版社 1975 年版,第 74 页。
② 马克思:《资本论》(第一卷),人民出版社 1975 年版,第 75 页。
③ 列宁:《国家与革命》,人民出版社 1976 年版,第 12 页。

第三卷·第三部分　191

起决定性作用的是金钱。但它毕竟比君主立宪制更符合平等原则。因为在君主立宪制下,血统、世袭在取得政治权力中还起作用,在这领域中商品生产的平等原则不起作用,政治生活和经济生活奉行的原则有不一致的地方。

(二)

资产阶级和无产阶级之间的平等问题,用马克思的有关分析来说,那就是这两者在流通过程中是平等的,至少在理论上或在方法论上由于要假设劳动力是按价值进行买卖的是这样,但是在生产过程中,尤其是在不断扩大再生产的过程中,就不是这样。马克思说,在这条件下,"劳动力的不断买卖是形式。其内容则是,资本家用他总是不付等价物而占有的别人的已经物化的劳动的一部分,来不断再换取更大量的别人的活劳动"①。第二单元在说明这个问题的同时,还要说明资产阶级庸俗经济学家和资产阶级现代法学家如何利用劳动力的买卖来为资本主义辩护,为批判他们的错误理论打下基础。

按照马克思在《资本论》中有关的论述,这些问题是容易讲清楚的。这里想说明的是,马克思有些精辟的论述,似应详细讲授。这有下面几点。

第一,关于马克思的剩余价值理论的方法论,马克思有过重要的说明。1867年8月24日,马克思就《资本论》第一卷写信给恩格斯说,此书的最优点之一,就是讨论剩余价值时,把它的各种特殊形态,如利润、利息、地租等等丢开了。他在《剩余价值理论》中,开宗明义就说,一切经济学者,都在这点上犯了错误,他们不把剩余价值纯粹地当作剩余价值来进行考察,而是在利润和地租那各种特殊形态上进行考察。我们知道,重商主义是从商业利润、重农主义是从农业地租、古典学派尤其是李嘉图是从平均利润出发,去考察剩余价值的,因而都犯了错误。我们也有过类似的情况,这就是去工厂进行调查以及写厂史时,把账簿上的利润当作剩余价值,并将它和工资的比率认为是剩余价值率;就是以卖价减成本,亦即将具体的企业利润的获得,看成是剩余价值的产生。这既是方法论的错误,也是理论的错误。

---

① 马克思:《资本论》(第一卷),人民出版社1975年版,第640页。

这个问题的一个侧面,就是应如何理解马克思的资本总公式,即 $G-W-G'$。有的同志认为,它事实上是产业资本的公式,即 $G-W\begin{smallmatrix}A\\P_m\end{smallmatrix}\cdots P\cdots W'-G'$。这是不对的,因为产业资本作为资本的一种具体形态,其运动结果是具体的利润,而不是剩余价值的纯粹形态。其实,它应该是商业资本、产业资本、借贷资本运动的总概括,因为它说明的是作为纯粹形态的剩余价值的产生。马克思在比较产业资本的公式和资本总公式时指出,在前者,第一个 W 和第二个 W' 是不相同的商品,而在后者,"$G-W-G'$[分解为(1)$G-W_1$;(2)W_1-G],两次都表示同一个商品"①。这个商品不能是别的,只能是劳动力,它的使用是更多价值的源泉。只有这样,才是按照马克思的科学方法,解决了资本总公式的矛盾。

第二,关于劳动力的买卖,马克思说:"劳动力的买和卖是在流通领域或商品交换领域的界限以内进行的,这个领域确实是天赋人权的真正乐园。那里占统治地位的只是自由、平等、所有权和边沁。"②接着,他还对自由、平等、所有权和边沁,作了如实的但又是辛辣的解释。对于学习政治和法律专业的学生来说,这段话是极为重要的。

第三,关于二律背反,通常只用它来说明资本主义工作日的长度,要取决于两大对抗阶级之间的力量对比。因为马克思说过:"资本家要坚持他作为买者的权利,他尽量延长工作日",而"工人也要坚持他作为卖者的权利,他要求把工作日限制在一定的正常量内。于是这里出现了二律背反,权利同权利相对抗,而两种权利都同样是商品交换规律所承认的。在平等的权利之间,力量就起决定作用"。③ 但是,二律背反还有一个问题,也是马克思说过的,这里也应谈一谈,这就是使用还是劫掠劳动力的问题。马克思说:"假定在劳动量适当的情况下一个中常工人平均能活 30 年,那你每天支付给我的劳动力的价值就应当是它的总价值的 $\dfrac{1}{365\times30}$ 或 $\dfrac{1}{10\ 950}$。但是如果你要在 10 年内就消费尽我的劳动力,可是每天支付给我的仍然是我的劳动力

① 马克思:《资本论》(第二卷),人民出版社 1975 年版,第 60 页。
② 马克思:《资本论》(第一卷),人民出版社 1975 年版,第 199 页。
③ 同上书,第 262 页。

总价值的 $\frac{1}{10\,590}$，而不是 $\frac{1}{3\,650}$，那就只支付了我的劳动力日价值的 $\frac{1}{3}$，因而每天就偷走了我的商品价值的 $\frac{2}{3}$。"①我想，将二律背反两方面的问题都讲清楚，对于工人运动中的经济斗争，对于垄断资本主义国家的所谓福利制度的认识，都有好处。

第四，关于劳动力的价值或劳动力的价格，被歪曲为劳动的价值或劳动的价格，亦即被歪曲为工资的问题。马克思极为重视，花了很大的气力来说明，因为这是资本主义社会三大阶级之间的关系被歪曲的决定性的原因，也是资本主义辩护士赖以进行辩护的根据。

在这里首先要指出的是，有一种对工资是劳动力价值的转化形态的解释是不科学的，即将工资说成是劳动力价值的货币表现，如像价格是价值的货币表现一样。还有一种说法也是不科学的，即认为工资是劳动的部分报酬而不是全部报酬。我们知道，工人得到的不是劳动的报酬。马克思是在对工资的实质作了科学的说明以后，经过解释，有时才使用有酬劳动和无酬劳动这些从日常生活中产生的概念的。我们应该按照马克思的理论，科学地说明工资是一个虚假的、掩盖了本质的经济范畴，它实质上是工人出卖劳动力得到的价格，但被歪曲为工人出卖劳动得到的价格。

马克思指出，正确地理解这个问题是十分重要的。他说："劳动力的价值和价格转化为工资形式，即转化为劳动本身的价值和价格，会具有决定性的重要意义。这种表现形式掩盖了现实关系，正好显示出它的反面。工人和资本家的一切法的观念，资本主义生产方式的一切神秘性，这一生产方式所产生的一切自由幻觉，庸俗经济学的一切辩护遁词，都是以这个表现形式为依据的。"②

下面我们还要说明这个问题。

---

① 马克思：《资本论》(第一卷)，人民出版社 1975 年版，第 261—262 页。
② 同上书，第 591 页。

（三）

马克思认为,如像商品和货币是天生的平等派一样,资本也是"天生的平等派,就是说,它要求在一切生产领域内剥削劳动的条件都是平等的,把这当作自己的天赋人权"①。由于这样,等量资本在同一时间内推动的不等量活劳动创造的剩余价值,在自由竞争条件下,就要在资产阶级内部实行共产主义,资产阶级在共同剥削无产阶级的基础上形成平等的关系。第三单元就是要说明这种关系的形成,以及垄断形成后,这种关系部分地被破坏。

按照马克思在《资本论》中有关的论述,这些问题是容易讲清楚的。这里想提出的是,有的政治经济学教科书对某些问题的论述,有片面性,应予纠正;马克思的精辟论述,应予重视。这有下面几点。

第一,关于等量资本在剥削条件相同,即剩余价值率相同时却有不等的利润率的原因,有的教科书只指出资本有机构成不同这一点,这是片面的。例如20世纪50年代中期在我国流传很广的那本苏联科学院经济研究所编的《政治经济学教科书》便是这样。它说:"不同生产部门因资本有机构成不同而形成的不同的利润率,由于竞争而平均化,成为一般(平均)利润率。"②这就把资本周转时间不同,对利润率的影响忽视了。换句话说,它只看到利润率,而没有看到年利润率。马克思明确地指出:"在资本构成相同,其他条件也相同时,利润率和周转时间成反比;我们还看到,如果同一个可变资本的周转时间不同,它生产的年剩余价值量就会不等。所以,周转时间的差别,是等量资本在不同生产部门在相同时间内生产出不等量利润的另一个原因,因而也是这些不同生产部门利润率不等的另一个原因。"③因此,等量资本在剩余价值率相同的条件下,其所以有不等的年利润率,是由于资本有机构成和周转时间不同,在相同时间里所使用的可变资本不同,生产的剩余价值不同。

第二,关于平均利润和生产价格的阶级实质,马克思的论述是极其深刻

①　马克思:《资本论》(第一卷),人民出版社1975年版,第436页。
②　苏联科学院经济研究所编:《政治经济学教科书》,人民出版社1956年增订第2版,第117页。
③　马克思:《资本论》(第三卷),人民出版社1975年版,第169页。

的。1868 年 4 月 30 日他在给恩格斯的信中,称平均利润和生产价格为"资本主义的共产主义",因为这范畴表明资产阶级在共剩余价值之产。据此,他又将资本主义社会比作一个大的股份公司,"不同的资本家在这里彼此只是作为一个股份公司的股东发生关系,在这个公司中,按每 100 资本均衡地分配一份利润"①。这里说的是资产阶级内部的平等关系。至于这范畴表明的两大对抗阶级的关系,马克思的说明则是:"我们在这里得到了一个像数学一样精确的证明:为什么资本家在他们的竞争中表现出彼此都是虚伪的兄弟,但面对着整个工人阶级却结成真正的共济会团体。"②

我曾经将资本有机构成不同和资本周转时间不同两者结合起来,说明价值如何转化为生产价格,如表 3-1 所示。

表 3-1　资本有机构成与资本周转

资本	一年中资本周转次数	一年中使用的 v	年 m	年生产物价格	年 P'	生产价格	年生产价格
I 9 000 c＋1 000 v	1	1 000	1 000	11 000	56.6%	15 660	15 660
II 8 000 c＋2 000 v	2	4 000	4 000	24 000	56.6%	12 830	25 660
III 7 000 c＋3 000 v	4	12 000	12 000	52 000	56.6%	11 415	45 660
总计 30 000	—	17 000	17 000	87 000	—	—	87 000

第三,关于工资变动和生产价格的关系,鉴于目前西方流传的以工资提高来解释物价上涨的理论,我认为有必要谈一谈我对此的观点。根据劳动价值理论,工资变动只能引起剩余价值的相反变动,而不影响价值和价格,这是清楚的。至于说,工资变动影响成本,成本影响价格,这价格就是生产价格。不论工资如何变动,总生产价格不变,因为它始终等于总价值,这也是清楚的。至于工资变动对个别生产价格的影响,那就不同,有的不变,有

① 马克思:《资本论》(第三卷),人民出版社 1975 年版,第 177—178 页。
② 同上书,第 221 页。

的增高,有的降低,增高部分和降低部分必然相互抵消。① 在目前资本主义国家普遍使用纸币和信用货币,因而发生通货膨胀、物价上涨的条件下,工人货币工资增加只是物价上涨的结果,这是清楚的。如果说,在金本位条件下,工人进行经济斗争,要求增加工资,而资本家借口工资增加引起物价上涨而拒绝,那就不仅可以用上述原理来反驳,而且也可以利用马克思的警句来反驳,这就是:如果资产阶级能够"利用工资的任何提高作借口,在更大得多的程度上提高商品价格,从而把更大的利润放进自己的腰包,那么,资本家阶级就永远不会反对工联"②了。

第四,关于垄断价格中包含的垄断利润的来源,马克思已从根本原理上作了说明。他说,如果"具有垄断价格的商品进入工人的必要的消费,那么,在工人照旧得到他的劳动力的价值的情况下,这种商品就会提高工资,并从而减少剩余价值。它也可能把工资压低到劳动力的价值以下,但只是工资要高于身体最低限度。这时,垄断价格就要通过对实际工资……的扣除和对其他资本家的利润的扣除来支付"③。应该说,除了军火、宇航工具、奢侈品,其他具有垄断价格的商品,直接间接都会进入工人的必要消费,在这条件下,如果工人货币工资不增加,垄断利润就由劳动力部分价值的扣除来支付;如果货币工资的增加等于价值增高为垄断价格的水平,垄断利润就由非垄断的资本家的部分剩余价值的扣除来支付;如果货币工资虽增加,但仍低于垄断价格的水平,即实际工资还是下降了,那么货币工资增加的部分,就是非垄断资本家剩余价值扣除的部分,实际工资下降的部分,就是劳动力价值的扣除部分,垄断利润就由这两者来支付。

马克思分析的垄断只是私有权和自然条件的垄断,由此产生的如包含着绝对地租或垄断地租的农产品或畜产品的价格,以及名贵葡萄酒的垄断价格,由于是少量现象,并且这种垄断利润归根结底是由土地所有者占有,因此并没有破坏资产阶级内部的平等关系。到垄断企业产生,垄断价格成为大量现象,根据上述原理,垄断资本家多得的,就是非垄断资本家(还有

① 马克思:《资本论》(第三卷),人民出版社 1975 年版,第 973—974 页。
② 马克思:《资本论》(第二卷),人民出版社 1975 年版,第 378 页。
③ 马克思:《资本论》(第三卷),人民出版社 1975 年版,第 973—974 页。

其他社会成员)少得的,这样,资产阶级内部的平等关系,就部分地被破坏了。

(四)

马克思指出,资本主义经济的客观条件,一方面逐步切断价值和劳动的关系,使人们认为价值不是来自劳动,而是劳动以外的其他因素,另一方面使人们认为是劳动、资本、土地这些所谓生产要素结合起来创造价值,由此产生歪曲资本主义三大阶级之间的关系、为资本主义剥削进行辩护的公式:劳动——工资,资本——利息,土地——地租。批判这个三位一体的公式,是第四单元的目的。前面的分析,为此打下基础。

前几单元已经说明资本主义的经济条件,如何逐步切断价值和劳动的关系,这就是:从生产过程看,单个企业得到的超额剩余价值,所有企业得到的相对剩余价值,似乎不是来自劳动,因为它们是在花费的劳动较少的条件下得到的;从流通过程看,剩余价值在流通中实现,它的大小与欺诈、狡猾,大有关系,销售商品的快慢,商业利润的多寡,与商店所处的地段,也大有关系;从资本主义生产总过程看,生产价格和平均利润形成后,资本自身似乎就能带来利润,不耗费劳动的资本周转时间本身(如新酒窖藏变成陈酒,陈酒价格较新酒高)似乎也能创造价值,生产价格中包含的平均利润,就绝大多数情况来说,的确也不完全是生产该商品的工人创造的。

这一单元要在上述基础上,分析清楚为什么会产生三位一体的公式。在这里,决定性的一步是劳动力的价值被歪曲为工资。马克思说:"因为在一极上,劳动力的价格表现为工资这个转化形式,所以在另一极上,剩余价值表现为利润这个转化形式。"[①]资本分裂为生产资本和借贷资本,但只产生一次利润,两种资本对它进行量的分割,前者得到的是企业收入,但被歪曲为资本家的管理劳动的工资,后者得到的是利息,但被歪曲为资本的产物。农业资本家和工业资本家一样,要支付工资,要得到企业收入,也要支付或计算利息,但前者要支付一个巨额的地租,这样,地租似乎就只能来自农业经营所必需的土地,而把价值歪曲为使用价值、农产品的生产过程和自然的

---

① 马克思:《资本论》(第三卷),人民出版社 1975 年版,第 44 页。

生命过程结合在一起，又使这种看法成为可能。

在这一章中，马克思有些精辟分析，应予论述，有些说明，可以继续研究。这有下面几点。

第一，随着借贷资本和信用制度的产生，马克思指出，一个没有财产，但精明强干、经营有方的人，通过这种方式也能成为资本家，这是经济辩护士们赞叹不已的事情。这真是在成为资本家的机会面前，人人平等。但是，马克思深刻地指出，这种情况巩固了资本本身的统治，扩大了它的基础，使它能够从社会下层不断得到新的力量来补充自己，而"一个统治阶级越能把被统治阶级中的最杰出的人物吸收进来，它的统治就越巩固，越险恶"①。在经济上是这样，在政治上如前面说过的普选制也是这样。

第二，前面说过，将企业收入歪曲为资本家的管理劳动的工资，虽有其客观原因，但是错误的。现在的问题是，根据马克思的说明，资本家的管理有两重性，一是社会化大生产的组织者，一是对无产阶级的监督者，两者结合在一起，不能作量的分割。关于前者，他说：凡有许多人进行协作的劳动，都要有人指挥或组织，"这是一种生产劳动，是每一种结合的生产方式中必须进行的劳动"②；他又说："如果一定量可变资本的剩余价值已定，这个剩余价值会表现为多大的利润率，从而会提供多大的利润量，在很大的程度上还要取决于资本家自己或他的经理和职员个人的经营本领"，它包括"指挥和监督是否简单而有效"③。关于后者，他说："同货币资本家相对来说，产业资本家是劳动者，不过是作为资本家的劳动者，即作为对别人劳动的剥削者的劳动者。他为这种劳动所要求和所取得的工资，恰好等于他所占有的别人劳动的量，并且当他为进行剥削而亲自花费必要气力的时候，还直接取决于对这种劳动的剥削程度……"④根据前者，参加管理的资本家的劳动是生产劳动，是创造价值的；根据后者，参加管理的资本家的劳动，则只是剥削他人的劳动，是不创造价值的。两者结合起来，其性质如何，这不仅有理论意义，而且有实际意义，应予研究。

---

① 马克思：《资本论》（第三卷），人民出版社 1975 年版，第 679 页。
② 同上书，第 431 页。
③ 同上书，第 155 页。
④ 同上书，第 435 页。

第三,地租理论的困难,不在于说明级差地租的产生,而在于说明绝对地租的产生如何能够同价值规律的作用不相矛盾。我们知道,李嘉图就是由于坚持价值由生产商品的劳动决定、商品按价值(他把它混同于自然价格即生产价格)交换的原理,而否认绝对地租的。马克思认为,土地私有权的存在,要求有绝对地租,而农业资本有机构成较低,农产品价值低于生产价格,农产品按高于生产价格、低于或等于价值出卖,便有一个超过平均利润的余额,它转化为绝对地租,绝对地租的实体就是农业资本,比平均的工业资本多生产的剩余价值。这要以农业资本有机构成较低为条件。但是,这里有两个问题。其一,马克思自己说过,在当时的英国,"农业资本的构成是否低于社会平均资本的构成,这是一个只能用统计来判断的问题"[1]。二次大战后,某些发达资本主义国家,其农业资本有机构成已高于社会平均的资本有机构成,假如情况是这样,应如何说明绝对地租的产生? 其二,单从资本有机构成较低,来说明农业部门有较多的剩余价值,农产品生产价格低于价值,并不全面,因为在这方面起作用的,还有资本周转时间的长短问题。考茨基在其著名著作《土地问题》中就说过[2],农业资本周转较慢,从一年看,便抵消了由于资本有机构成较低能多生产剩余价值的作用,假如情况是这样,应如何说明绝对地租的产生? 所有这些,都应予研究。

由于上面分析过的经济条件,使资本主义社会三大阶级的关系,表面上看来是平等的。列宁指出,资产阶级民主制在个人平等名义下,宣示有产者与无产者间、剥削者与被剥削者间在形式上的平等,借此来欺骗被压迫阶级。我们的任务,就是要揭露三大阶级之间的真正关系,揭示这种欺骗。

(五)

第五单元导读的内容,不单是《资本论》中的,还有一部分是《剩余价值学说史》(一译《剩余价值理论》;换言之,同一著作有两种中译本,一是中共中央编译局译的,另一是郭大力译的)中的,后者事实上是《资本论》第四卷。这里导读和研究的问题,除了要运用以前学过的原理之外,最重要的还要弄

---

① 马克思:《资本论》(第三卷),人民出版社 1975 年版,第 857 页。
② 考茨基:《土地问题》,梁琳译,生活·读书·新知三联书店 1955 年版,第 97 页。

懂马克思这两段深刻的分析:一是"对有商品输入和输出的国家来说……这种国家所付出的实物形式的物化劳动多于它所得到的,但是它由此得到的商品比它自己所能生产的更便宜"[①];二是萨伊在李嘉图著作的译本中,关于对外贸易,"提出了一个正确的注解。……(由于生产价格和价值的偏离而产生的——陈注)损失和利得在一国之内会互相抵消。但不同国家之间不是如此。甚至李嘉图的理论也认为——这是萨伊没有指出的——一国的三个劳动日可以和别一国的一个劳动日相交换。价值规律在这里有重要的修正。……在这个场合,富国会剥削贫国,纵然……贫国也会由交换得到利益"[②]。贫国既得利,又受剥削:这是十分重要的论述。

对外贸易以国际分工为前提。产业革命使世界分为工业国和农业国。从 19 世纪 70—80 年代到 20 世纪中期,都是这种格局。战后,情况有了部分的变化:发达国家成为工业、农业国;有些落后国家和地区成为新兴工业化国家和地区。当然,还有以农产品和原料与上述两种国家(地区)交换工业品的最落后国家:这些对不同类型国家交换的影响,是要加以研究的。

垄断资本主义经济的产生,使生产价格的内容发生变化;殖民帝国主义的产生,使平均利润率规律的作用范围发生变化;战后,政治殖民地的消灭;WTO 的产生,其理想状态就是全世界由平均利润率规律来统治:这些对不同类型国家交换的影响,也是应该研究的。

一个国家货币的相对价值,因对外贸易而发生变化,这对发达国家和落后国家的影响是不同的,这又使两大类国家的商品价格发生相反的变化,这也要研究。

---

① 马克思:《资本论》(第三卷),人民出版社 1975 年版,第 265 页。
② 马克思:《剩余价值学说史》(第三卷),郭大力译,人民出版社 1978 年版,第 111—112 页。

一、平等思想是商品生产关系的反映

马克思和恩格斯对平等思想是商品货币关系的反映有过深刻的论述。列宁根据这思想指出："平等思想本身就是商品生产关系的反映，资产阶级借口个人绝对平等，把这种思想变为反对消灭阶级的一种斗争武器。要求平等的真正意义只能是要求消灭阶级。"①

本单元讲授《资本论》第一卷中的第一篇"商品和货币"。讲三个问题：(1)"商品是天生的平等派"②；(2)货币是比商品更进一步的平等派；(3)作为商品与货币关系的内容的平等关系不包含阶级的内容，这种平等关系在社会主义制度下是存在的。

（一）商品是天生的平等派

这里主要讲《资本论》第一卷第一章，这章分四节。现就与我们有关的重要问题谈一谈。

1. 商品的两个因素

第一节标题是"商品的两个因素：使用价值和价值（价值实体，价值量）"。对这个标题的理解，从前有过错误，即认为括号中的价值实体指的是使用价值，价值量指的是价值。其实，马克思说的是价值包括价值实体和价值量两个问题，这一点谈下去便清楚。这一节分析了四个问题，即使用价值、交换价值、价值（价值实体和价值量）、使用价值和价值的统一；其中侧重谈价值实体问题，实体问题解决了，量的决定问题也随之解决。

---

① 《列宁选集》（第四卷），人民出版社 1972 年版，第 271 页。
② 马克思：《资本论》（第一卷），人民出版社 1975 年版，第 103 页。

　　这一节第一个自然段是个引子,说明我们的研究为什么要从分析商品开始。接着便谈使用价值。因为"商品首先是一个外界的对象,一个靠自己的属性来满足人的某种需要的物"①。这就是使用价值。需要特别指出的是:"物的有用性使物成为使用价值。但这种有用性不是悬在空中的。它决定于商品体的属性,离开了商品体就不存在。"②不论财富的社会形式如何,使用价值总是构成财富的物质内容。这就是说,使用价值是永远存在的,而"在我们所要考察的社会形式中,使用价值同时又是交换价值的物质承担者"③。政治经济学并不研究使用价值本身,它只从使用价值是交换价值的物质承担者这个角度,涉及使用价值。既然使用价值是物的有用性,不能离开物质,而它又是交换价值的物质承担者,那么凡是非物质的东西,就不可能有交换价值(以后就谈到,也不可能有价值)。资产阶级庸俗政治经济学,虽然也谈使用价值,但常常把它和物质相分离,认为它只有一种效用,或一种劳动即服务,从而认为效用、劳务都有交换价值(从而也有价值),这是错误的,违反了马克思的理论。由此可见,目前资本主义国家的统计,将劳务和物质生产劳动等同起来,认为都创造国民收入(即新创造的价值),也是错误的。④

　　从使用价值转到研究交换价值。"交换价值首先表现为一种使用价值同另一种使用价值相交换的量的关系或比例,这个比例随着时间和地点的不同而不断改变"⑤。两种不同的使用价值的量的关系,例如 1 夸特小麦同 x 量鞋油或 y 量绸或 z 量金相交换,即交换价值表明,"第一,同一种商品的各种有效的交换价值表示一个等同的东西。第二,交换价值只能是可以与它相区别的某种内容的表现方式,'表现形式'"⑥。交换价值或等式说明,在不同的物或使用价值里面,即在 1 夸特小麦和 z 量金里面,有一种等同的东西,即两种不同的物都等于某种第三种东西,这个第三种东西既不是第一种

　　① 马克思:《资本论》(第一卷),人民出版社 1975 年版,第 47 页。
　　② 同上书,第 48 页。
　　③ 同上。
　　④ 为了同资本主义国家进行比较,近年来我国经济统计也认为劳务创造价值。——1988 年注。近年来,关于服务是否创造价值,哪些服务创造价值,经济学界有不同看法。——2002 年注。
　　⑤ 马克思:《资本论》(第一卷),人民出版社 1975 年版,第 49 页。
　　⑥ 同上。

物即小麦,也不是第二种物即金,但是第一种物和第二种物都能化成这第三种东西。这第三种东西,即"共同东西不可能是商品的几何的、物理的、化学的或其他的天然属性"①。因为"商品的物体属性只是就它们使商品有用,从而使商品成为使用价值来说,才加以考虑",而"商品交换关系的明显特点,正在于抽去商品的使用价值"。② 换句话说就是,"作为使用价值,商品首先有质的差别;作为交换价值,商品只能有量的差别,因而不包含任何一个使用价值的原子"③。这里需要特别指出,有的庸俗经济学家,认为等式中共同的第三种东西是使用价值或效用,有的认为是客观效用,有的认为是主观效用,从上述分析可以看出,这是错误的。

在这里研究的交换价值只是作为过渡到研究价值的桥梁。在等式中,"如果把商品体的使用价值撇开,商品体就只剩下一个属性,即劳动产品这个属性"④。但由于把劳动产品的使用价值抽去,也就是把那些使劳动产品成为使用价值的物质组成部分和形式抽去,随着劳动产品的有用性质的消失,这些劳动的各种具体形式也消失。"各种劳动不再有什么差别,全都化为相同的人类劳动,抽象人类劳动。"⑤这样,交换价值中的第三种东西,"只是无差别的人类劳动的单纯凝结","这个社会实体的结晶,就是价值——商品价值"。⑥ 这里说的价值,指的是价值实体。

以上的分析,是运用了抽象法的。运用抽象法是很重要的,因为"分析经济形式,既不能用显微镜,也不能用化学试剂。二者都必须用抽象力来代替"⑦。所谓抽象法是相对于舍象法而言的,两者同时发生,这就是分析经济形式时,将某些与研究对象无关的因素去掉,即予以舍象,余下来的因素便是要予以研究的,这就是抽象。运用抽象法不能任意胡来。上述抽象法其实是经济过程本身就存在的抽象在科学方法上的反映。

庸俗经济学家、主观效用价值论者庞巴维克反对马克思的价值理论,并

---

① 马克思:《资本论》(第一卷),人民出版社 1975 年版,第 50 页。
② 同上。
③ 同上。
④ 同上。
⑤ 同上书,第 51 页。
⑥ 同上。
⑦ 同上书,第 8 页。

曲解他在价值理论形成中运用的抽象法,将其说成只是逻辑的运用。他认为,按照马克思的说法,价值既然是由某一种共同的因素决定的,那为什么不能由其他的共同因素来决定呢? 马克思主张劳动决定价值,但是他没有提出任何积极的理由,而只提出消极的理由,那就是与使用价值毫无关系,使用价值不能是价值的决定者。结论是:从没看见过比这更坏的逻辑。于是,他就运用逻辑,找寻共同的因素,认为这就是交换的双方都有效用,并且是主观评定的效用,由它决定价值。这从方法论到理论都是错误的。

应该指出,马克思运用的抽象法,绝不是逻辑的运用,如果一定说是逻辑,那就是经济生活中的逻辑。因为"在有些社会状态下,同一个人时而缝时而织,因此,这两种不同的劳动方式只是同一个人的劳动的变化,还不是不同的人的专门固定职能,正如我们的裁缝今天缝上衣和明天缝裤子只是同一个人的劳动的变化一样。其次,一看就知道,在我们资本主义社会里,随着劳动需求方向的改变,总有一定部分的人类劳动时而采取缝的形式,时而采取织的形式。……如果把生产活动的特定性质撇开,从而把劳动的有用性质撇开,生产活动就只剩下一点:它是人类劳动力的耗费"①。同时,亿万次商品交换这个事实本身就说明,交换中相等的不可能是劳动的有用性质,而是撇开了这种性质的劳动本身。这种劳动就形成价值的实体。

价值量就是价值实体的量。它由形成价值的实体即劳动的量来计算。劳动本身的量是用劳动的持续时间来计算的,而劳动时间又是用一定的时间单位如小时、日等作尺度。决定商品价值量的不是生产该商品的个别劳动时间,而是社会必要劳动时间。"社会必要劳动时间是在现有的社会正常的生产条件下,在社会平均的劳动熟练程度和劳动强度下制造某种使用价值所需要的劳动时间。"②生产商品的社会必要劳动时间随着劳动生产力的每一变动而变动。"劳动生产力是由多种情况决定的,其中包括:工人的平均熟练程度,科学的发展水平和它在工艺上应用的程度,生产过程的社会结合,生产资料的规模和效能,以及自然条件。"③商品价值量与体现在商品中的劳动的量成正比,与这一劳动的生产力成反比。

---

① 马克思:《资本论》(第一卷),人民出版社1975年版,第57页。
② 同上书,第52页。
③ 同上书,第53页。

现在的问题是,商品价值量由生产该商品的社会必要劳动时间决定,而社会必要劳动时间则由生产该商品的不同生产者的平均生产条件决定,那么,这些生产者或由他们生产的商品量有没有一定量的规定呢?这就是现在经济学界正在讨论的关于第二层含义的社会必要劳动时间的问题。这个问题很复杂,这里简略地谈一谈。

"商品的价值量表现着一种必然的、商品形成过程内在的同社会劳动时间的关系",商品交换时,其"交换比例既可以表现商品的价值量,也可以表现比它大或小的量,在一定条件下,商品就是按这种较大或较小的量来让渡的"。① 这就是价值量和价格发生偏离,其所以如此,是由于分布在生产这两种商品生产上的劳动量,并不恰恰相等。如果生产 1 码麻布的社会必要劳动时间,即社会为满足它对 1 码麻布的需要所必需的时间是 1 小时,但是,"我们也决不能由此便得出结论说:如果已经有一千二百万码麻布生产出来,也就是已经有一千二百万劳动小时……被使用,社会也就'必然'会把它所有的劳动时间这样大的一部分,用在麻布的制造业上。……尽管产品每个可除部分都只包含它生产上必要的劳动时间……但用在一定生产部门上的劳动时间的总量,对全部可以使用的社会劳动说,仍然可以低于或高于适当的比例"②。这样,"从这观点出发,必要劳动时间就取得了别一种意义。……如果有数量过大的社会劳动时间被用在一个部门,那也只会被付以这样多的代价,好像只有适当的数量被使用一样。总产品——也就是总产品的价值——这时,将不等于其中包含的劳动时间,而只等于它的总产品和其他部门的生产保持比例时按比例应当使用的劳动时间。但总产品的价格低于它的价值时,它的每个可除部分的价格也会同样低落。如果生产的是 6 000 码,而不是 4 000 码麻布,并且如果 6 000 码的价值是 12 000 先令,它们就只会卖 8 000 先令。每码的价格将是 $1\frac{1}{3}$ 先令,不是 2 先令……结果等于一码麻布的生产已经过多地用了三分之一的劳动时间"③。

根据上述分析,可以认为,社会必要劳动时间,并不是单纯指生产一个

---

① 马克思:《资本论》(第一卷),人民出版社 1975 年版,第 120 页。
② 马克思:《剩余价值学说史》(第一卷),郭大力译,人民出版社 1975 年版,第 240—241 页。
③ 同上书,第 241 页。

商品在平均条件下所需要的时间,而是指生产商品的数量符合社会需要时所需要的必要劳动时间。正是这样,列宁便在《市场理论问题评述》中指出:价值理论假设而且也应当假设需要和供给是均衡的,但他决不断言资本主义社会的商品生产一直遵守着或可能遵守这种均衡。

认为价值理论以假设需要和供给均衡为前提。这似乎是一种循环论证,因为需要本身要以价值为前提。其实不是这样。因为商品是从产品变来的,在产品生产中,人们就要根据各种需要,均衡地将劳动分布在各生产部门上。这种劳动均衡分布,已经包含着价值量形成的物质因素。在一定历史条件下,它便决定价值量。当然,随着商品生产的发展,劳动的均衡分布也在变化。

认为价值理论以假设需要和供给均衡为前提,绝不是说,需要和供给的关系决定价值量。需要和供给不均衡,能使价格高于或低于价值量,而两者均衡时的价格便等于价值量,这时的价值量的决定,只能由社会必要劳动时间来说明。但这并不是说,需要和供给的关系,不能影响生产商品的社会必要劳动时间的变化。这里有必要谈一谈社会价值或市场价值和个别价值的关系的问题。"市场价值,一方面,应看作是一个部门所生产的商品的平均价值,另一方面,又应看作是在这个部门的平均条件下生产的、构成该部门的产品很大数量的那种商品的个别价值。只有在特殊的组合下,那些在最坏条件下或在最好条件下生产的商品才会调节市场价值"①。哪一种特殊组合呢? 这就是:"如果需求非常强烈,以致当价格由最坏条件下生产的商品的价值来调节时也不降低,那么,这种在最坏条件下生产的商品就决定市场价值。"②因为这时大量最坏条件的生产者进入生产,社会平均劳动条件下降;"如果所生产的商品的量大于这种商品按中等的市场价值可以找到销路的量,那么,那种在最好条件下生产的商品就调节市场价值"③。因为这时所有最坏条件的、部分中等条件的生产者退出生产,社会平均劳动条件提高。很明显,在这些场合,还是社会必要劳动时间本身决定价值量,需要和供给关系的变动的作用,只限于使社会必要劳动时间发生变化。

---

① 马克思:《资本论》(第三卷),人民出版社 1975 年版,第 199 页。
② 同上书,第 200 页。
③ 同上。

　　所有资产阶级经济学家都不能这样分析价值实体和价值量,即使是最早提出劳动价值理论的古典政治经济学家也是这样。"古典政治经济学在任何地方也没有明确地和十分有意识地把体现为价值的劳动同体现为产品使用价值的劳动区分开。当然,古典政治经济学事实上是这样区分的,因为它有时从量的方面,有时从质的方面来考察劳动。但是,它从来没有意识到,劳动的纯粹量的差别是以它们的质的统一或等同为前提的,因而是以它们化为抽象人类劳动为前提的。"①他们不研究价值实体是什么,只认为价值量由劳动时间决定。例如,李嘉图就是这样。"他只把交换价值的量的规定放在眼里,即交换价值等于一定量的劳动时间,但忘记了质的规定,即个人的劳动只有通过让渡,才表现为抽象的一般的社会的劳动。"②正因为这样,在价值的源泉问题上,主张劳动价值学说的李嘉图,虽然同主张使用价值或效用即价值的萨伊完全对立,但在价值量决定的问题上,李嘉图却发现萨伊完全支持他的学说。不过,这个问题要在后面才能说明。

　　商品是使用价值和价值的统一物。"要生产商品,他不仅要生产使用价值,而且要为别人生产使用价值,即生产社会的使用价值"③。对于马克思这段说明,恩格斯觉得不够严密,因此加了一段说明:"而且不只是单纯为别人。中世纪农民为封建主生产交代役租的粮食,为神父生产纳什一税的粮食。但……并不因为是为别人生产的,就成为商品。要成为商品,产品必须通过交换,转到把它当作使用价值使用的人的手里。"④

2. 体现在商品中的劳动的二重性

　　第二节是"体现在商品中的劳动的二重性"。这一节第一个自然段是个引子,指出"商品中包含的劳动的这种二重性质,是首先由我批判地证明了的。这一点是理解政治经济学的枢纽"⑤。为什么是这样? 以后才能说明。这段一开头就说:"起初我们看到,商品是一种二重的东西,即使用价值和交

①　马克思:《资本论》(第一卷),人民出版社 1975 年版,第 97 页注 31。
②　马克思:《剩余价值学说史》(第二卷),郭大力译,人民出版社 1978 年版,第 583 页。
③　马克思:《资本论》(第一卷),人民出版社 1975 年版,第 54 页。
④　同上。
⑤　同上书,第 55 页。

换价值。"①后来对此加以解释:"在本章的开头,我们曾经依照通常的说法,说商品是使用价值和交换价值,严格说来,这是不对的。商品是使用价值或使用物品和'价值'。"②应该指出,马克思在1859年出版的《政治经济学批判》中,还没有严格区分交换价值和价值。除了引子,这一节分析了三个问题,即有用劳动或具体劳动、抽象劳动、具体劳动和抽象劳动的统一。

生产使用价值,需要进行特定种类的生产活动。它是由它的目的、操作方式、对象手段和结果决定的。"由自己产品的使用价值或者由自己产品是使用价值来表示自己的有用性的劳动,我们简称为有用劳动"③,即具体劳动。使用价值不同,生产它们的劳动的具体特点也不同。各种使用价值的总和,表现了同样多的有用劳动的总和,即表现了社会分工。劳动作为使用价值的创造者,作为有用劳动,是不以一切社会形式为转移的人类生存条件,是人和自然之间的物质变换即人类生活得以实现的永恒的必然性。使用价值是自然物质和劳动这两种要素的结合。因为"如果把上衣、麻布等等包含的各种不同的有用劳动的总和除外,总还剩有一种不借人力而天然存在的物质基质。……因此,劳动并不是它所生产的使用价值即物质财富的唯一源泉。正像威廉·配第所说,劳动是财富之父,土地是财富之母"④。萨伊正是通过将使用价值或效用说成是价值,然后认为价值是自然物质即生产工具和劳动对象,以及劳动这些所谓生产要素创造出来的。与此相反,《哥达纲领》的作者拉萨尔则将价值的唯一源泉的劳动,说成是一切财富的源泉。这都是错误的。

如果把生产使用价值的"生产活动的特定性质撇开,从而把劳动的有用性质撇开,生产活动就只剩下一点:它是人类劳动力的耗费。尽管缝和织是不同质的生产活动,但二者都是人的脑、肌肉、神经、手等等的生产耗费,从这个意义上说,二者都是人类劳动。这只是耗费人类劳动力的两种不同的形式"⑤。将生产商品的劳动的有用性撇开,或者说在商品交换过程中,经济

① 马克思:《资本论》(第一卷),人民出版社1975年版,第54页。
② 同上书,第75页。
③ 同上书,第55页。
④ 同上书,第56—57页。
⑤ 同上书,第57页。

过程本身就将劳动的有用性撇开,生产商品的劳动就成为没有任何特点的劳动,成为抽象劳动,它的结果就是价值。

当然,人类劳动力本身必须已有一定的发展,才能以这种或那种形式耗费。但是,商品价值体现的是人类劳动本身,是一般人类劳动的耗费。"它是每个没有任何专长的普通人的机体平均具有的简单劳动力的耗费。简单平均劳动虽然在不同的国家和不同的文化时代具有不同的性质,但在一定的社会里是一定的。比较复杂的劳动只是自乘的或不如说多倍的简单劳动,因此,少量的复杂劳动等于多量的简单劳动。……一个商品可能是最复杂的劳动的产品,但是它的价值使它与简单劳动的产品相等,因而本身只表示一定量的简单劳动"①。因此,决定商品价值量的抽象劳动量,是以简单劳动计算的,如是复杂劳动,也已换算为简单劳动。

复杂劳动换算或简化为简单劳动,是劳动价值理论的一个问题。马克思指出:"各种劳动化为当作它们的计量单位的简单劳动的不同比例,是在生产者背后由社会过程决定的,因而在他们看来,似乎是由习惯确定的。"②这里强调的是社会过程。与此相反,在马克思之前,李嘉图认为:"为了实际目的,各种性质不同的劳动的估价很快就会在市场上得到十分准确的调整……估价的尺度一经形成,就很少发生变动。"③这里强调的是市场估价,并且一经形成,便很少变动;在马克思以后,威廉·李卜克内西认为,从事复杂劳动的人比从事简单劳动的人,在同一时间内消耗的营养较多,因而形成的价值较多,这里强调的是生理上的支出,而不是一种社会过程。这两种看法都是错误的。

商品具有二因素,生产商品的劳动也具有二重性。"就使用价值说,有意义的只是商品中包含的劳动的质,就价值量说,有意义的只是商品中包含的劳动的量,不过这种劳动已经化为没有质的区别的人类劳动。在前一种情况下,是怎样劳动、什么劳动的问题;在后一种情况下,是劳动多少、劳动时间多长的问题。"④

---

① 马克思:《资本论》(第一卷),人民出版社 1975 年版,第 57—58 页。
② 同上书,第 58 页。
③ 李嘉图:《政治经济学及赋税原理》,郭大力、王亚南译,商务印书馆 1962 年版,第 15 页。
④ 马克思:《资本论》(第一卷),人民出版社 1975 年版,第 59 页。

有的经济学家根据马克思这段论述,认为抽象劳动是个永恒的范畴,这段论述是:"一切劳动,从一方面看,是人类劳动力在生理学意义上的耗费;作为相同的或抽象的人类劳动,它形成商品价值。"①这种看法未必正确,因为抽象劳动是经济过程的结果,而不是思维过程的结果,离开商品生产和商品交换,这个过程便不存在,抽象劳动也随之消失。在共产主义高级阶段,商品生产消灭了,社会按照需要有计划地分配劳动,进行生产,这时的劳动当然有质的差别,因为要生产不同的使用价值。它相同的一面,就是劳动本身或劳动时间,这并不是什么抽象劳动。

古典经济学家虽然首先提出劳动价值理论,但是他们并不理解生产商品的劳动具有二重性。其原因在于他们的资产阶级世界观,使他们认为资本主义这个商品生产的制度,是生产的自然形态,从而商品生产是生产的自然形态。斯密由于要反对封建主义,便感到资本主义以前是有历史的,而资本主义就是永恒的,即使是资本主义以前,存在的也只是商品生产,这样,商品生产便是生产的自然形态了。李嘉图由于只要反对封建主义的尾巴——谷物法,所以连斯密所有的那一点历史观他都没有。只要把商品生产看成是生产的自然形态,就必然看不到生产商品的劳动具有二重性,因为这二重性是产品变成商品后,生产产品的劳动变成生产商品的劳动才具有的社会性质。详细地说就是:"使用物品成为商品,只是因为它们是彼此独立进行的私人劳动的产品。这种私人劳动的总和形成社会总劳动。由于生产者只有通过交换他们的劳动产品才发生社会接触,因此,他们的私人劳动的特殊社会性质也只有在这种交换中才表现出来。"②而在交换中,劳动的质的差别,便在经济过程中舍象,剩下来的是抽象劳动,相对于抽象劳动来说,劳动的质的差别便是具体劳动。

由于这样,古典经济学家就无法解决商品生产者的一次劳动,怎么能既创造新的价值,又能转移生产资料的旧价值的问题,因为抽象劳动创造新的价值,具体劳动在生产出使用价值时,又把生产资料的旧价值转移到商品价值上去。这样一来,他们就无法区别产品价值和价值产品。为了解决矛盾,

---

① 马克思:《资本论》(第一卷),人民出版社 1975 年版,第 60 页。
② 同上书,第 89 页。

斯密就认为,同新的价值构成收入一样,生产资料的旧价值最终也全部分解为收入,也就是说价值等于收入,这就是斯密教条。它对政治经济学的研究带来很大的妨碍。斯密在其巨著《国民财富的性质和原因的研究》中,开宗明义第一句话,就是由于不理解生产商品的劳动的二重性,从而混淆了产品价值和价值产品。这句话是:"一国国民每年的劳动,本来就是供给他们每年消费的一切生活必需品和便利品的源泉。"①这里的错误,第一,"是把年产品价值和年价值产品等同起来。后者只是过去一年劳动的产品;前者除此以外,还包含在生产年产品时消费掉的,然而是前一年生产的、一部分甚至是前几年生产的一切价值要素……斯密把这两种不同的东西混淆起来,从而赶走了年产品中的不变价值部分。这种混淆本身建立在他的基本观点的另一个错误上:他没有区分劳动本身的二重性";第二,他"片面地注意到单纯的有用劳动,诚然,这种劳动使这一切生活资料取得可以消费的形式。但是,这里他忘记了,如果没有前几年留下的劳动资料和劳动对象的帮助,这是不可能的,因而形成价值的'年劳动',无论如何也没有创造它所完成的产品的全部价值;他忘记了,价值产品是小于产品价值的"。② 斯密教条对资产阶级经济学的影响,一直延续到今天。

从上述全部分析中可以看出,在商品生产中是存在着平等关系的。第一,不管是什么劳动,只要是生产商品,它在形成价值实体这一点上,是没有差别的,即使是生产油画的艺术家,其劳动和砍柴的樵夫的劳动一样,都形成价值实体,就这点说没有贵贱之分,商品生产的发展,必然扫除封建主义的等级关系。第二,不管复杂劳动还是简单劳动,不管各自劳动时间如何,商品的价值量都由简单的平均的劳动时间决定,在价值量的决定上,各种劳动也是平等的。正是这样,商品便成为天生的平等派。

应该指出,并不是有了商品生产,反映商品生产中的平等关系的平等思想便能产生。古代希腊奴隶社会大思想家亚里士多德对交换价值的分析,说明了这一点。首先,他清楚地指出:"商品的货币形式不过是简单价值形式——一种商品的价值通过任何另一种商品来表现——的进一步发展的形

---

① 亚当·斯密:《国民财富的性质和原因的研究》(上卷),郭大力、王亚南译,商务印书馆1972年版,第1页。

② 马克思:《资本论》(第二卷),人民出版社1975年版,第418—419页。

态,因为他说:'5 张床＝1 间屋''无异于':'5 张床＝若干货币'。"①其次,他
看到:"包含着这个价值表现的价值关系本身,要求屋必须在质上与床等同,
这两种感觉上不同的物,如果没有这种本质上的等同性,就不能作为可通约
的量而互相发生关系。他说:'没有等同性,就不能交换,没有可通约性,就
不能等同。'"②直到现在,亚里士多德都是正确的。但是,他的分析到此便停
止了,他认为:"'实际上,这样不同种的物是不能通约的',就是说,它们不可
能在质上等同。这种等同只能是某种和物的真实性质相异的东西,因而只
能是'应付实际需要的手段'。"③

亚里士多德为什么最终看不到商品交换中的平等关系呢? 什么原因使
他最终不能达到这种认识? "这是因为希腊社会是建立在奴隶劳动的基础
上的,因而是以人们之间以及他们的劳动力之间的不平等为自然基础的。
价值表现的秘密,即一切劳动由于而且只是由于都是一般人类劳动而具有
的等同性和同等意义,只有在人类平等概念已经成为国民的牢固的成见的
时候,才能揭示出来。而这只有在这样的社会里才有可能,在那里,商品形
式成为劳动产品的一般形式,从而人们彼此作为商品所有者的关系成为占
统治地位的社会关系。"④这就是资本主义社会,在这里,如恩格斯所指出的:
所有人的劳动——因为它们都是人的劳动并且只就这点而言——的平等和
效用,不自觉但最强烈地表现在现代资产阶级经济学的价值规律中,根据这
一规律,商品的价值是由其中所包含的社会必要劳动来计量的。⑤

(二) 货币是比商品更进一步的平等派

这里主要讲第一章第三节、第二章和第三章,目的是说明货币。"以货
币形式为其完成形态的价值形式,是极无内容和极其简单的。然而,两千多
年来人类智慧在这方面进行探讨的努力,并未得到什么结果,而对更有内容
和更复杂的形式的分析,却至少已接近于成功。为什么会这样呢? 因为已

---

① 马克思:《资本论》(第一卷),人民出版社 1975 年版,第 74 页。
② 同上。
③ 同上。
④ 同上书,第 74—75 页。
⑤ 恩格斯:《反杜林论》,人民出版社 1970 年版,第 102—103 页。

经发育的身体比身体的细胞容易研究些。"①"还在十七世纪最后几十年,人们已经知道货币是商品,这在货币分析上是跨出很大一步的开端,但终究只是开端而已。困难不在于了解货币是商品,而在于了解商品怎样、为什么、通过什么成为货币。"②我们根据这提示进行分析。为了我们的目的,第一章第三节和第二章结合起来讲。

1. 价值形式或交换价值和交换过程

第一章第二节"价值形式或交换价值"研究交换价值本身的规定和发展,这个角度和前面作为过渡到研究价值的桥梁所研究的交换价值不同;第二章"交换过程"研究商品交换的历史发展,交换价值的发展是其表现形式。

简单的、个别的或偶然的价值形式:20 码麻布＝1 件上衣。在这里,"麻布通过上衣表现自己的价值,上衣则成为这种价值表现的材料。前一个商品起主动作用,后一个商品起被动作用。前一个商品的价值表现为相对价值,或者说,处于相对价值形式。后一个商品起等价物的作用,或者说,处于等价形式"③。当然这种表现也可以倒过来,表现相反的关系。一旦这样做,成为等价物的就是麻布,而不是上衣了。"可见,同一个商品在同一个价值表现中,不能同时具有两种形式。不仅如此,这两种形式是作为两极互助排斥的。"④

这种简单的价值形式,是历史上最初产生的商品交换的表现。"商品交换是在共同体的尽头,在它们与别的共同体或其成员接触的地方开始的"⑤,也就是在原始公社后期开始的。"但是物一旦对外成为商品,由于反作用,它们在共同体内部也成为商品。它们交换的量的比例起初完全是偶然的。"⑥

让我们进一步分析这个价值形成的两极。

相对价值形式的内容,并不涉及它的量的规定性。简单价值形式或价

---

① 马克思:《资本论》(第一卷),人民出版社 1975 年版,第 7—8 页。
② 同上书,第 110 页。
③ 同上书,第 62 页。
④ 同上书,第 63 页。
⑤ 同上书,第 106 页。
⑥ 同上。

值形式本身的内容,是麻布=上衣,而不是 20 码麻布=1 件上衣。"要发现一个商品的简单价值表现怎样隐藏在两个商品的价值关系中,首先必须完全撇开这个价值关系的量的方面来考察这个关系。人们通常的做法正好相反,他们在价值关系中只看到两种商品的一定量彼此相等的比例。他们忽略了,不同物的量只有化为同一单位后,才能在量上互相比较。"[①]"上衣作为价值物被看作与麻布相等时,前者包含的劳动就被看作与后者包含的劳动相等。固然,缝上衣的劳动是一种与织麻布的劳动不同的具体劳动。但是,把缝看作与织相等,实际上就是把缝化为两种劳动中确实等同的东西,化为它们的人类劳动的共同性质。通过这种间接的办法还说明,织就它织出价值而论,也和缝毫无区别,所以是抽象人类劳动"[②]。这说明没有价值的东西不能充当等价物。

相对价值形式的量的规定,例如 20 码麻布=1 件上衣是由于这两者包含的抽象人类劳动量相等。这样,麻布即处在相对价值形式上的商品的价值,以及上衣即等价物的价值的变化,就可能引起相对价值的变化,也可能不引起,情况如下:(1)麻布价值变化,上衣价值不变,麻布相对价值的增减同麻布本身价值的增减成正比;(2)麻布价值不变,上衣价值变化,麻布相对价值的增减同上衣价值的增减成反比;(3)麻布的价值和上衣的价值,按同一方向和同一比例发生变化,麻布的相对价值不变,这时只有同价值不变的第三种商品比较,才能发现它们的价值的变化;(4)麻布和上衣的价值,按同一方向但以不同比例发生变化,或者按照相反方向发生变化,这时麻布相对价值的变化情况,根据上述三种情况可以推知。上述第(2)点即等价物价值增减,使商品相对价值发生相反的变化这一点,对理解 16、17 世纪资本主义国家物价普遍上涨的现象,即所谓的"价格革命",十分重要。

等价形式的特点,第一,"使用价值成为它的对立面即价值的表现形式"[③],这就是说,上衣的使用价值原来是供人穿着,这时它作为等价物,它的特殊使用价值是表现麻布的价值;第二,"具体劳动成为它的对立面即抽象

---

① 马克思:《资本论》(第一卷),人民出版社 1975 年版,第 63 页。
② 同上书,第 64—65 页。
③ 同上书,第 71 页。

人类劳动的表现形式"①,这就是说,织不是在织这个具体形式上,而是在作为人类劳动的耗费而形成麻布的价值,为了表明这一点,就要把缝这种制造麻布的等价物即上衣的具体劳动,作为抽象人类劳动即形成麻布的价值的劳动的表现形式;第三,"私人劳动成为它的对立面的形式,成为直接社会形式的劳动"②。既然缝这种具体劳动,只是作为抽象劳动的表现,它就具有与别种劳动即麻布中包含的劳动的等同的形式,所以,尽管它和其他一切生产商品的劳动一样,是私人劳动,但终究是直接社会形式上的劳动,即它本身无须经过交换便成为社会劳动,"正因为这样,它才表现在一种能与别种商品直接交换的产品上"③。这三点,尤其是第三点,对理解货币的本质是非常重要的。

总和的或扩大的价值形式:20 码麻布=1 件上衣,或=10 磅茶叶,或=10 磅咖啡,或=1 夸特小麦,或=2 盎司金,或=$\frac{1}{2}$ 吨铁,或=其他。在这里,"一种商品例如麻布的价值表现在商品世界的其他无数的元素上",因为是无数的,"这个价值本身才真正表现为无差别的人类劳动的凝结",同时,这个"商品价值表现的无限的系列表明,商品价值是同它借以表现的使用价值的特殊形式没有关系的"。④

这种扩大的价值形式,在历史上是商品交换的进一步发展的结果,游牧民族的商品交换就是这种形式产生的基础。因为"他们的一切财产都具有可以移动的因而可以直接让渡的形式,又因为他们的生活方式使他们经常和别的共同体接触,因而引起产品交换"⑤。恩格斯指出:自从游牧部落分离出来以后,各部落成员间的交换及其发展和巩固而成为一种制度的一切条件都具备了;起初交换是在部落与部落之间由各氏族长来进行的,到了畜群转变为各自的财产的时候,个人与个人间的交换,便逐渐占优势了,乃至成为交换的唯一形式了。⑥ 这时,两个单个商品所有者之间的偶然关系消失

① 马克思:《资本论》(第一卷),人民出版社 1975 年版,第 73 页。
② 同上。
③ 同上。
④ 同上书,第 78 页。
⑤ 同上书,第 107 页。
⑥ 恩格斯:《家庭、私有制和国家的起源》,人民出版社 1972 年版,第 157—158 页。

了,麻布(在这里是畜产品)的价值,无论是表现在无数千差万别的,属于各个不同所有者的商品上,总是一样大的。"显然,不是交换调节商品的价值量,恰好相反,是商品的价值量调节商品的交换比例。"①

在扩大的价值形式中,除了处于相对价值形式中的麻布以外,其他的每一种商品,都成为表现麻布的等价物,因而其中每一种都是特殊的等价物。换句话说就是,"种种不同的商品体中所包含的多种多样的一定的、具体的、有用的劳动,现在只是一般人类劳动的同样多种的特殊的实现形式或表现形式"②。以唯一具体的、有用的劳动来表现一般的人类劳动这样的等价物尚未出现。

由于这样,扩大的价值形式就必然存在着缺点,说到底就是不利于生产商品的私人劳动转化为社会劳动,因为在这里还没有唯一的等价物(其生产的私人劳动直接就是社会劳动),这就妨碍了商品生产的发展。只有产生了唯一的、一般的等价物,这个矛盾才能解决。

一般价值形式:1 件上衣＝,或 10 磅茶叶＝,或 40 磅咖啡＝,或 1 夸特小麦＝,或 2 盎司金＝,或 $\frac{1}{2}$ 吨铁＝,或其他商品＝20 码麻布。从扩大的价值形式中,可以看出:"如果一个人用他的麻布同其他许多商品交换,从而把麻布的价值表现在一系列其他的商品上,那么,其他许多商品所有者也就必然要用他们的商品同麻布交换,从而把他们的各种不同的商品的价值表现在同一个第三种商品麻布上。"③这样,一般价值形式便产生了。

这种一般价值形式,并不是扩大的价值形式的简单的颠倒,它表明商品交换已发展为商品生产,即以交换为目的进行的生产。这就是手工业同农业相分离。应该指出,畜牧业、农业直接生产消费资料,它首先供生产消费,有剩余时才拿去交换,这样,交换是否成功,私人劳动是否能实现为社会劳动,还不能决定生产者的再生产是否能继续进行。手工业生产与此不同,它的产品不直接供生产者消费,交换不成功,其再生产是无法继续进行的。这样,这种经济条件就要求从扩大的价值形式发展为一般价值形式,在这形式

---

① 马克思:《资本论》(第一卷),人民出版社 1975 年版,第 79 页。
② 同上。
③ 同上书,第 80 页。

下,特殊等价物发展为一般等价物。

一般价值形式和前面说的两种价值形式不同,在后"两种情况下,使自己取得一个价值形式可以说是个别商品的私事,它完成这件事情是不用其他商品帮助的",这是因为,"对它来说,其他商品只是起着被动的等价物的作用"。① 与此相反,"一般价值形式的出现只是商品世界共同活动的结果。一种商品所以获得一般的价值表现,只是因为其他一切商品同时也用同一个等价物来表现自己的价值,而每一个新出现的商品都要这样做"②。

与此相应,一般等价物就产生了。因为商品世界的一般的相对价值形式,"使被排挤出商品世界的等价物商品即麻布,获得了一般等价物的性质"③。现在,"一切商品,在与麻布等同的形式上,不仅表现为在质上等同,表现为价值,而且同时也表现为在量上可以比较的价值量"④。一般等价物,由于它是唯一的等价物,因此,在生产所有商品的劳动中,只有生产这种已经成为等价物的劳动,其具体劳动是表现抽象劳动,其私人劳动直接是社会劳动,生产其他的商品的私人劳动,要和它相交换,以实现为社会劳动。

货币形式:20 码麻布=,或 1 件上衣=,或 10 磅茶叶=,或 40 磅咖啡=,或 1 夸特小麦=,或 $\frac{1}{2}$ 吨铁=,或一定量其他商品=2 盎司金。在这里,金代替了麻布取得了一般等价物形式。金在货币形式中同麻布在一般价值形式中一样,都是一般等价物。"唯一的进步是在于:能直接地一般地交换的形式,即一般等价形式,现在由于社会的习惯最终地同商品金的特殊的自然形式结合在一起了。"⑤

货币形式和一般价值形式没有质的差别,因此,历史上的一般等价物也是货币,在这里,游牧民族最先发展了货币形式,畜产品曾经是货币,贝壳、布帛、其他商品也曾经是货币。但是,"随着商品交换日益突破地方的限制,从而商品价值日益发展成为一般人类劳动的化身,货币形式也就日益转到

---

① 马克思:《资本论》(第一卷),人民出版社 1975 年版,第 82 页。

② 同上。

③ 同上。

④ 同上。

⑤ 同上书,第 86 页。

那些天然适于执行一般等价物这种社会职能的商品身上,即转到贵金属身上"①。

为什么贵金属的自然属性最适于担任货币的职能呢?货币就是一般等价物,前面说过,生产一般等价物的私人劳动直接就是社会劳动,直接就是无差别的人类一般劳动,由于这样,这种一般等价物就要由它不论产于何地,产自何人,其质量都应相同的商品来担任。"一种物质只有分成的每一份都是均质的,才能成为价值的适当的表现形式,或抽象的因而等同的人类劳动的化身。另一方面,因为价值量的差别纯粹是量的差别,所以货币商品必须只能有纯粹量的差别,就是说,必须能够随意分割,又能够随意把它的各部分合并起来。"②此外,它又要求比重较大,在小小的体积中,包含着较多的劳动时间,包含着较大的价值,这是有利于货币的流通和贮藏的。这样,很明显,用牲畜等作为货币是不完全符合条件的,比如用牛来作为货币,那就要用观念上的平均牛,何况它又不能随意分割和合并,也不利于流通和贮藏。贵金属就不是这样,虽然"金无足赤",但它是最接近于足赤的。此外,它可分可合,体积小,价值大。凡此种种,都说明"金银天然不是货币,但货币天然是金银"③。

金和银在生产过程中,和一般金属相比具有的特点,也使它适宜于充当货币。它的质地非常柔软,不能像铁那样制作生产工具。它在消费领域中,也并不是非有不可的,因为它多半作为满足奢侈、装潢、华丽、炫耀等需要的天然物质,它的奢侈品状态和它的条块状态、铸币状态,可以相互转变。这样,不论把多少金银作为货币投入流通过程,也不致影响生产过程和消费过程。从这点上说,它成为社会财富、社会剩余产品的最好形式——财富的贮藏形式。

货币形式的产生,在历史上同手工业的进一步发展有关,因为它最初是由手工业去开采和冶炼的。但开始时使用的不是铸造货币,而是条块状态的货币,按重量交换。例如,20 码麻布=2 盎司金,而不是 20 码麻布=20 元。

---

① 马克思:《资本论》(第一卷),人民出版社 1975 年版,第 107 页。

② 同上书,第 107—108 页。

③ 同上书,第 107 页。

比较一下简单的价值形式即 20 码麻布＝1 件上衣,和货币形式即 20 码麻布＝2 盎司金,就可以看出:简单的价值形式是货币形式的胚胎。理解使人炫目的"货币形式的困难,无非是理解一般等价形式,从而理解一般价值形式即第三种形式的困难。第三种形式倒转过来,就化为第二种形式,即扩大的价值形式,而第二种形式的构成要素是第一种形式:20 码麻布＝1 件上衣"①。这样,我们就做了"资产阶级经济学从来没有打算做的事情:指明这种货币形式的起源,就是说,探讨商品价值关系中包含的价值表现,怎样从最简单的最不显眼的样子一直发展到炫目的货币形式。这样,货币的谜就会随着消失"②。

2. 货币

第三章"货币或商品流通"下分价值尺度、流通手段和货币三节,这种安排是要说明的。下面将说明,价值尺度和流通手段并不需要真正的货币,即作为一种特殊商品的货币;真正的货币是货币贮藏、支付手段、世界货币职能的执行者。

先谈价值尺度。"为了简单起见,我在本书各处都假定金是货币商品"③。这句话引起过不必要的误解,即以为金成为货币,只是为了简单;不是的,因为金和银这两种贵金属都已经是货币,所以为了分析的方便,就假定金是货币。至于金银为什么最适合充当货币,前面已说明过了。

"金的第一个职能是为商品世界提供表现价值的材料,或者说,是把商品价值表现为同名的量,使它们在质的方面相同,在量的方面可以比较。因此,金执行一般的价值尺度的职能"④。而"货币作为价值尺度,是商品内在的价值尺度即劳动时间的必然表现形式"⑤。

值得注意的是劳动时间是内在的价值尺度的提法。首先提出劳动价值理论的古典政治经济学家,在认为劳动是价值的泉源的同时,又认为劳动是

① 马克思:《资本论》(第一卷),人民出版社 1975 年版,第 87 页。
② 同上书,第 61 页。
③ 同上书,第 112 页。
④ 同上。
⑤ 同上。

价值的尺度,即价值量的大小由劳动时间的长短来衡量,这里说的就是劳动时间是内在的价值尺度。这样理解价值尺度是片面的,因为这只解决了商品生产者内在计量社会必要劳动时间的问题,没有解决社会对这种商品是否需要,即对生产这种商品的劳动的质是否需要,并在需要的前提下再进行量的计算的问题。要解决这问题,单纯以劳动时间来衡量价值,亦即以任何劳动生产物即商品来作为货币是不行的,必须以那种直接代表社会劳动的劳动时间,亦即以货币来衡量价值才能解决问题。从这意义上说,货币是价值尺度指的是外在的价值尺度,或社会的价值尺度,亦即货币以其包含的直接社会劳动,对商品的私人劳动予以质的承认,并加以量的计算。这是马克思的货币理论和古典派的货币理论的重大区别。

这个问题其实就是直接代表劳动时间的劳动券为什么不是货币的问题。"为什么货币不直接代表劳动时间本身,例如,以一张纸币代表 x 个劳动小时,这个问题可简单归结为:在商品生产的基础上为什么劳动产品必须表现为商品,因为商品的表现就包含着商品分为商品和货币商品这种二重化。或者说,为什么私人劳动不能看成是直接的社会劳动,不能看成是它自身的对立面。"①古典派由于"把资产阶级生产方式误认为是社会生产的永恒的自然形式,那就必然会忽略价值形式的特殊性,从而忽略商品形式及其进一步发展——货币形式……因此,我们发现,在那些完全同意用劳动时间来计算价值量的经济学家中间,对于货币即一般等价物的完成形态的看法是极为混乱和矛盾的"②。空想社会主义者也是这样,"例如欧文的'劳动货币',同戏票一样,不是'货币'。欧文以直接社会化劳动为前提,就是说,以一种与商品生产截然相反的生产形式为前提。劳动券只是证明生产者个人参与共同劳动的份额,以及他个人在供消费的那部分共同产品中应得的份额"③。

商品在金上的价值表现,是商品的货币形式或它的价格。商品的价格或货币形式,同商品的所有价值形式一样,是一种与商品的可以捉摸的实体形式不同的,因而只是观念的或想象的形式。既然商品在金上的价值表现

---

① 马克思:《资本论》(第一卷),人民出版社 1975 年版,第 112 页注 50。
② 同上书,第 98 页注 32。
③ 同上书,第 112—113 页注 50。

是观念的,所以要表现商品的价值,也可以仅仅用想象的或观念的金。"因此,货币在执行价值尺度的职能时,只是想象的或观念的货币。"①

历史上曾经有过同时用金和银充当价值尺度的情况。这样,"一切商品就会有两种不同的价格表现,即金价格和银价格;只要金和银的价值不变,例如总是1∶15,那么这两种价格就可以安然并存。但是,这种价值比例的任何变动,都会扰乱商品的金价格和银价格之间的比例,这就在事实上证明,价值尺度的二重化是同价值尺度的职能相矛盾的"②。凡是在同时采用金和银当作货币的地方,必然发生金和银的法定比价和自然比价不一致的情况。"有时金的估价高了,有时银的估价高了。估价过低的金属退出流通,被熔化和输出"③。我们知道,美国经济史上长期存在这问题,它涉及金矿主和银矿主的利益,涉及共和党和民主党的争论和政策分歧。

金作为货币,各种商品的价值就作为不同的金量互相比较,互相计量,这样在技术上就有必要把某一固定的金量作为商品价值的计量单位。这种计量单位就是价格标准。"作为价值尺度和作为价格标准,货币执行着两种完全不同的职能。……价值尺度是用来计量作为价值的商品,相反,价格标准是用一个金量计量各种不同的金量,而不是用一个金量的重量计量另一个金量的价值。"④

金的价值变化,不妨碍它执行价值尺度和价格标准的职能。商品价值的货币表现是价格,金的价值变化和作为价格标准的金量的变化,会使价格发生变化。金的价值变化和价格变化成反比,作为价格标准的金量的变化也和价格变化成反比。因此,假如,商品价值不变,而价格变化了,这就要分析是由哪一种原因引起的。这对于理解二次大战后,尤其是20世纪70年代以来资本主义国家物价普遍上涨的原因,是十分重要的。

价格还因商品的供给和需要不一致,亦即社会劳动在生产部门的分布不均衡,而在价值量的水平上波动。"商品的价值量表现着一种必然的、商品形成过程内在的同社会劳动时间的关系。随着价值量转化为价格,这种

---

① 马克思:《资本论》(第一卷),人民出版社1975年版,第114页。
② 同上。
③ 同上书,第115页注53。
④ 同上书,第116页。

必然的关系就表现为商品同在它之外存在的货币商品的交换比例。这种交换比例既可以表现商品的价值量,也可以表现比它大或小的量……可见,价格和价值量之间的量的不一致的可能性,或者价格偏离价值量的可能性,已经包含在价格形式本身中。"①

货币虽然只是商品的价值形式,但价格可以完全不是价值的表现。"有些东西本身并不是商品,例如良心、名誉等等,但是也可以被它们的所有者出卖以换取金钱,并通过它们的价格,取得商品形式。因此,没有价值的东西在形式上可以具有价格。在这里,价格表现是虚幻的"②。

再谈流通手段。"交换过程造成了商品分为商品和货币这种二重化,即造成了商品得以表现自己的使用价值和价值之间的内在对立的一种外部对立。在这种外部对立中,作为使用价值的商品同作为交换价值的货币对立着。"③在交换过程中,货币执行流通手段的职能。

商品交换和产品交换不同,它的形式是商品—货币—商品,即 $W-G-W$。在这过程中,商品生产的基本矛盾即私人劳动和社会劳动的矛盾,集中地表现在 $W-G$ 即出卖的困难上。"商品价值从商品体跳到金体上……是商品的惊险的跳跃。这个跳跃如果不成功,摔坏的不是商品,但一定是商品的所有者。"④因为这里是私人劳动要取得社会的承认,要转化为社会劳动。第一,它的具体表现,即具体劳动或使用价值,要被证明是社会需要的,"某种产品今天满足一种社会需要,明天就可能全部地或部分地被一种类似的产品排挤掉"⑤。这样,这部分劳动的质,就没有得到承认。第二,在这种劳动的质得到承认的前提下,它能吸引多少货币呢? 这就遇到社会必要劳动时间的两种含义的问题:(1)这劳动是否和生产该商品所需的平均劳动时间相等;(2)这全部劳动生产的商品是否和对这种商品的需求相等。这些问题都解决了,私人劳动就转化为社会劳动,商品都出卖成功,换得一定量的货币。

---

① 马克思:《资本论》(第一卷),人民出版社 1975 年版,第 120 页。
② 同上书,第 120—121 页。
③ 同上书,第 123 页。
④ 同上书,第 124 页。
⑤ 同上书,第 125 页。

由此可见，是商品生产的基本矛盾，使 $W-G$ 发生困难。空想社会主义者欧文和格雷认为，由于有了货币才发生这困难，而为了使出售和购买同样容易，便主张消灭金属货币，代之以劳动货币或劳动券，这是十分错误的。

$G-W$ 即购买是比较容易实现的，因为 G 直接是社会劳动，所有 W 即私人劳动都要寻求它，取得它的承认。

$W-G$，从商品所有者来说是出卖，但从货币所有者来说则是购买即 $G-W$，因此"一个商品的后一形态变化，同时就是另一商品的前一形态变化"①。

"有一种最愚蠢不过的教条：商品流通必然造成买和卖的平衡，因为每一次卖同时就是买，反过来也是一样。"②这教条的首创者是老穆勒，其后萨伊也信奉它。它要证明："卖者会把自己的买者带到市场上来。"③这就是穆勒的供需均等论、萨伊的销路论，都是错误的。因为"作为两极对立的两个人即商品所有者和货币所有者的相互关系来看，卖和买是同一个行为。但作为同一个人的活动来看，卖和买是两极对立的两个行为"④。从这点看，"没有人买，也就没有人能卖。但谁也不会因为自己已经卖，就得马上买。流通所以能够打破产品交换的时间、空间和个人的限制，正是因为它把这里存在的换出自己的劳动产品和换进别人的劳动产品这两者之间的直接的同一性，分裂为卖和买这二者之间的对立"⑤。

正是在这一点上，我们又可以说，商品生产的基本矛盾使产品交换发展为商品交换，而货币之作为流通手段，又使这个矛盾加深——卖和买可能脱节，只要卖了之后，不立刻继之以买，就有人不能卖。"这些形式包含着危机的可能性，但仅仅是可能性。这种可能性要发展为现实，必须有整整一系列的关系，从简单商品流通的观点来看，这些关系还根本不存在。"⑥

现在的问题是流通手段的量即货币流通量如何决定。假定商品价值已定，流通手段量就由商品价格总额决定，"货币不过是把已经在商品价格总额中观念地表现出来的金额实在地表现出来。因此，这两个数额相等是不

① 马克思：《资本论》(第一卷)，人民出版社 1975 年版，第 129 页。
② 同上书，第 132 页。
③ 同上。
④ 同上。
⑤ 同上书，第 133 页。
⑥ 同上。

言而喻的"①。但是,在商品价值不变的情况下,商品的价格会同金的价值的变动成反比例的变动。随着商品价格总额这种变动,流通手段量也以同一程度成正比例变动。"在这里,流通手段量的变化都是由货币本身引起的,但不是由它作为流通手段的职能,而是由它作为价值尺度的职能引起的。先是商品价格同货币价值成反比例地变化,然后是流通手段量同商品价格成正比例地变化。"②要记住的是:金或一切货币材料是作为"具有一定价值的商品……进入流通领域的。这个价值在货币执行价值尺度的职能时,即在决定价格时,是作为前提而存在的"③。

进入流通的商品不是同时出售的。这样,一定量货币便能依次购买多种商品,实现比货币额更多的价格。因此商品价格总额÷同名货币的流通次数＝执行流通手段职能的货币量。这个公式还可以表述如下:已知商品价值总额和商品形态变化的平均速度,流通的货币或货币材料的量决定于货币本身的价值。应该指出的是,不论哪一种表述,货币量始终是结果,商品价格总额、货币流通速度、货币本身的价值,在这里始终是原因。"有一种错觉,认为情况恰恰相反,即商品价格决定于流通手段量,而流通手段量又决定于一个国家现有的货币材料量,这种错觉在它的最初的代表者那里是建立在下面这个荒谬的假设上的:在进入流通过程时,商品没有价格,货币也没有价值,然后在这个过程内,商品堆的一定部分同金属堆的相应部分相交换。"④

这里批判的就是货币数量说。它的倡导者是休谟。它产生的背景是:欧洲16、17世纪价格增高的所谓价格革命,同从美洲富矿生产的金银输入欧洲的数量增加两者同时发生。休谟对此的解释是:后者是原因,前者是结果。在他看来,假定商品世界由唯一的一种商品,例如100万夸特谷物组成,如果存在的金有200万盎司,每夸特谷物就换金2盎司,如果存在的金有2 000万盎司,每夸特谷物就换金20盎司,即商品价格和货币数量成正比例变化,货币价值(金的价值)和货币数量成反比例变化,这是完全违背劳动价

---

① 马克思:《资本论》(第一卷),人民出版社1975年版,第137页。
② 同上。
③ 同上。
④ 同上书,第143页。

值理论的。对上述现象正确的解释应该是:美洲富矿生产的金和银使欧洲劣矿退出生产,金和银的价值下降,因此引起商品价格普遍上涨,即商品总价格增加,假设货币流通速度不变,作为总价格增加的结果,货币流通量便相应增加。这种货币数量说影响很深远,以后还要谈到。

从货币作为流通手段的职能中产生出货币的铸币形式。铸币有一定的重量和形式,它在流通中必然受到磨损。因此,金币的名义含量和实际含量,开始发生分离,作为流通手段的金和作为价格标准的金,开始发生偏离。这样,"货币流通中就隐藏着一种可能性:可以用其他材料做的记号或用象征来代替金属货币执行铸币的职能"①。铜或其他较贱的金属铸成的辅币,在小额的买卖中代替了金币。辅币流通更快,磨损更厉害,"它们的铸币职能实际上与它们的重量完全无关,就是说,与任何价值完全无关"②。这样,说到底就是:"金的铸币存在同它的价值实体完全分离了。因此,相对地说没有价值的东西,例如纸票,就能代替金来执行铸币的职能。"③因此,纸币和铸币同样是价值符号,它是从货币的流通手段职能中产生的,是国家强制流通的。

"纸币流通的特殊规律只能从纸币是金的代表这种关系中产生。这一规律简单说来就是:纸币的发行限于它象征地代表的金(或银)的实际流通的数量。"④如果纸币"超过了能够流通的同名的金币量,那么,即使不谈有信用扫地的危险,它在商品世界毕竟只是代表由商品世界的内在规律所决定的那个金量,即它所能代表的那个金量"⑤。如果实现商品总价格的流通手段量是 2 000 金元,而纸币的流通量是 4 000 元,那么,每元纸币代替的只能是 0.5 金元。"其结果无异于金在它作为价格尺度的职能上发生了变化"⑥,也就是以纸币来表示的金元的价格标准缩小了。因此,价格上涨,原来用 1 元的价格来表现,现在要用 2 元的价格来表现了。我认为,这就是目前资本主义国家物价普遍上涨的原因。

---

① 马克思:《资本论》(第一卷),人民出版社 1975 年版,第 145 页。
② 同上书,第 146 页。
③ 同上。
④ 同上书,第 147 页。
⑤ 同上。
⑥ 同上书,第 148 页。

为什么金可以用那种本身没有任何价值的符号来代替呢？因为金的运动，只表示商品形态变化 $W-G-W$ 的对立过程的不断互相转化。在这里，商品的交换价值的独立表现只是转瞬即逝的要素，它马上又会被别的商品代替。"因此，在货币不断转手的过程中，单有货币的象征存在就够了。"①

最后谈货币。"作为价值尺度并因而以自身或通过代表作为流通手段来执行职能的商品，是货币。"②金作为执行货币职能的特殊商品，即货币商品，一方面，不像在充当价值尺度时那样纯粹是观念的，也不像在充当流通手段时那样可以用别的东西来代表，而必须以其金体出现，另一方面，固定为唯一的价值形态，成为交换价值唯一适当的存在，成为绝对的价值，而与其他一切仅仅作为使用价值的商品相对立。这种货币商品，有下面的职能。

货币贮藏。商品形态变化的系列中断，卖了之后没有继之以买，货币便从流通手段变为货币贮藏了，而商品形态变化的中断，是商品生产矛盾包含着的，从这点看，商品生产和商品交换本身就包含着货币贮藏的因素。随着商品交换的最初发展，把由商品转化来的金保留在自己手中的必要性和欲望也发展起来，这就是出售商品不是为了购买商品，而是为了用货币形式来代替商品形式。这样，货币就成为贮藏货币，商品出售者就成为货币贮藏者。在货币因缺乏社会条件未能变成资本时，货币贮藏是很普遍的。这是因为，"在质的方面，或按形式来说，货币是无限的……是物质财富的一般代表，因为它能直接转化成任何商品。但是在量的方面，每一个现实的货币额又是有限的，因而只是作用有限的购买手段。货币的这种量的有限性和质的无限性之间的矛盾，迫使货币贮藏者不断地从事息息法斯式的积累劳动"③。除了这种贮藏外，还有一种美的贮藏，即占有金银制的商品。货币贮藏能调节金属货币的流通量。"为了使实际流通的货币量总是同流通领域的饱和程度相适应，一个国家的现有的金银量必须大于执行铸币职能的金银量。这个条件是靠货币的贮藏形式来实现的。"④

李嘉图认为货币只有流通手段，只是交换的媒介，并且认为商品交换不

---

① 马克思：《资本论》(第一卷)，人民出版社 1975 年版，第 149 页。
② 同上。
③ 同上书，第 153 页。
④ 同上书，第 154 页。

会发生困难,因此货币永远在流通中,不会成为贮藏货币。其原因是他不认识商品生产的历史性,从而不理解商品生产的基本矛盾。由于认为货币只是流通手段,他便接受和发展货币数量说。在他看来,金币流通量过多,如同商品供给过多一样,金币的价格便落在金块的价值以下,商品价格便上涨;反之亦然。因此,金币的价值除取决于生产它的必要劳动时间外,还要取决于其数量,商品价格和货币数量成正比。这是错误的。因为金币的流通量可以由它的贮藏职能来调节,过多的可以退出流通,进入贮藏。这是和一般商品不同的。这正是货币这种特殊商品区别于一般商品的特点:它是绝对的价值,它直接就是社会劳动。

支付手段。随着商品交换的发展,商品的让渡同商品价格的实现在时间上分离开来的关系也在发展。这时,卖者成为债权人,买者成为债务人。货币在这里取得了支付手段的职能。在这里,货币执行价值尺度的职能,是实现由契约规定商品的价格,即买者到期必须如数支付;货币执行观念的购买手段的职能,因为要到支付日期到来时,支付手段才真正进入流通,而这时商品早已买卖完毕。实现这种价格总额所必须的货币额,取决于支付手段的流通速度,这又取决于:(1)债权人和债务人的关系的锁链有多长;(2)各种不同支付的期限的间隔。这些锁链各个环节的债权债务可以相互抵消,支付的只是其中的差额。这能减少支付手段量。"货币作为支付手段的职能包含着一个直接的矛盾。在各种支付互相抵消时,货币就只是在观念上执行计算货币或价值尺度的职能。而在必须进行实际支付时,货币又不仅是充当流通手段,不是充当物质变换的仅仅转瞬即逝的媒介形式,而是充当社会劳动的单个化身,充当交换价值的独立存在,充当绝对商品。这种矛盾在生产危机和商业危机中称为货币危机的那一时刻暴露得特别明显。"[①]这时,不管用金支付,还是用下面将谈到的银行券这样的信用货币支付,货币荒都是一样的。这种货币危机只有在一个接着一个的支付的锁链和抵消支付的人为制度获得充分发展的地方,才会发生。这时,只要一个环节不能如期如数支付,其他环节也不能支付。这就是危机。所以,货币作为支付手段,使危机有了抽象的可能性。显然,它是从货币作为流通手段,使卖

---

① 马克思:《资本论》(第一卷),人民出版社 1975 年版,第 158 页。

和买可能脱节而引起的。但为什么必然脱节,这就不能从货币本身来说明了。

"现在我们来考察一定时期内的流通货币的总额。假定流通手段和支付手段的流通速度是已知的,这个总额就等于待实现的商品价格总额加上到期的支付总额,减去彼此抵消的支付,最后减去同一货币交替地时而充当流通手段、时而充当支付手段的流通次数。"①这里的次数应理解为总额。

信用货币是从货币作为支付手段的职能中产生的。它最初是从商业信用中产生的,即商业票据,后来又从银行信用中产生,即银行券,它们都要最后兑现货币。

世界货币。在世界贸易中,货币成为世界货币而与商品相对立。货币一越出国内流通领域,便失去其在国内具有的价格标准、铸币、辅币和价值符号等地方形式,恢复原来的贵金属块的形式。只有在世界市场上,货币商品的自然形式才同时就是抽象人类劳动的直接的社会形式,货币的存在方式和货币的概念完全相适合。世界货币执行一般支付手段的职能、一般购买手段的职能和一般财富的绝对社会化身的职能。它的最重要的职能,是作为支付手段平衡国际贸易的差额。这样,每个国家为了国内流通,需要有准备金,为了世界市场流通,也需要有准备金。因此,货币贮藏的职能,一部分来源于货币作为国内流通手段和支付手段的职能,一部分来源于货币作为世界货币的职能。

李嘉图根据货币数量说认为,如金币流通量与需要量不等,在国内就会使金币的价格与金块的价值发生偏差,从而调节金的生产,使其与需要量相等,但国际上也是这样:如果一国流通的金币过多,物价上涨,金币价格下降,就会引起商品输入和金币输出,如果情况相反,结果就相反,但都导致金币的流通量和需要量相等。在这里,他同样错误地认为,金币对外也不执行贮藏货币的职能,因此凡输入金币,物价便涨,凡输出金币,物价便跌,由此又分别引起商品输入和商品输出,使金币流通量与需要量相等。

3. 货币是比商品更进一步的平等派

根据马克思对商品和货币的分析,可以看出:"正如商品的一切质的差

---

① 马克思:《资本论》(第一卷),人民出版社 1975 年版,第 159 页。

别在货币上消灭了一样,货币作为激进的平均主义者把一切差别都消灭了。"①前面谈到在形成价值实体和决定价值量这一点上,各种商品生产者的劳动是平等的,这种平等性最终表现为一切商品都和货币交换,商品的一切质的差别在货币上都消灭了。虽然生产商品的劳动是平等的,商品就其最终和货币交换来说是平等的,但是各种商品体是不同的,生产各种商品的劳动的质是不同的,就这点说,商品这个天生的平等派,还比不上货币这个平等派来得彻底。这是因为,商品在变成货币后就消失了,从货币上是看不出它是由什么东西转化而来的,并怎样会落到货币所有者的手里。不仅如此,在不是商品生产和商品交换的地方,也可以由某种社会职能引起货币的收付。如捐税就是这样。因此,在货币上,商品生产者和某些社会职能执行者之间的差别,也消灭了。这真是"货币没有臭味,无论它从哪里来"②。商品和货币中包含的平等关系,不仅存在于商品生产者之间,它表现为在他们之间存在的竞争,而且也存在于商品购买者,以及生产者与购买者之间,它分别表现为在购买者之间,以及生产者与购买者之间的竞争。正是这样,在资本主义商品生产制度下,人类平等的思想才开始在国民中树立。

在商品和货币中包含的平等关系,以及在这种经济生活中产生的平等思想,它在政治上层建筑上,即在国家形式上最适合的反映就是民主共和制。恩格斯指出,曾经有过这样的国家形式,它给予公民的权利是跟它们的财产状况相符合的,这就等于宣告国家乃是有产阶级用来防御没有财产的阶级,以保护自己的组织。例如,奴隶制国家和封建制国家就是这样;现代代议制国家把财产状况定为获得选举权的条件,也是这样。但是,这只是国家形式的低级阶段,它的最高形式是民主共和制,在这种制度下,财产差别在形式上已不影响公民的政治权利了。当然,在实质上财产是间接地发挥它的权力的,这种形式上平等,实质上不平等的统治方法,是最适合于在商品经济中生活的人的习惯的。正因为这样,列宁在发挥恩格斯这一思想时便指出:"民主共和制是资本主义所能采用的最好的政治外壳,所以资本一掌握……这个最好的外壳,就能十分巩固十分可靠地确立自己的权力,以致

---

① 马克思:《资本论》(第一卷),人民出版社 1975 年版,第 152 页。
② 同上书,第 129 页。

在资产阶级民主共和国中,无论人员、无论机构、无论政党的任何更换,都不会使这个权力动摇。"①

民主共和制同君主立宪制虽然都是资产阶级国家的政体,但前者比后者是更好的政治外壳,这是因为它在形式上奉行商品经济中的平等原则。当然,这只是形式,因为在普选制度下,实质上起决定性作用的是金钱。但它毕竟比君主立宪制更符合平等原则,因为在后者,血统、世袭在取得政治权力中还起作用,在这领域中,商品经济中的平等原则不起作用,政治生活和经济生活奉行的原则有不一致的地方。至于法西斯主义,它可以在不同的政体下实行,但由于它废除或实质上废除选举制度和议会制度,当然与商品经济中的平等原则相悖,所以,非处于阶级斗争的紧急关头,资产阶级一般是不采用的。

(三)作为商品与货币关系的内容的平等关系不包含阶级内容,它在社会主义制度下是存在的

资产阶级用以反对封建主统治的理论武器就是平等思想,它的实质是反对阶级特权,因而把平等和自由宣布为天赋人权,这种人权最初在美国宪法中得到承认,尽管美国同时又存在着种族特权。

无产阶级最初用以反对资产阶级统治的理论武器是资产阶级使用过的,其中之一就是平等思想。从资产阶级提出消灭阶级特权的要求的时候起,无产阶级同时就提出消灭阶级本身的要求,起初采取宗教的形式,早期以基督教为依据,以后就以资产阶级的平等思想为依据了。无产阶级抓住了资产阶级的话柄:平等应当不仅是表面的,不仅在政治领域中实行,它还应当是实际的,还应当在社会的、经济的领域中实行。无产阶级要求平等的实际内容都是消灭阶级,任何超出这个范围的平等要求,都必然流于荒谬。

在社会主义制度下,阶级或对抗的阶级关系消灭了,但商品经济中包含的平等关系仍然存在,因为这种关系并不包含阶级关系,只包含平等地交换劳动的关系,而这种交换劳动的关系,即使撇开马克思没有预见到的,社会主义仍然存在的商品生产这一点不谈,在社会主义制度下是存在的。

---

① 列宁:《国家与革命》,人民出版社 1976 年版,第 12 页。

马克思在批判拉萨尔提出的"劳动的解放要求公平分配劳动所得"的错误纲领时指出,能分配的不是劳动所得,而是社会总产品,但它在分配前,先要扣除折旧基金、积累基金和用来应对不幸事故、自然灾害的保险基金,余下部分才能用作消费基金,但将它分配给个人消费前,还要扣除和生产没有关系的一般管理费用、用于学校和保健的社会共同消费基金、为丧失劳动能力的人而设立的基金,最后余下来的才分配给生产者。在进行这种分配时,生产者"从社会方面领得一张证书,证明他提供了多少劳动……而他凭这张证书从社会储存中领得和他提供的劳动量相当的一份消费资料。他以一种形式给予社会的劳动量,又以另一种形式全部领回来",所以,"这里通行的就是调节商品交换……的同一原则"①。

这是一种平等的权利,但是,它对不同的劳动来说是不平等的权利。它是平等的权利,因为它不承认任何具有对抗意义的阶级差别,每个人都像其他人一样只是劳动者;它是不平等的权利,因为它默认不同等的个人天赋,因而默认不同等的工作能力是天然特权,不同等的个人要用同一的尺度去计量,此外,这样的劳动者要养活的子女人数也不相同。这样,不仅劳动成果不同的,就是劳动成果相同的劳动者,事实上也存在着经济生活上的不平等。

这是弊病,但它"在共产主义社会第一阶段上,在它经过长久的阵痛刚刚从资本主义社会里产生出来的形态中,是不可避免的。权利永远不能超出社会的经济结构以及由经济结构所制约的社会的文化发展"②。

列宁在发挥马克思这一思想时指出:"'不劳动者不得食'这个社会主义原则已经实现了;'对等量劳动给予等量产品'这个社会主义原则也已经实现了。但是,这还不是共产主义,还没有消除对不同等的人的不等量(事实上是不等量的)劳动给予等量产品的'资产阶级权利'。"③对最后一句话的理解,曾经发生分歧。在我看来,它指的是:得到同量消费品,不同的劳动者花的劳动是不等的,这有两种情况:(1)生产同种产品的人,耗费的劳动量不等;(2)生产不同种产品的人,其劳动相对说来总有较复杂和较简单之分,他

---

①　马克思:《哥达纲领批判》,人民出版社 1972 年版,第 13 页。

②　同上书,第 14 页。

③　列宁:《国家与革命》,人民出版社 1976 年版,第 89 页。

们得到同量消费品,消费的劳动时间不等。在商品生产条件下,这两种不等都要转化为同等的价值量,这正是商品生产中包含的平等关系。

因此,社会主义的平等指的是:一切劳动者都平等地摆脱剥削而得到解放;大家平等地废除生产资料资本主义所有制;大家都有按个人能力劳动的平等义务,一切劳动者都有按劳动质量分配到消费品的平等权利。

二、资产阶级和无产阶级之间的平等问题

　　马克思说:"劳动力的买和卖是在流通领域或商品交换领域的界限以内进行的,这个领域确实是天赋人权的真正乐园。那里占统治地位的只是自由、平等、所有权和边沁。"①但是,在这个乐园的背后,却不是这样,因为"劳动力的不断买卖是形式。其内容则是,资本家用他总是不付等价物而占有的别人的已经物化的劳动的一部分,来不断再换取更大量的别人的活劳动"②。

　　本单元讲授《资本论》第一卷中的第二篇"货币转化为资本"、第三篇"绝对剩余价值的生产"中的第八章"工作日"、第六篇"工资"中的第十七章"劳动力的价值或价格转化为工资"、第七篇"资本积累过程"中的第二十二章"剩余价值转化为资本";共讲五个问题:(1)剩余价值的历史起源以劳动力成为商品为条件;(2)劳动力的买和卖是"天赋人权的真正乐园";(3)二律背反:工作日的界限;(4)作为虚假范畴的工资掩盖了两大阶级之间的关系;(5)资本积累表明可变资本与劳动交换,形式是平等的,内容是不平等的。

(一) 剩余价值的历史起源以劳动力成为商品为条件

　　这里主要讲《资本论》第四章,这一章分三节。现在分述如下。

1. 资本的总公式

　　商品流通的最后产物即货币,是资本的最初的表现形式。作为货币的货币和作为资本的货币的区别,首先只是在于它们有不同的流通形式。商

---

① 马克思:《资本论》(第一卷),人民出版社 1975 年版,第 199 页。
② 同上书,第 640 页。

品流通的公式是:$W-G-W$,即为买而卖;资本运动的公式是:$G-W-G$,即为卖而买,但如果在量上 G 不发生变化,那么这种运动就是没有意义的,因此这个公式必须是:$G-W-G+\Delta G$ 或 $G-W-G'$。在这里,G 已经成为资本,它的产儿即 ΔG 是它的增殖,也就是剩余价值。现在的问题,就是要科学地说明剩余价值的产生。

从历史上看,资本主义是 14 世纪时在地中海沿岸国家中产生的,其后新大陆和新航路的发现,使它迅速发展,这就是说"世界贸易和世界市场在十六世纪揭开了资本的近代生活史"①。从 16 世纪到 19 世纪中叶马克思科学地说明剩余价值的产生时为止,其间有三百多年,经济学家们想说明这个问题,但都失败或终于失败,其原因有资本主义发展水平较低的限制,也有观察剩余价值的方法的错误,后者实质上是如何理解资本总公式的问题,需要谈一谈。

1867 年 8 月 24 日,马克思就《资本论》第一卷写信给恩格斯说,此书的优点之一,就是讨论剩余价值时,把它的各种特殊形态,如利润、利息、地租等丢开了。他在《剩余价值学说史》中,开宗明义就说,一切经济学者,都在这点上犯错误。他们不把剩余价值纯粹地当作剩余价值来考察,而是在利润和地租等各种特殊形态上进行考察。我们知道,重商主义是从商业利润、重农主义是从农业地租、古典学派尤其是李嘉图是从平均利润出发,去考察剩余价值,并由此去说明它的产生,因而都犯了错误,下面具体说明。

我们也有过类似的情况,这就是去工厂进行调查,并写厂史时,往往把账簿上的利润当作剩余价值,并将它和工资的比率看成是剩余价值率;就是以卖价减成本,将其中的差额即企业获得的具体利润,看成是剩余价值的产生,这是剩余价值理论方法论的错误。例如,一本中学政治课本这样写着:旧上海有个生产绣花线的厂,当时生产 1 罗(1 罗是 12 打,1 打是 12 支)绣花线,原材料等只有 1 元 4 角,但市场上 1 罗绣花线要卖 3 元。一个工人一天可生产 5 罗,共卖 15 元;原材料等共值 7 元,工人劳动所创造的价值是 8 元(15 元 - 7 元),而每个工人每天的工资只有 2 角钱;资本家无偿地占有了 7 元 8 角,这就是工人剩余劳动所创造的剩余价值。某一报纸也是这样,并要求读者计算剩余价值率。如果剩余价值就是这样产生的,这是任何一个

---

① 马克思:《资本论》(第一卷),人民出版社 1975 年版,第 167 页。

资本家都了解的,并且现象和本质完全一致,科学的剩余价值理论就不需要了。按照此说,绣花线市价早晚不同,工人创造的剩余价值,从而剩余价值率也早晚不同,这岂非笑话?

这个问题的另一面,就是应该怎样理解资本总公式:$G-W-G'$,即它指的是不是某一种具体资本的运动公式? 有的同志认为,它事实上是产业资本的公式,即货币—商品—$\left\{\begin{array}{l}劳动力\\生产资料\end{array}\right.$ …生产过程…商品$'$—货币$'$,或 $G-W\begin{array}{l}\nearrow A\\\searrow Pm\end{array}$ …P…$W'-G'$,认为只有这样,才是理论联系实际。这是不对的,是对理论联系实际的一种庸俗的理解。因为产业资本作为资本的一种具体形态,其运动的结果是具体的利润,而不是剩余价值的纯粹形态。同时,在产业资本的公式中,"作为流通的第二阶段即终结阶段的承担者出现的,是一个物质上和价值上与第一个 W 不同的商品 W'。因此,流通序列表现为 $(1)G-W_1$;$(2)W'_2-G'$。在第二阶段上,第一个商品 W_1 在由 P 的职能引起的中断中,也就是在用 W 的要素即生产资本 P 的存在形式进行的 W' 的生产中,为另一个价值较大和使用价值形式不同的 W'_2 所代替"。与此不同,在资本总公式中,"$G-W-G'$[分解为 $(1)G-W_1$;$(2)W_1-G'$],两次都表示同一个商品。在第一阶段货币转化为商品,在第二阶段商品再转化为更多的货币,两个阶段的商品是同一个商品"[①]。这两个公式虽然有这种本质的差别,但是"这两个流通却有共同点:它们都是在第一阶段由货币转化为商品,在第二阶段由商品转化为货币,也就是说,第一阶段支出的货币会在第二阶段再流回来。二者的共同点一方面是货币流回到它的起点,另一方面是流回的货币多于预付的货币。就这一点来说,$G-W\cdots W'-G'$ 也已经包含在总公式 $G-W-G'$ 中了"[②]。至于在 $G-W-G'$ 中,$(1)G-W_1$ 和 $(2)W_1-G'$,其中两次出现的 W_1 表示的是同一个商品,但它的运动为什么能使 G 变成 G',即为什么能产生剩余价值,这一点要在下面才能说明。

从某一点看,资本总公式即 $G-W-G'$,和商人资本的公式即 $G-W-$

---

① 马克思:《资本论》(第二卷),人民出版社 1975 年版,第 60 页。
② 同上。

G' 完全相同,因此它似乎"只是一种资本即商人资本所特有的形式"①。但是商人资本的公式虽然也可以分解为(1)$G-W$ 和(2)$W-G'$,其中的 W 是同一商品,但它无论如何无法以自己的运动使 G 变成 G',这就是说,商人资本公式中的 W 和资本总公式中的 W,有本质的不同,因此,不能将资本总公式看成是商人资本的公式。但只要商人资本是现代商业资本,它就不能单独存在。至于生息资本的公式即 $G-G'$,不经过任何中介,G 自己能变成 G',那当然是和资本总公式不同的。但只要生息资本是现代借贷资本,它也不能单独存在。关于商业资本公式和借贷资本公式如何包括在资本总公式之中,这个问题下面将予说明。

因此,资本总公式就是资本一般的公式,它的运动产生的是纯粹形态的剩余价值,而不是特殊形态的剩余价值,或剩余价值的分枝形态。

2. 总公式的矛盾

"货币羽化为资本的流通形式,是和前面阐明的所有关于商品、价值和流通本身的性质的规律相矛盾的。它和简单商品流通不同的地方,在于同样两个对立过程(卖和买)的次序相反。但这种纯粹形式上的区别,是用什么魔法使这一过程的性质改变的呢?"②从 $W-G-W$ 变为 $G-W-G$,G 就为什么能变成 $G+\Delta G$ 呢?

我们先看在流通领域中,ΔG 即剩余价值能不能产生。

在这个领域中,"就使用价值来看,交换双方显然都能得到好处。双方都是让渡对自己没有使用价值的商品,而得到自己需要使用的商品。但好处可能不止是这一点。卖葡萄酒买谷物的 A,在同样的劳动时间内,大概会比种植谷物的 B 酿出更多的葡萄酒,而种植谷物的 B,在同样的劳动时间内,大概会比酿酒的 A 生产出更多的谷物。可见,与两人不进行交换而各自都不得不为自己生产葡萄酒和谷物相比,用同样的交换价值,A 能得到更多的谷物,B 能得到更多的葡萄酒。因此,就使用价值来看,可以说,'交换是

---

①　马克思:《资本论》(第一卷),人民出版社 1975 年版,第 177 页。
②　同上书,第 177—178 页。

双方都得到好处的交易'。就交换价值来看，情况就不同了"①。因为就价值来说，交换双方的价值量是相等的。由于商品交换就其纯粹形态来说是等价物的交换，因此，不是增大价值的手段。那些试图把商品流通说成是剩余价值的泉源的人，其实大多是把使用价值和交换价值混淆了。

既然在流通领域中等价交换不能产生剩余价值，那么不等价交换能不能产生呢？假定卖者有某种特权，把价值100的商品卖110，即贵卖10%，这样，他就得到剩余价值10。但他当了卖者之后，也要当买者，另一位卖者也把商品对他贵卖10%，这样，他作为买者要失去10。"实际上，整个事情的结果是，全体商品所有者都高于商品价值10%互相出卖商品，这与他们把商品按价值出售完全一样。"②反过来，假定买者有某种特权，可以低于商品价值购买商品。但由于他也要成为卖者，另一位买者也这样对待他，结果一切照旧。因此，剩余价值的产生，"既不能用卖者高于商品价值出卖商品来说明，也不能用买者低于商品价值购买商品来说明"③。

以上我们假定的事实上是商品生产者和商品生产者相对立，他们的地位是平等的，剩余价值当然不能在流通中产生。如果我们再假定有一个只买不卖，从而只消费不生产的阶级，这时，如果生产者把商品贵卖给他们，剩余价值能否由此产生呢？如果情况是这样，那么，"这个阶级不断用来购买的货币，必然是不断地、不经过交换、白白地、依靠任何一种权利或暴力，从那些商品所有者手里流到这个阶级手里的。把商品高于价值卖给这个阶级，不过是骗回一部分白白交出去的货币罢了"④。这当然不能产生剩余价值。

这种错误理论的创造者是马尔萨斯。他认为利润（剩余价值）是预付资本的价值和商品出售所得的价值之间的差额；预付资本的价值由生产资料的价值和工资构成。因此，剩余价值是卖价高于生产成本的差额，即贵卖的产物。假定购买者是工人，并且贵卖10%，这样，工人以其工资就只能购买其应该买到的商品的10/11，余下的1/11，是剩余价值，但它表现在商品上，

---

① 马克思：《资本论》（第一卷），人民出版社1975年版，第179页。
② 同上书，第183页。
③ 同上。
④ 同上书，第184—185页。

表现在物质资料上,其价值不能实现。因此,剩余价值不能由此产生。由此推论下去,这种贵卖的商品,只能由僧侣、贵族这些僧界和俗界的地主来购买,他们只消费、不生产,不可能也用贵卖的办法来对卖者进行报复,并且拥有特权和土地私有权,取得源源不断的收入和地租,用来购买,剩余价值似乎能够由此产生。但是,这些收入和地租不可能是从天而降的,在只有资本家、工人和土地所有者三个阶级的社会里,它们只能是从已有的剩余价值那里分来的。剩余价值同样不能由此产生。

假如个别商品生产者非常狡猾,总使它的同行受骗而不遭到报复,例如把价值 40 镑的葡萄酒卖给别人,换回价值 50 镑的谷物。这样,他就把较少的货币变成了较多的货币,把自己的商品变成了资本。但仔细分析一下,就可以看出:"在交换以后,总价值还是 90 镑。流通中的价值没有增大一个原子……一方的剩余价值,是另一方的不足价值,一方的增加,是另一方的减少"①,这情况不用交换作掩饰而直接进行劫夺,也会发生。

以上说明在流通中无论是等价交换,还是非等价交换,都不能产生剩余价值。从这里也可以知道,为什么分析决定现代社会经济组织的资本形式时,不能从洪水期前就已经存在的商业资本和高利贷资本开始。因为它们只能从劫夺产生利润和利息,一方的剩余,是另一方的不足,这不是剩余价值的产生。

那么,剩余价值能否从流通以外的什么地方产生呢? 有一种看法认为是可以的,但它实质上是把使用价值看成是价值,从而把在生产中产生出的使用价值量大于投入的使用价值量的差额,看成是剩余价值。重农主义和前期的李嘉图就是这样。重农主义认为,农产品例如谷物的产量,大于这谷物生产时所消耗的种子,以及由谷物变来的肥料、劳动者和资本家的口粮、衣服等的差额,就是剩余价值,即农业中特有的纯产品或地租。前期的李嘉图认为,假设某人在土地上使用的资本,其价值等于 200 夸特小麦,产品扣除资本后,余下的是 100 夸特小麦,或其等值,这 100 夸特小麦,就是剩余价值即农业利润。这些看法严格说来是错误的。因为投下的和产出的使用价值,不可能完全相同,不可能从质上计算产出大于投入量,就是说,不可能从

———————————

① 马克思:《资本论》(第一卷),人民出版社 1975 年版,第 185 页。

使用价值考察价值包括剩余价值的产生。

既然价值是劳动创造的,那么离开流通,劳动能否创造价值中的一部分,即剩余价值呢？不能,因为"流通是商品所有者的全部相互关系的总和。在流通以外,商品所有者只同他自己的商品发生关系"①。在这里,"商品所有者能够用自己的劳动创造价值,但是不能创造进行增殖的价值。他能够通过新的劳动给原有价值添加新价值,从而使商品的价值增大,例如把皮子制成皮靴就是这样"②。虽然"皮靴的价值大于皮子的价值,但是皮子的价值仍然和从前一样。它没有增殖,没有在制作皮靴时添加剩余价值"③。由此可见,在流通领域以外,商品生产者不同其他商品所有者接触,就不能"使价值增殖,从而使货币或商品转化为资本"④。

总起来说就是,剩余价值从而资本"不能从流通中产生,又不能不从流通中产生。它必须既在流通中又不在流通中产生"⑤。这就是资本总公式的矛盾,以及解决这矛盾必须遵守的方法。

3. 劳动力的买和卖

货币转化为资本,带来更多的货币即剩余价值,其原因不可能在货币本身,因为货币作为流通手段和支付手段,只是实现它所购买或所支付的商品的价格,在这里不可能有价值的增殖。这就是说,剩余价值不可能在资本运动的第一阶段即 $G-W$ 中产生。它也不可能在资本运动的第二阶段即 $W-G$ 中产生。因为这里也是等价交换。这样,价值增殖的秘密,即剩余价值的泉源,只能在"第一个行为 $G-W$ 中所购买的商品上,但不是……在这种商品的价值上,因为互相交换的是等价物"⑥。因此,泉源只能是这种商品的使用价值本身,即剩余价值是从这种商品的使用上产生的。"要从商品的使用上取得价值,我们的货币所有者就必须幸运地在流通领域内即在市场上发现这样一种商品,它的使用价值本身具有成为价值源泉的特殊属性,因此它

---

① 马克思:《资本论》(第一卷),人民出版社 1975 年版,第 188 页。
② 同上。
③ 同上。
④ 同上。
⑤ 同上。
⑥ 同上书,第 190 页。

的实际使用本身就是劳动的物化,从而是价值的创造。货币所有者在市场上找到了这种特殊商品,这就是劳动能力或劳动力。"①

劳动力就是活的人体中存在的、每当人生产某种使用价值时就能运用的体力和脑力的总和。

货币所有者要在市场上找到作为商品的劳动力,必须存在两种基本条件:第一,劳动力所有者必须是个自由人,必须把劳动力出卖一定时间,就是说他不是奴隶或农奴,也不是卖身为奴;第二,除劳动力外,他没有其他的商品可以出卖。这就是说,他既是自由人,又自由得一无所有。

很显然,劳动力成为商品,是历史的产物。"自然界不是一方面造成货币所有者或商品所有者,而另一方面造成只是自己劳动力的所有者。这种关系既不是自然史上的关系,也不是一切历史时期所共有的社会关系。它本身显然是以往历史发展的结果,是许多次经济变革的产物,是一系列陈旧的社会形态灭亡的产物。"②正因为这样,有了商品流通的货币流通,绝不是就具备了资本存在的历史条件,只有当生产资料和生活资料的所有者在市场上找到出卖自己劳动力的自由工人的时候,资本才产生,单是这个历史条件就包含着一部世界史。这段世界史就是封建社会的瓦解,人身自由的无产者的产生。它虽然是个经济过程,即个体商品生产者的分化,但这是很缓慢的,为了加速它,暴力起了很大的作用,这个过程是充满血和泪的。

在不具备这个历史条件的地方,货币、生产资料、生活资料是不能转化为资本的。例如在最初的自由移民的殖民地北美和大洋洲便是这样。在那里,最初土地是自由的或者说把土著赶走和剿灭后,土地便是无主的,获得土地十分容易。正是这样,"皮尔先生把共值 5 万镑的生活资料和生产资料从英国带到新荷兰的斯旺河去。皮尔先生非常有远见,他除此以外还带去了工人阶级的 3 000 名男工、女工、童工。可是,一到达目的地,'皮尔先生竟连一个替他铺床或到河边打水的仆人也没有了'。不幸的皮尔先生,他什么都预见到了,就是忘了把英国的生产关系输出到斯旺河去"③。只是在这种条件下,资产阶级经济学家才发现,原来资本不是一种物,而是一种"以物为

---

① 马克思:《资本论》(第一卷),人民出版社 1975 年版,第 190 页。
② 同上书,第 192 页。
③ 同上书,第 835 页。

媒介的人和人之间的社会关系"①。

作为商品的劳动力,其使用价值即劳动是价值的泉源,其价值由再生产劳动力所必需的劳动时间决定。这是和其他商品的价值决定一样的。但它也有特点,即劳动力价值的决定包含着一个历史的和道德的要素。劳动力的使用即劳动创造的价值,大于劳动力价值的差额,就是剩余价值。

这样,资本总公式的矛盾便按照前面规定的条件解决了:资本或剩余价值不能从流通中产生,但又不能离开流通而产生,因为劳动力商品的买卖是在流通中发生的,但剩余价值是劳动力的使用,即在生产中产生的。

劳动力不是劳动。正如消化力不是消化一样,在认识上区别这两者是容易的。但是要认识无产者出卖的是劳动力,而不是劳动,却不容易。因为它要以认识资本主义生产方式是生产的一种历史形态为前提,而资产阶级经济学家都认为资本主义生产是生产的自然形态,这就当然不可能认识无产者出卖的是劳动力,而认为他出卖的是劳动。例如,古典学派就是这样。因此,古典学派虽然提出了劳动价值理论,但不能提出完全科学的剩余价值理论,这又反过来使他们的劳动价值理论不能贯彻到整个理论体系中。

这里以斯密的理论为例,加以说明。他认为,在资本积累和土地私有权尚未发生以前的社会状态下,劳动的全部生产物都属于劳动者自己,一种物品通常应可购换或支配的劳动量,只由取得或生产这种物品一般所需要的劳动量来决定,获取各种物品所需的劳动量之间的比例,是各种物品相互交换的唯一标准。资本积累和土地私有权发生以后,情况就不是这样了。这时,劳动者对原材料增加的价值,就要分为两大部分,其中一部分支付劳动者的工资,余下的部分支付雇主的利润和地主的地租。这样,生产商品的劳动量,就不能单独决定这种商品一般所应交换或支配的劳动量,而要加上另两种劳动量即利润和地租包含的劳动量。于是,商品价值量就改由交换所支配的劳动量决定。它包含工资、利润、地租三部分。可以看出,斯密已经知道剩余价值是从哪里产生的,因为劳动者形成的价值,扣除工资部分后,余下的就是剩余价值,它分解为利润和地租。但是另一个问题又妨碍了他的认识:无产者出卖的是劳动,要得到劳动形成的价值,这样,利润和地租就

① 马克思:《资本论》(第一卷),人民出版社 1975 年版,第 834 页。

不可能来自生产商品所消耗的劳动,而只能来自交换商品所支配的劳动,这劳动包括工资、利润和地租。他由于不理解劳动力成为商品,无法将剩余价值理论贯彻到底,反过来,又不能将劳动价值理论贯彻到底。

什么原因妨碍斯密认识劳动力成为商品?决定性的原因是:资本主义生产这个商品生产制度和小商品生产没有区别,它是生产的自然形态,既然小商品生产者出卖的是劳动,那么无产者出卖的也是劳动。但是,他又隐约地看到,这两种生产还是有所不同的,所以在提出剩余价值理论后,由于遇到不能解决的矛盾,又把它推翻,并且连劳动价值理论也不能贯彻到底。

还肩负着反对封建主义历史任务的斯密尚且如此,其后没有这个任务的经济学家就不用说了。"这些资产阶级经济学家实际上具有正确的本能,懂得过于深入地研究剩余价值的起源这个爆炸性问题是非常危险的。"①斯密的直接继承者李嘉图,也并没有寻求剩余价值存在的原因,而只是寻求决定剩余价值量的原因,其目的在于使资产阶级占有的份额多些,这已经遭到庸俗经济学家凯里的指控,认为李嘉图的体系是煽动仇恨的体系,李嘉图是共产主义之父。

(二) 劳动力的买和卖是"天赋人权的真正乐园"

劳动力的买和卖是平等的,因为两方都是根据自己的自由意志行动的,是作为自由的、在法律上平等的人缔结契约的,契约是他们的意志借以得到共同的法律表现的最后结果;两方都根据自己的所有权,处理自己支配的东西;两方都只是作为商品所有者发生关系,用等价物交换等价物。总之,它同一般的商品买卖,从买卖的角度看,没有什么不同,都是平等的。

当然,仔细分析一下,不同之处还是有的。一般的商品买卖,在信用制度不发达的时候和地方,使用价值的让渡和价值的实现,是同时进行的,即"一手交钱,一手交货";但是,"劳动力这种特殊商品的特性,使劳动力的使用价值在买者和卖者缔结契约时还没有在实际上转到买者手中"②,因此,"力的让渡和力的实际表现即力作为使用价值的存在,在时间上是互相分开

---

① 马克思:《资本论》(第一卷),人民出版社 1975 年版,第 564 页。
② 同上书,第 197 页。

的"①，这就是说，要买者实际上使用了劳动力，使卖者劳动了，买者才在实际上买了劳动力，由于这样，买者对卖者的支付，是在卖者劳动一段时间之后，即到处都是工人给资本家以信贷，买者的货币执行的不是流通手段而是支付手段的职能。所以，情况不像李嘉图的庸俗化者老穆勒所说的那样，资本家是贷者，工人是借者，工人要向资本家付利息，工人就不能得到其劳动形成的全部价值，价值中扣除的利息，实质上就是资本家得到的利润——这就是剩余价值。虽然工人到处都是贷者，但由于他按照契约，到期还是得到他出卖劳动力的价格，从这点看，劳动力的买卖还是平等的，是卢梭所说的天赋人权的重要内容。

在资本主义的生产过程中，劳动力的买者和卖者的关系，还是平等的。资本主义生产过程是劳动过程和价值增殖过程的统一，其结果是由生产资料转化来的产品，这产品在法律上归买者即资本家所有。这个产品的价值首先包含了已被消费掉的生产资料的价值，还包含了劳动力价值的等价物和剩余价值。这是由于按一定时期出卖的劳动力的价值，低于它在这期间被使用后所创造的价值。但是，工人得到付给他的劳动力的价值或价格，因而才让渡了他的劳动力的使用价值，这同任何买卖都一样。"劳动力这种特殊商品具有独特的使用价值，它能提供劳动，从而能创造价值，但这并不触犯商品生产的一般规律。所以，如果说预付在工资上的价值额不仅仅在产品中简单地再现出来，而且还增加了一个剩余价值，那么，这也并不是由于卖者被欺诈，——他已获得了自己商品的价值，——而只是由于买者消费了这种商品。"②直到现在为止，劳动力的买卖关系都是平等的。

我们认为劳动力的买卖关系是平等的，同资产阶级学者宣扬的资本家和工人的关系是平等的论调有本质的不同。我们的论点是以资本家和工人在生产资料占有上是不平等的，即一个占有、一个丧失生产资料为前提，然后认为从价值规律的作用看，劳动力的买卖由于是等价的，所以是平等的。至于劳动力的买卖导致的后果是不是平等的，那是另一个问题。资产阶级学者不是这样，他们根本否认资本家和工人之间存在着劳动力的买卖关系，

---

① 马克思：《资本论》（第一卷），人民出版社 1975 年版，第 197 页。
② 同上书，第 641 页。

而只认为是资本和劳动相交换,或协作生产、公平分配的关系,在他们的思想里,这种关系就是:"买者付出一定量的货币,卖者付出与货币不同的物品。在这里,法的意识至多只认识物质的区别,这种区别表现在法律上对等的公式中:'我给,为了你给;我给,为了你做;我做,为了你给;我做,为了你做'。"①这种理论,已成为资产阶级经济学、政治学、法学的理论基础,它的核心是资本与劳动交换,其错误下面将予说明。

(三)二律背反:工作日的界限

这里主要讲《资本论》第一卷第八章第一、二节。

"资本并没有发明剩余劳动。凡是社会上一部分人享有生产资料垄断权的地方,劳动者,无论是自由的或不自由的,都必须在维持自身生活所必需的劳动时间以外,追加超额的劳动时间来为生产资料的所有者生产生活资料"②。在资本主义条件下,劳动者还要为资本家生产一个积累基金。我们称劳动者为维持自身生活进行的劳动为必要劳动,称劳动者为生产资料垄断者提供的劳动为剩余劳动。在资本主义条件下,前者形成劳动力价值,后者形成剩余价值。

这样,一个资本主义的工作日就包括必要劳动时间和剩余劳动时间两部分。这两者之比,等于劳动力价值和剩余价值之比,就是剩余价值率。增加剩余价值和提高剩余价值率有两种办法:一是延长剩余劳动时间,由此增加的是绝对剩余价值;一是减缩必要劳动时间,由此增加的是相对剩余价值。相对剩余价值的产生,要以劳动力价值降低,从而生活资料价值降低为前提。生活资料的价值如同所有商品的价值降低一样,是由于资本家要降低商品个别价值,以攫取超额剩余价值的结果,因为资本家都这样做,商品的社会价值便降低了。正是追逐超额剩余价值,或追逐相对剩余价值,使资本主义生产发展经历了单纯协作、工场手工业和大机器工业的阶段。

劳动力买卖本身并没有决定工作日的长度,因为它只能决定工作日比必要劳动时间长,而不能决定长多少。但资本主义生产的实质,必然使资本

---

① 马克思:《资本论》(第一卷),人民出版社 1975 年版,第 591 页。
② 同上书,第 263 页。

家极力延长工作日,以便增加绝对剩余价值。我们拿封建主义的和资本主义的工作日作一比较,便可以了解。在封建主义自然经济占统治的条件下,"社会经济形态中占优势的不是产品的交换价值,而是产品的使用价值",这样,"剩余劳动就受到或大或小的需求范围的限制,而生产本身的性质就不会造成对剩余劳动的无限制的需求"①,封建主对农民的剥削,还受到肠胃的限制,因而相对地说,不要求无限制地增加剩余劳动,工作日不至于无限延长,"在美国南部各州,当生产的目的主要是直接满足本地需要时,黑人劳动还带有一种温和的家长制的性质。但是随着棉花出口变成这些州的切身利益,黑人所从事的有时只要七年就把生命耗尽的过度劳动,就成为事事都要加以盘算的那个制度的一个因素"②。后者正是资本主义生产的特点,所以资本家总是要求延长工作日。

但是,工人不是奴隶,他出卖的是劳动力,而不是人身。工人作为劳动力的出卖者,要日复一日地出卖,因此要求资本家节省地使用劳动力,即限制工作日的长度;而资本家作为劳动力的购买者,要求尽量地使用劳动力,如果可能,就要一天变为两天用,即延长工作日的长度。在这里出现二律背反:"资本家按照劳动力的日价值购买了劳动力。劳动力在一个工作日内的使用价值归资本家所有。因此,资本家有权要工人在一日之内为他做工,但什么是一个工作日呢?当然比一个自然的生活日短。短多少呢?关于这个极限,即工作日的必要界限,资本家有他的看法。"③这就是,"资本家要坚持他作为买者的权利,他尽量延长工作日"④。可是,工人也有自己的看法,他说:"你和我在市场上只知道一个规律,即商品交换的规律。商品不归出卖商品的卖者消费,而归买进商品的买者消费。因此,我一天的劳动力归你使用。但是我必须依靠每天出卖劳动力的价格来逐日再生产劳动力,以便能够重新出卖劳动力。……我每天只想在它的正常耐力和健康发展所容许的限度内使用它,使它运动,变为劳动。"⑤因此,"工人也要坚持他作为卖者的

---

① 马克思:《资本论》(第一卷),人民出版社1975年版,第263页。
② 同上书,第264页。
③ 同上书,第260页。
④ 同上书,第262页。
⑤ 同上书,第261页。

权利,他要求把工作日限制在一定的正常量内"①。由于这样,资本主义工作日长度的决定,是"权利同权利相对抗,而这两种权利都同样是商品交换规律所承认的。在平等的权利之间,力量就起决定作用。所以,在资本主义生产的历史上,工作日的正常化过程表现为规定工作日界限的斗争,这是全体资本家即资本家阶级和全体工人即工人阶级之间的斗争"②。

规定一个长度适当的工作日,使工人劳动后能恢复正常的体力和脑力,以便日复一日地出卖劳动力,这本来是平等地买卖劳动力的要求,只有这样,才是使用劳动力,如果过度地延长工作日,而支付的劳动力价格又不相应增加,那就是劫夺劳动力了。工人完全有理由说:"假定在劳动量适当的情况下一个正常工人平均能活 30 年,那你每天支付给我的劳动力的价值就应当是它的总价值的 $\frac{1}{365 \times 30}$ 或 $\frac{1}{10\,950}$。但是如果你要在 10 年内就消费尽我的劳动力,可是每天支付给我的仍然是我的总劳动力价值的 $\frac{1}{10\,950}$,而不是 $\frac{1}{3\,650}$,那就是只支付了我的劳动力日价值的 $\frac{1}{3}$,因而每天就偷走了我的商品价值的 $\frac{2}{3}$。你使用三天劳动力,只付给我一天的代价。这是违反我们的契约和商品交换规律的。因此,我要求正常长度的工作日。"③这对于理解无产阶级进行减缩工作日长度和提高工资的经济斗争,是十分必要的。

正常工作日的规定,是几个世纪以来资本家和工人之间的斗争结果。英国从 14 世纪到 18 世纪中叶的劳工法,力图强制地延长工作日。因为这时资本主义在萌芽期,刚刚出世,不能单纯依靠经济关系的力量,而要依靠国家政权的帮助,才能确保自己榨取足够的剩余劳动的权利。即使这样,劳工法规定的工作日长度,在 18 世纪最后 30 年和 19 世纪前半期也被突破,因为这时进行的产业革命,使用机器生产,工人的筋肉劳动相对地成为次要的,资本家便迫使工人延长工作日。劳工法于 1813 年被废除,其原因除了工人运动提出了要求外,主要是由于无产者身体衰弱影响到士兵体格的降低。

---

① 马克思:《资本论》(第一卷),人民出版社 1975 年版,第 262 页。
② 同上。
③ 同上书,第 261—262 页。

于是，就"有必要把工厂劳动限制一下，这正像有必要用海鸟粪对英国田地施肥一样。同是盲目的掠夺欲，在后一种情况下使地力枯竭，而在前一种情况下使国家的生命力遭到根本的摧残"①。

从1802年到1833年，英国议会颁布了五种限制工作日的工厂法，但只是纸上的法律，因为议会并没有公布其实施的办法。1836年，英国工人开始了宪章运动，它把十小时工作日的规定作为基本的经济要求。正是这个时候，地主阶级和资产阶级在议会中进行了一场关于存废谷物法的斗争，资产阶级提出废除谷物法，以便进口廉价谷物的主张获胜，并逐步付诸实施。地主阶级在这场斗争中吃了亏，便伺机对资产阶级进行报复。于是，当工人提出十小时工作日的要求时，议会中的地主阶级代表便予以支持。英国工人阶级就这样利用了地主阶级和资产阶级的矛盾，使其要求得到实现。

资产阶级当然反对十小时工作日法案的通过。为了这个目的，他们向庸俗经济学家西尼尔提出了任务。1836年的一个早晨，西尼尔"这位在英国经济学家中相当于克劳伦的人，从牛津被召往曼彻斯特。他在牛津教授政治经济学，现在被召到这里来学习政治经济学"②。这位教授先生把他在曼彻斯特工厂主那里学到的课业，写成一本小册子，提出"最后一小时"的理论。他假定某工厂全部资本为10万镑，其中固定资本8万镑，流动资本2万镑，每天劳动时间即工作日长度为11小时半，年生产总额115 000镑，总利润15 000镑。然后他又将每天劳动时间11小时半分为23份，每份为半小时，将年生产总额115 000镑分为23份，每份5 000镑。由此，他就证明年生产总额中的每5 000镑是由一年中每日劳动半小时创造出来的；总利润15 000镑是由一年中每日最后一小时半创造出来的。可是，他又认为在这15 000镑总利润中，有5 000镑是补偿固定资本消耗掉的价值（他把它列入总利润！），纯利润只为10 000镑，它是由一年中每日"最后一小时"创造出来的。按照他的说法，工作日要是减少一小时，纯利润就会消灭；减少一小时半，总利润就会消灭。因此，10小时工作日法案如获通过，将消灭不列颠的工业。

① 马克思：《资本论》（第一卷），人民出版社1975年版，第267页。
② 同上书，第251页。

错误是很明显的。他的手法,是将产品价值等同于工人的劳动创造的价值产品。换句话说,他利用了斯密教条。就这样,他将产品价值中属于生产资料旧价值转移的部分,说成是工人要另外花劳动时间创造出来的。然后,他又认为工作日尽管从每天 11 小时半,减为每天 10 小时,但是所消耗的生产资料数量依然不变,工人依然要花与从前同样多的时间去创造它们的价值。这样,工作日减缩了,生产生产资料价值的时间仍然不变,结果便是总利润,甚至纯利润的消灭。

如果工作日从 11 小时半缩减为 10 小时,利润的变动应是这样:固定资本的耗费减少 3/23,即从 8 万镑减为 69 565 镑,流动资本 2 万镑中,如其中原料等不变资本为 1 万镑,便相应减缩为 8 695 镑,其中工资为 10 000 镑,不发生变化,按照前面说明,它和每年中利润 15 000 镑,共 25 000 镑价值产品,是一年中每日的 11 小时半劳动创造出来的,即一年中每日劳动一小时创造 2 173.9 镑,现工作日减缩了一小时半,即工作日为 10 小时,这一年中创造的价值便从 25 000 镑减为 21 739 镑,扣除工资 10 000 镑后,余下 11 739 镑是利润。利润率为 11 739 镑÷(69 565 镑＋8 695 镑＋10 000 镑)≈13.3%。

工作日缩减后,"工厂工人体力和精神的复活,连瞎子也看得清清楚楚"[①],资本家的利润事实上不仅没有减少,相反地倒是增加了。于是,从前反对缩减工作日,反对法律从这方面来破坏供求规律的自发作用的工厂主和他们的经济学家,现在都改口了:"那些经过半个世纪的内战才被迫逐步同意在法律上限制和规定工作日的工厂主,也夸耀这些工业部门与那些仍旧是'自由的'剥削领域所形成的对照。'政治经济学'上的伪善者现在也宣称,认识在法律上规定工作日的必要性,是他们这门'科学'的突出的新成就。"[②]这就是说,资产阶级和资产阶级政治经济学在原则上失败了。由于这样,1864 年马克思在由他执笔的《国际工人协会成立宣言》中便说:"关于立法限制工时问题的斗争进行得更为激烈,除了贪得无厌的资产阶级惊慌害怕以外,还因为这里的问题涉及一个大的争论,即构成资产阶级政治经济学的实质的供求法则的盲目统治和构成工人阶级政治经济学的实质的由社会

---

① 马克思:《资本论》(第一卷),人民出版社 1975 年版,第 328 页。
② 同上。

预见指导社会生产之间的争论。因此十小时工作日法律不仅是一个重大的实践成功,并且是一个原则上的胜利:资产阶级政治经济学第一次在工人阶级政治经济学面前公开投降了。"①

美国南北战争的第一个果实,就是争取八小时工作日运动。这个运动很快就影响到整个资本主义世界。1866 年,即《资本论》第一卷出版前一年的 8 月,在巴尔的摩召开的全美工人代表大会,同年 9 月在日内瓦召开的国际工人代表大会,都提出八小时工作日的要求。马克思没有看到这个要求的实现,因为它是在 1917 年至 1923 年中,在主要资本主义国家中陆续实现的。

(四) 作为虚假范畴的工资歪曲了两大阶级之间的关系

这里主要讲《资本论》第一卷第十七章"劳动力的价值或价格转化为工资"、第二十章"工资的国民差异"。

1. 劳动力的价值或价格转化为工资

首先要指出的是,工资、劳动的价格、劳动的价值、劳动的报酬,这些在日常生活中产生的概念,指的是同一的意义,即无产者劳动后得到的收入,但无产者得到的并不是劳动的价格、价值、报酬,并不是工资,而是劳动力的价值或价格。因为他出卖的是劳动力这种商品,所以如同商品生产者出卖商品,得到的是商品的价值或价格一样,无产者出卖劳动力,得到的也是劳动力的价值或价格。但是它必然被歪曲为工资,并由此必然掩盖两大阶级之间的剥削和被剥削的关系,这种掩盖是资本主义生产关系神秘化的决定性的原因。

"在资产阶级社会的表面上,工人的工资表现为劳动的价格,表现为对一定量劳动支付的一定量货币。在这里,人们说劳动的价值,并把它的货币表现叫作劳动的必要价格或自然价格。另一方面,人们说劳动的市场价格,也就是围绕着劳动的必要价格上下波动的价格。"②必要价格或自然价格,分

---

① 《国际工人协会成立宣言》,载马克思、恩格斯:《马克思恩格斯选集》(第二卷),人民出版社 1972 年版,第 126—135 页。

② 马克思:《资本论》(第一卷),人民出版社 1975 年版,第 585 页。

别是重农主义和古典学派配第、斯密与李嘉图使用的范畴,指的是市场价格因供求关系而发生波动时,波动依以发生的那个中心,亦即撇开供求关系表现在货币上的价值。不言而喻,要研究的是这个中心,亦即劳动的价值。

但是,劳动的价值,是一个不合理的表现,一个虚假的范畴。

首先,商品的价值量由它所包含的劳动量来计算,这样,就只好说,12 个小时的劳动或工作日的价值,由 12 个小时的劳动来决定,这是无谓的同义反复。

其次,劳动有价值,就意味着它成为商品,它在出卖前就要独立存在,但是,如果无产者能使其劳动独立存在,他出卖的就应该是劳动生产物,即商品,而不是劳动了。即使后退一步,撇开这矛盾不谈,假定无产者以其活劳动和货币相交换,货币是物化劳动,活劳动和物化劳动交换,如果是等价的,剩余价值就无法产生,如果是不等价的,又消灭价值的决定,违反价值规律。如果认为物化劳动和活劳动相交换,就应该是少量劳动和多量劳动相交换,从而去说明剩余价值的产生,如老穆勒所做过的那样,这只是徒劳无益。既然商品的价值,从而货币的价值在再生产中,不是由物化在该商品和货币中的劳动量决定,而是由再生产它们的活劳动量决定,这种说明就更荒谬了。例如,美洲富饶金银矿的开采,耗费较少的劳动便能生产出同量的金银,欧洲已有的金银所代表的劳动便减少了。可见,商品和货币的价值是由再生产它们所必需的活劳动决定的。

所以,同货币所有者相对立的不可能是劳动,而只能是无产者,他出卖的是劳动力。当他出卖了劳动力,开始劳动时,劳动就不属于无产者,因而也不能被他出卖。总之,"劳动是价值的实体和内在尺度,但是它本身没有价值"[1]。这里谈的劳动是价值的内在尺度,和前面谈过的"商品内在的价值尺度即劳动时间"[2],是同一意思,说的是商品生产者之间对商品价值量的计算,而不是社会对生产商品的私人劳动,进行质的承认,然后在这基础上进行量的计算——这就是货币的价值尺度职能。

因此,"在'劳动的价值'这个用语中,价值概念不但完全消失,而且转化

---

[1] 马克思:《资本论》(第一卷),人民出版社 1975 年版,第 587 页。
[2] 同上书,第 112 页。

为它的反面。这是一个虚幻的用语，就像说土地的价值一样。但这类虚幻的用语是从生产关系本身中产生的"①。为什么呢？这个问题就是"劳动力的价值和价格是怎样表现为它的转化形式，即表现为工资"②的问题。

首先，工人是在提供了自己的劳动以后才被支付的，他得到的实质上是他出卖劳动力的价格，但由于是在劳动之后才得到的，这便被歪曲为劳动的价格，即工资了。这样的认识，从工人方面看是必然的。"他以 12 小时劳动获得 6 小时劳动的价值产品，比如说 3 先令，对他说来，他的 12 小时劳动实际上是 3 先令的购买手段。"③劳动力价值随着生活资料的价值的变化而变化。这在他看来，"他所获得的等价物的量的任何变化，都必然表现为他的 12 个劳动小时价值或价格的变化"④。这种认识从资本家方面看，也是必然的。因为他"总是把低于价值购买和高于价值出售这一纯粹欺诈行为说成是他的利润的来源。因而，他理解不到，如果劳动的价值这种东西确实存在，而且他确实支付了这一价值，那么资本就不会存在，他的货币也就不会转化为资本"⑤。

此外，工资的实际运动显示出一些现象，也使劳动力的价值表现为似乎是劳动的价值。第一，工资随着工作日长度即劳动量的变化而变化；第二，执行同一职能的不同工人，即从事同种劳动的、劳动熟练程度不同的工人，其工资存在着个人差别。

劳动力的价值或价格转化为劳动的价值，劳动的价格、劳动的报酬、工资这些意义相同的虚幻概念或虚假范畴，"消灭了工作日分为必要劳动和剩余劳动、分为有酬劳动和无酬劳动的一切痕迹。全部劳动都表现为有酬劳动"⑥。正因为这样，便可以懂得，"为什么劳动力的价值和价格转化为工资形式，即转化为劳动本身的价值和价格，会具有决定性的重要意义。这种表现形式掩盖了现实关系，正好显示出它的反面。工人和资本家的一切法权观念，资本主义生产方式的一切神秘性，这一生产方式所产生的一

---

① 马克思：《资本论》（第一卷），人民出版社 1975 年版，第 587 页。
② 同上书，第 589 页。
③ 同上书，第 592 页。
④ 同上。
⑤ 同上书，第 593 页。
⑥ 同上书，第 590 页。

切自由幻觉,庸俗经济学的一切辩护遁词,都是以这个表现形式为依据的"①。

古典政治经济学毫无批判地从日常生活中借用了"劳动的价格"这个范畴,然后提出问题,这个价格是怎样决定的? 它当然知道,价格的波动会相互抵消,此时就出现劳动的价值了。它认为,劳动的价值"和其他商品的价值一样,是由生产费用来决定的。但是工人的生产费用,即用来生产或再生产工人本身的费用又是什么呢? 这个问题在政治经济学上是不自觉地代替了原来的问题,因为政治经济学在谈到劳动本身的生产费用时,只是兜圈子,没有前进一步。可见,政治经济学称为劳动的价值的东西,实际上就是劳动力的价值"②。但是,它没有这个认识。因此,古典政治经济学就"陷入了无法解决的混乱和矛盾中,同时替庸俗经济学的在原则上只忠于假象的浅薄理论提供了牢固的活动基础"③。这种混乱和矛盾集中到一点就是,劳动是价值的泉源,工人出卖的是劳动,得到其劳动形成的价值,利润和地租(两者合起来是剩余价值)就没有来源了。其实,古典派看到的事实上是劳动力的价值,但是没有真正的认识。所以,"古典政治经济学几乎接触到事物的真实状况,但是没有自觉地把它表述出来。只要古典政治经济学附着在资产阶级的皮上,它就不可能做到这一点"④。

有一种对劳动力价值或价格转化为工资的解释,我认为是不正确的。这就是,把工资说成是劳动力价值的货币表现,这种解释,等于把工资说成就是劳动力的价格,因为价值的货币表现就是价格。这样说来工资就不是转化形态,不是幻觉,不是虚假的范畴,不是劳动的价值或价格,丝毫也没有掩盖两大对抗阶级之间的关系。还有一种对工资的解释也是不正确的。这就是,把它说成是劳动的部分报酬,即它不是劳动的全部报酬,但它还是劳动的报酬,只不过是部分劳动的报酬。应该指出,工资从根本上说不是劳动报酬,而只是劳动力价值或价格的转化形态。马克思是经过严密的说明后,才有时使用有酬劳动和无酬劳动这些概念的。

---

① 马克思:《资本论》(第一卷),人民出版社 1975 年版,第 591 页。
② 同上书,第 589 页。
③ 同上。
④ 同上书,第 593 页。

2. 工资的国民差异

"在比较国民工资时,必须考虑到决定劳动力的价值量的变化的一切因素:自然的和历史地发展起来的首要的生活必需品的价格和范围,工人的教育费,妇女劳动和儿童劳动的作用,劳动生产率,劳动的外延量和内含量。"①妇女和儿童劳动之所以影响劳动力的价值量,是因为随着使用机器生产,体力支出在劳动中的重要性下降,妇女和儿童参加劳动,从前一名男工要养活全家,现在一家大小都出卖劳动力,每名劳动力要赡养的人减少了,劳动力价值便下降了。

这里特别考察生活必需品价格的差异,对工资的国民差异的影响。

商品在以各个国家作为组成部分的世界市场上,其价值"计量单位是世界劳动的平均单位。因此,强度较大的国民劳动比强度较小的国民劳动,会在同一时间内生产出更多的价值,而这又表现为更多的货币",而"生产效率较高的国民劳动在世界市场上也被算作强度较大的劳动"。② 由于这样,"不同国家在同一劳动时间内所生产的同种商品的不同量,有不同的国际价值,从而表现为不同的价格,即表现为按各自的国际价值而不同的货币额"③。一个国家的资本主义生产越发达,其国民劳动的强度和生产率,就越超过国际水平,这样,就生产同种商品来说,在相同的劳动时间内,它就比资本主义生产落后的国家,生产更多的国际价值,得到更多的货币额。

现在的问题是,这种货币流回到不同的国家,对不同国家的商品,尤其是决定劳动力价值的生活必需品的价格变化,起何作用。"货币的相对价值在资本主义生产方式较发达的国家里,比在资本主义生产方式不太发达的国家里要小。由此可以得出结论:名义工资,即表现为货币的劳动力的等价物,在前一种国家会比在后一种国家高;但这绝不是说,实际工资即供工人支配的生活资料也是这样。"④对这段话的理解,一向存在困难。主要是,资本主义发达的国家,其货币相对价值为什么较小? 所谓货币的相对价值,就

---

① 马克思:《资本论》(第一卷),人民出版社 1975 年版,第 613 页。
② 同上书,第 614 页。
③ 同上。
④ 同上。

是货币所能交换到的商品,货币相对价值小,就是它交换到的商品少,也就是物价较高,这样,名义工资当然也较高。

问题是怎样解释马克思这一原理。经济学家对此有种种解释,这里不予论述,只谈个人看法。如上所述,根据世界劳动的平均条件决定进入世界市场的同种商品的国际价值的原理,在同一时间内生产的同种商品,发达国家和落后国家相比,在世界市场上卖得的货币额较多,即是说,在世界市场上取得同量货币,发达国家花的劳动比落后国家花的劳动少些,从发达国家看,这样取得的货币,价值较低,落后国则相反。这是一。其次,分别从这两种国家的对内和对外贸易看,取得同量货币,发达国家在对内贸易中花的劳动比在对外贸易中花的劳动较多,即货币在外价值低,在内价值高,落后国则相反。但内外贸易之间存在着自由竞争,从而货币价值在外在内归于均等。因此发达国家货币的价值降低,物价升高,其外贸在国民经济中占的比重越大,影响就越大,落后国则相反。

上面分析没有涉及利润率、平均利润率和生产价格的变动问题。"只要比较发达的国家的劳动在这里作为比重较高的劳动来实现,利润率就会提高,因为这种劳动没有被作为质量较高的劳动来支付报酬,却被作为质量较高的劳动来出售……这好比一个工厂主采用了一种尚未普遍采用的新发明,他卖得比他的竞争者便宜,但仍然高于他的商品的个别价值出售,就是说,他把他所使用的劳动的特别高的生产力作为剩余劳动来实现。因此,他实现了一个超额利润。"①只要在对外贸易中,这种商品在经营上没有存在垄断,这个较高的利润率,就会参加该国平均利润率的形成,从而使内外利润率趋向于一致,并提高该国的平均利润率。落后国家,道理相同,但方向相反,即降低该国的平均利润率。

我们知道,生产价格由平均利润率调节。虽然不同部门的商品的生产价格,会因平均利润率的变动而发生情况或方向不同的变动,但总生产价格不变,因为它等于总价值,而总价值不因平均利润率变动而变动。但现在谈论的因对外贸易的有利或不利条件而引起的平均利润率变动则不同,它提高了,便使一国总生产价格提高,因为这等于它在对外贸易中实现了更多的

---

① 马克思:《资本论》(第三卷),人民出版社 1975 年版,第 264—265 页。

价值,得到更多的剩余价值;它降低了,便使一国总生产价格降低了,内容和前者相反。

由此似乎可以证实:由于有利的对外贸易,发达国家货币相对价值较低,商品生产价格较高,货币工资较高,这种对外贸易在国民经济中占的比重越大、情况就越是这样;由于不利的对外贸易,落后国家的情况就与此相反。

货币工资的这种国民差异,还有另一种原因,那就是发达国家农产品价格较高,落后国家农产品价格较低,"就工业品来说,大家知道,拿英国比如说同俄国相比,100万人生产的产品,不仅数量多得多,而且产品价值也大得多,虽然英国的单位商品便宜得多"①。这种价值较便宜的商品,如果用于输出,最终便会提高该国商品的生产价格,这情况已于前面说明。"但就农业来说,看来在资本主义发达的国家和比较不发达的国家之间就不存在这样的关系。落后国家的产品比资本主义发达的国家的产品便宜。这是就货币价格来说的。"②现在看来,情况已不是这样,因为产业革命最终已在农业领域内展开。就是就当时情况来说,生产农产品耗费的活劳动,发达国家较之落后国家也少些。

但是,农产品价值中的物化劳动,则不是这样。"无论如何,有一部分不变资本的价值加入英国土地耕种者的产品的价值,却没有这样一部分不变资本的价值加入俄国土地耕种者的产品的价值"③。如果1个英国人用等于10个工作日的不变资本生产出来的产品,需要5个俄国人才能生产出来,如果俄国人使用的不变资本等于1个工作日,那么,英国人的产品价值就等于11个工作日,而同样数量的俄国人的产品价值只等于6个工作日。"只要英国人比俄国人使用较少的直接劳动而使用较多的不变资本,并且只要这种不变资本……没有把劳动生产率提高到足以抵消俄国土壤的自然肥力的程度,英国谷物的价格和价值较高的情况就会始终存在。"④发达资本主义国家中工资的较高的货币价格也可以用这种情况来说明。如果撇开谷物用于输

---

① 马克思:《剩余价值理论》(第二册),人民出版社1975年版,第542页。
② 同上。
③ 同上书,第543页。
④ 同上。

出的问题,情况就是这样。

现在的问题是,发达资本主义国家土地的自然肥力,为什么比落后的国家低,以致要多用不变资本如海鸟粪和化学肥料,才能将其提高到和不用这些不变资本的落后国家的土地肥力相等? 这是因为,资本主义生产越发达,"它汇集在各大中心的城市人口越来越占优势,这样一来,它一方面聚集着社会的历史动力,另一方面又破坏着人和土地之间的物质变换,也就是使人以衣食形式消费掉的土地的组成部分不能回到土地,从而破坏土地持久肥力的永恒的自然条件"①。从前,人取自土地的,就以垃圾、便溺、尸体的形式回到土地,不必为此另费生产这些因素的劳动,资本主义发达了,许多人汇集到大城市,这个过程中断了,为了恢复土地肥力,便要耗费生产和运输这些用于增加肥力的生产资料。不仅这样,由于土地私有权和租地契约的存在,使得"资本主义农业的任何进步,都不仅是掠夺劳动者的技巧的进步,而且是掠夺土地的技巧的进步,在一定时期内提高土地肥力的任何进步,同时也是破坏土地肥力持久源泉的进步"②。只要情况是这样,越是发达的资本主义,越要耗费较多的劳动来恢复土地的肥力。因此,在农业生产尚未发生根本的技术变革条件下,发达资本主义国家的农产品价值就较高。

由于这样,当谷物进入世界市场时,落后国家似乎就会由此得到超额利润,情况如同发达国家输出工业品一样,由此似乎也会引起落后国家商品价格的上涨。但是,落后国家大量个体农民的存在,他们进行小商品生产,其再生产条件用资本主义范畴来表示,那就是商品价格只要等于 $c+v$ 便可,商品价值中的 m 在竞争的压力下,可以全部或部分放弃,他们并以此条件进入世界市场。因此,谷物世界市场价格有其特殊性,和工业品有所不同。

发达国家的货币工资比落后国家高,那是就劳动力价值以货币表示来说的。如果就每个劳动力生产的商品数量,每单位商品成本中工资占的份额来说,情形则相反。这就是为什么"英国的一些公司在东欧和亚洲承包过铁路建筑工程,它们除了使用当地工人以外,还使用了一定数量英国工人"③的原因。因为"它们根据经验知道,即使工资水平多少同中等劳动强度

---

① 马克思:《资本论》(第一卷),人民出版社 1975 年版,第 552 页。
② 同上书,第 552—553 页。
③ 同上书,第 617 页。

是相符合的,但是劳动的相对价格(同产品相比较的价格)通常是按相反方向变动的"①。

(五) 资本积累表明可变资本与劳动力相交换,形式是平等的,内容是不平等的

这里主要讲《资本论》第一卷第二十一章、第二十二章的第一节和第二节。

1. 简单再生产

资本家按照价值购买了劳动力,便开始了资本主义的生产过程。在这过程中,工人既生产了归资本家所有的剩余价值,又生产了资本家用以购买他的劳动力的可变资本,后者是在它以工资形式流回到工人手里之前就生产出来的。当然,资本家是用货币支付给工人,但这些货币不过是工人创造的价值的转化形式。所以,"工人今天的劳动或下半年的劳动是用他上星期的劳动或上半年的劳动来支付的。只要我们不是考察单个资本家和单个工人,而是考察资本家阶级和工人阶级,货币形式所造成的错觉就会立即消失"②。

工资之所以取得了是资本家对工人实行支付这种歪曲内容的形式,只是由于工人自己的产品不断以资本的形式离开工人。下面的例子可以说明问题。缴纳劳役地租的农民,每周三天用自己的生产资料在自己的耕地上劳动,为自己生产生活资料,其余三天在地主的田庄服劳役,这个农民不断为自己生产生活资料即工资,而这生活资料从来没有采取是别人支付给他的这样的形式,当然他为地主提供的劳役,也从来没有采取有酬劳动的形式。但是,一旦这个地主变成经营地主,农民由于地主收回耕地,无以为生,便只好向地主出卖劳动力,成为雇工。假如其他条件不变,这位雇工还得每周三天为自己生产生活资料,三天为现在的雇主生产剩余价值。但是,既然劳役劳动采取了雇佣劳动的形式,劳役农民变成了自由雇工,他的生活资料

①　马克思:《资本论》(第一卷),人民出版社 1975 年版,第 617 页。
②　同上书,第 623 页。

就由自己生产的生活资料变成由雇主支付的工资了。

从再生产过程看，不仅工资是工人自己生产的，而且一切资本也是工人生产的。即使资本家是靠某种与别人的无酬劳动无关的原始积累而取得的。但是，"经过若干年或者说经过若干个再生产期间，原预付资本就会被资本家消费掉，因而消失了"，因为"经过若干年以后，资本家占有的资本价值就等于他在这若干年不付等价物而占有的剩余价值额，而他所消费的价值额就等于原有资本价值"。①

2. 剩余价值转化为资本

把剩余价值再转化为资本，叫作资本积累。从物质观点看，"要积累，就必须把一部分剩余产品转化为资本。但是，如果不是出现了奇迹，能够转化为资本的，只是在劳动过程中可使用的物品，即生产资料，以及工人用以维持自身的物品，即生活资料。所以，一部分年剩余劳动必须用来制造追加的生产资料和生活资料，它们要超过补偿预付资本所需的数量。总之，剩余价值所以能转化为资本，只是因为剩余产品（它的价值就是剩余价值）已经包含了新资本的物质组成部分"②。此外，还要有追加的劳动。如果从外延方面或内涵方面都不能增加就业工人的剥削，那就必须雇用追加的劳动力。

西尼尔在提出利润是"最后 1 小时"劳动的产物的谬论，用以反对关于 10 小时工作日的法案之前一年，宣扬的是资本积累是资本家的"节欲"，因而应有利润对其行为进行报酬的谬论。应该指出，是竞争这个资本主义生产方式的内在规律作为外在的强制规律，使资本家不得不进行积累。在这条件下，资本主义生产的物质结构，也使资本家不能把剩余价值全部用于个人消费，因为钢铁、蒸汽机、肥料等生产资料，是不能供资本家用于个人挥霍的。

资本积累就是资本生资本的不断过程。例如，一个工厂主预付了10 000镑的资本，其中 4/5 用于购买生产资料，1/5 用于购买劳动力，假设剩余价值率为 100%，产品价值便为 12 000 镑，其中剩余价值 2 000 镑。工厂主要进

---

① 马克思：《资本论》（第一卷），人民出版社 1975 年版，第 625 页。
② 同上书，第 637 页。

行积累。为了使问题简单,假定这 2 000 镑剩余价值全部用于积累。在条件不变时,新的 2 000 镑资本又带来 400 镑剩余价值;这个 400 镑又用于积累,又带来 80 镑新的剩余价值,依此类推。

原预付资本 10 000 镑是从哪里来的,是不是由它的所有者的劳动创造的,这个问题并不重要,因为前面已经指出,只要经过若干年,它即使是从所有者的劳动积累而来的,也变成是剩余价值的积累了。"2 000 镑追加资本的情况就完全不同了。它的产生过程我们是一清二楚的。这是资本化了的剩余价值。它一开始就没有一个价值原子不是由别人的无酬劳动产生的。"①资本家再用它的"一部分来购买追加劳动力,甚至以十足的价格来购买,就是说,用等价物交换等价物,那还是征服者的老把戏,用从被征服者那里掠夺来的货币去购买被征服者的商品"②。

这个追加的资本,如果雇用的就是把它生产出来的人,那么他首先必须使原有资本即 10 000 镑继续增殖,其次要对自己过去劳动的产品用比它所费劳动更多的劳动买回来;如果雇用的是新的追加的劳动力,即把这过程看作是两大阶级之间的交易,那么,这就是用从前的雇佣工人的无酬劳动,来雇用追加的工人,这追加的工人以更多的劳动买回从前的雇佣工人提供的、被资本家占有的无酬劳动。"不管怎样,工人阶级总是用他们这一年的剩余劳动创造了下一年雇用追加劳动的资本。这就是所谓'资本生资本'。"③

这样,对过去无酬劳动的所有权,成为现今以日益扩大的规模占有活的无酬劳动的唯一条件。资本家已经积累的越多,就越能更多地积累。

我们可以看到,构成第一个追加资本的剩余价值,是用一部分原资本购买劳动力的结果,而这种购买完全符合商品交换的规律,从法律上看,这种购买的前提不外是工人自由地支配自己的能力,而货币或商品的所有者自由地支配属于他的价值;构成第二个追加资本的,不过是第一个追加资本的结果,因而是前一种关系的结果。既然每一次交易都始终符合商品交换的规律,资本家总是购买劳动力,工人总是出卖劳动力,甚至还可以假定这种交易是按劳动力实际价值进行的,那么就很明显,"以商品生产和商品流通

① 马克思:《资本论》(第一卷),人民出版社 1975 年版,第 638 页。
② 同上书,第 638—639 页。
③ 同上书,第 639 页。

为基础的占有规律或私有权规律,通过它本身的内在的、不可避免的辩证法转变为自己的直接对立物。"①也就是"商品生产按自己本身内在的规律越是发展成为资本主义生产,商品生产的所有权规律也就越是转变为资本主义的占有规律"②。

这个规律的转变表明,作为最初行为的等价物交换,已经变得仅仅在表面上是交换。因为,第一,用来交换劳动力的那部分资本本身只是不付给等价物而占有的别人劳动产品的一部分;第二,这部分资本不仅必须由它的生产者即工人来补偿,而且在补偿时还要加上新的剩余额。"这样一来,资本家和工人之间的交换关系,仅仅成为属于流通过程的一种表面现象,成为一种与内容本身无关的并只能使它神秘化的形式。劳动力的不断买卖是形式。其内容则是,资本家用他总是不付等价物而占有的别人的已经物化的劳动的一部分,来不断再换取更大量的别人的活劳动。"③

现在我们回过头来再看一看,斯密从主张生产商品投下的劳动量决定价值,到主张交换商品支配的劳动量决定价值,其中的原因何在。应该说,作为资本存在的一种形态的商品,它的价值是会增殖的,这个增殖的价值是由资本所支配的活劳动创造的,并与活劳动量成正比。在斯密看来,这里的活劳动是由工资交换来的,所谓交换商品支配的劳动量,也就是以工资购买的活劳动,这样,他就认为是交换商品支配的劳动量决定商品的价值量。从这点说,他的错误是混淆了作为资本的商品的价值增殖和商品本身价值的形式。这种错误的根源,还是由于他不了解劳动力是商品,而认为活劳动是商品,这样就必须把由劳动力在生产中支出的活劳动创造的价值,看成是由工资在交换中支配的活劳动形成的价值。

然而,斯密的伟大功绩也在这里。他明显地觉察到,从简单的商品生产和商品交换,过渡到资本主义的商品生产和商品交换即工资与雇佣劳动的交换,从价值全部归于劳动者过渡到价值分解为工资、利润和地租,这当中有一个空隙,在跃过这一空隙时,他发现价值规律从发挥自己的作用到不能发挥自己的作用。因为价值既然要分出利润和地租,那么工人的工资就必

---

① 马克思:《资本论》(第一卷),人民出版社 1975 年版,第 640 页。
② 同上书,第 644 页。
③ 同上书,第 640 页。

然小于他的劳动创造的价值,而这就是以多量活劳动交换少量物化劳动的不等价交换,这是违反价值规律的要求的。这是古典学派不能跨越的第一个难关。

3. 政治经济学关于规模扩大的再生产的错误见解

古典学派强调指出:"积累过程的特点是,剩余产品由生产工人消费,而不由非生产工人消费,这一点是对的。但它的错误也正是从这里开始。亚·斯密使人们形成一种流行的看法,把积累仅仅看成剩余产品由生产工人消费,或者说,把剩余价值的资本化仅仅看成是剩余价值转变为劳动力。"①

例如,李嘉图就是这样。他认为,用于积累的那部分剩余价值,只由生产工人消费。根据这种看法,所有转化为资本的剩余价值全部都成为可变资本。其实,用于积累的剩余价值有一部分是用于购买生产资料,即变成不变资本的。这个错误的根源是斯密教条,它直接导致这样的荒谬结论:"虽然每一单个资本分成不变组成部分和可变组成部分,但社会资本只分解为可变资本,或者说,只用来支付工资。"②

斯密为了证明这一点,"在所举的例子中承认,谷物的价格不仅由 $v+m$ 构成,而且也由生产谷物时所消耗的生产资料的价格……构成。但是,他说,这一切生产资料本身的价格,和谷物的价格一样,也分为 $v+m$……他引导我们由一个生产部门到另一个生产部门,又由另一个生产部门到第三个生产部门"③。这样,商品的全部价格最终分解为 $v+m$ 云云,不过是一个空洞的遁词,否则,他就得证明,价格直接分解为 $c+v+m$ 的商品,最后会由这样的商品来补偿,即它们的生产只耗费活劳动,没有耗费物化劳动,只有这样,这种商品价格才只分解为 $v+m$。斯密举的例子,是苏格兰的玛瑙采集者,认为他们只耗费活劳动。其实,他们采集和装运玛瑙,也要使用篮子和口袋这些物化劳动的产物。所以,如果要论证得彻底,斯密就只好将他的分析上溯到人类赤手空拳地进行生产的时代。这样的分析,对政治经济学的

---

① 马克思:《资本论》(第一卷),人民出版社 1975 年版,第 646 页。

② 同上书,第 647 页。

③ 马克思:《资本论》(第二卷),人民出版社 1975 年版,第 414 页。

研究是没有意义的。

斯密的这种错误,使他不可能正确地分析社会资本再生产,因为它混淆了社会总产品$(c+v+m)$和国民收入$(v+m)$。由斯密的错误导致的李嘉图的错误,即认为用于积累的剩余价值全部由工人消费,又导致生产等于消费的错误理论,这又使他必然否认普遍的生产过剩的经济危机。应该说,斯密本人并不认为生产等于消费,因为他虽然从价值上认为产品价值全部分解为收入,而收入是用于消费的,但他还从物质形态上看问题,他看到有些物质资料是不能用于个人消费的。李嘉图不是这样,他仅从逻辑上发展斯密的错误论点,因而得出生产等于消费的结论。但他没有把它用于辩护。将这些错误用于辩护,那是庸俗经济学家的事。

在评论斯密的这些论点时,马克思说:"这里包括一个正确的观点:事物在社会资本即单个资本的总和的运动中的表现,和它从每个个别考察的资本来看的表现,也就是从每一单个资本家角度来看时的表现,是不同的。对每一单个资本家来说,商品价值分解为:(1)不变要素(斯密所说的第四要素);(2)工资和剩余价值之和,或工资、利润和地租之和。而从社会的观点来看,斯密的第四要素即不变资本价值,就消失了。"①对马克思这段论述加以解释时,卢森贝在其《政治经济学史》中说:"如果把社会的全年产品只是当作价值总额来考察,那么抽象地思索一下,还是可以把它分解为各项收入的;但是如果以实物形态来观察全年产品……那么只把它分解为收入,就无论如何都不行了。"②

马克思说的"从社会的观点来看",指的应该是上溯历史,直至人们不用工具和原料进行生产的时候。如果是这样,卢森贝的解释便是错误的。根据卢森贝的说法,无论怎样"抽象地思索",社会总产品从价值看,总有一部分是分解为资本的,那就是虽然第二部类的c,从第一部类看,是其收入与之相交换的对象,但是第一部类的c,无论从第一部类还是从第二部类来看,它始终是c。

① 马克思:《资本论》(第二卷),人民出版社1975年版,第427页。
② 卢森贝:《政治经济学史》(第一卷),李侠公译,生活·读书·新知三联书店1959年版,第336页。

三、资产阶级内部平等关系的形成和被破坏

马克思说:"资本是天生的平等派,就是说,它要求在一切生产领域内剥削劳动的条件都是平等的,把这当作自己的天赋人权……"①但是,剥削劳动的条件是平等的,等量资本在同一时间内支配的活劳动不等,这就有不等的剩余价值,就有不等的利润率。在自由竞争的条件下,不等的利润率转化为平均利润率,剩余价值转化为平均利润,等量资本在同一时间内得到相等的利润,这是资产阶级内部平等关系的形成。垄断形成并成为大量的现象后,自由竞争受到限制,这种平等关系便部分地被破坏。

本单元摘要讲授《资本论》第二卷中的第一章和第七章,第三卷中的第一章、第二章、第三章、第四章、第八章、第九章、第十一章和第五十章,共讲四个问题:(1)"平等地剥削劳动力,是资本的首要的人权"②;(2)等量资本在剥削条件相同时却有不同的年利润率;(3)平均利润和生产价格是"资本主义的共产主义";(4)垄断的产生和资产阶级内部平等关系的部分被破坏。

(一)"平等地剥削劳动力,是资本的首要的人权"

正如商品和货币是天生的平等派一样,资本也是天生的平等派,因而"平等地剥削劳动力,是资本的首要的人权"。这就是说,由于资本家之间的竞争,他们对于所使用的有同等质量的劳动力,支付的价格是相同的,每天使用的时间长度即工作日是相同的,劳动条件也是相同的。但是,资本虽然平等地剥削劳动力,可是等量资本在相同时间内支配的劳动力不同,便有不等量的剩余价值,这不等量的剩余价值在自由竞争条件下,要由资本家进行

---

① 马克思:《资本论》(第一卷),人民出版社 1975 年版,第 436 页。
② 同上书,第 324 页。

平均分配。"不同的资本家在这里彼此只是作为一个股份公司的股东发生关系,在这个公司中,按每 100 资本均衡地分配一份利润。因此,对不同的资本家来说,他们的利润之所以有差别,只是因为他们投在总企业中的资本量不等,因为他们在总企业中的入股比例不等,因为他们持有的股票数不等。"①这就是说,对各部门具有中等条件的资本家来说,他们得到的利润是均等的。

这种平等关系只存在于资产阶级内部,不存在于资产阶级和土地所有者阶级之间。后者由于拥有土地私有权,因经营的土地不同、对同一土地追加投资的生产率不同、农业比工业使用的活劳动较多而产生的超额利润,都要转化为不同形式的地租,归土地所有者阶级所有,经营和利用土地的资产阶级只能得到等量的利润。这就是说,正因为资产阶级内部存在着平等关系,土地所有者阶级就能够将与土地有关的超额利润变成地租,攫为己有。

平等地剥削劳动力,只存在于资本主义制度下,而在奴隶制度和封建制度下是不存在的。这是因为奴隶和领主封建制度下的农奴,没有人身自由,不能选择主人即剥削者,即使在地主封建制度下,农民虽有人身自由,并且由于土地能自由买卖,地租便由利息率来调节,农民缴纳的地租额大体相同,但由于农民经营的个人经济不同,劳动条件和经济条件不同,其被剥削的条件和程度就不同。

资本平等地剥削劳动力,从历史上看,最初产生于行会手工业中,行会制度产生于封建制度晚期,资本主义商品生产开始产生,竞争尚未激烈的时候,行会对店东雇用师傅、学徒的数量,产品规格,工艺过程,劳动时间,买卖价格等,都有统一的规定,其目的在于保证参加行会的手工业者不破产,反过来说,就是限制店东成为资本家。关于行会制度,恩格斯写道:"中世纪的商人绝不是个人主义者;他像他的所有同时代人一样,本质上是共同体的成员。在农村,占统治地位的是在原始共产主义基础上成长起来的马尔克公社。……以后的一切同业公会,都是按照马尔克公社的样子建立起来的,首先就是城市的行会,它的规章制度不过是马尔克的规章制度在享有特权的手工业上而不是在一定土地面积上的应用。整个组织的中心点,是每个成

---

① 马克思:《资本论》(第三卷),人民出版社 1975 年版,第 177—178 页。

员都同等地分享那些对全体来说都有保证的特权和利益。"①由于这样，利润率对行会的成员来说都是均等的。恩格斯接着说："因此，相等的利润率，在其充分发展的情况下本来是资本主义生产的最后结果之一，而这里在其最简单的形式上却表明是资本的历史出发点之一，甚至是马尔克公社直接生出的幼枝，而马尔克公社又是原始共产主义直接生出的幼枝。"②

（二）等量资本在剥削条件相同时却有不等的年利润率

虽然相等的利润率是资本的历史出发点之一，但真正的资本主义生产开始后，等量资本却因在相同时间内推动的活劳动不等而有不同的年利润率，这是由于资本有机构成和资本周转时间不同而引起的。但在说明这个问题之前，先要说明剩余价值如何转化为利润，以及这种转化的意义。

1. 成本价格和利润

这里主要讲《资本论》第三卷第一章。

按照资本主义方式生产的每一个商品 W 的价值，用公式来表示是 $W=c+v+m$，其中的 $c+v$ 是耗费掉的资本价值，即商品的成本价格，或生产成本、生产费用。

"商品使资本家耗费的东西和商品的生产本身所耗费的东西，无疑是两个完全不同的量。"③商品价值中分解为剩余价值的那部分，不需要资本家耗费什么东西，它耗费的只是工人的剩余劳动。但是，因为在资本主义生产基础上，工人在进入生产过程之后，就成为执行职能的并属于资本家的生产资本的一个组成部分，资本家是实际的商品生产者，所以，对资本家来说，商品的成本价格必然表现为商品本身的实际费用。"我们把成本价格叫作 k，$W=c+v+m$ 这个公式就转化为 $W=k+m$ 这个公式，或者说，商品价值＝成本价格＋剩余价值。"④

---

① 马克思：《资本论》(第三卷)，人民出版社 1975 年版，第 1019—1020 页。
② 同上书，第 1021—1022 页。
③ 同上书，第 30 页。
④ 同上书，第 30—33 页。

"成本价格这一范畴,同商品的价值形成或同资本的增殖过程毫无关系。"①这是因为,即使我们知道商品价值 600 镑的 5/6 或 500 镑,只是所耗费的 500 镑资本的等价物或补偿价值,因此只够买回这个资本的各种物质要素,我们由此还是不了解,商品价值中形成商品成本价格的这个 5/6 是怎样生产出来的,也不了解商品价值中分解为剩余价值的最后 1/6 是怎样生产出来的。

假设商品价值 600 镑＝400c＋100v＋100m。其中 400c 是生产商品耗费的生产资料即不变资本的价值的再现;另 200 镑是新生产的价值,其中有一半即 100 镑构成成本价格,即 v。因此,成本价格包含着两个来源完全不同的商品价值要素。

成本价格中的 c 有双重意义:"一方面,它加入商品的成本价格,因为它是商品价值中那个用来补偿所耗费的资本的组成部分;另一方面,它形成商品价值的一个组成部分,仅仅因为它是所耗费的资本的价值,或者说,因为生产资料花了这么多的费用。"②

成本价格中的 v 却完全不同。v 所推动的劳动力,在生产商品中形成一个 200 镑的新价值,这个新价值的一半即 100 镑,补偿 100 镑预付的可变资本。"但是,这个预付的资本价值决不会参加新价值的形成。在预付资本中,劳动力是作为价值计算的,而在生产过程中,它是作为价值形成的要素执行职能的。在预付资本中出现的劳动力价值,在实际执行职能的生产资本中,为形成价值的活的劳动力自身所代替。"③

"商品价值中这些合起来形成成本价格的不同组成部分之间的区别,只要所耗费的不变资本部分,或者所耗费的可变资本部分发生价值量的变化,就会显示出来。"④假定不变资本由 400 镑增为 600 镑或减为 200 镑,在前一场合,成本价格就由 500 镑增为 700 镑,价值也就由 600 镑增为 800 镑;在后一场合,成本价格就由 500 镑减为 300 镑,价值也就由 600 镑减为 400 镑。假定在其他条件不变的情况下,同量劳动力的价格由 100 镑增为 150 镑或减为 50 镑,在前一场合,成本价格就由 500 镑增为 550 镑;在后一场合,成本价

---

① 马克思:《资本论》(第三卷),人民出版社 1975 年版,第 33 页。
② 同上书,第 34 页。
③ 同上书,第 34—37 页。
④ 同上书,第 37 页。

格就由 500 镑减为 450 镑。但在这两个场合,商品价值始终不变,因为预付的可变资本价值不是转移到商品价值中,而是可变资本推动的活劳动创造价值,它创造的价值没有发生变化,总是 200 镑。可变资本增为 150 镑,剩余价值就相应地减为 50 镑;可变资本减为 50 镑,剩余价值就相应地增为 150 镑。

在成本价格 k 中,不变资本和可变资本的区别消失了。"全部 500 镑的成本价格,现在取得了双重意义:第一,它是 600 镑商品价值中用来补偿商品的生产上耗费的 500 镑资本的组成部分;第二,商品价值的这个组成部分之所以存在,只是因为它以前已经作为所使用的生产要素即生产资料和劳动的成本价格存在了,也就是说,已经作为预付资本存在了。资本价值之所以作为商品的成本价格再现出来,是因为而且只是因为它已经作为资本价值耗费掉了。"①

在成本价格 k 中,只有固定资本和流动资本的区别。固定资本和流动资本的区别,是从资本周转的特点加以考察的,即预付资本的价值,在一次资本周转中取回的是流动资本,在多次资本周转中取回的是固定资本。换句话说,工资和原材料的价值是在一次资本周转中取回的,这样工资这个可变资本,便和原材料这个不变资本同列入流动资本,而劳动资料的价值是在多次资本周转中取回的,它这个不变资本便和同样是不变资本的原材料相对立,成为固定资本。由于"在劳动力上支出的可变资本部分,在这里,在流动资本这个项目下,显然和不变资本(即由生产材料构成的资本部分)等同起来。这样,资本的增殖过程的神秘化也就完成了"②。

以上考察的是商品价值中的一个要素,即成本价格。现在进而考察商品价值中另一个要素,即超过成本价格的余额或剩余价值。

"虽然剩余价值 m 只是产生于可变资本 v 的价值变动,因而本来只是可变资本的一个增长额,但在生产过程结束后,它同样也成为所耗费的总资本 $c+v$ 的一个价值增加额",因为它"就是商品的生产上耗费掉的并且会从商品流通中流回的资本的价值增加额"。③ 由于这样,$c+(v+m)$ 这公式,也可

① 马克思:《资本论》(第三卷),人民出版社 1975 年版,第 39 页。
② 同上书,第 41 页。
③ 同上。

以用（c＋v）＋m 来表示。"在生产开始以前,我们有一个 500 镑的资本。在生产完成以后,我们就有了一个 500 镑的资本加上一个 100 镑的价值增加额。"①

对资本家来说很清楚,这个价值增加额来自用资本进行的生产过程,也就是来自资本自身,因为它在生产过程完成以后才存在,而在生产过程开始以前并不存在。由于这样,"就生产中所耗费的资本来说,好像剩余价值同样来自所耗费的资本的不同价值要素,即由生产资料构成的价值要素和由劳动构成的价值要素,因为这些要素同样都加入成本价格的形成。它们同样都把自己的作为预付资本存在的价值加入产品价值,而并不区分为不变的价值量和可变的价值量"②。关于这一点,只要我们设想一下,全部所耗费的资本完全由工资构成,或者完全由生产资料的价值构成,就很清楚了。这时,在前者商品价值是 500v＋100m,在后者商品价值是 500c＋100m。"在这两个场合,我们都知道,剩余价值是由一个既定的价值产生的,因为这个价值是以生产资本的形式预付的,至于是以劳动的形式预付,还是以生产资料的形式预付,那是没有关系的。"③

"剩余价值,作为全部预付资本的这样一种观念上的产物,取得了利润这个转化形式",由于这样,"我们在这里最初看到的利润,和剩余价值是一回事,不过它具有一个神秘化的形式,而这个神秘化的形式必然会从资本主义生产方式中产生出来。因为成本价格的形成具有一种假象,使不变资本和可变资本之间的区别看不出来了,所以在生产过程中发生的价值变化,必然变成不是由可变资本部分引起,而是由总资本引起。因为在一极上,劳动力的价格表现为工资这个转化形式,所以在另一极上,剩余价值表现为利润这个转化形式。"④

这是一段极其重要的论述,它不仅从成本价格这个范畴推论出剩余价值被认为是预付资本的产物,剩余价值就转化为利润的结论,而且论述了是同一个经济过程,既使劳动力的价格转化为工资,又使剩余价值转化为利

---

① 马克思:《资本论》(第三卷),人民出版社 1975 年版,第 41—42 页。
② 同上书,第 42—43 页。
③ 同上书,第 43 页。
④ 同上书,第 44 页。

润,因为劳动力的价格被歪曲为劳动价值即工资,剩余价值就当然不能被认为是劳动的产物,而只能被认为是全部预付资本的产物,这样,剩余价值就转化为利润。这是资本主义生产关系神秘化最重要的根源。

前面说过,有的经济学家将工资是劳动力的价值或价格的转化形式,错误地理解为如同价格是价值的货币表现一样,工资是劳动力价值的货币表现。与此相应,这些经济学家认为,工资是劳动力价值或价格的转化形式和利润是剩余价值的转化形式,是两种意义不同的转化,这种看法是不正确的。

从以上可以看出,商品的成本价格小于它的价值。这样,资本家即使以低于商品的价值出售商品,也可以得到利润。在商品价值和它的成本价格之间,显然会有无数的出售价格。商品价值中由剩余价值构成的要素越大,这些中间价格的实际活动余地也就越大。"这不仅可以说明日常的竞争现象,例如某些低价出售的情形,某些产业部门的商品价格异常低廉的现象等等。我们下面将会看到,政治经济学迄今没有理解的关于资本主义竞争的基本规律,即调节一般利润率和由它决定的所谓生产价格的规律,也是建立在商品价值和商品成本价格之间的这种差别之上的,建立在由此引起的商品低于价值出售也能获得利润这样一种可能性之上的。"①

资本家的利润是由于他出售他没有支付分文的某种东西而得到的。剩余价值或利润,就是商品价值超过商品成本价格的余额,就是商品包含的劳动总额超过它包含的有酬劳动额的金额。因此,不管剩余价值来自何处,它总是一个超过全部预付资本的余额。由于这样,"这个余额和总资本会保持一个比率,这个比率可以用分数 $\frac{m}{C}$ 来表示,其中 C 表示总资本。这样,我们就得到了一个与剩余价值率 $\frac{m}{v}$ 不同的利润率 $\frac{m}{C}=\frac{m}{C+v}$ "②。

用可变资本计算的剩余价值的比率,叫作剩余价值率;用总资本计算的剩余价值的比率,叫作利润率。这是同一个量的两种不同的计算方法,由于计算的标准不同,它们表示同一个量的不同的比率或关系。

---

① 马克思:《资本论》(第三卷),人民出版社 1975 年版,第 45 页。
② 同上书,第 51 页。

尽管利润率和剩余价值率在数量上不同,而剩余价值和利润实际上是一回事并且数量上也相等,但是利润是剩余价值的一个转化形式,在这个形式中,剩余价值的起源和它存在的秘密被掩盖了,被抹杀了。在剩余价值中,资本和劳动的关系赤裸裸地暴露出来了,在资本和利润的关系中,也就是在资本和剩余价值的关系中,资本表示为一种对自身的关系,在这种关系中,资本作为原有的价值额,同它自身创造的新价值相区别。这种新价值虽然是资本在通过生产过程创造的,但这种情况是怎样发生的,在利润的形式中是看不出来的,剩余价值的生产神秘化了,它好像来自资本本身固有的秘密性质。

2. 资本有机构成不同对利润率的影响

这里主要讲《资本论》第三卷第八章。

转化为利润的剩余价值是由可变资本推动的劳动生产的。因此不同的生产部门,其他条件相同,但只要等量资本中可变资本占的份额不同,它就会有不同的利润率。这是由"(1)资本有机构成上的差别;(2)资本周转时间上的差别"①引起的。这里先研究资本有机构成的差别对利润率的影响。

"如果在生产部门 A 的一个投资中,总资本每 700 中只有 100 用在可变资本上,600 用在不变资本上;而在生产部门 B 的一个投资中,600 用在可变资本上,只有 100 用在不变资本上 …… 在劳动剥削程度相等(都是 100%——引者)时,在前一个场合,利润为 $\frac{100}{700}=\frac{1}{7}=14\frac{2}{7}\%$;在后一个场合 $=\frac{600}{700}=85\frac{5}{7}\%$,是前者六倍的利润率。但是在这个场合,利润本身实际上也是前者的六倍,对 B 来说是 600,对 A 来说是 100,因为用相等的资本,B 所推动的活劳动为 A 所推动的活劳动的六倍,所以在劳动剥削程度相等时,生产了六倍的剩余价值,也就是生产了六倍的利润。"②

资本的有机构成不同,同资本的绝对量无关。问题始终是:每 100 资本中有多少可变资本,有多少不变资本。

---

① 马克思:《资本论》(第三卷),人民出版社 1975 年版,第 161 页。
② 同上书,第 165 页。

由固定资本和流动资本组成的资本构成的比率,就它本身来说,是根本不会影响利润率的。因此,在不同产业部门中由固定资本和流动资本组成的不变资本的不同构成本身,对利润率来说,并没有什么意义,因为起决定作用的,是可变资本和不变资本之比,并且不变资本的价值,因而不变资本同可变资本相比的相对量,同不变资本的各个组成部分的固定性质或流动性质是完全无关的。

上述原理,"在比较国与国之间的利润率时特别重要。假定在一个欧洲国家,剩余价值率为 100%,这就是说,工人半天为自己劳动,半天为雇主劳动;在一个亚洲国家,剩余价值率=25%,这就是说,工人在一天中 4/5 的时间为自己劳动,1/5 为雇主劳动。假定在这个欧洲国家,国民资本的构成是 84c+16v;在这个亚洲国家,国民资本的构成是 16c+84v,因为在那里机器等用得不多,并且在一定时间内一定量劳动力在生产中消耗掉的原料也比较少。这样,我们就会得出以下的计算:

"在这个欧洲国家,产品价值 = 84c + 16v + 16m = 116;利润率 = $\frac{16}{100}$ = 16%。

"在这个亚洲国家,产品价值 = 16c + 84v + 21m = 121;利润率 = $\frac{21}{100}$ = 21%。

"可见,这个亚洲国家的利润率比这个欧洲国家的利润率高 25% 以上,尽管前者的剩余价值率只有后者的四分之一。"①

3. 资本周转时间不同对年利润率的影响

这里主要讲《资本论》第二卷第一章、第七章和《资本论》第三卷第四章。

前面说的资本有机构成不同对利润率的影响,其中的利润率没有时间因素,这里说的资本周转时间不同对利润率的影响,其中的利润率是有时间因素的,即年利润率。

资本周转是从流通的角度考察资本的概念。从这个角度考察资本还有一个概念,那就是资本循环。要了解资本周转,先要了解资本循环。

---

① 马克思:《资本论》(第三卷),人民出版社 1975 年版,第 168—169 页。

资本运动的公式是：$G-W \cdots p \cdots W'-G'$，详细点说就是：$G-$

$$W \begin{cases} A(\text{劳动力}) \\ \\ pm(\text{生产资料}) \end{cases} \cdots p \cdots W'-G'。$$"在这里，资本表现为一个价值，它经

过一系列互相联系的、互为条件的转化，经过一系列的形态变化，而这些形态变化也就形成总过程的一系列阶段。在这些阶段中，两个属于流通领域，一个属于生产领域。在每个这样的阶段中，资本价值都处在和不同的特殊职能相适应的不同形态上。在这个运动中，预付的价值不仅保存了，而且增长了，它的量增加了。最后，在终结阶段，它回到总过程开始时它原有的形式。"①这个过程就是资本循环。

资本价值在它的流通阶段所采取的两种形式，是货币资本和商品资本的形式；在它的生产阶段所采取的形式，是生产资本的形式。在循环过程中采取而又抛弃这些形式，并在每一个形式中执行相应职能的资本，就是产业资本。这里所说的产业，包括任何按资本主义生产方式经营的生产部门。

在资本循环中的货币资本、商品资本、生产资本，指的并不是一些独立的资本，这些独立资本的职能形成同样独立的、彼此分离的营业部门的内容。在这里，它们只是指产业资本的特殊的职能形式，产业资本是依次采取所有这三种形式的。

资本循环，只有不断地从一个阶段转入另一个阶段，相应地从一种形态转入另一种形态，才能正常进行。

"资本的循环，不是当作孤立的行为，而是当作周期性的过程时，叫作资本的周转。这种周转的持续时间，由资本的生产时间和资本的流通时间之和决定。这个时间之和形成资本的周转时间。"②换句话说，资本循环说明的是产业资本形态的变化，资本周转说明的是这种形态变化经历的时间。

把加速或缩短单个资本周转时间的个别冒险行为撇开不讲，资本周转时间在不同的投资部门是不同的。

---

① 马克思：《资本论》（第二卷），人民出版社 1975 年版，第 63 页。
② 同上书，第 174 页。

年是资本周转时间的自然计量单位,它表现为一年中资本周转的次数。这个计量单位的自然基础是,在温带这个资本主义生产的祖国,最重要的农产品都是一年收获一次。

假如用 U 表示周转时间的计量单位——年,用 u 表示一定资本周转时间,用 n 表示资本的周转次数,那么 $n=\dfrac{U}{u}$。例如,如果周转时间 u 等于 3 个月,那么 $n=\dfrac{12}{3}=4$,资本在一年中完成 4 次周转,或者说,周转 4 次。如果 u 等于 18 个月,那么 $n=\dfrac{12}{18}=\dfrac{2}{3}$,或者说,资本在一年内只完成它的周转时间的 $\dfrac{2}{3}$。对资本家来说,他的资本的周转时间,就是他必须预付他的资本,以便使它增殖并回到它原来形式所经历的时间。

资本周转时间的不同,怎样对利润率发生影响呢?

"要把总资本的周转对利润率的影响纯粹地表示出来,我们就必须假定,互相比较的两个资本的其他一切条件是相等的。所以,除了要假定剩余价值率和工作日相等,还特别要假定资本的百分比构成相等。假定资本 A 的构成是 80c+20v=100c,剩余价值率为 100%,资本每年周转两次。这样,年产品就是:

"160c+40v+40m。但在求利润率时,我们不是按周转的资本价值 200 来计算 40m,而是按预付资本价值 100 来计算。因此 $p'=40\%$。

"让我们用这个资本和资本 $B=$160c+40v=200c 比较一下。资本 B 有同样的剩余价值率 100%,每年只周转一次。这样,年产品就和上述年产品一样是:

"160c+40v+40m。但在这场合,40m 要按预付资本 200 来计算,利润率只有 20%,所以只有资本 A 的利润率的一半。"[1]

从上述可以看出:在资本有机构成相等,剩余价值率相等,工作日相等的时候,两个资本的利润率同它们的周转时间成反比。

让我们进一步分析上述例子。资本 A 一年周转两次,它的 100c 便当作

---

[1] 马克思:《资本论》(第三卷),人民出版社 1975 年版,第 85—86 页。

200c 来用;资本 B 一年周转一次,它的 200c 只能当 200c 来用。它们的资本有机构成相同,剩余价值率相同,一年生产的剩余价值量相同,但 A 的预付资本仅为 B 的一半,所以 A 的利润率比 B 高一倍。

如果将 B 由 200c 减为 100c,其他条件不变,即 A 和 B 都是 80c+20v,但 A 每年周转两次,每月使用的可变资本为 3.33,B 每年周转一次,每月使用的可变资本为 1.66,在同一时间内,A 推动的活劳动比 B 多一倍,所以 A 的年利润率比 B 高一倍。

将资本有机构成的不同和资本周转时间不同对利润率的影响合起来考察,就可以看出,问题都发生在等量资本中的可变资本不同:资本有机构成不同,使等量资本中的可变资本不同,由此引起的利润率不同是没有时间因素的,资本周转时间不同,使等量资本在一年中可使用的可变资本不同,由此引起的利润率不同是有时间因素的,是年利润率不同。

(三) 平均利润和生产价格是"资本主义的共产主义"

等量资本投在不同生产部门内,因资本有机构成不同和资本周转时间不同而有不同的年利润率,这在自由竞争充分展开的条件下是不可能的。由于自由竞争在各个生产部门之间展开,不同的年利润率会均衡化为一个平均的年利润率,与此相应,价值便转化为生产价格,商品按生产价格出卖,利润便是平均的。资产阶级经济学家,即使是提出劳动价值学说的英国古典政治经济学家也没有科学地说明平均利润和生产价格的形成。庸俗经济学家在这个问题上大肆攻击马克思,那是徒劳的。

1. 平均利润率的形成和商品价值转化为生产价格

这里主要讲《资本论》第三卷第九章。

整个理论不难掌握,这里着重指出的是:

"求出不同生产部门的不同利润率的平均数,把这个平均数加到不同生产部门的成本价格上,由此形成的价格,就是生产价格。生产价格以一般利润率的存在为前提;而这个一般利润率,又以每个特殊生产部门的利润率已经分别化为同样大的平均率为前提。这些特殊的利润率在每个生产部门都=m/C,并且……要从商品的价值引申出来。没有这种引申,一般利润率

（从而商品的生产价格），就是一个没有意义、没有内容的概念。"①

不言而喻，在一般利润率的形成上，不仅要考虑到不同生产部门利润率的差别，求出它们的简单的平均数，而且还要考虑到不同利润率在平均数形成上所占的比重，即不是算术平均，而是加权平均。

计算成本价格时，是按所耗费的资本计算的；计算平均利润时，是按所用的全部预付资本计算的。所用资本和所费资本不一致，是固定资本的特征。生产力越发展，固定资本越庞大，两者的差额越大，社会折旧基金，从而可用于长期借贷的社会资金也越大。

平均利润率和生产价格的形成，不仅与不同生产部门的资本有机构成有关，而且与它们的资本周转时间有关，因为平均利润率实质上是年平均利润率，那种把平均利润率和生产价格的形成只归结为资本有机构成的不同的做法，是不全面的，应该考虑有机构成和周转时间两者的作用。表 3-2 就是将两者都加以考虑的。

表 3-2　资本的有机构成与周转时间

	c	v	资本周转次数	一年使用的 v	年 m	年生产物价值	年平均利润率	生产价格	年生产价格
Ⅰ	9 000	1 000	1	1 000	1 000	11 000	56.6%	15 660	15 660
Ⅱ	8 000	2 000	2	4 000	4 000	24 000	56.6%	12 830	25 660
Ⅲ	7 000	3 000	4	12 000	12 000	52 000	56.6%	11 415	45 660
总计	30 000		—	17 000	17 000	87 000	—		87 000

生产价格的形成一定要用劳动价值学说来说明。总价值和总生产价格必然相等，总剩余价值和总平均利润必然相等。在其他条件相同的情况下，如果生产商品所必需的劳动时间减少了，生产价格就会降低；如果增加了，生产价格就会提高。

生产价格的形成，要以资本主义的自由竞争在国民经济中充分展开为前提，"商品按照它们的价值或接近于它们的价值进行的交换，比那种按照它们的生产价格进行的交换，所要求的发展阶段要低得多。而按照它们的

① 马克思：《资本论》（第三卷），人民出版社 1975 年版，第 176 页。

生产价格进行的交换,则需要资本主义的发展达到一定的高度"①。这个历史条件便是大机器工业在国民经济中占统治地位,从而在技术上战胜个体生产者和行会制度,自由竞争得以全面展开,资本有更大的活动性,更容易从一个部门和一个地点转移到另一个部门和另一个地点,劳动力的转移也是这样。自由竞争的全面展开,在同一生产部门使个别价值转化为社会价值,在不同生产部门使社会价值转化为生产价格。

因此,把商品价值看作不仅在理论上,而且在历史上先于生产价格,是完全恰当的。"这适用于生产资料归劳动者所有的那种状态;这种状态,无论在古代世界还是近代世界,都可以在自耕农和手工业者那里看到。这也符合我们以前说过的见解,即产品发展成为商品,是由不同共同体之间的交换,而不是由同一共同体各个成员之间的交换引起的。这一点,正像它适用于这种原始状态一样,也适用于后来以奴隶制和农奴制为基础的状态,同时也适用于手工业行会组织"②。

平均利润和生产价格的阶级本质,可以分两方面来谈。从资产阶级内部来说,是他们之间的平等关系的反映。马克思于 1868 年 4 月 30 日给恩格斯的信中有这样的话:"各个资本量,被投在不同的生产部门,会有不同的构成,在各个资本量内,竞争所造就的,是资本主义的共产主义。"③平均利润表明,资产阶级在共剩余价值之产。从资产阶级对无产阶级来说,则是一个阶级共同剥削另一个阶级;在平均利润和生产价格中,我们"得到了一个像数学一样精确的证明:为什么资本家在他们的竞争中表现出彼此都是虚伪的兄弟,但面对着整个工人阶级却结成真正的共济会团体"④。

平均利润和生产价格的形成,使资本主义生产关系进一步神秘化,使劳动和价值的关系进一步被掩盖起来。

首先,剩余价值率转化为利润率,便发生了这种作用。"因为在利润率中,剩余价值是按总资本计算的,是以总资本为尺度的,所以剩余价值本身

---

① 马克思:《资本论》(第三卷),人民出版社 1975 年版,第 197—198 页。
② 同上书,第 198 页。
③ 《1868 年 4 月 30 日马克思致恩格斯信》,载马克思、恩格斯:《马克思恩格斯〈资本论〉书信集》,人民出版社 1976 年版,第 267 页。
④ 马克思:《资本论》(第三卷),人民出版社 1975 年版,第 221 页。

也就好像从总资本产生,而且同样地从总资本的一切部分产生。"①由于这样,"剩余价值本身在它的这个转化形式即利润上否定了自己的起源,失去了自己的性质,成为不能认识的东西"②。但是,到目前为止,"利润同剩余价值的差别,只同质的变化,同形式变化有关……实际的量的差别还只存在于利润率和剩余价值率之间,而不是存在于利润和剩余价值之间"③。但平均利润一旦形成,情况就不同了。

现在,如果一个生产部门实际生产的剩余价值或利润,同商品出售价格中包含的利润相一致,那只是一种偶然的现象,这就是说,一般说来,一个部门实现的平均利润,确实不是该部门的工人的劳动创造的;一个部门产生的生产价格,加到成本价格上的平均利润,确实不是由该部门的价值形成过程的界限决定的,而是由完全外在的条件决定的。

其次,生产价格的形成,是由生产部门内部的竞争形成社会价值,再由生产部门之间的竞争使各种商品的社会价值发生形态变化的结果。前者使生产部门内产生不等的利润率,后者使各生产部门的利润率趋向于平均,这两者同时并存。这样,节省劳动和更多地使用不变资本,都表现为经济上的合理行为,因为它不仅不会降低一个企业的利润,反而会使它得到超额利润。这样一来,至少对单个企业来说,活劳动就似乎不是利润的唯一源泉了。

最后,平均利润率指的是年平均利润率,资本周转的时间在这里有重大的意义。资本周转时间包括资本流通时间和资本生产时间,后者除劳动期间外,往往包括生产上没有耗费劳动而让劳动对象经历生物学上的生长过程、化学上的变化过程等时间本身,整个周转过程虽然有一部分没有耗费劳动,但在平均利润率规律的作用下,预付资本是按照周转时间来计算平均利润的,并且按照复利计算。这就是为什么让新酒窖藏成陈酒,窖藏时尽管不另外耗费劳动(固定资本的耗费除外),但陈酒价格比新酒高,窖藏时间越长的陈酒比新酒越贵的原因,因为它的生产价格大为增加。这从表面看,似乎

① 马克思:《资本论》(第三卷),人民出版社1975年版,第187页。
② 同上。
③ 同上。

时间本身也能影响商品的价值。有的资产阶级经济学家就是这样解释问题的。在这条件下，劳动和价值的关系，便被掩盖起来了。

2. 工资的一般变动对生产价格的影响

这里主要讲《资本论》第三卷第十一章。

在庸俗经济学家看来，工资变动和价值、价格的变动成正比。这种理论是价值理论上的生产费用论的逻辑结论。从劳动价值学说看，价值从而价格的变动，只取决于生产商品的劳动量的变动，既然工资变动并不涉及这种劳动量的变动，那么它的变动就不会影响价值和价格，这是清楚的。在这条件下，工资变动了，包含在商品价值中的剩余价值作相反的变动就是了，即工资提高，剩余价值减少，工资降低，剩余价值增加。

但工资变动，影响到成本价格，并影响到根据总预付资本计算的平均利润，从而影响由成本价格和平均利润构成的生产价格。

关于工资变动对生产价格的影响，首先要指出的是，工资的任何变动，都不会影响总生产价格，因为总生产价格等于总价值，而总价值不因工资变动而变动。至于对不同生产部门的生产价格的影响，那就有不同的情况，即有的与工资变动作同方向变动，有的作反方向变动，有的不随工资变动而变动。

下面从资本有机构成不同和资本周转时间不同两方面来谈。

假设其他条件不变，工资一般提高了，剩余价值率从而平均利润率就降低了，这时低位资本有机构成的部门，不变资本不动，可变资本则有了较大的增加，从而按照降低了的平均利润率计算，平均利润量较前减少，但减少部分小于可变资本增加部分，所以生产价格较前提高；高位资本有机构成的部门，不变资本不动，可变资本则有了较小的增加，从而按照降低了的平均利润率计算，平均利润量较前减少，但减少部分大于可变资本增加部分，所以生产价格较前降低；中位资本有机构成的部门，不变资本不动，可变资本则有了中等的增加，从而按降低了的平均利润率计算，平均利润量也较前减少，但平均利润量恰与剩余价值量相等，因为剩余价值量因工资提高而减少了。这就是说，平均利润量减少的部分恰与可变资本增加的部分相等，所以生产价格不变并仍与价值相等。上述情况如表3-3、表3-4所示。

表 3-3 工资一般提高前的生产价格

	c	v	m	价值	平均利润率	平均利润	生产价格
Ⅰ	90	10	10	110	20%	20	120
Ⅱ	80	20	20	120	20%	20	120
Ⅲ	70	30	30	130	20%	20	120

表 3-4 工资提高二分之一后的生产价格

	c	v	m	价值	平均利润率	平均利润	生产价格
Ⅰ	90	15	5	110	9.09%	9.5	114.5
Ⅱ	80	30	10	120	9.09%	10.0	120.0
Ⅲ	70	45	15	130	9.09%	10.5	125.5

可见,由于工资提高,"对于社会平均构成的资本来说,商品的生产价格保持不变",它仍等于价值,这是生产部门Ⅱ的情况;"对于较低构成的资本来说,商品的生产价格提高了,虽然不是按照利润降低的比例而提高",这是生产部门Ⅲ的情况;"对于较高构成的资本来说,商品的生产价格降低了,虽然也不是按照利润降低的比例而降低",这是生产部门Ⅰ的情况。① 如果工资普遍降低,Ⅰ和Ⅲ的情况都发生相反的变化。Ⅱ的情况仍然不变。

上述情况,再加上资本周转时间不同这个因素,工资提高对生产价格的影响,如表 3-5、表 3-6 所示。

表 3-5 工资一般提高前的生产价格

	c	v	以一年为单位的						一次周转时间的生产价格
			周转次数	使用的 v	m	商品价值	平均利润率	生产价格	
Ⅰ	900	100	5	500	500	5 500	40%	5 400	1 080
Ⅱ	800	200	2	400	400	2 400	40%	2 400	1 200
Ⅲ	700	300	1	300	300	1 300	40%	1 400	1 400
总计	3 000		—	—	1 200	9 200	—	9 200	—

① 马克思:《资本论》(第三卷),人民出版社 1975 年版,第 224—225 页。

表3-6　工资提高二分之一后的生产价格

	c	v	以一年为单位的						一次周转时间的生产价格
			周转次数	使用的 v	m	商品价值	平均利润率	生产价格	
Ⅰ	900	150	5	750	250	5 500	18.18%	5 440.90	1 088.18
Ⅱ	800	300	2	600	200	2 400	18.18%	2 400.00	1 200.00
Ⅲ	700	450	1	450	150	1 300	18.18%	1 350.99	1 350.99
总计	3 300		—	—	600	9 200	—	9 191.89	

两表相对可以看出,工资提高了,平均利润率降低了,不同的生产部门在一年投下的资本变成不相同,再因有机构成不同和周转时间不同,在一年中使用的可变资本不同,其中:较多的,其生产价格提高,但仍低于价值;较少的,其生产价格降低,但仍高于价值;居中的,其生产价格不变,并仍等于价值。

如果工资降低,Ⅰ和Ⅲ的变化便和上述的相反,但Ⅱ的情况仍然不变,仍然等于价值。

从上述分析,可以得出结论:具有中位有机构成和周转时间的部门,它在一年中使用的可变资本量,恰好等于各不同部门在一年中能使用的可变资本的平均数,它的商品的生产价格永远等于价值,工资的变动,从而利润率的相反变动,对它的生产价格不发生影响。在这种条件下,它的商品的价值或生产价格的变动,只能由它生产商品所必需的劳动量的变动引起。这个原理当然也适用于这样的部门,这个部门的有机构成和周转时间两者都不居于中位,但这两者合起来发生的作用,也使它在一年中使用的可变资本量,恰好等于各不同生产部门在一年中能使用的可变资本的平均数。其中的规律是:这个可变资本生产的剩余价值,与这个预付资本实现的平均利润相等。

3. 古典政治经济学无法解决价值规律同平均利润率规律之间的虚假的矛盾

这里主要讲《资本论》第二卷《序言》中的最后两小节,即英国古典政治经济学的两大难关。

　　"第一,劳动是价值的尺度。但是,活劳动在和资本进行交换时,它的价值小于所交换的物化劳动。工资,一定量活劳动的价值,总是小于同量活劳动所生产的产品的价值,或体现同量活劳动的产品的价值。这个问题这样来理解,实际上是无法解决的。"①其实,"作为商品买卖的,不是劳动,而是劳动力。一旦劳动力成为商品,它的价值就决定于它作为社会产品所体现的劳动,就等于它的生产和再生产所需要的社会必要的劳动。因此,劳动力按照它的这种价值来买卖,是和经济学的价值规律决不矛盾的"②。第二单元已说明马克思是怎样克服这难关的。

　　"第二,按照李嘉图的价值规律,假定其他一切条件相同,两个资本使用等量的、有同样报酬的活劳动,在相同的时间内会生产价值相等的产品,也会生产相等的剩余价值或利润。但是,如果这两个资本所使用的活劳动的量不相等,那么,它们就不能生产相等的剩余价值……但是情况恰恰相反。实际上,等额的资本,不论它们使用多少活劳动,总会在相同时间内生产平均的相等的利润。因此,这就和价值规律发生了矛盾。李嘉图已经发现了这个矛盾"③,但他及其学派都未能解决。马克思提出价值转化为生产价格的理论,也克服了第二个难关。

　　现在谈李嘉图怎样被第二个难关挡住了。

　　写作《政治经济学及赋税原理》时的李嘉图,本来一直坚持生产商品投下的劳动量决定价值,这价值分解为工资和利润(剩余价值)、工资量的变动只能引起利润量的相反方向的变动的正确原理。根据这个原理,价值的变动只能由生产商品的劳动量发生变动所引起,与工资变动以及其他因素是没有关系的。但根据这个原理,就得承认等量资本推动的活劳动不等,就应有不等的利润,然而现实生活中利润却是趋向于平均化的。李嘉图力求解决这矛盾,但在解决中却陷于失败:承认除劳动外,还有其他因素决定价值。这些因素有三个。

　　第一,资本构成比例不同,即固定资本和流动资本的比例不同。他举了一个例子:甲、乙分别以 5 000 镑资本,雇用 100 名工人,劳动一年,生产织机

---

①　马克思:《资本论》(第二卷),人民出版社 1975 年版,第 24 页。
②　同上。
③　同上书,第 24—25 页。

和粮食;利润为10％,第一年终,两者的价值(将消耗的生产资料价值除外,下同)都是5 500镑(在我们看来,这是生产价格,也是价值)。乙出售粮食,再以5 000镑雇用100名工人,于第二年生产粮食,价值仍为5 500镑。甲将织机留下,再以另一个5 000镑雇用100名工人,于第二年利用织机生产棉布,其价值本应为5 500镑,但由于它是使用了5 500镑的织机生产的,这资本要按10％的利润率取得利润,这样,棉布的价值(实为生产价格)便为5 500镑＋550镑＝6 050镑,比粮食的价值多550镑。他认为这"价值的差额都是由于有利润积累为资本而造成的,这一差额只不过是对占有利润的时间的一种公正补偿"①。

第二,商品上市时间不同。他举了一个例子:假设利润为10％,A以1 000镑雇用20名工人,劳动一年,生产一种商品,第一年终商品价值为1 100镑,第二年A以另一个1 000镑雇用20名工人加工这商品,第二年终上市出售,商品价值为(1 100镑＋1 000镑)×(1+0.1)＝2 310镑(其实是生产价格)。B以2 000镑雇用40名工人,劳动一年,生产另一种商品,第一年终上市出售,商品价值2 200镑(在我们看来,这是价值,也是生产价格)。两者同样是40名工人劳动一年的产物,为什么价值(其中有的是生产价格)不同?他认为理由和上面说的相同,是一种补偿。

第三,工资变动。他以第一例为基础,加以说明。根据他的原理,工资增加,利润便降低,假设由于工资增加,利润由10％下降为9％,粮食的生产由于不使用固定资本,其价值不受利润变化的影响,仍为5 500镑(这只能是价值)。棉布则不同:织机价值5 500镑,按9％计算的利润是495镑,将它加到棉布身上,棉布价值便为5 500镑＋495镑＝5 995镑(这是生产价格)。粮食和棉布的价值,从前是5 500∶6 050,现在是5 500∶5 995,相对地说,前者提高了,后者降低了。由此,他得出结论:"商品的相对价值由于工资涨落而发生变动的程度,取决于固定资本对所用全部资本的比例。"②根据同样道理,利润率下降了,那些上市时间较长的商品的价值也会下降。如果情况相反,即利润率由于工资下降而提高了,结果也就相反。虽然这样,他仍然

---

① 李嘉图:《政治经济学及赋税原理》,郭大力、王亚南译,商务印书馆1962年版,第30页。
② 同上书,第28页。

认为,在商品价值变化的原因中,劳动量的变化是主要的,工资或利润的变化只是次要的。

在上面三个例子中,李嘉图都假定了平均利润的存在,这是错误的研究方法。他应该说明平均利润是怎样形成的。但对他来说,这是不可能的。这是因为,他不仅混淆了平均利润和剩余价值,而且没有不变资本和可变资本的概念,不了解等量资本之所以会产生不等的剩余价值,因而在自由竞争条件下要转化为平均利润,根本原因是等量资本因有机构成和周转时间不同,在相同时间内使用的可变资本不同。他的例子谈的是固定资本和流动资本比例不同,商品上市时间不同,当然就无法说明平均利润的形成。

由于李嘉图承认,在资本结合比例不同和商品上市时间不同的条件下,除劳动外,工资的变动也是决定价值的因素,尽管他认为这是次要的因素,但这已经等于承认,价值不完全是由劳动决定的,这就是古典政治经济学必然要破产的原因。其后,经其论敌攻击,它便破产了。

但是,只要善于分析,我们在李嘉图的错误中,也能得出有益的东西来。他其实是在混淆了价值和生产价格的条件下,谈论生产价格(他称为自然价格)形成和变动的原因。他举的三个例子和分析的三个原因,除固定资本和流动资本结合比例不同,应改为不变资本和可变资本结合比例不同,才能说明生产价格的形成外,其余的例子和原因,是能说明生产价格的形成和变化的。其中尤其是工资从而利润率的变动,对生产价格变化的影响,他的分析是很深刻的。我们未尝不可以说,马克思从李嘉图的错误中,得出正确的结论来。

4. 揭示李嘉图的迷误,引出马克思的正确

李嘉图认为第一例和第二例实质上是相同的。"在这两种情况下,一种商品价值较高是由于被送上市场之前须经过的时间较长。在前一情形下,投在机器设备和毛呢上的劳动量虽然只是谷物的两倍,但价值却不只是二倍。在后一情形下,一种商品所用的劳动虽然并不比另一种多,但价值却更大。在这两种情形下,价值的差额都是由于有利润积累成为资本造成的,这一差额只不过是对占用利润的时间的一种公正补偿。"[①]

---

① 李嘉图:《政治经济学及赋税原理》,郭大力、王亚南译,商务印书馆1962年版,第30页。

我们从另一角度看,这两个例子确实是相同的。第一例其实是资本有机构成高的商品,其生产价格要高于其价值;第二例其实是资本周转时间长的商品,其生产价格也要高于其价值,因为资本周转时间长,就等于在一年中可以使用的可变资本少,这就是资本有机构成高。

第一和第二例说明资本有机构成的高低和资本周转时间的长短不同,会使生产价格偏离价值。第三例则说明,利润因工资提高而下跌时,会使第一例中毛呢和棉布的生产价格下跌。其实,从整个社会看,因上述原因,有的生产价格下跌而低于价值时,必然有的生产价格上升而高于价值,并且两者抵消,就是说总生产价格还是等于总价值。只是李嘉图的例子没有说明这一点。

马克思则明确指出生产价格不因工资的变动而变动所需具备的条件。这个条件就是:具有中等资本有机构成和周转时间的生产部门,它在一年中使用的可变资本量,就恰好等于各不同生产部门在一年中能使用的可变资本的平均数,这样,它的商品的生产价格就永远等于其价值,工资的变动,从而利润率的相反变动,对其生产价格不发生影响;这个原理当然也适用于这样的生产部门,这个部门的资本有机构成和周转时间都不属于中等条件,但加上权数的作用,也使它在一年中使用的可变资本量,恰好等于各不同生产部门在一年中能使用的可变资本的平均数。其中的规律是:这个可变资本生产的剩余价值,和这个预付资本实现的平均利润相等。这样的生产价格,就是马克思了解而不使用的不变价值尺度。马克思之所以不使用不变价值尺度的概念,是由于只存在分配变动时生产价格不变的商品,而不存在生产本身变动时价值不变的商品,就是说,即使是生产价格永远等于价值的商品,其生产所需的劳动时间必然发生变动,因而其价值和生产价格也随着发生变动。

5.关于只有产出品转化为生产价格而投入品却仍以价值来表示问题

自从1894年恩格斯整理的《资本论》第三卷出版后,经济学家便看到了马克思是怎样克服古典政治学的第二个难关的。从此时起,资产阶级经济学家又在这个问题上攻击马克思。这集中在两个问题上:第一,《资本论》第一卷和第三卷是相互矛盾的,因为前者认为商品是按生产中所耗费的劳动决定的价值出卖的,而后者又认为商品是按成本价格加平均利润,即按生产价格出卖的,这种攻击是由庞巴维克发动的,很快便销声匿迹了,因为只要细心读《资本论》第三卷,便可以理解,只有以劳动价值学说为基础,才能说明生产价格的形成,如果不是这样,构成生产价格的平均利润的高度,就无法说明。这个内在联系是在《资本论》中第一次被揭示出来的;"以前的经济学,或者硬是抽掉剩余价值和利润之间、剩余价值率和利润率之间的差别,以便能够保持作为基础的价值规定,或者在放弃这个价值规定的同时,也放弃了对待问题的科学态度的全部基础,以便保持那种在现象上引人注目的差别"①。

第二,马克思的生产价格理论有漏洞:只有产出品转化为生产价格,而一切投入品却仍然以价值来表现。这就是所谓的转化理论。自从1907年鲍特基维兹提出这个问题及其解决办法后,虽然有一段时间没有引起注意,但从20世纪50年代起,经济学家们又谈论这问题。1960年斯拉法的《用商品生产商品》,实质上也提出这问题及其解决办法。这个问题目前在国外谈论很多,并且有一种倾向,就是无论是马克思主义经济学家,还是非马克思主义经济学家,都认为马克思在生产价格形成的问题上,确实犯了一个小小的数学错误,这里我们以斯拉法的理论为例,加以分析,并表明我们的看法。

斯拉法是第二次世界大战后兴起的所谓新李嘉图学派的重要领袖,是《李嘉图著作和通信集》主编。这个学派的重要成员罗宾逊夫人认为,斯拉法的理论是李嘉图学说的回归,解决了李嘉图和马克思没有解决的问题。

斯拉法重申了鲍特基维兹对马克思的批判:只有产出品转化为生产价格,而投入品却仍然以价值来表现;用他的话来说就是:"剩余(或利润)必须按照每一生产部门垫支的生产资料(或资本)的比例进行分配:而在两种异种物品总量之间的这一比例(换言之,即利润率),在我们知道商品价格之前,是不能决定的。另一方面,我们不把剩余的分配推迟到价格决定之后,因为……在求出利润率之前,价格是不能决定的。结果是,剩余分配的决

---

① 马克思:《资本论》(第三卷),人民出版社1975年版,第189页。

定,必须和商品价格的决定,通过相同的机构,同时进行。"①这无非是说,在马克思的生产价格理论中,投入的生产资料也是商品,它应和产出品的商品同时形成生产价格,并且应和平均利润率的形成,通过同一的机构来进行。

首先,这是对马克思的生产价格理论的不理解。马克思认为,无论从理论上看还是从历史上看,价值都是先于生产价格的,因此总有一个从价值转化为生产价格的过程,他的生产价格理论就是这个历史过程的理论反映。如果不是这样,投入的和产出的都是生产价格,并且离开价值的产生来分析这种生产价格的形成,那无论从理论上看还是从历史上看,就都是错误的。

其次,马克思说明了价值转化为生产价格后,是谈到了投入的生产资料也按生产价格来计价的,这有两个地方。其一,"在资本主义生产中,生产资本的要素通常要在市场上购买,因此,它们的价格包含一个已经实现的利润,这样,一个产业部门的生产价格,连同其中包含的利润一起,会加入另一个产业部门的成本价格"②;其二,由于上述原因,成本价格的定义便要修改,"我们原先假定,一个商品的成本价格,等于该商品生产时所消费的各种商品的价值。但一个商品的生产价格,对它的买者来说,就是成本价格,并且可以作为成本价格加入另一个商品的价格形成。因为生产价格可以偏离商品的价值,所以一个商品的包含另一个商品的这个生产价格在内的成本价格,可以高于或低于它的总价值中由加到它里面的生产资料的价值构成的部分。必须记住成本价格这个修改了的意义"③。从这点看,要一个商品的生产价格等于其价值,因而生产价格不因工资的变动或由其引起的利润率的相反的变动而发生变动,那就不仅要如前所述的生产这商品的资本有机构成和周转时间是中位的,而且要加上现在所分析的条件,即构成这商品的成本价格各层次的商品的资本有机构成和周转时间也是中位的。这就是说,如果生产商品的各层次的资本有机构成和周转时间都是中位的,这商品的生产价格就永远等于价值,并且不因剩余价值分解为工资和利润的比率变动而变动。

---

① 斯拉法:《用商品生产商品》,巫宝三译,商务印书馆1979年版,第12页。
② 马克思:《资本论》(第三卷),人民出版社1975年版,第179页。
③ 同上书,第184—185页。

基于这两点，我们就不能说，马克思没有考虑过投入品的生产价格，或投入品以生产价格来表现。当然，马克思是没有在一个图式里，以同一的机构来表明在价值的基础上，投入品和产出品作为同样的商品，其生产价格如何形成。这是要马克思主义的经济学家来完成的。

（四）垄断的产生和资产阶级内部平等部分地被破坏

这里主要讲《资本论》第三卷第五十章。

随着垄断的产生，垄断企业在资本主义经济中占统治地位，资产阶级内部的平等关系，便部分地被破坏了。

在垄断资本主义产生以前，就已经存在着垄断了。最常见的，就是土地私有权的垄断。由于这种垄断，不纳地租资本就不能投到土地上。这样，农产品就不能像工业品那样按生产价格出售，而要按生产价格加绝对地租的价格出售，其高度在农产品价值和生产价格之间，由市场竞争条件决定，农产品价值其所以高于生产价格，是由于农业资本有机构成较低。这样，农产品价值中高于生产价格的部分，亦即农业资本相对于工业资本而言多产生的剩余价值，就不参加平均利润的形成，而成为绝对地租归土地所有。这就是说，虽然资产阶级和土地所有者之间的关系是不平等的，但资产阶级之间仍然是平等的。

还有一种对自然力的垄断。它和上述的对土地所有权的垄断不同，但有联系。假如"一个葡萄园在它所产的葡萄酒特别好时（这种葡萄酒一般说来只能进行比较小量的生产），就会提供一个垄断价格。由于这个垄断价格（它超过产品价值的余额，只决定于高贵的饮酒者的财富和嗜好），葡萄种植者将实现一个相当大的超额利润。这种在这里由垄断价格产生的超额利润，由于土地所有者对这块具有独特性质的土地的所有权而转化为地租，并以这种形式落入土地所有者手中"①。

此外，还有一种垄断价格是由土地私有权产生的。其起因和农产品要纳绝对地租一样。农产品的价格是高于生产价格而低于或等于价值的，由于它高于生产价格，所以也是一种垄断价格。但现在我们要谈的由土地私

---

① 马克思：《资本论》（第三卷），人民出版社 1975 年版，第 873—874 页。

有权产生的垄断价格与此不同,它是高于价值的。这就是畜产品价格。畜牧业资本有机构成很高,因此畜产品的生产价格高于价值。由于这样,用农产品因资本有机构成低,因而价值高于生产价格,农产品按价值出售,其中的超额利润便转化为绝对地租这种办法,是不能说明畜牧业用地地租的产生的,因为后者的高度要取决于具有同等质量的农业用地的地租。这样,"谷物地的地租就会参加决定牲畜的价格",畜产品的价格就这样决定:"一块土地用作畜牧业的人工牧场,但这块土地同样也可以变成有一定质量的耕地,那么,这块土地的产品的价格,必须提高到这种程度,足以使这块土地和一块质量相等的耕地提供相等的地租……通过土地所有权,牲畜的价格就被人为地提高了",成为一种高于价值的垄断价格。①

以上两种垄断价格,其中的垄断利润都转化为地租。这就是说,虽然资产阶级和土地所有者阶级之间的关系是不平等的,但是资产阶级内部的关系,仍然是平等的,他们都得到平均利润。

但是,随着垄断企业的产生,资本主义发展为垄断资本主义,自由竞争受到限制,垄断利润成为大量现象,资产阶级分裂为一般的资产阶级和垄断资产阶级,情况就不同了,资产阶级内部的平等关系部分地被破坏了。

问题在于:包含着垄断利润的"某些商品的垄断价格,不过是把其他商品生产者的一部分利润,转移到具有垄断价格的商品上。剩余价值在不同生产部门之间的分配,会间接受到局部的干扰,但这种干扰不会改变这个剩余价值本身的界限。如果这种具有垄断价格的商品进入工人的必要消费,那么,在工人照旧得到他的劳动力的价值的情况下,这种商品就会提高工资,并从而减小剩余价值"②。

一般来说,具有垄断价格的商品,除了奢侈品和军火,都直接进入工人的必要消费。由于这样,工人的生活费用提高了,如果工人照旧得到他的劳动力价值,那么,他的货币工资就要相应提高。这个提高的部分,就是非垄断的资本家减少的剩余价值,也是垄断资本家得到的垄断利润。

当然,"也可能把工资压低到劳动力的价值以下,但只是工资要高于身

---

① 马克思:《资本论》(第三卷),人民出版社1975年版,第865页。
② 同上书,第973—974页。

体最低限度。这时,垄断价格就要通过对实际工资(即工人由于同量劳动而得到的使用价值的量)的扣除和对其他资本家的利润的扣除来支付"①。

在这条件下,工人的货币工资虽然有所增加,但是实际工资还是降低了;货币工资增加的部分,就是非垄断资本家的剩余价值减少的部分,实际工资下降的部分,就是工人劳动力价值的扣除部分。

在上述两种情况下,由于垄断资本家得到垄断利润,非垄断的资本家的剩余价值减少了,资产阶级内部的平等关系部分地被破坏了。当然,非垄断的资本家之间仍然存在着自由竞争,他们的利润有平均化的趋势,但这不是社会的剩余价值的平均化,因为他们实现的利润总和同他们的企业生产的剩余价值总和不等。应该说,在垄断资本主义条件下,平均利润和生产价格规律已退出历史舞台。正如资本主义尚未发展到自由竞争阶段时,这个规律不存在一样,资本主义发展到垄断阶段,这个规律也不存在。

---

① 马克思:《资本论》(第三卷),人民出版社 1975 年版,第 974 页。

四、资本主义社会三大阶级之间的关系的被歪曲

在资本主义条件下,这是必然产生的,即"在那些生产当事人看来,资本、土地所有权和劳动,是三个不同的、独立的源泉;每年生产的价值——从而这个价值借以存在的产品——的三个不同的组成部分,就是从这些源泉本身产生出来的;因此,不仅这个价值作为收入分归社会生产过程的各个特殊因素时所采取的不同形式,是从这些源泉产生出来的,而且这个价值本身,从而这些收入形式的实体,也是从这些源泉产生出来的"①。这样,劳动和价值的关系便被掩盖起来,资本主义生产关系便神秘化,资本主义社会三大阶级之间的关系便被歪曲为通力合作进行生产,按照贡献进行分配的关系。

本单元摘要讲授《资本论》第三卷第四十八章、四十九章、五十章、五十一章,共讲五个问题:(1)劳动力价值或价格被歪曲为工资和剩余价值被歪曲为利润;(2)利润分割为企业收入和利息;(3)企业收入被歪曲为资本家的"劳动"的工资和利息被歪曲为资本的产物;(4)价值被歪曲为使用价值或效用与地租被歪曲为土地的产物;(5)三大阶级通力合作进行生产,按照贡献进行分配的公式:三位一体公式。

(一) 劳动力价值或价格被歪曲为工资和剩余价值被歪曲为利润

这个问题前面已谈过,现在为了系统地说明三大阶级之间的关系被歪曲,有必要再加以简述。

---

① 马克思:《资本论》(第三卷),人民出版社 1975 年版,第 929—930 页。

前面说过,资本主义生产的决定性历史条件,亦即剩余价值生产的历史起源的条件,是劳动力成为商品;但是,劳动力是一种潜在的东西,所谓买卖劳动力就是劳动力的使用即劳动,因此,和一般商品的买卖是一手交钱、一手交货不同,劳动力的买卖是先交货,后交钱,即劳动后才支付劳动力的价值或价格的。由于这样,一般商品买卖中双方受授的货币,便明白无误地表现为这商品的价格,而劳动力买卖中双方受授的货币,却不能明白无误地表现为劳动力这商品的价格,而被歪曲为出卖劳动的价格,被歪曲为劳动价值、劳动报酬、工资。既然在工资这个范畴下,劳动者即工人得到其创造的价值,剩余价值就必然被歪曲为不是劳动的产物,而是别的什么因素的产物,无产阶级和资产阶级之间的剥削和被剥削关系,就被掩盖起来了。这是决定性的第一步。

劳动力价值或价格被歪曲为工资这个过程的另一面,就是剩余价值被歪曲为全部预付资本的产物,即被歪曲为利润。剩余价值本来是劳动生产的,即本来是可变资本所推动的劳动的产物,但由于劳动的产物已被歪曲为全部成为工资,因此剩余价值就再也不可能是可变资本的产物,而被歪曲为全部垫支或预付资本的产物,或资本的产物,这样,剩余价值就转化为利润。

一个生产部门的特殊利润率,就是该部门的剩余价值和预付资本之比;全社会的平均利润率,就是各特殊利润率的平均比,亦即全社会的剩余价值和预付资本之比,这种平均不是算术平均,而是加权平均。

这是我们分析过的,实质上是产业利润和产业部门的平均利润率。但除产业利润外,还有商业利润和银行利润,平均利润率应该是全社会的剩余价值和产业资本、商业资本和银行资本总和之比。由于增加了一个商业资本和银行资本去平分剩余价值,现在的平均利润率便比原来的降低了。

商业资本和银行资本,是分别由产业资本循环中的资本的两种形态,即商品资本和货币资本转化而来的商品经营资本和货币经营资本的独立化。

"商品经营资本无非是生产者的商品资本,这种商品资本必须经历它转化为货币的过程,必须在市场上完成它作为商品资本的职能;不过这种职能已经不是生产者的附带活动,而是一类特殊资本家即商品经营者的专门活动,它已经作为一种特殊投资的业务而独立起来。"①这样,作为产业资本循环的一种形态的商品资本,就独立化为商品经营资本即商业资本了。

商业资本既然是商品资本的独立化,是在流通过程中的资本形态,那么它就不生产剩余价值,但要参加剩余价值平均利润的平均化,即获取商业利润。假设一年中全社会预付的总产业资本为 720c＋180v,剩余价值率为 100％,商品总价值或总生产价格便为 720c＋180v＋180m＝1 080,平均利润率为 180m÷(720c＋180v)＝20％。现在在 900 产业资本之外,有 100 商业资本加入。它是总资本 1 000 即(900＋100)中的 1/10,因此它也要从 180 的剩余价值中分到 1/10 即 18,余下来的 162 剩余价值由 900 产业资本平分,利润率也是 18％。这是有商业资本加入后的新的平均利润率,比原来的低。这样,产业资本家按(720c＋180v)×(1＋0.18)＝1 062 的价格,把商品卖给商业资本家,后者再按 1 062＋18＝1 080 的价格,即按价值或生产价格把商品卖给购买者,获取 18 的平均利润。

上述意义的商业资本实质上是产业资本的补充,其量的大小由产业资本经历的流通时间的增大部分来决定。假设上述 720c＋180v 的产业资本,为当地市场生产商品,9 个月内周转一次生产 180m,但其后由于市场的开拓,流通时间增加 1 个月,资本周转时间为 10 个月,一年中的利润量和利润率都必然降低,为获取同样利润量,就要增加预付资本 100,这就是上述意义的商业资本。在这条件下,利润率同样降低。

另外还有另一种意义的商业资本,它由流通费用构成。流通费用有生产性流通费用或流通费用和纯粹流通费用两种。它们的区别在于商品的二因素的运动:凡与商品的使用价值运动,即从生产过程结束进入消费过程所必需的劳动耗费,如运输、包装、保管所耗费的物化劳动和活劳动,这实质上是生产过程在流通过程中的继续,即使商品生产消灭了,这种劳动耗费仍然存在。在资本主义条件下,它是生产性的劳动,和生产商品的劳动一样,其活劳动创造的价值包括剩余价值。全部预付资本都要获得平均利润,它生产的剩余价值参加平均利润的形成。原理和产业资本运动一样,这里就不另作分析。

---

① 马克思:《资本论》(第三卷),人民出版社 1975 年版,第 301 页。

凡与商品的价值运动,即为价值的实现所必需的劳动耗费,这可归结为计算、簿记、市场、通信等方面的开支,为此必需的不变资本包括事务所、纸张、邮资等,可变资本则是为雇用在这种意义上的商业雇佣工人而支付的工资,这种纯粹流通费用随着商品生产的消灭而消灭,它不是生产性的,它不创造价值包括剩余价值,归根结底它要从社会剩余价值中来补偿,这种资本耗费要获取平均利润。

假设纯粹流通费用为 50。这样,180m 就要由 900 产业资本和 150 商业资本(100 实质上是产业资本,50 是纯粹流通费用,生产性的流通费用不予计算)来平分,平均利润率就因纯粹流通费用的产生,再由 18% 下降为 $17\frac{1}{7}$%。产业资本分得 $154\frac{2}{7}$m,商业资本分得 $25\frac{5}{7}$m。产业资本家按 $(720c+180v)\times\left(1+17\frac{1}{7}\%\right)=1\,054\frac{2}{7}$ 的价格,将商品卖给商业资本家,商业资本家则按 $1\,054\frac{2}{7}+150\times17\frac{1}{7}\%+50=1\,130$ 的价格,出售商品。

但是,这样一来,商品总价格 1 130 便高于总价值即总生产价格 1 080,这是违反价值规律的。所以,纯粹流通费用不可能是这样补偿的。它只能从社会总剩余价值中来补偿。其原因是:由于纯粹流通费用的产生,个别商品价格提高了,它直接间接提高劳动力价值,在其他条件不变下,这使剩余价值相应减少,即从 180 减为 130。这样,平均利润率应降为 $130\div(900+100+50)=12.38\%$。在这新的平均利润率下,产业资本家按 $900\times(1+0.123\,8)=1\,011.43$ 的价格,将商品出售给商业资本家,后者则按 $1\,011.43+(150\times0.123\,8)+50=1\,011.43+18.57+50=1\,080$ 的价格,将商品出售。所以作为一个经济过程的结果,商品出售价格是等于价值即生产价格的。

现在谈产业资本循环中的另一种形式,即货币资本怎样独立化为货币经营资本,再由货币资本发展为银行资本,以及货币经营业和银行利润的来源。

货币在产业资本和商品经营资本即商业资本的流通过程中,所完成的各种技术性的活动,"当它们独立起来,成为一种特殊资本的职能,而这种资本把它们并且只把它们当作自己特有的活动来完成的时候,就把这种资本转化为货币经营资本了"①，货币经营业就成为一种独立的企业。

正如商业是经营一般商品的企业一样，货币经营业是经营货币商品的企业。它的业务是纯粹技术性的收付和兑换货币，它在结算、平衡和兑换中耗费的物化劳动和活劳动，是一种纯粹流通费用，不创造价值包括剩余价值，这种费用随着商品生产从而货币经济的消灭而消灭，在资本主义条件下，如商业中的纯粹流通费用一样，要由社会剩余价值的扣除来补偿。

"货币经营者的利润不过是从剩余价值中所作的一种扣除，因为他们的活动只与已经实现……的价值有关。"②他们在纯技术的收付、兑换货币时，向产业资本家和商业资本家收取的手续费，扣除了他们经营中的耗费外，剩下的余额便是他们的利润。各行业资本家之间的竞争，使这种利润与其耗费的比例同平均利润率一致。

我们现在考察的只是纯粹形式的货币经营业，即与信用制度相分离的货币经营业，当借贷的职能和信用贸易同货币经营业的其他职能结合在一起时，货币经营业就得到了充分的发展，成为现代银行业。现代银行与一般货币经营业相比，其决定性的特征就是经营资本商品。经营银行的各种耗费同样是纯粹流通费用，它的补偿是社会纯粹流通费用的扣除。银行贷款利息大于存款利息的差额，除补偿这种耗费外，余下的便是银行利润。同样道理，各行业资本家之间的竞争，使这种利润与其耗费的比例同平均利润率一致。

关于资本商品和利息问题，下面还要论述。

(二) 利润分割为企业收入和利息

这里主要讲《资本论》第三卷第二十一章、第二十二章、第二十三章、第二十四章。

全部问题在于理解资本如何成为资本商品，以及资本商品的"价格"。

货币在资本主义生产基础上能转化为资本，它使资本家从工人身上榨取剩余价值，分取平均利润，据为己有。这样，货币除了作为货币具有的使

---

① 马克思:《资本论》(第三卷)，人民出版社 1975 年版，第 352 页。
② 同上书，第 360 页。

用价值外,又取得了一个追加的使用价值,即作为资本来执行职能的使用价值。"在这里,它的使用价值正在于它转化为资本而生产的利润。就它作为可能的资本,作为生产利润的手段的这种属性来说,它变成了商品,不过是一种特别的商品。或者换一种说法,资本作为资本,变成了商品。"①

假定年平均利润率是 20%。这样,一台价值 100 镑的机器,在中等的条件下当作资本使用,一年会提供 20 镑利润。同理,一个拥有 100 镑的人,手中就有使 100 镑产生 20 镑的权力。如果他把这 100 镑交给另一个人一年,让后者把 100 镑实际当作资本来使用,那就等于他给了后者产生 20 镑利润的权力。这个利润对后者来说什么也没有花费,如果后者在年终将 20 镑中的 5 镑付给 100 镑的所有者,他就是用 5 镑来支付这 100 镑的使用价值,来支付这 100 镑的资本职能即产生 20 镑利润的职能的使用价值。他支付给所有者的那一部分利润,叫作利息。在这条件下运动的资本商品,成为生息资本和借贷资本。

生息资本是在货币资本形态上的职能资本即产业资本和商业资本的独立化。因为职能资本在运动中总有闲置的时候,这在固定资本的周转中尤其明显。这样,它便可以在其闲置的期间里,用来借贷,成为生息资本。当然这种独立化也可以扩展,使生息资本不仅是货币资本形态上的职能资本的独立化。

资本商品的运动不同于产业资本循环中的商品资本和货币资本的运动,正是这样才使资本商品的运动成为借贷资本。

在产业资本循环中的"商品资本和货币资本实际执行职能,在过程中实际发生作用时,商品资本仅仅起商品的作用,货币资本仅仅起货币的作用,在形态变化的无论哪一个要素上,就其本身来看,资本家都不是把商品作为资本出售给买者……他也不是把货币作为资本让渡给卖者。在这两个场合,他把商品单纯作为商品来让渡,把货币单纯作为货币,作为购买商品的手段来让渡"②。

资本商品的运动不是这样。尽管它大多采取货币的形态,有时采取商

---

① 马克思:《资本论》(第三卷),人民出版社 1975 年版,第 378 页。
② 同上书,第 383 页。

品资本的形态,即货币和商品的形态,但它不仅对于它的所有者来说是作为资本,而且对别人来说也作为资本,它不仅对把它让渡出去的人来说是资本,而且它一开始就是作为资本交给别人,它在运动中保存自己,并在执行职能后,流回到它的所有者的手中,这就是说,"它既不是被付出,也不是被卖出,而只是被贷出"①。

在生息资本的运动中,借入者必须把它作为已经实现的资本,即作为价值加上剩余价值即利息来偿还,而利息只能是他所实现的利润的一部分。"只是一部分,不是全部,因为对于借入者来说,借贷资本的使用价值,就在于它会替他生产利润。不然的话,贷出者就没有让渡使用价值。另一方面,利润也不能全部归借入者。不然的话,他对于这种使用价值的让渡就是什么也不支付了。"②

由此看来,贷出和借入资本商品的关系,就是出卖和购买拥有资本便能实现利润这样一种权力或特权的关系。由于这样,利息便表现为资本的"价格"。在资产阶级经济学家看来,正如地租是土地资本的利息一样,利息是货币资本的价格。这两者都是不合理的。这里先谈后者,在这里,资本商品有了双重价值,先是有价值,然后又有和这价值不同的价格,其所以不同,因为价格是价值的货币表现,而现在的价格不是价值的货币表现,"和价值有质的区别的价格,是荒谬的矛盾"③。但是,在资本主义条件下,利息必然表现为资本商品的价格,因为价格是表示商品价值的,利息是借款人为了取得资本商品即产生利润的权力而付给借贷款人的价格,因而是资本商品的价格。

利息率的高低,即利润分割为归货币资本家所有的利息和归职能资本家所有的企业收入,这两者所占的比重,只由竞争决定,即由借贷资本的供求关系决定。我们知道,供求关系不能决定价格水平和工资水平,只能决定价格环绕着价值、工资环绕着劳动力价值上下波动。利息率不是这样,不存在自然的利息率,然后借贷资本的供求关系使实际利息率环绕着自然利息率上下波动。"在这里,竞争并不决定对规律的偏离,而是相反,除了由竞争

① 马克思:《资本论》(第三卷),人民出版社1975年版,第384页。
② 同上书,第395—396页。
③ 同上书,第397页。

决定的分割规律之外，没有别的分割规律，因为我们以后会看到，并不存在'自然'利息率。相反，我们把自然利息率理解为由自由竞争决定的比率。利息率没有'自然'界限。"①

为什么不可能有"自然"的利息率？理由很简单：由于利息的性质。利息不过是平均利润的一部分。同一资本在这里有双重规定：在贷者手中，它作为借贷的资本；在借入者即职能资本家手中，它作为产业资本或商业资本，但它只执行一次职能，只产生一次利润。这两种有权要求利润的人怎样分割这种利润，纯粹是经验、偶然的事情。"在本质上成为决定利润率的基础的剩余价值和工资的分割上，劳动力和资本这两个完全不同的要素起着决定的作用……从它们的质的区别中产生了所生产的价值的量的分割"；但在利息上，却不会发生类似情况，"在这里，质的区别相反地是从同一剩余价值部分的纯粹量的分割中产生的"。②

因此，一般来说，利息率是在零以上，平均利润率以下，至于在哪一点，这只能由竞争来决定。由于利息率是受平均利润率限制的，所以，随着资本主义社会生产力的发展，社会资本的有机构成提高，平均利润率有下降趋势，利息率也有下降趋势。

市场上的利息率虽然在不断变动，但在每一既定的瞬间，却像商品在每个时候的市场价格一样，不断表现为固定的和一致的。这和平均利润率不同，后者表现为一种趋势和一个过程。其所以如此，是因为利息率取决于货币资本家供给的资本商品，和职能资本家对这种商品的需求。这种情况在特殊利润率转化为平均利润率是不会发生的，因为一个部门的商品价格如果高于或低于生产价格，那么平均化就会通过生产的扩大或缩小来达到，这是一种过程。

如果说平均利润率的形成，意味着产业资本只是在特殊部门之间的运动和竞争中把自己表现为整个阶级共有的资本，那么利息率的形成则现实地、有力地在资本的供求中表现为整个阶级共有的资本。这是因为，在资本商品的市场中，只有贷出者和借入者的对立，并且商品具有同一的形式——

---

① 马克思：《资本论》（第三卷），人民出版社1975年版，第399页。
② 同上书，第408页。

货币;资本因投在特殊生产部门或流通部门而具有的一切特殊形态,在这里都消失了;在这里,资本是存在于独立的价值即货币的没有差别的彼此等同的形态上;特殊部门之间的竞争在这里停止了,它们全体一起作为借款人出现,资本则以这样一个形式与它们全体对立,在这个形式上,按怎样的方式使用的问题对资本来说是无关要紧的事。

平均利润分割为企业收入和利息后,资本主义生产关系进一步神秘化了,在这条件下,利息必然表现为资本自身的产物,企业收入则表现为资本家的"劳动"的产物,工人的劳动才是价值,包括剩余价值,即利息和企业收入的源泉这一点就被掩盖起来了。这一切都和平均利润分割为利息和企业收入这种纯粹量的分割,必然转变为质的分割相关联。

对于那种借入资本而从事经营的生产资本家来说,总利润总分成利息和超过利息的余额这样两部分。如果平均利润率已定,后一部分就由利息率决定;如果利息率已定,后一部分就由平均利润率决定。无论总利润在每个具体场合怎样同平均利润发生偏离,它分割后属于生产资本家的那部分仍然要由利息决定,因为利息是由一般利息率决定的,并且在生产过程开始以前,就已经确定的。资本的产物是剩余价值或利润。对于借入资本而从事经营的生产资本家来说,就是利润减去利息以后而留给自己的那部分利润。因此,"这部分利润,对他来说必然表现为执行职能的资本的产物;这对他来说确实也是这样,因为他所代表的资本只是执行职能的资本"①。这样,同他必须从总利润中付给贷出者的利息相反,剩下归他的那部分利润必然采取产业利润和商业利润的形式,这就是企业收入。

(三) 企业收入被歪曲为资本家的"劳动"的工资和利息被歪曲为资本的产物

在总利润从量的分割,即分割为企业收入和利息的同时,企业收入必然被歪曲为产业资本的"劳动"的产物,利息则被歪曲为资本自身的产物。这是因为,如果总利润等于平均利润,企业收入的大小就只由利息率决定;如果总利润同平均利润相偏离,两者都扣除利息后的差额,就由会引起这偏离

---

① 马克思:《资本论》(第三卷),人民出版社 1975 年版,第 418—419 页。

的市场行情决定;一个企业的具体利润率,不仅取决于剩余价值,而且取决于许多其他情况,其中就包括资本家是否高于或低于生产价格出售,因而在流通过程中占有总剩余价值的一个较大的或较小的部分,这就要取决于特殊的市场行情,而就每一笔交易来说,取决于资本家的狡猾程度和钻营能力。这样一来,企业收入便好像是生产资本家"作为产业和商业企业主所执行的职能产生出来的",而利息对他来说,"只是表现为资本所有权的果实,表现为抽掉了资本再生产过程的资本自身的果实,即不进行'劳动',不执行职能的资本的果实"。①

由于这样,总利润这两部分便"硬化并且互相独立化了,好像它们是出自两个本质上不同的源泉。这种硬化和互相独立化,对全体资本家阶级和全部资本来说,现在必然会固定下来。而且,不管能动资本家所使用的资本是不是借入的,也不管属于货币资本家的资本是不是由他自己使用,情况都是一样"②。

由于这种质的分割,企业收入就不与雇佣劳动形成对立,而只与利息形成对立。这种对立表现为:第一,假定平均利润已定,企业收入率就不由工资决定,而由利息率决定,企业收入率的高低和利息率成反比;第二,企业收入是由于执行职能的资本家执行产业资本和商业资本这些职能而从事活动得来的,因为资本家在这里指挥生产过程和流通过程,对生产劳动的剥削也要花力气,不管是自己花费力气,还是让别人替他花费力气,他不像生息资本家那样毫不花力气,只是领干薪。

由于有这种对立,"人们完全忘记了:资本家作为资本家,他的职能是生产剩余价值即无酬劳动,而且是在最经济的条件下进行这种生产。由于利润即剩余价值所分成的两个部分的对立形式,人们忘记了,二者不过是剩余价值的不同部分,并且它的分割丝毫不能改变剩余价值的性质、它的起源和它的存在条件"③。而真正的情况是:"在再生产过程中,执行职能的资本家作为别人所有的资本的代表,同雇佣工人相对立;货币资本家则由执行职能

---

① 马克思:《资本论》(第三卷),人民出版社 1975 年版,第 420 页。
② 同上书,第 421 页。
③ 同上书,第 427 页。

的资本家代表,参与对劳动的剥削。"①

让我们分别进一步考察企业收入和利息。

由于利息表现为资本的产物,剩余价值的另一部分即企业收入,就必然表现为不是资本产生的,而是由与资本无关的生产过程产生的。但是,"生产过程同资本相分离,就是一般的劳动过程。因此,同资本所有者相区别的产业资本家,就不是表现为执行职能的资本,而是表现为甚至与资本无关的管理人员,表现为一般劳动过程的简单承担者,表现为劳动者,而且是表现为雇佣劳动者"②。由于这样,企业收入就"不仅不是别人的无酬劳动,相反,它本身就是一种工资,是监督工资……是高于普通雇佣工人工资的工资,(1)因为这是复杂的劳动,(2)因为资本家支付给自己工资"③。

这样一来,职能资本家变成是创造剩余价值的,这"不是因为他作为资本家进行劳动,而是因为除了他作为资本家的性质之外,他也进行劳动……剥削的劳动和被剥削的劳动,二者作为劳动成了同一的东西"④。

企业收入是劳动的监督工资这种看法,是从企业收入和利息的对立中产生的,并由于这一点而加强:"利润的一部分事实上能够作为工资分离出来,并且确实也作为工资分离出来,或者不如反过来说,在资本主义生产方式的基础上,一部分工资表现为利润的不可缺少的组成部分。"⑤

应该怎样理解这个问题? 这就是说,监督或指挥的劳动有二重性,只要它是由于对立的性质,由资本对劳动的统治产生,因而为一切以阶级对立为基础的生产方式和资本主义生产方式所共有,那么,在资本主义制度下,它也是交给单个人作为特殊劳动去完成的。只要资本主义企业达到相当大的规模,足以为企业的经理支付报酬时,这报酬"就会完全同利润分离而采取熟练劳动的工资的形式"⑥。

但是,"只要资本家的劳动不是由单纯作为资本主义生产过程的那种生产过程引起……只要这种劳动不只限于剥削别人劳动这个职能……只要这

① 马克思:《资本论》(第三卷),人民出版社 1975 年版,第 427 页。
② 同上书,第 429 页。
③ 同上书,第 427 页。
④ 同上书,第 430 页。
⑤ 同上书,第 431 页。
⑥ 同上书,第 434 页。

种劳动是由作为社会劳动的劳动的形式引起，由许多人为达到共同结果而形成的结合和协作引起，它就同资本完全无关"①。这就像一个乐队要有一个指挥一样，从这点看，这种性质的监督劳动"是一种生产劳动，是每一种结合的生产方式中必须进行的劳动"②，在商品生产条件下，它是创造价值的。这就是说，这样的资本家，有一部分收入是他自己的生产劳动创造的工资，但它和利润结合在一起。

从这一点看，资本主义企业特殊利润率的高低，与资本家的指挥劳动有关。这就是说，"如果一定量可变资本的剩余价值已定，这个剩余价值会表现为多大的利润率，从而会提供多大的利润量，在很大的程度上还要取决于资本家自己或他的经理和职员个人的经营本领"，其中包括"生产过程各个阶段的总安排的完善程度，即……指挥和监督是否简单而有效"。③

李嘉图以后的英国古典经济学家拉姆赛对企业利润即企业收入作过详尽的分析。他指出这种收入具有双重性质，它"与劳动者的收入不同，它不完全是从劳动中得来的。确实，不管雇主在他职务上付出了什么样的劳苦，与其说是手的劳动，不如说是脑的劳神。因为，尽管有很多企业的领导人亲自动手干活，但是他们这样做的时候，他们在那个时候已停止作为雇主而成为操作者。他与劳动者的情况不同，无论是利润量还是收益量都与他付出的操劳量与技术水平完全不成比例"，但是，不管怎样，"企业利润还是不完全取决于资本的数量，而是为发挥个人的才干和勤奋留下了相当大的余地，而且肯定会得到相应的报酬"。④ 认为雇主即企业主亲自动手干活时，他就停止作为雇主而成为操作者，这是不对的，宁可说，他的劳动时刻都具有前面说过的那种二重性。

拉姆赛关于企业利润，特别是关于监督劳动所说的话，"是他这个著作中提出的最合理的东西，虽然他的论证一部分是从斯托赫那里模仿得来的"⑤。理由是这样："劳动的剥削是花费劳动的。在产业资本家所做的劳动

① 马克思：《资本论》（第三卷），人民出版社1975年版，第435页。
② 同上书，第431页。
③ 同上书，第155页。
④ 乔治·拉姆赛：《论财富的分配》，李任初译，商务印书馆1984年版，第143页。
⑤ 马克思：《剩余价值学说史》（第三卷），郭大力译，人民出版社1978年版，第398页。

只是因为资本和劳动的对立所以有其必要时,这种劳动会加入到他的监工(产业上的低级职员)的费用中去,要算在工资的范畴内。"①这是监督劳动的一种职能。它的另一种职能是:"组织若干个人之间的分工和协作。这种劳动完全要由大资本主义企业的经理人的工资来代表。"②这种工资"已经从一般利润率中扣除出来"③。不过,"即使我们把这种监督劳动的(报酬)看作是隐藏在一般利润中的工资,兰赛和其他经济学家所展开的规律,在这里也还适用:利润[产业利润和总利润(包括利息)]和所投资本的大小成比例,利润的这个部分却与资本的大小成反比例,对大资本来说,那是小到近于没有的,对小资本来说,也就是,在资本主义生产不过徒有其名的地方,利润的这个部分就会大得吓人。如果几乎亲自担任全部劳动的小资本家,表面上会比例于他的资本享受极高的利润率,那么,事实仍然是,如果他不使用少数劳动者并占有他们的剩余劳动,他实际会根本赚不到利润,不过在名义上从事资本主义生产(不管那是产业,还是商业)"④。这对资本家监督劳动的二重性,是重要的解释。

此外,"英国劳动者的合作工厂,提供了一个最好的实例,因为这种工厂虽然要支付较大的利息,但和平均利润相比,还是提供了更大的利润"⑤。而"自任经理的产业资本家,节省了一项生产费用,他们把这项工资付给自己,因而使他们的所得,比平均利润率更高"⑥。

虽然利润或扣除了利息后的利润即企业收入包括了管理工资,而后者有一部分是资本家的生产劳动创造的,但无论如何不能将企业收入等同于管理工资,在股份公司中,这两者是完全分开的。"与信用事业一起发展的股份企业,一般地说也有一种趋势,就是使这种管理劳动作为一种职能越来越同自有资本或借入资本的所有权相分离",在这条件下,那些"不能用借贷也不能用别的方式占有资本的单纯的经理,执行着一切应由执行职能的资本家自己担任的现实职能"⑦。这时,经理人员得到了管理工资,在这条件下

---

① 马克思:《剩余价值学说史》(第三卷),郭大力译,人民出版社 1978 年版,第 398 页。
② 同上。
③ 同上。
④ 同上书,第 399 页。("兰塞"即拉姆赛。——编者注)
⑤ 同上。
⑥ 同上书,第 399 页。
⑦ 马克思:《资本论》(第三卷),人民出版社 1975 年版,第 436 页。

的企业收入就表现在纯粹的形态上,再也不能用资本家自己的劳动来说明它的产生了。

现在谈利润的另一部分——利息。

利息是借贷资本运动的产物,并且好像是借贷资本自己产生的。在这个运动中,"我们看到的是 $G-G'$,是生产更多货币的货币,是没有在两极间起中介作用的过程而自行增殖的价值"①。这和商业资本不同,在商业资本即 $G-W-G'$ 上,至少还存在着资本运动的一般形式,利润仍然表现为一种社会关系的产物,而不是表现为物的产物,但在 $G-G'$ 中,资本是作为一定价值的本金同作为自行增殖的价值自身,同作为已经生产剩余价值的本金的关系,"社会关系最终成为一种物即货币同它自身的关系"②。由于这样,"在 $G-G'$ 上,我们看到了资本的没有概念的形式,看到了生产关系的最高度的颠倒和物化……货币或商品独立于再生产之外而具有增殖本身价值的能力,——资本的神秘化取得了最明显的形式"③。

资本只有在生息资本的形式上,生息资本又只有在采取货币资本的形式上,才变成这样的一种商品,这种商品的自行增殖的性质有一个固定的价格,这个价格在每一具体场合都表现在利息率上。资本在这里,在生息资本采取货币资本的形式上,它的运动被简化了,中介过程被省略了。"像生长表现为树木固有的属性一样,生出货币……似乎是资本在这种货币资本形式上固有的属性",货币资本只要被"贷放出去,或者投到再生产过程中去……那就无论它是睡着,还是醒着,是在家里,还是在旅途中,利息都会日夜长到它身上来"。④

这就无怪乎德国庸俗经济学家卡·阿伦德用欧洲原始森林每年增长率来说明利息率了。他说:"在财物生产的自然进程中,只有一个现象,在已经充分开发的国家,看来在一定程度内负有调节利息率的使命;那就是欧洲森林的树木总量由于树木的逐年增长而增加的比率。这种增长完全不以树木的交换价值为转移(说树木的增长不以树木的交换价值为转移,这是多么滑

---

① 马克思:《资本论》(第三卷),人民出版社 1975 年版,第 440 页。
② 同上书,第 441 页。
③ 同上书,第 442 页。
④ 同上书,第 443 页。

稽呵！——马克思注），而按每一百棵增加三棵到四棵的比率来进行。因此……不能指望它（利息率——马克思注）会下降到最富有的国家的现有水平以下。"①马克思讽刺这利息率为"原始的森林利息率"。

（四）价值被歪曲为使用价值或效用与地租被歪曲为土地的产物

前面说明，在资本主义制度下，劳动力价值必然被歪曲为工资，即歪曲为劳动创造的全部价值；由这决定，剩余价值就必然被歪曲为不是劳动创造的，而是资本创造的。这样，它就转化为利润，而利润的平均化则进一步使利润的源泉被掩盖；利润分割为企业收入和利息后，由于利息的获得者是丝毫劳动也不耗费的，因此利息便被歪曲为是资本本身的产物，而企业收入的获得者是耗费劳动的，因为监督工人是要费劳动的，因此企业收入便被歪曲为是经营企业的资本家的劳动的产物。在上述所有条件下，地租就必然被歪曲为土地的产物。它不可能是劳动的产物，因为劳动的产物已全部成为工资，它也不可能是资本的产物，因为工业资本和农业资本，都同样得到由它们生产的平均利润，而农业资本要比工业资本交纳多得多的地租，同时也比工业资本使用多得多的土地，这样，地租便只能来自土地。而把价值认为是使用价值、财富、效用，则是将地租说成是土地产生的理论基础。

其实，正常的资本主义地租不过是超额利润。这种地租分为级差地租和绝对地租两种，前者是农业资本之间的超额利润，后者是农业资本和工业资本之间的超额利润。

"资本主义生产方式的前提是：实际的耕作者是雇佣工人，他们受雇于一个只是把农业作为资本的特殊使用场所，作为在一个特殊生产部门的投资来经营的资本家即租地农场主。这个作为租地农场主的资本家，为了得到在这个特殊生产场所使用自己资本的许可，要在一定期限内（例如每年）按契约规定支付给土地所有者即他所使用土地的所有者一个货币额（和货币资本的借入者要支付一定利息完全一样）。这个货币额，不管是为耕地，建筑地段、矿山、渔场、森林等等支付，统称为地租。这个货币额，在土地

---

① 马克思：《资本论》（第三卷），人民出版社 1975 年版，第 407 页注 67。

所有者按契约把土地租借给租地农场主的整个时期内,都要支付给土地所有者。因此,在这里地租是土地所有权在经济上借以实现即增殖价值的形式。"①

　　研究地租时,要把土地租金和地租区分开来,在经营或耕种土地时,有些资本是投入土地、固定在土地中的,如化学性质的改良、施肥、修排水渠、建设灌溉工程、平整土地、建造经营建筑等,它们属于固定资本的范畴。如果这些投资是属于土地所有者的,那么租地农场主缴纳的地租,就包括这些投资的利息和每年的折旧金,这两者和地租合在一起称为土地租金。要把地租和土地租金区别开来,政治经济学研究地租只是为了使用土地本身而支付的。这种区分是很重要的。它最初是李嘉图提出来的。他说:"地租是为使用土地的原有的和不可摧毁的生产力而付给地主的那一部分土地产品。但它往往和资本的利息与利润混为一谈。"②话虽然说得不精确,因为土地的生产力不可能是原有的和不可摧毁的,但它真正的用意在于把地租从土地租金中划分出来加以研究,这是正确的。

　　地租还可能在另一种形式上和利息相混同。由于它表现为土地所有者出租一块土地而每年得到的一定的货币额,而在资本主义条件下,任何一定的货币收入都可以资本化,都可以看作一个想象的资本利益,假定利息率是5%,这样,一个每年200镑的地租就可以看作一个4 000镑购买土地的资本的利息。这种由资本化的地租形成土地的购买价格,一看就知道,它和劳动价格是个同样不合理的范畴,因为土地不是劳动的产品,从而没有任何价值,也不可能有价格。但是,在这个不合理形式的背后,却隐藏着一种现实的生产关系。因为用4 000镑购买土地,每年得200镑地租,和把4 000镑投在有息证券上,每年按5%计息,得200镑利息是一样的。但是,"地租的这种资本化是以地租为前提,地租却不能反过来由它本身的资本化而产生并得到说明"③。现在就要说明这个作为前提的地租的产生和决定。

---

① 马克思:《资本论》(第三卷),人民出版社1975年版,第697—698页。
② 大卫·李嘉图:《政治经济学及赋税原理》,郭大力、王亚南译,商务印书馆1962年版,第55页。
③ 马克思:《资本论》(第三卷),人民出版社1975年版,第703页。

表面看来,既然工农业资本家都要获得平均利润,而农业资本家要纳多得多的地租,那么,这地租似乎就只能加到农产品价格上,它的产生只能是农产品价格上涨的原因。但我们的研究将表明,情况不完全是这样。

我们先说明,农产品和工业品一样,按生产价格出卖,能够产生地租的情况。假设有两个工厂,一个用蒸汽机推动,一个用瀑布推动。在这条件下,它们生产同种商品,后者的个别生产价格,就低于社会生产价格,得到一个超额利润。由于用资本的力量不能创造瀑布,这个超额利润是相对固定的。假如这瀑布是在私有的山上的,由于工厂主的竞争,这超额利润便转化为地租,归土地所有者所有。这种转化为地租的超额利润,"不是产生于资本,而是产生于资本对一种能够被人垄断并且已经被人垄断的自然力的利用"①,即产生于作为资本主义经营对象的土地的垄断。

由此可见,第一,这种地租总是级差地租,它不参加商品一般生产价格的形成,而是以这种生产价格为前提,它是产生于支配着一种被垄断的自然力的个别资本的个别生产价格,和投入该生产部门的一般资本的一般生产价格之间的差额。第二,这种地租不是产生于这个资本所占有的劳动的生产力的绝对增加,而是产生于同其他的资本所推动的劳动相比,相对说来具有较高的生产率。第三,自然力不是超额利润的源泉,而只是超额利润的一个自然基础,因为它是特别高的劳动生产力的自然基础。第四,土地私有权本身,与这种超额利润的产生毫无关系,即使土地是无主的,它也产生,土地私有权不过使它转入土地所有者的口袋。

这就是级差地租的实质。它是农业资本之间的利润差额或超额利润。

级差地租可以分为两种形态。"如果两个等量资本和劳动被使用等面积土地上而产生的结果不同,这个超额利润就转化为地租"②,这是级差地租Ⅰ。这些不同的结果,是由资本无关的原因造成的:(1)土地的肥力;(2)土地的位置。

土地肥力的差别,就是土壤含有的为植物所必需的营养素的差别。随

---

① 马克思:《资本论》(第三卷),人民出版社 1975 年版,第 727 页。
② 同上书,第 731 页。

着农业化学和农业力学的发展,这些差别会发生变化。土地位置的差别,就是土地位置距离市场远近和交通条件的差别。随着城市的形成和交通运输工具的发展,这些条件也会发生变化。所以,由这种条件产生的超额利润,并不是绝对不变的,但是却相对的牢固。

超额利润的产生及其转化为级差地租 I 的情况,如表 3-7 所示。

表 3-7   超额利润的产生及转化

土地种类	劣等地	中等地	优等地
生产成本(镑)	100	100	100
平均利润率	20%	20%	20%
粮食产量(吨)	4	5	6
个别生产价格总额(镑)	120	120	120
每吨个别生产价格(镑)	30	24	20
每吨社会生产价格(镑)	30	30	30
出售粮食所得总额(镑)	120	150	180
超额利润(镑)	0	30	50
级差地租 I(镑)	0	30	50

由于作为资本主义经营对象的土地存在着垄断,所以农产品和工业品不同,它的社会生产价格由最劣等的生产条件决定,这样等量资本投到肥沃程度不同的土地上,就有不同的产量,产量差额构成超额利润,由于农业资本家之间的竞争,超额利润转化为级差地租 I。最劣等地即最劣等的投资,只得到平均利润,没有超额利润,也没有级差地租。

土地位置的差别也能引起级差地租 I 产生。因为运输费用构成粮食的生产成本,因此中等和优等地的超额利润也转化为级差地租 I。

"很明显,级差地租的这两个不同的原因,肥力和位置,可以发生相反的作用。一块土地可能位置很好,但肥力很差;或者情况相反。这种情况很重要,因为它可以为我们说明一国土地的开垦,为什么会由较好土地转到较坏土地,或者相反。最后,很明显,整个社会生产的进步,一方面由于它创造了地方市场,并且通过采用交通运输工具而使位置变得便利,所以对形成级差地租的位置,会发生拉平的作用;另一方面,由于农业和工业的分离,由于大的生产中心的形成,而农村反而相对孤立化,所以又会使土地的地区位置的差别扩大。"①这段话说明,李嘉图虽然正确地理解地租(级差地租)总是两个等量的资本和劳动所取得的产品量之间的差额;但是又错误地认为,耕种土地的顺序必然是从优到劣,因而农产品价值和价格总是上涨,工资总是提高,利润因而下降——他就是这样解释利润率下降趋势的规律的,这是错误的。

转化为级差地租的超额利润,也可以由"生产率不同的各个资本连续投在同一块地"②上产生,它转化为级差地租Ⅱ。

级差地租Ⅱ和级差地租Ⅰ实质上是相同的。只要我们将在同一块土地上的各次连续投资,理解为同时分在不同的土地上的投资,有不同的生产率,其中的超额利润便转化为级差地租Ⅱ。

连续或追加投资,通常是在优等地上进行的,因为在优等地上施用化学肥料、改善土地耕作、使用农业机器等,可以预期较劣等地的第一次投资,有更高的生产率。

假设上述产生级差地租Ⅰ的情况是第一年的情况,如果第二年由于对粮食的需要增加了,以致要对优等地作追加投资,而对中等地和劣等地的投资和产量仍然照旧,再假定优等地追加投资所增加的产量全部为市场所需要,不排斥中等地和劣等地的耕种,那么现在优等地追加投资 100 镑的生产率就有三种可能。

第一,较原来 100 镑投资的生产率大,即生产的粮食在 6 吨以上。这时,决定粮食社会生产价格的依然是劣等地的投资,劣等地依然没有级差地租,中等地和优等地的级差地租Ⅰ不动,优等地追加资本的生产率高于劣等地投资的生产率,由此产生的超额利润,转化为优等地的级差地租Ⅱ。优等地的级差地租Ⅱ比级差地租Ⅰ大。这情况和把资本投在另一块最优的土地上,产生比优等地更大的级差地租Ⅰ是一样的。

第二,和原来的 100 镑投资的生产率相同,也生产 6 吨粮食。情况和前

---

① 马克思:《资本论》(第三卷),人民出版社 1975 年版,第 733 页。
② 同上书,第 759 页。

面所说的一样,所不同的只是优等地的级差地租Ⅰ和级差地租Ⅱ相等。这情况和把资本投在另一块优等地上,产生和优等地相同的级差地租Ⅰ是一样的。

第三,较原来的100镑投资的生产率小,即生产的粮食在6吨以下,这又有三种可能。

其一,较劣等地100镑投资的生产率大,即生产的粮食在6吨以下,4吨以上。情况和前面说的一样,所不同的只是优等地的级差地租Ⅱ比级差地租Ⅰ小。这情况和把资本投到另一块介乎优等地和劣等地的土地上,产生比优等地较小的级差地租Ⅰ是一样的。

其二,和劣等地100镑投资的生产率相同,即生产的粮食也是4吨。这时,追加的投资和劣等地的投资同样成为粮食社会生产价格的决定者,不产生级差地租。情况和前面说的一样,所不同的只是优等地不产生级差地租Ⅱ。这情形和把资本投到另一块劣等地上因而不产生级差地租Ⅰ是一样的。

其三,较劣等地100镑投资的生产率小,即生产的粮食在4吨以下,比如3吨。这种投资所以成为可能,是由于市场对粮食需要的增加,已不能由其他方法满足,这时,粮食的社会生产价格便改由这次生产率最小的投资决定,每吨涨为40镑,即120镑÷3吨。优等地的追加投资100镑不产生级差地租Ⅱ,但原来的100镑投资,生产粮食6吨,原来卖180镑,现在卖240镑,原来的超额利润60镑,已转化为级差地租Ⅰ。现在的超额利润为120镑,除其中原有的60镑已转化为级差地租Ⅰ外,新的超额利润60镑便转化为级差地租Ⅱ,即优等地级差地租总额增大为120镑。中等地100镑投资生产5吨粮食,现在卖200镑,超额利润共80镑,除原来的超额利润30镑,已转化为级差地租Ⅰ,现在新的超额利润50镑便转化为级差地租Ⅱ。劣等地100镑投资生产4吨粮食,现在卖160镑,超额利润40镑,原来没有级差地租Ⅰ,现在这40镑全部转化为级差地租Ⅱ,这情况和把资本投到一块更劣等的,不产生级差地租的土地上,而原来的劣等地就产生级差地租,中等地和优等地的级差地租就增加是一样的。这情况如表3-8所示。

表 3-8　优等地追加投资的情况

土地种类	劣等地	中等地	优等地	优等地追加投资
生产成本（镑）	100	100	100	100
平均利润率	20％	20％	20％	20％
粮食产量（吨）	4	5	6	3
个别生产价格总额（镑）	120	120	120	120
每吨个别生产价格（镑）	30	24	20	40
每吨社会生产价格（镑）	40	40	40	40
出卖粮食所得总额（镑）	160	200	240	120
超额利润（镑）	40	80	120	0
原级差地租Ⅰ（镑）	0	30	60	0
级差地租Ⅱ（镑）	40	50	60	

　　对优等地第二次以上的追加投资,和对中等地的追加投资的不同生产率而产生的级差地租Ⅱ,也可以参照上法求得。

　　当然,对同一土地追加投资所产生的级差地租Ⅱ,事实上并不像上述的假设那样简单。有时,这种追加投资会把已耕的劣等地排挤掉,以致级差地租Ⅰ会发生变化,并且和级差地租Ⅱ的产生构成一幅复杂的图画。但基本原理始终是:在同一块土地上追加投资的生产率和劣等地上投资的生产率不同,就产生级差地租Ⅱ。

　　对同一土地上的追加投资所产生的超额利润,在租地契约有效期间,是归租地农业资本家所有的,但契约期满重订新约时,土地所有者就会估计到这种超额利润而提高租金。这样,超额利润就转化为级差地租Ⅱ。

　　上面论述级差地租,尤其是级差地租Ⅰ时,我们看到劣等地只得到平均利润,因而是不支付任何地租的。但是,"把资本投在土地上而不付地租",这就"意味着土地所有权的废除,即使不是法律上的废除,也是事实上的废除"。① 这是不可能的。由于这样,"土地所有权本身已经产生地租",而由于要交纳土地所有权所要求的地租,农产品价格就一定要上涨到足以交纳这种地租的程度,从这个意义上说,地租,或"土地所有权就是引起这个价格上

① 马克思:《资本论》(第三卷),人民出版社1975年版,第846页。

《资本论》导读

涨的原因"。① 因此，这种地租和级差地租不同，它不是和土地所有权无关的，不是价格的结果，而是土地所有权要求的，是农产品价格提高的原因。它是绝对地租。

"现在产生了这样的问题：根据最坏土地也提供地租（但这种地租不能由肥力的差别产生），是不是就得出结论说，土地产品的价格必然是普通意义上的垄断价格，或者说，必然是一种把地租作为赋税（这种赋税只不过由土地所有者征收，而不是由国家征收）包含在内的价格？"②

其所以发生这个问题，"只是因为商品的价值和它的生产价格之间的区别一直没有被人理解"③。李嘉图就是由于混淆了价值和生产价格，所以在坚持价值规律发生作用的条件下，否认绝对地租的存在。其实，"一个商品的生产价格可以高于它的价值，或低于它的价值，只有在例外的情况下才和它的价值相一致。所以，土地产品高于它们的生产价格出售这一事实，决不证明它们也高于它们的价值出售"，而"农产品高于它们的生产价格但低于它们的价值出售的现象是可能的"④。只要情况是这样，在价值与生产价格之间的售卖价格，高于生产价格的那部分利润，便可转化为绝对地租；绝对地租的产生，虽然使售卖价格高于生产价格，但不必使售卖价格高于价值。

农产品生产价格低于价值的条件是：农业资本有机构成低于社会资本的平均构成。在这条件下，农产品如果按价值出售，绝对地租的情况就如表3-9、表3-10所示。

表3-9　农业的资本构成

生产部门	不变资本	可变资本	剩余价值率	剩余价值	产品价值	利润率	平均利润率
工业	85	15	100％	15	115	15％	20％
	80	20	100％	20	120	20％	20％
	75	25	100％	25	125	25％	20％
农业	70	30	100％	30	130	30％	20％

---

① 马克思：《资本论》（第三卷），人民出版社1975年版，第851页。
② 同上书，第854页。
③ 同上书，第854—855页。
④ 同上书，第855页。

表 3-10　农业的绝对地租

生产部门	生产价格	价值与生产价格之差	绝对地租
工业	120	—	—
	120	—	—
	120	—	—
农业	120	10	10

这就是说,由于土地所有权的障碍,它要索取绝对地租,农业部门由于资本有机构成较低而产生的较多的剩余价值,就不参加平均利润的形成,平均利润率就由工业部门的竞争,由工业部门的特殊利润率的平均化而形成,农产品按价值出售,价值高于生产价格的差额,便转化绝对地租。当然,农产品是要高于生产价格出售的,但高出多少,是否可以等于价值出售,这就要取决于市场情况,即农产品的供求关系。这里的假设是按价值出售。

按照这里的说明,"绝对地租的本质在于:不同生产部门内的各等量资本,在剩余价值率相等或劳动的剥削程度相等时,会按它们的不同的平均构成,生产出不等量的剩余价值。在工业上,这些不同的剩余价值量,会平均化为平均利润,平均分配在作为社会资本的相应部分的各个资本上。在生产上需用土地时,不论是用于农业上还是用于原料的开采上,土地所有权都会阻碍投在土地上面的各个资本之间的这种平均化过程,并攫取剩余价值的一部分,否则这一部分剩余价值是会进入平均化为一般利润率的过程的。这样,地租就成了商品价值的一部分,更确切地说,成了商品剩余价值的一部分,不过它不是落入从工人那里把它榨取出来的资本家阶级手中,而是落入从资本家那里把它榨取出来的土地所有者手中"①。

因此,不能认为资本有机构成较低是绝对地租产生的原因,它只是绝对地租的存在,能够不以农产品的价格高于价值为条件的原因。资本主义手工业的资本有机构成也是低的,它的生产价格也低于价值,但是,由于它的生产不存在土地所有权的障碍,所以它生产较多的剩余价值,便参加平均利润的形成。绝对地租产生的原因始终是土地所有权。

---

① 马克思:《资本论》(第三卷),人民出版社 1975 年版,第 869—870 页。

在英国,"农业资本的构成是否低于社会平均资本的构成,这是一个只能用统计来判断的问题"①。如果等于或高于,那么,农业部门就不能提供比平均利润更多的超额利润了。或者如考茨基在其《土地问题》中指出的,农业资本有机构成较低能提供较多的剩余价值,但农业资本周转较慢,从一年看,能提供的剩余价值较少,抵消了有机构成低所起的作用。在这条件下,农业中的超额利润没有了,绝对地租还存在否?土地所有权所要求的地租如何产生?其界限何在?

首先要指出:"如果农业资本的平均构成等于或高于社会平均资本的构成,那么,上述意义上的绝对地租,也就是既和级差地租不同,又和以真正垄断价格为基础的地租不同的地租,就会消失。"②这当然也适用于农业资本周转较慢,使它提供的剩余价值减少到等于或低于平均利润这种情况。在这时,土地所有权当然仍然要求地租。由于这样,粮食价格就要按生产价格加地租出售,即以真正的垄断价格出售。这种地租的界限,就取决于外国农产品和本国农产品的竞争,如果外国农产品不能进口,或生产它们的资本有机构成,也高于世界平均的资本构成,那么,它的亦即垄断价格的界限,就由消费者需求和支付能力来决定了。

不要以为只有劣等地才是交纳绝对地租的。不是的,由于农产品最终要以高于生产价格(前表是等于价值)出卖的,所以各级耕地都能由此得到超额利润,它也转化为绝对地租。这情况如表3-11所示。

表3-11　各级耕地的绝对地租

土地种类	劣等地	中等地	优等地
生产成本(镑)	70c+30v	70c+30v	70c+30v
产品价值(镑)	70c+30v+30m	70c+30v+30m	70c+30v+30m
粮食产量(吨)	4	5	6
平均利润率	20%	20%	20%
个别生产价格总额(镑)	120.0	120.0	120.0

① 马克思:《资本论》(第三卷),人民出版社1975年版,第857页。
② 同上书,第862页。

（续表）

土地种类	劣等地	中等地	优等地
每吨社会生产价格（镑）	30.0	30.0	30.0
每吨社会价值（镑）	32.5	32.5	32.5
出售粮食所得总额（镑）	130.0	162.5	195.0
超额利润（镑）	10.0	42.5	75.0
级差地租Ⅰ（镑）	0	32.5	65.0
绝对地租（镑）	10.0	10.0	10.0

这就是说,在分析绝对地租产生前,粮食每吨按社会生产价格 30 镑出售,这样,中等地由于比劣等地多产粮食 1 吨,便产生级差地租Ⅰ30 镑,优等地由于比劣等地多产粮食 2 吨,便产生级差地租Ⅰ60 镑,这情况从前已分析过;现在,由于要交纳绝对地租,粮食每吨按社会价值 32.5 镑出售,每吨涨 2.5 镑,这样,级差地租在劣等地便仍不存在,中等地便为 32.5 镑,优等地便为 65 镑,绝对地租在各级耕地均为 10 镑。

在同一块土地上追加投资,由于产品是按价值出卖的,也能得到超额利润,它也要转化为绝对地租。情况虽然很复杂,但仍可按照上述原理予以说明。

以上谈的是正常的农业地租,它都是超额利润。此外,还有一种农业地租是由垄断利润转化而来的,它是垄断地租。"一个葡萄园在它所产的葡萄酒特别好时……就会提供一个垄断价格。由于这个垄断价格(它超过产品价值的余额,只决定于高贵的饮酒者的财富和嗜好),葡萄种植者将实现一个相当大的超额利润。这种在这里由垄断价格产生的超额利润,由于土地所有者对这块具有独特性质的土地的所有权而转化为地租,并以这种形式落入土地所有者手中。因此,在这里,是垄断价格产生地租"①。与此相反,如果农业资本有机构成等于甚至高于社会资本的平均构成,那么这时土地私有权要求的地租,即绝对地租,就会产生垄断价格,因为它使农产品价格高于生产价格,甚至高于价值。这就是前面分析过的情况。

---

① 马克思:《资本论》(第三卷),人民出版社 1975 年版,第 873—874 页。

建筑地段"地租的基础,和一切非农业土地的地租的基础一样,是由真正的农业地租调节的"①。因此,位置在这里有决定性的影响。如果在建筑地段上经营的企业,因地段本身而取得垄断利润,它就要转化为垄断地租。"真正的矿山地租的决定方法,和农业地租是完全一样的"②。如果稀有矿产品以垄断价格出售,那么,由此产生垄断利润就转化为垄断地租。

牧业地租的产生要特别予以说明。"一块土地用作畜牧业的人工牧场,但这块土地同样也可以变成有一定质量的耕地"③,因此,它的地租由同质量的农业地地租决定。但是,"在大规模畜牧业中,和作为牧畜本身存在的不变资本相比,所用劳动力的总量是非常微小的"④,亦即畜牧业资本有机构成较高。因此,畜牧业产品的生产价格高于价值,它不可能像农产品那样,只要按高于生产价格,低于或等于价值的价格出售,便能产生地租(绝对地租)。在这条件下,"这块土地的产品的价格,必须提高到这种程度,足以使这块土地和一块质量相等的耕地提供相等的地租;在这里,谷物地的地租就会参加决定牧畜的价格"⑤。因此,牧业用地地租,提高了畜牧产品的价格,使它成为高于价值或生产价格的垄断价格。

通过对各种形态的资本主义地租的分析,我们看到,级差地租是农业资本之间的超额利润,绝对地租是农业资本和工业资本之间的超额利润,这两种正常地租都来自利润,即来自工人创造的剩余价值,垄断地租来自垄断价格或垄断利润,它的支付者是社会上各种人,他们的收入说到底也是从工人创造的价值那里来的。总之,地租不可能是土地自己创造的。

但是,在资本主义制度下,地租被歪曲为土地的产物。

在资本主义制度下,工人创造的全部价值,被歪曲为工人得到的工资,企业主的收入,被歪曲为资本家劳动的产物,利息则被歪曲为资本自身的产物,这样,地租就必然被歪曲为不是劳动生产的,也不是资本生产的,而是在这两者之外的,为农业生产所独有的重要因素即土地所生产的。

---

① 马克思:《资本论》(第三卷),人民出版社 1975 年版,第 871 页。
② 同上书,第 873 页。
③ 同上书,第 865 页。
④ 同上。
⑤ 同上。

　　这种论调是建立在将使用价值或财富的生产,说成是价值的生产的基础上的。

　　认为地租是土地或自然产生的,这种理论最初是由重农主义者提出来的。但和后来的庸俗经济学不同,重农主义者认为地租是唯有农业部门才有的剩余价值,因为唯有农业才是生产的,工业不是生产的,商业也不是生产的。其所以如此,是因为"在重农主义者接触到价值实体问题的限度内,它在他们手里总是完全分解为纯粹的使用价值(物质具体物)"①。由于价值被看成是使用价值,是物质的具体物,那么,工业生产因只能改变物质的形态,而不能增加物质的数量,所以它便被认为是不生产的,既不生产工资,也不生产利润和地租。工业如此,商业当然也是这样。但农业与此不同,它能使物质的具体物增加,因为结出的麦子比种下的麦种多得多(其实,如果真正从物质的观点看,物质只能改变形态,而不能增加,这就是自然科学上的物质不灭定理),即使把农业劳动者吃的口粮、穿的衣服、耕种时施的肥料,折成麦子,作为生产麦子的耗费,生产出来的麦子,还是比生产这麦子所耗费的麦子多,这多出来的麦子,就是土地的纯产品,就是农业中的地租。它是由农业中所利用的自然力——土地生产的。农业生产和工业生产相比,有一个特点:它的劳动对象即农作物处在生命的生长过程中,这一点也被看成是自然或土地生产纯产品即地租的原因。

　　重农主义的纯产品论,既有正确之处,也有错误之点。因为当时雏形的农业资本家还参加劳动,农业资本的利润还不是一个独立的经济范畴,农业中的剩余价值便唯一地表现为地租即纯产品。但剩余价值并不像重商主义者所说的那样,是在流通中产生的,是贱买贵卖的结果。剩余价值是在生产中产生的,但是并不唯有农业部门,而且工业部门也有剩余价值生产,它不仅表现为地租,也表现为利润。除了历史条件的限制(农业中利润还不是个独立的范畴)外,重农主义的错误在于把使用价值看成是价值。

　　法国庸俗经济学家萨伊利用了这种错误。他把生产定义为,不是创造物质,而是创造效用,生产数量不是以产品的长短、大小或轻重估计,而是以产生提供的效用估计,他认为效用就是价值,亦即使用价值就是价值。

―――――――――

　　① 马克思:《剩余价值学说史》(第一卷),郭大力译,人民出版社 1975 年,第 167 页。

使用价值,或物质效用,即物质财富,单凭劳动是创造不出来的,使用价值的生产要有三个因素:"有目的的活动或劳动本身,劳动对象和劳动资料。"①这本来是任何社会形态下生产使用价值的因素,但在资本主义条件下,它们分别成为雇佣劳动、土地私有权和资本。所以,由它们创造的价值(其实是使用价值),便分别分割为工资、地租和利润这些只有资本主义才有的收入。

地租被歪曲为土地的产物,其过程就是这样。

(五) 三大阶级通力合作进行生产,按照贡献公平分配的公式: 三位一体公式

由于劳动力价格被歪曲为工资,即被歪曲为劳动的全部产物,利润被歪曲为资本的产物,地租被歪曲为土地的产物,在这基础上,一个由三大阶级通力合作进行生产,而按照各自贡献进行分配的公式,即三位一体公式就必然产生。这个公式不仅是错误的,而且是有漏洞的,不能自圆其说,但在资本主义竞争的条件下,它是必然产生的,而且这种认为生产和分配是没有社会内容的、彼此是独立的、平起平坐的方法论,一直被庸俗经济学家沿用。

1. 三位一体的公式

这里主要讲《资本论》第三卷第四十八章。

资本—利润,土地—地租,劳动—工资。"这就是把社会生产过程的一切秘密都包括在内的三位一体的公式。"②但是,利润还是要分解为企业收入和利息,前者表现为资本家劳动的产物,后者表现为资本的产物。这样,上述公式就变为:资本—利息,土地—地租,劳动—工资。"在资本—利息这个形式上,一切媒介都已消失"。真是货币自己能产仔,"正是由于这个缘故,庸俗经济学家宁愿用资本—利息这个公式,而不用资本—利润这个公式"③。在这个新的公式下,如果要问企业主收入的来源,那就是资本家的劳动,而企业主收入也就是资本家的工资。这样,劳动—工资,就包含两种劳动和两

---

① 马克思:《资本论》(第一卷),人民出版社 1975 年版,第 202 页。
② 马克思:《资本论》(第三卷),人民出版社 1975 年版,第 919 页。
③ 同上书,第 924 页。

种工资。

这个三位一体公式,从思想来源说,原是斯密理论中的庸俗因素。斯密错误地认为工人出卖的是劳动,工资是劳动的全部产物,这样,利润和地租就不可能是工人的劳动创造的,而另有来源。由于要说明这两者的来源,斯密就认为,资本积累和土地私有制产生以前的商品,其价值是由生产商品投下的劳动决定的,但在这以后的商品,其价值便改由交换商品支配的劳动决定,这劳动包括工资、利润和地租。如果再问这三者的来源又是什么,那么斯密只好回答说:"工资、利润和地租,是一切收入和一切可交换价值的三个根本源泉",因而,"不论是谁,只要自己的收入来自自己的资源,他的收入就一定来自他的劳动、资本和土地"。① 资本和土地便被说成和劳动一样,是收入即价值的泉源。这就被庸俗经济学家所利用,杜撰出一个三位一体的公式。

这个公式的错误,首先是方法论的错误。

"每年可供支配的财富的各种所谓源泉,属于完全不同的领域,彼此之间毫无共同之处。"②它们之间的关系,是风马牛不相及的,就像"公证人的手续费、甜菜和音乐之间的关系一样"③。

在这公式中,资本、土地、劳动被放在一起,被认为都是收入的泉源,但这三者没有共同点,不应放在一起。"资本不是物,而是一定的、社会的、属于一定历史社会形态的生产关系,它体现在一个物上,并赋予这个物以特有的社会性质……生产资料本身不是资本,就像金和银本身不是货币一样。"④现在,与资本即与体现在物上的生产关系相并列的,是土地,而土地是"无机的自然界本身"⑤,是个天然物。在资本和土地之旁的是劳动,而劳动"只是一个幽灵……只是一个抽象,就它本身来说,是根本不存在的"⑥。因为劳动只表明人与自然的关系,而人总是在一定的社会形态下,才与自然发生关系的,因而只有具有一定社会性质的劳动,而没有抽象的劳动。因此,

① 亚当·斯密:《国民财富的性质和原因的研究》(上卷),郭大力、王亚南译,商务印书馆1972年版,第47页。
② 马克思:《资本论》(第三卷),人民出版社1975年版,第920页。
③ 同上。
④ 同上。
⑤ 同上。
⑥ 同上。

在这里,具有一定社会性质的资本,和不具有社会性质的劳动、土地,不恰当地放在一起了。

这个公式"显示出了一种整齐的对称的和不相称的东西",这是因为,尽管资本、土地、劳动三者的性质是不同的,可是它们各自的"幼仔",即各种收入,反而全都属于一个范围,即价值的"范围",并表现为全都属于资本主义性质的范畴,即利润、地租和工资。①

因此,这个公式,单从方法论上说,就应改为:资本—利润,土地私有权—地租,雇佣劳动—工资。

从内容看,这个公式也是错误的。

资本—利润,或进一步资本—利息。利润或利息这种收入的来源是无法解释的。资本如果被理解为一定的价值物,那么这个公式不过是 $100=100+10$,这等于说"一个价值是比它的所值更大的价值,显然是无稽之谈"②;如果被理解为一定量的生产资料,用这种方法来代替前面的 $100=100+10$,那么,不过"重新搬出一个完全不能通约的关系,即一方是使用价值,是物",而另一方的利润,却是"一定的社会生产关系,是剩余价值"③。土地—地租。在这里,"我们看到的是没有价值的使用价值土地和交换价值地租:于是,一种当作物来理解的社会关系,竟被安置在一种和自然的比例关系上"④。在这里,地租的来源是无法说明的。劳动—工资。劳动存在于任何社会中,它并不都要求工资。如果把工资理解为劳动的价值,"这种说法显然是和价值的概念相矛盾的"⑤,因为劳动是价值的泉源,它本身没有价值。

即使将这个公式改为资本—利润,土地私有权—地租,雇佣劳动—工资,其错误也还是一样。虽然这个公式从方法论上说,是合理的。这是因为,"如果劳动和雇佣劳动合而为一,那种使劳动条件和劳动对立的一定的社会形式也就会和劳动条件的物质存在合而为一。这样,劳动资料本身就

---

① 马克思:《资本论》(第三卷),人民出版社 1975 年版,第 931 页。
② 同上书,第 923—924 页。
③ 同上书,第 924 页。
④ 同上书,第 923 页。
⑤ 同上。

是资本,土地本身也就是土地所有权了"①。

就现在的资本—利润这个公式看,资本不表现为物,也不表现为单纯的价值,而表现为同劳动相对立的体现在物上的社会关系。这样,"从资本通过它对劳动力,即对雇佣工人的强制,来榨取剩余劳动这种它同工人的关系来说,那么,这个剩余价值,除了包括利润(企业主收入加上利息)之外,还包括地租,总之,包括全部没有分割的剩余价值。相反,在这里,资本作为收入的源泉,只和归资本家所有的那部分有关"②,即只和利润有关。如果这个公式转化为资本—利息,在这条件下,与资本相对立的就不是雇佣劳动,那么,一切联系就更看不出来了。

土地所有权—地租这个公式也是这样。土地所有权就是对地球地壳的一部分的占有,地壳即土地的肥力不同,虽然能产生不同的农产品,但调节产品社会价值的条件,是一定的社会关系,因此产量不同的农产品能转化为级差地租,其原因在社会。绝对地租更是这样。

甚至雇佣劳动这个公式也是不合理的。劳动诚然是形成价值的,但它和这个价值在不同范畴之间的分配无关,例如个体生产者的劳动形成的价值就是这样。而就劳动具有雇佣劳动的特殊的社会性质来说,这个性质本身并不形成价值,因为形成价值的始终是劳动本身,而不是它的雇佣的社会性质。因此,问题在于劳动形成的价值,在劳动成为雇佣劳动的条件下,具有什么特点。这个特点是,价值分为两部分:一是雇佣劳动形成的劳动力本身的价值;二是剩余价值。这就是雇佣劳动产生了劳动力价值和剩余价值。工资是劳动力价值的不合理的表现形式,剩余价值再分解为利润(包括企业主收入和利息)和地租。

因此,三位一体公式是不存在的,存在的只是作为商品的劳动力,它的使用即劳动创造的价值。分解为劳动力价值和剩余价值,前者转化为工资,后者分解为利润和地租的公式。

2. 关于生产过程的分析

这里主要讲《资本论》第三卷第四十九章。

---

① 马克思:《资本论》(第三卷),人民出版社 1975 年版,第 933 页。
② 同上书,第 931 页。

三位一体公式事实上认为：收入不是由价值分解而来的，相反，价值倒是由收入构成的。由于认为价值是由工资、利润和地租构成的，商品价值中的旧价值，即生产资料的价值就不存在了。如果说，这旧价值也是由工资、利润和地租构成，这是不能解决问题的，因为按照生产三要素论或三位一体公式，劳动、资本和土地创造的工资、利润和地租，并不是旧价值中的工资、利润和地租。否认产品中生产资料价值的存在，或虽承认其存在，却不能说明其泉源，这是三位一体公式的一个漏洞。

这个错误是由斯密留下来的。他由于不了解生产商品的劳动具有二重性：它作为抽象劳动创造新价值，它作为具体劳动在创造使用价值的同时，转移旧价值，因此就无法说明，生产商品的一次劳动，怎能既创造新价值，又转移旧价值。于是，他就将商品中的旧价值驱除掉，但为了自圆其说，就认为这部分旧价值最终也分解为工资、利润和地租，和劳动创造的价值分解为工资、劳动和地租（当他认为交换商品支配的劳动决定时，便认为工资、劳动和地租构成价值）一样。总之，商品价值等于工资、利润和地租三者。他说："谷物的全部价值，或者直接由这三部分构成，或最后由这三部分构成，也许有人认为，农业家资本的补充，即耕畜或他种农具消耗的补充，应作为第四个组成部分。但农业上一切用具的价格，本身就由上述那三个部分构成。"①这就是所谓的斯密教条。

问题似乎只能像斯密或三位一体公式所说的那样。因为表面看来，"商品总价值中代表工人在一天或一年内所追加的总劳动的那部分，即年产品中由这个劳动所创造的总价值，分为工资价值、利润和地租"，而除了这个劳动之外，"工人没有完成任何劳动"，因此很明显，"在一年所创造的产品价值中没有再生产出不变资本部分的价值"。② 所以，产品价值中不变资本价值的存在，似乎是无法解释的，三位一体公式否认它的存在，似乎是对的。

这个问题，要以生产商品的劳动具有二重性来解决，不变资本的价值是转移到商品价值中的，不需另花劳动。这一点从前已经说过了。

三位一体公式既然否认生产资料价值的存在，就必然等同总产品或收

---

① 亚当·斯密：《国民财富的性质和原因的研究》（上卷），郭大力、王亚南译，商务印书馆1972年版，第45页。

② 马克思：《资本论》（第三卷），人民出版社1975年版，第943页。

益即 $c+v+m$，和总收入或国民收入即 $v+m$。这个错误也是来自斯密教条，因为它混同产品价值即 $c+v+m$，和价值产品即 $v+m$。斯密《国富论》开宗明义第一句话就是这种混同的表现，他说："一国国民每年的劳动，本来就是供给他们每年消费的一切生活必需品和便利品的源泉。"①本年消费的产品中的不变资本的价值，不是本年的劳动创造的，而是上年劳动创造的价值的转移，斯密错误地认为它是本年劳动创造的，这就将产品价值和价值产品等同了。

否认产品中不变资本价值的存在，等同总产品和总收入，就必然认为供给与需求相等，进一步也就认为生产和消费相等，这就否认生产过剩的经济危机的可能性。这是因为，不变资本中的固定资本部分，是一次购买多年使用的，它的使用价值全部参加生产，它的价值却逐步转移。因此，要这部分固定资本的供给和需求相等，就要每年生产固定资本的价值，和每年用来购买这种固定资本的折旧基金总额相等，这在生产无政府状态下是很难办到的。这就是资本主义供给与需求，一般说来不能相等的重要原因。此外，尽管为了进行再生产，总产品中必然有一部分物质资料是吃不得、穿不得，是注定要用于生产的，如钢铁和机器之类，但如果把总产品等同于总收入，而总收入是可以全部用于个人消费的，那么就必然忽视总产品中某些物质资料的特点，而逻辑地认为一切总产品都能进入个人消费，这样就导致生产等于消费论。供需均等论和生产等于消费论，都是否认生产过剩的经济危机的。

"为了避免不必要的麻烦，必须把总收益和纯收益同总收入和纯收入区别开来。总收益或总产品是再生产出来的全部产品。把固定资本中曾被使用但是没有消费掉的部分撇开不说，总收益或总产品的价值，等于预付的、并在生产中消费掉的资本即不变资本和可变资本的价值，加上分解为利润和地租的剩余价值"，"总收入是总产品扣除了补偿预付的、并在生产中消费掉的不变资本的价值部分和由这个价值部分计量的产品部分以后，所余下的价值部分和由这个价值部分计量的产品部分"，即总收入等于工资、利润

---

① 亚当·斯密：《国民财富的性质和原因的研究》（上卷），郭大力、王亚南译，商务印书馆1972年版，第1页。

和地租，"纯收入却是剩余价值，因而是剩余产品"。①

　　既然总产品是包含不变资本的价值的，那么，第一，由于不变资本中固定资本的运动，有如上述所说的特点，它的供给和需求很难一致，这样，认为供给总是等于需求，便是错误的；第二，由于不变资本由生产资料构成，生产资料不进入个人消费，这样，认为生产总是等于消费，便也是错误的。

　　从生产三要素或三位一体公式看来，总产品的实现是很简单的。总产品由工资、利润、地租构成，因此工资、利润和地租这三种收入，刚好能够购买总产品。但是"每年由劳动创造出来的，分割为工资、利润和地租形式的并以这些形式来花费的价值"，似乎就"不足以支付或购买年产品中除了这些收入的价值之外还必然包含的不变资本部分"②。换言之，一年内生产的价值，怎么能够买到一个比这个价值本身有更大价值的产品呢？

　　首先要指出，认为购买总产品的只是一年中的劳动创造的价值，即分解为工资、利润和地租这三种收入，这样理解问题是不正确的。因为一年中的劳动还能把过去的劳动创造的价值，即不变资本的价值转移到总产品中，它分解为资本，资本和三种收入一起购买总产品，总产品是能实现的。情况如下：

$$\left.\begin{array}{l} \text{I } 4\,000c+1\,000v+1\,000m=6\,000 \\ \text{II }\quad 2\,000c+500v+500m=3\,000 \end{array}\right\}9\,000$$

　　社会总产品价值为 9 000，从物质形态看，它分为两类，即 I 生产资料和 II 消费资料，这两类物质资料的价值都分解为 c、v 和 m，为使问题简单，假定 c 在一次生产过程中便消耗完毕。这样，第 II 部类由于在物质形态上是消费资料，它便由这部类的资本家和工人消费一部分，其价值是 500v 和500m，余下 2 000c，由于它在价值上是属于生产消费资料部类的产品价值中的不变资本，所以不能由该部类的资本家和工人来消费，或者说他们的供消费用的收入仅等于 II$(v+m)$，不足以购买或消费 II$(c+v+m)$；第 I 部类由于在物质形态上是生产资料，它便由这部类的再生产消费一部分，其价值是 4 000c，即在价值上是属于生产生产资料部类的产品价值中的不变资本，余下的

① 马克思：《资本论》（第三卷），人民出版社 1975 年版，第 950 页。
② 同上书，第 945 页。

1 000v 和 1 000m,由于它在物质形态上是生产资料,所以不能由这部类的工人和资本家来消费。现在 II 2 000c 在物质上要由生产资料来补偿,I（1 000v＋1 000m）在物质上要由消费资料来补偿,因此 I（1 000v＋1 000m）和 II 2 000c 相交换,便能解决问题。整个产品实现过程,就是如此。

现在产生怎么区分资本和收入的问题。在生产三要素论和三位一体公式那里,这个问题被取消了。因为它认为资本最终就是收入。其实,从社会资本的角度看,I(c＋v＋m) 全部等于社会资本,因为上述中的 I 4 000c 是第 I 部类的资本,I(1 000v＋1 000m)经过交换后,成为第 II 部类的资本；II(c＋v＋m) 全部等于收入,因为上述中的 II(500v＋500m)是第 II 部类的收入,II 2 000c 经过交换后,成为第 I 部类的收入。

这里要谈一谈劳动力的价格是资本还是收入的问题。商品劳动力有两重性:在工人那里是商品,在资本家那里是生产资本的因素,与此相应它的价格也有两重性:在工人那里是收入,在资本家那里是资本,但从再生产角度看是收入。

3. 竞争的假象

这里主要讲《资本论》第三卷第五十章。

三位一体公式不是哪一位经济学家想出来的,在资本主义竞争的条件下,一切都颠倒过来,它是必然要产生的。

本来,"每年由新加的劳动新加到生产资料或不变资本部分上的价值,分化并分解为工资、利润和地租这些不同的收入形式,这不会改变价值本身的界限,不会改变分为这些不同范畴的价值总和,就同这各个部分之间互相比例的变化不会改变它们的总和,不会改变这个既定的价值量一样"①。

这就是说,分解为工资、利润和地租的商品价值量是已定的,商品各价值部分的总和的绝对界限是已定的。这三种范畴各自之间的平均的和起调节作用的界限也是已定的。其中,工资是各个范畴的这种界限的基础。而工资这个劳动力价值或价格的转化形态,是由劳动力的生产和再生产的费用决定,并由它的供求关系调节的。在每个国家的一定时期中,它是一个一

_____

① 马克思:《资本论》(第三卷),人民出版社 1975 年版,第 970 页。

定量。在新的价值中,扣除了工资后,余下的便是剩余价值,或其转化形态即利润。

剩余价值或利润的分配,在资本主义自由竞争条件下,是通过利润转化为平均利润,即价值转化为生产价格进行的。平均利润率是各个生产部门的特殊利润率的加权平均,而特殊利润率的形成,则由生产中投下的资本即不变资本和可变资本,和可变资本推动的劳动所创造的价值扣除掉可变资本的价值的余额,即和剩余价值两者决定。平均利润分为企业主收入和利息,由竞争决定。农业中超过平均利润的超额利润,都转化为地租:农业资本间的超额利润转化为级差地租,农业工业资本间的超额利润转化为绝对地租。"如果剩余价值平均化为平均利润的过程在不同生产部门内遇到人为的垄断或自然的垄断的障碍,特别是遇到土地所有权的垄断的障碍,以致有可能形成一个高于受垄断影响的商品的生产价格和价值的垄断价格,那么,由商品价值规定的界限也不会因此消失。某些商品的垄断价格,不过是把其他商品生产者的一部分利润,转移到具有垄断价格的商品上。"①如上所述,畜产品的价格,就是这种垄断价格。

因此,"竞争只能使不等的利润率平均化。要使不等的利润率平均化,利润作为商品价格的要素必须已经存在。竞争不创造利润"②。

但是,新的价值分为工资、利润和地租,"在资本主义生产的可以看到的表面上,因而也在那些局限于资本主义生产的表面现象的当事人的观念中,总是颠倒地表现出来"③。这是竞争造成的假象。三位一体公式就是这样产生的。

首先,工资的一般提高和降低,在其他条件不变下,会使利润率发生方向相反的变动,从而改变不同商品的生产价格,按照各生产部门资本有机构成和周转时间不同的情况,有的上涨,有的下降,有的不变。"因此,在这里,无论如何在某些生产部门,经验说明:工资上涨,商品的平均价格就上涨,工资下跌,商品的平均价格就下跌。但'经验'不能说明,那种不以工资为转移

---

① 马克思:《资本论》(第三卷),人民出版社 1975 年版,第 973 页。
② 同上书,第 977 页。
③ 同上书,第 980 页。

的商品价值隐蔽地调节着这种变动。"①如果工资的上涨或降低,只是在特殊生产部门内由于特殊情况才产生的,这些商品的价格就会相应上涨或降低。另外,作为劳动力价值转化形态的工资,是由必要生活资料的生产价格决定的。后者上涨或降低,前者也随着上涨或降低。

其次,撇开市场价格的变动不谈,在其他条件不变下,工资变动,利润率就发生方向相反的变动,这一点是由劳动决定价值,新价值分为工资和剩余价值的原理来说明的。但是,"利润率可以由与工资变动无关的不变资本价值的变动来决定;因此,工资和利润率可以不按相反的方向,而按相同的方向变动",而"在工资由于生活资料价格提高而提高时,利润率也能因劳动强度加大或工作日延长而保持不变,甚至提高"。② 因此,"所有这些经验,都肯定了由于各个价值组成部分具有独立的颠倒的形式而引起的假象,好像决定商品价值的,只是工资,或工资加上利润"③。

第三,资本主义的现实运动,必然使工资、利润和地租,"好像不是一个已预先规定的价值量分为具有互相独立的收入形式的三部分,而是反过来,好像这个价值量是由独立地、分别地决定的、构成这个价值量的工资、利润和地租这些要素的总和形成"④。因为,工资虽然在新价值中是分解的结果,但在现实运动中,"工资在与它相当的价值等价物被生产出来以前,已由契约规定。因此,工资作为一个在商品和商品价值生产出来以前数量已定的价格要素,作为成本价格的一个组成部分,不是表现为一个在独立形式上从商品总价值中分离出来的部分,而是相反,表现为已定的量,它预先决定商品的总价值,也就是说,是价格或价值的一个形成要素"⑤。

平均利润和地租的情况也是这样。"平均利润在商品生产价格上所起的作用,和工资在商品成本价格上所起的作用相类似,因为生产价格等于成本价格加上预付资本的平均利润。"⑥因此,"就平均利润起这种作用来说,它是一个预先存在的量,实际上和每个特殊生产部门所生产的价值和剩余价

---

① 马克思:《资本论》(第三卷),人民出版社 1975 年版,第 981 页。
② 同上书,第 982 页。
③ 同上。
④ 同上书,第 983 页。
⑤ 同上书,第 984 页。
⑥ 同上。

值无关,因而更和那些部门内任何一个投资所生产的价值和剩余价值无关。从现象上看,平均利润不是价值分割的结果,相反,是一个和商品产品的价值无关的、在商品生产过程中预先存在并决定着商品本身的平均价格的量,也就是说,是形成价值的要素"①。平均利润中采取利息形式的那一部分,当然更是这样。因利息量尽管变动很大,但在任何一个瞬间,对任何一个资本家来说,总是作为一个已定的量,加入这个资本家所生产的商品的成本价格。农业资本家以契约规定的租金的形式和其他企业家以营业场所的租金的形式支付的地租,也是这样。

"只要资本主义生产本身继续存在,新加入的劳动的一部分就会不断化为工资,另一部分就会不断化为利润(利息和企业主收入),第三部分就会不断化为地租。在不同生产要素所有者之间订立契约时,这是前提"②。由于这样,这些收入就似乎不是由价值分解而来的,相反地却是构成价值的因素了。

第四,对资本家来说,出售商品时,只要能够除了补偿"由工资、利息和地租为他个人决定的成本价格以外,他还能获得普通的或较大的企业主收入,那么,他在出售时是否已经实现商品中包含的价值和剩余价值,对他来说是完全没有关系的"③。因此,如果撇开不变资本部分来说,"工资、利息和地租,在他看来,就是商品价格的起限定作用,因而起创造作用和决定作用的要素"④。如果"他能够成功地把工资压低到劳动力的价值以下……按较低的利息率获得资本和在地租的正常水平以下支付租金,那么,他是否低于产品的价值,甚至是否低于一般生产价格出售产品,因而白白放弃商品中包含的剩余劳动的一部分,对他来说是完全无关紧要的"⑤。这就是说,对资本家来说,不仅他的商品成本价格构成要素中的工资、利息和地租,是由他和工人、货币资本家、土地所有者之间的竞争决定,而且他的商品出售价格,从而出售价格高于成本价格的差额,即企业主收入,也由他和商品购买之间的竞争决定。这样,他就当然认为,商品价格是由工资、利润和地租构成的。

---

① 马克思:《资本论》(第三卷),人民出版社 1975 年版,第 984—985 页。
② 同上书,第 985 页。
③ 同上书,第 987 页。
④ 同上。
⑤ 同上书,第 987—988 页。

4. 分配关系和生产关系

这里主要讲《资本论》第三卷第五十一章。

三位一体公式不仅"把社会的生产过程,同反常的孤立的人没有任何社会帮助也必须进行的简单劳动过程相混同"①,或者不如说,把没有社会内容的劳动过程,看成是社会的生产过程,并且是资本主义的生产过程;而且把分配关系看成是"自然的关系,是从一切社会生产的性质,从人类生产本身的各种规律产生出来的关系"②。总之,在三位一体公式中,生产是自然的,生产三要素是生产的永恒因素;分配也是自然的,收入的三种形式是分配的永恒形式,在生产和分配的关系中,根本不存在分配的历史特点是由生产的历史特点决定的这样的关系。这些都是错误的。

首先要指出,生产关系和分配关系都是历史性的。资本主义生产关系,不过是生产的一种历史形态。"对资本主义生产方式的科学分析却证明:资本主义生产方式是一种特殊的、具有独特历史规定性的生产方式,它和任何其他一定的生产方式一样,把社会生产力及其发展形式的一定阶段作为自己的历史条件,而这个条件又是一个先行过程的历史结果和产物,并且是新的生产方式由以产生的现成基础"③,因而同这种生产方式相适应的生产关系,也就具有独特的、历史的和暂时的性质,而分配关系本质上同生产关系是同一的,两者都具有同样的、历史的、暂时的性质。

这种同生产关系同样具有历史性,并且在本质上同生产关系是同一的分配关系,指的是这种关系,资本本身以这种分配为前提:"劳动者被剥夺了劳动条件,这些条件集中在少数个人手中,另外一些个人独占土地所有权。"④因此,这种分配关系是在生产关系范围内的,两者具有同样的历史性。

与生产关系不同的分配关系,指的是对产品的分配。这种分配关系完全由生产关系决定。因为如果生产资料不采取资本和土地私有权这种形式,和劳动采取雇佣劳动这种形式相对立,产品的分配就不会采取工资、利

---

① 马克思:《资本论》(第三卷),人民出版社 1975 年版,第 999 页。
② 同上书,第 992 页。
③ 同上书,第 993 页。
④ 同上书,第 994 页。

润和地租的形式。

从这方面看,资本主义生产有两个特征:第一是商品生产制度。"使它和其他生产方式相区别的,不在于生产商品,而在于,成为商品是它的产品的占统治地位的、决定的性质"①。这是由工人成为劳动力的出卖者这个条件决定的,因为这样一来,工人就丧失生产资料,就再也不可能为自己生产消费资料,消费资料都成为商品。生产资料分别属于资本家,也都成为商品。正因为产品全部变成商品,分配才以价值的形式,而不是实物的形式出现。

资本主义生产的第二特征是剩余价值生产。这也是由劳动力成为商品,因而生产资料成为资本这个历史条件决定的。这样一来,工人的劳动创造的价值,就一定要在质上分割为劳动力的价值,或其转化形态即工资,和剩余价值这样两部分。剩余价值由资本家平均分配,便成为平均利润,平均利润由生产资本家和借贷资本家,通过竞争分割为企业主收入和利息,经营土地或借助土地经营其他企业的资本获得的超过平均利润的利润余额,转化为地租。

从这方面说,资本主义的分配关系,是由资本主义的生产关系决定的。

三位一体公式把这两者看成是自然的、永恒的,其错误已见上述。此外,有一种看法也是错误的,那就是生产关系是自然的、永恒的,而分配关系却是历史的、可变的,因此主张维持生产关系,而改变分配关系。这只是"对资产阶级经济学开始进行的、但具有局限性的批判"②。例如,约翰·穆勒就是这样。

---

① 马克思:《资本论》(第三卷),人民出版社 1975 年版,第 994 页。
② 同上书,第 999 页。

五、工业国和农业国交换中的平等和不平等

马克思对世界市场上的价值规律作过详尽的研究。他的研究表明,发达的资本主义国家同落后的国家交换商品,撇开其他条件不谈,即使是等价交换,其内容也是前者以小量劳动交换后者的大量劳动,前者剥削后者。这对于理解当前发达资本主义国家和大多数发展中国家间的纯经济关系,对于后者制定发展战略,都有重大意义。

(一) 世界市场上的价值规律

根据马克思的劳动价值学说,决定商品价值的社会必要劳动时间,是在社会正常生产条件下,在社会平均的劳动熟练程度和劳动强度下,生产某种使用价值所需的劳动时间。国家不同,这些条件就不同。进入世界市场的商品,会使这些条件形成平均条件,由平均条件决定商品在世界市场上的价值。越是发达的资本主义国家,这些条件就越在世界平均条件以上,它在同一时间内生产的同一种商品的较大的量,就表现为较大的国际价值;反之,越是落后的国家,情况就越相反。这原理也适用于国内生产价格转化为国际生产价格。

这样,发达资本主义国家出口这些商品,其对外贸易的利润率便会提高,因为生产这种商品的"劳动没有被作为质量较高的劳动来支付报酬,却被作为质量较高的劳动来出售"[①]。但是,只要在对外贸易这个领域中没有形成垄断,这个较高的利润率便会参加该国平均利润率的形成,从而使内外利润率平均化,并提高平均利润率。反之,落后国家如果形成了资本主义生产,出口这种商品,情况就相反。

[①]　马克思:《资本论》(第三卷),人民出版社 1975 年版,第 264—265 页。

这种平均利润率的变化和生产价格的关系如何,值得研究。我们知道,平均利润率的变化,如果是由于在新形成的价值中工资和剩余价值所占的比重发生变化而引起的,那么总生产价格还是不变,因为它等于总价值,而总价值不因其中的工资和剩余价值所占的比重发生变化而变化。但是,这种平均利润率的变化是由对外贸易,也就是商品因世界市场上国际价值高于或低于国内价值而引起的,由这种平均利润率调节的总生产价格相应发生变化:平均利润率提高了,总生产价格增大,平均利润率降低了,总生产价格缩小。

如果一个国家,其出口商品在国民经济中占的比重很大,就这一点说,其平均利润率便受到很大的影响。若它是发达的资本主义国家,如像 19 世纪中叶的英国是个所谓的世界工厂,出口的工业品在国民经济中占的比重很大,其平均利润率便由此而大为提高,或抵消由于资本有机构成提高而引起的平均利润率的下降,若它是落后国家,如当时的印度,出口主要是由手工生产的棉织品,其国内价值高于主要由英国棉织品调节的国际价值,情况就相反。

现在经济学界正在讨论在国际贸易中是否存在"价值转移"的问题。我认为,就同种商品来说,如上述的棉织品,不存在这问题。因为价值决定的原理说明,正如在国内商品社会价值不由商品个别价值决定一样,在世界市场上商品国际价值也不由商品国内价值决定。既然价值是这样决定的,那就当然不存在"价值转移"。

由对外贸易的有利或不利条件引起一国平均利润率和总生产价格的变动,又影响该国货币工资和总利润量的变动。发达资本主义国家总生产价格的提高,其中包括消费资料的生产价格的提高,这就使工人的货币工资提高。由于货币工资提高,如果其他条件不变,总利润量便相应减少。这样,平均利润率会下降,但不会下降到原来的水平,因为平均利润率由于有利的对外贸易而提高时,由此增大的平均利润是加到全部商品的生产价格中的,并使全部商品的生产价格提高,现在平均利润率降低,是由于工人所消费的那部分商品的生产价格提高引起的工资提高,因此,后者导致的总利润量的减少,必然小于前者形成的总利润量的增加,从而平均利润率仍高于原来的水平。上述情况如表 3-12、表 3-13 所示。

表 3-12   有利的对外贸易使平均利润率从 20%提高为 30%时,生产价格的变动情况

部门	不变资本(c)	可变资本(v)	剩余价值(m)	价值	平均利润率	生产价格	提高的平均利润率	新的平均利润	新的生产价格
Ⅰ	90	10	10	110	20%	120	30%	30	130
Ⅱ	80	20	20	120	20%	120	30%	30	130
Ⅲ	70	30	30	130	20%	120	30%	30	130
总计	240	60	60	360	—	360	—	90	390

表 3-13   总货币工资因消费资料生产提高了 1/12,便从 60 提高为 65,
总平均利润便从 90 减为 85,由此形成新的平均利润率的情况

总不变资本	总可变资本	总平均利润	平均利润率
240	65	85	27.86%

落后国家的情况与此相反。此外,有些落后国家存在着大量前资本主义的农业生产,消费资料价格受平均利润率变动的影响较小,这里不予论述。

货币工资的提高和平均利润率的相应下降,虽然不会引起已经形成的总的生产价格的变动,但会引起不同生产部门的商品生产价格的变动。我们知道,高位资本有机构成的商品,如重工业产品,其生产价格高于价值,中位资本有机构成的商品,如纺织业品,其生产价格等于价值,低位资本有机构成的商品,如农产品,其生产价格低于价值。工资提高和平均利润率下降,从生产成本和平均利润两个方面影响这些部门商品的生产价格,使前述第一种商品生产价格降低,但仍高于价值,第二种商品生产价格不变,仍等于价值,第三种商品生产价格提高,但仍低于价值。[①] 这个原理,也适用于资本周转速度慢的、中等的和快的生产部门的商品生产价格的变化。

这就意味着,如果发达资本主义国家出口资本有机构成既高,资本周转又慢的产品,如轮船、飞机,同落后国家资本有机构成既低,资本周转又快的产品,如花边、草帽相交换,即使按生产价格交换,也是以小量劳动交换大劳动。

---

① 马克思:《资本论》(第三卷),人民出版社 1975 年版,第 224—225 页。

（二）世界分工产生的原因

马克思认为，越是发达的资本主义国家，其劳动平均熟练程度和强度越高，其商品国内价值低于国际价值，按国际价值（或国际生产价格）出售，便能取得额外利润，从而提高该国的平均利润率。但他认为，这主要是对工业品来说的；对资本主义的农产品而言，就不一定是这样。他说："就工业品来说，大家知道，拿英国比如说同俄国相比，100万人生产的产品，不仅数量多得多，而且产品价值也大得多，虽然英国的单位商品便宜得多。但就农业来说，看来在资本主义发达的国家和比较不发达的国家之间就不存在这样的关系。落后国家的产品比资本主义发达的国家的产品便宜。"①

现在的情况，一般说来已经不是这样。因为二次大战前，发达资本主义国家的农业生产已从工场手工业阶段进入大机器生产阶段；二次大战后，第三次科技革命已经影响其农业生产，使其农产品价值一般比落后国的低些。就是在马克思提出这理论时，他也认为发达国家，由于较多地使用先进农业工具，生产农产品耗费的活劳动便较少，即单位农产品价值中的新价值较小。

但是，单位农产品的旧价值即生产资料的价值就不是这样。马克思指出，在英国有大批的人从事农业生产各种要素的生产和运输，而在俄国就没有。这样，"无论如何，有一部分不变资本的价值加入英国土地耕种者的产品的价值，却没有这样一部分不变资本的价值加入俄国土地耕种者的产品的价值。"②假定这部分不变资本的价值等于10个人的一日劳动，这不变资本由一个英国农业工人来推动，这样，英国的这种农产品的价值就等于10+1＝11个劳动日。如果同量的农产品，要5个俄国农业工人才能生产出来，但他们使用的不变资本只等于一个人的一日劳动，那么，俄国的这种农产品的价值就等于1+5＝6个劳动日，比英国的农产品价值低。

马克思认为整个问题应归结为：如果俄国的土地比英国肥沃，以致不使用不变资本或只使用十分之一的不变资本生产出来的农产品，就和英国使

---

① 马克思：《剩余价值理论》（第二册），人民出版社1975年版，第542页。
② 同上书，第543页。

用十倍的不变资本生产出来的一样多,那么,同量的农产品价值,英国和俄国的比率将是 11∶6。他说:"只要英国人比俄国人使用较少的直接劳动而使用较多的不变资本,并且,只要这种不变资本……没有把劳动生产率提高到足以抵消俄国土壤的自然肥力的程度,英国谷物的价格和价值较高的情况就会始终存在。"①

我认为这里包含着马克思一个深刻的思想,即随着资本主义的发展,大工业和大城市兴起,使农业耕地的自然肥力降低。他说:"资本主义生产使它汇集在各大中心的城市人口越来越占优势,这样一来,它一方面聚集着社会的历史动力,另一方面又破坏着人和土地之间的物质变换,也就是使人以衣食形式消费掉的土地的组成部分不能回到土地,从而破坏土地持久肥力的永恒的自然条件。"②因此,为了提高土地的肥力,便要多使用生产资料,其中就包括化学肥料,它的制造和运输,都要耗费许多劳动。当农业资本家用这种方法提高土地肥力时,由于土地私有权的存在,如果土地不属于农业资本家所有,他就必须在租约有效期间尽量榨取土地的肥力,所以,"在一定时期内提高土地肥力的任何进步,同时也是破坏土地肥力持久源泉的进步"③。这样,资本主义越发达,用来提高土地肥力而使用的生产资料就越多。

因此,只要条件没有变化,越是发达的资本主义国家,其农产品的国内价值就越高于其国际价值;反之,落后的资本主义国家,其农产品的国内价值就低于其国际价值。

落后国家还有一个前资本主义的农业生产问题。这里的生产者多半是个体农民。他们的劳动生产率很低,其农产品的个别价值高于农产品的国内的社会价值。但是,个体生产者的再生产条件,用资本主义范畴来表示,那就是只要取得产品价值中的 $c+v$ 便可,在遇到竞争时,产品价值中的 m,可以被全部放弃或部分放弃。这样,它也可以按国内资本主义生产的农产品的同样条件,甚至更劣的条件,进入世界市场。

---

① 马克思:《剩余价值理论》(第二册),人民出版社 1975 年版,第 543 页。
② 马克思:《资本论》(第一卷),人民出版社 1975 年版,第 552 页。
③ 同上书,第 552—553 页。

（三）两大类国家交换商品的实质是大量劳动交换小量劳动

我认为，马克思是根据上述原理，而不是根据李嘉图的比较成本原理，来解释世界分为工业国和农业国这个事实的。他指出：随着产业革命的进行，"一种和机器生产中心相适应的新的国际分工产生了，它使地球的一部分成为主要从事农业的生产地区，以服务于另一部分主要从事工业的生产地区"，其所以如此，是由于"机器产品的便宜和交通运输业的变革……摧毁国外市场的手工业产品，迫使这些市场变成它的原料产地"。① 这就是说，美洲新大陆和通往东方新航道的发现，虽然扩大了世界市场，但是并没有产生工业国和农业国这样的国际分工。世界市场的扩大，促使产业革命的发生，大的工业城市也随之产生。根据上述分析，在这条件下，同种工业产品，大工业生产的比手工业生产的便宜，英国的棉布打败印度的棉布，同种农业产品，在多数情况下，先进工业国生产的比落后国生产的昂贵，英国的谷物被美国和波兰的谷物打败：工业国和农业国的国际分工由此产生。

主要从事工业生产的国家以其工业品，同主要从事农业和其他原料生产的国家的产品交换，其经济内容如何，也就是说，这两类产品在世界市场上交换时，价值规律如何发生作用，这是一个极其重大的理论问题和实际问题。

李嘉图首先提出世界市场上价值规律的作用问题，认为它和国内交换是等量劳动交换不同，在国家之间的交换可能是不等量劳动交换。他说："广支配一个国家中商品相对价值的法则不能支配两国或更多国家相互交换的商品的相对价值。"②

他是从国际贸易中的比较成本理论来说明这个问题的。根据这个理论，各国应该分工生产比较成本低的商品，然后相互交换，大家有利。他假设生产毛呢和葡萄酒各一单位，英国所需劳动各为 100 和 120 日，葡萄牙则各为 90 和 80 日。绝对生产成本，英国都高于葡萄牙。但英国毛呢的比较成

---

① 马克思：《资本论》（第一卷），人民出版社 1975 年版，第 494—495 页。

② 大卫·李嘉图：《政治经济学及赋税原理》，郭大力、王亚南译，商务印书馆 1962 年版，第 112 页。

本较低,因为 $\frac{100}{90} < \frac{120}{80}$,英国生产毛呢有利;葡萄牙葡萄酒的比较成本较低,

因为 $\frac{90}{100} > \frac{80}{120}$,葡萄牙生产葡萄酒有利。分工生产前,英国和葡萄牙共生产毛呢和葡萄酒各两单位;分工生产后,英国可生产 2.2 单位毛呢,葡萄牙可生产 2.125 单位葡萄酒,合起来看,产量增加;然后相互交换,彼此有利。他认为"正是这一原理,决定葡萄酒应在法国和葡萄牙酿制,谷物应在美国和波兰种植,金属制品及其他商品则应在英国制造"[①]。根据这个原理,是不能说明随着产业革命的进行,世界为什么分为工业国和农业国的,因为不可能前者比较成本低的只是工业品,后者比较成本低的只是农产品和其他原料。这个问题,只有用马克思的上述原理才能解释。

现在要说明的是,要用多少毛呢交换多少葡萄酒。李嘉图认为,要用 100 劳动日生产的毛呢和 80 劳动日生产的葡萄酒交换。他认为这种不等劳动的交换,在一国之内是不可能的,在国家之间是可能的,其原因"只要我们想到资本由一国转移到另一国以寻找更为有利的用途是怎样困难,而在同一国家中资本必然会十分容易地从一省转移到另一省,情形就很清楚了"[②]。

李嘉图显然没有清楚地回答问题。从他谈到资本在国家之间转移困难,在一国之内转移容易来看,他谈的实际上是国家之间利润率不等,国家之内利润率均等。国家之间利润率不等,在李嘉图看来,是由于资本主义生产越发展,耕种的土地越劣,或在同一土地上增加投资的生产率越低,因而粮食价值越高,货币工资增加,利润率越低,与此相反,资本主义生产不发达,利润率较高,而资本在国家之间转移困难,使这些不等的利润率不能趋向于均等。从利润率来考察商品交换中所包含的劳动大小问题,就等于说商品是按生产价格(他称为自然价格)交换的。我们知道李嘉图是混淆了生产价格和价值的。这样,他就不能将劳动价值学说贯彻到底,有时就将生产价格的形成条件,即除劳动外,资本构成和周转时间不同,以及由工资变动

---

① 大卫·李嘉图:《政治经济学及赋税原理》,郭大力、王亚南译,商务印书馆 1962 年版,第 113 页。

② 同上书,第 114 页。

引起的利润率变动,都看成是形成价值的原因。因此,他认为在国内必然是等量劳动交换,那是指按这种生产价格交换,它等于只由劳动形成的价值,而不是指由许多条件形成的生产价格,如果从后者看,生产价格相等的商品,包含的劳动倒不一定相等。他认为在国家之间可能是不等量劳动交换,那又是指按这种生产价格交换,它由许多条件形成,其中最重要的是不等的利润率,而不是指等于价值的那种生产价格,只有从这种生产价格看,才可能是真正的不等量劳动交换。李嘉图始终未能从生产价格和价值的偏离去说明问题。

马克思论述李嘉图这个理论时指出,一国的三个劳动日可以和别一国的一个劳动日相交换,价值规律在这里有重要的修正。[①] 但是,马克思没有具体论证这个问题。有些经济学家对这问题的论述,似乎还可以商榷。他们多半从发达的资本主义国家相对于落后国家而言,其劳动熟练程度和强度要高些,即本文开始时我们介绍的那个论点来说明问题。我认为,从这点看,并不存在不等量劳动的交换,也不能说明价值规律有重要的修正;因为这情况也存在于国内的交换,但国内交换却不存在价值规律的修正问题。我认为,应该根据马克思的生产价格理论,即生产价格和价值可能有偏离的理论来说明问题。前面说过,资本有机构成高的产品,生产价格高于价值,资本有机构成低的产品,生产价格低于价值,这样,两者交换便是小量劳动和大量劳动交换。用这原理来说明以工业生产为主和以农业生产为主的国家的交换,情况便如表 3-14 所示。

表 3-14　工业国与农业国的交换

国家类别	部门	不变资本	可变资本	剩余价值	价值	平均利润率	平均利润	生产价格
发达的资本主义国家	I	8 000	1 000	1 000	10 000	15.15%	1 363.50	10 363.50
	II	4 000	500	500	5 000	15.15%	681.75	5 181.75
	III	2 000	1 000	1 000	4 000	15.15%	454.50	3 454.50
	共计	14 000	2 500	2 500	19 000	—	2 499.75	18 999.75

---

① 马克思:《剩余价值理论》(第三册),人民出版社 1975 年版,第 112 页。

国家类别	部门	不变资本	可变资本	剩余价值	价值	平均利润率	平均利润	生产价格
落后国家	甲	2 000	1 000	500	3 500	24.07%	722.22	3 722.22
	乙	4 000	2 500	1 250	7 750	24.07%	1 564.55	8 064.55
	丙	1 000	3 000	1 500	5 500	24.07%	962.80	4 962.80
	共计	7 000	6 500	3 250	16 750	—	3 249.57	16 749.57

这里假设，发达资本主义国家资本有机构成较高，全部 c 和 v 之比，是 14 000：2 500，剩余价值率是 100%，资本在各生产部门间的分布趋势是，有机构成越高的部门所占资本比重越大；落后国家资本有机构成较低，全部 c 和 v 之比，是 7 000：6 500，剩余价值率是 50%，资本在各生产部门间的分布趋势是，有机构成最低的部门所占资本比重最小，因为这里存在大量前资本主义生产，如个体农业，他们使用的不是资本，也不参加平均利润率的形成。这样，我们便可以看到，发达国家资本Ⅰ的产品，价值为 10 000，生产价格为 10 363.5，即在 100 的生产价格中，价值为 96.49；落后国资本丙的产品，价值为 5 500，生产价格为 4 962.8，即在 100 的生产价格中，价值为 110.82。这样，按生产价格交换，资本Ⅰ便可以用价值为 96.49 的产品，同资本丙价值为 110.82 的产品交换，即以小量劳动交换大量劳动。

以上仅就资本有机构成不同来分析。如果加上资本周转时间不同的因素，即假设资本Ⅰ既是资本有机构成高又是资本周转时间长的部门，其产品如轮船和飞机的生产价格高于价值的程度更大，资本丙既是资本有机构成低同时又是资本周转时间短的部门，其产品如花边和草帽的生产价格低于价值的程度更大，两者交换，则必然是更小量的劳动和更大量的劳动相交换。某些发达资本主义国家同落后国家之间的交换的纯经济内容，基本上是这样。

我认为，只有在上述情况下，即两个国家的不同商品，其中一种的生产价格高于价值，另一种的生产价格低于价值，两者交换，才存在"价值转移"。这就是在价值规律发生作用的基础上的剥削和被剥削关系，是价值规律的重要修正。

要指出的是，上述的交换关系也存在于资本主义国家内部，那为什么马克思并不认为它也是价值规律的修正呢？这是因为，在一国之内，损失和得利会相互抵消，投下的劳动和形成的价值相等；在国家之间不是这样，甲国大量出口生产价格高于价值的商品，大量进口生产价格低于价值的商品，乙国则刚好相反，即使是等价交换，前者得到的价值就大于它投下的劳动，后者得到的价值就小于它投下的劳动，单就这点而言，发展下去就使前者越富，后者越穷，差距拉大。马克思指出，在这场合富国会剥削贫国，虽然贫国由交换得到利益，因为它自己生产那些商品，在一段时间内花的劳动必然更多些，价格更高昂。

（四）随着垄断资本主义经济产生而发生的情况

以上对资本主义自由竞争阶段情况的分析，大体上适用于从 18 世纪中叶的产业革命发生到 19 世纪 70 年代的垄断形成。资本主义进入垄断阶段后直到第二次大战结束，世界划分为工业国和农业国的格局并没有改变，但工业品和农产品交换中的价格内涵却有了变化，需要研究。这主要有下列问题。(1)随着垄断资本主义的产生，垄断资本主义就以垄断高价出售产品给落后国，并以垄断低价向落后国购买产品，这里的不等量劳动交换是很清楚的；要研究的是，在这条件下，垄断资本主义国家的非垄断经济和落后国家，是否还分别存在着生产价格。(2)随着殖民地国家的产生，在一个殖民帝国内部，宗主国和殖民地国家的非垄断经济，当作一个总体看，是否存在着平均利润；如果存在，两者交换商品其内容是什么。

先谈第一个问题。在我看来，在垄断资本主义阶段，由于垄断资本要向本国和落后国的非垄断经济攫取垄断利润，它们两者中的资本主义经济的剩余价值就减少了。但是，它们和垄断资本主义经济不同，它们分别存在着自由竞争。因此，它们分别生产的商品其价值仍然要转化为生产价格，只是这时的生产价格总和小于其价值总和，因为后者已被垄断资本攫取了一部分。既然在垄断资本主义国家和落后国家都分别存在着上述意义的生产价格，这两大类型国家按生产价格交换商品，就仍然和前面分析过的一样，存在着不等量劳动的交换。

再谈第二个问题。在我看来，从 19 世纪 80 年代开始，随着如像大英帝国那样的殖民帝国的形成，亦即殖民地占有国将丧失主权的殖民地国家置于自己的统治之下,在各个殖民帝国的范围内,其中的非垄断经济,是存在着平均利润的,因为丧失主权的殖民地国家只好听任宗主国的资本自由流入。落后的殖民地,原来的利润率是高于宗主国的,因为其资本有机构成较低。正因为这样,宗主国的垄断资本就输出到这里,以攫取更高的利润。这是一方面。另一方面,宗主国的非垄断资本和殖民地的一般资本则存在自由竞争,因而在各个殖民帝国范围内存在着平均利润率。

由于这样,我们就不能像以前那样分析工业品和农产品交换中的价格问题了,即不能认为成为宗主国的工业国其平均利润率较低,成为殖民地国家的农业国其平均利润率较高,而要认为在由两者组成的殖民帝国内部其平均利润率是均等的。在这条件下,这两类国家交换商品,其经济内容如何?在我看来,这就等于在一个国家(帝国)内部形成平均利润和生产价格。宗主国的资本有机构成较高,其生产价格高于价值,殖民地国家则相反,两者交换仍然是不等量劳动或价值的交换。我们将表 3-14 视为一国的各个部门,计算出平均利润和生产价格,就得出相应的结论。

(五) 第二次世界大战后,世界分工的情况有局部的变化

第二次世界大战后,世界分工逐渐发生某些变化,这就是原来的工业国,高精尖的工业兴起并迅速发展,传统工业减缩,有的转移到落后国,农业加速现代化,发展较快;原来的农业国,食物生产逐渐变得不够消费,而工业开始较快发展,产生了一批新兴的工业化国家和地区。这是由战争及战后在发达国家里发生的科技革命和殖民地国家获得独立这些重大的经济和政治条件决定的。

美国发展经济学家刘易斯在 20 世纪 70 年代说:世界划分为出口农产品、进口制成品的发展中国家和出口制成品、进口农产品的发达国家的这种局面即将结束。事实说明,这种看法是正确的。他还论述了发生这种变化的原因。他说:"在经济迅速发展的国家里,享有保障的工作职位的数目,尤其是在制造业和高级服务业,增加的速度超过了劳动力的增加速度。因而,人们从低工资部门被招募到高工资部门……造成非熟练劳动力的短缺,并且形成要求提高工资的威胁。第二次世界大战后,人口的增长几乎为零,工业的增长速度前所未有,这样就使欧洲的剩余劳动力或低工资劳动力来源

枯竭。农业劳动力迅速减少……西欧缺少护士、警察、公共汽车售票员、非熟练的工厂工人、非熟练的服务人员……"①。他认为,由于这样,"经济制度(就)从四个方面对这种压力作出反应",其中两方面是:"从其他国家吸收大量低工资移民",和"从发展中国家进口低工资工人生产的制成品,使本国自己的非熟练劳动脱出身来,转到生产率更高的部门工作"。就这样,"60 年代国际经济开始发生变化。工业国在比较穷的国家投资以生产制成品出口"。这是工业生产在两大类国家之间发生变化的原因。而"农产品贸易正在发生的情况,也说明了国际经济正在改变方向。因为人口激增和粮食的生产率仍旧很低,发展中国家已成为粮食的纯进口国"②。在我看来,这分析没有说明更深层次的问题。

这些问题是:(1)第二次大战是在经济危机中发生的,为什么经过战争,发达国家的工业增长速度会前所未有;(2)为什么战后以来,发达国家的农业迅速现代化;(3)为什么资本主义发达国家,尤其是西欧,人口的增长几乎为零,而发展中国家却人口激增;(4)发达国家从落后国家吸收大量低工资移民,自垄断资本主义产生后就开始,这个原因又是什么;(5)战后发展中国家已是主权国家,它允许外国投资和自己投资以生产制成品出口,其原因是什么。我们逐一加以研究。

首先,战争本身能消除发达国家的经济危机,因为它以国家预算为垄断资本提供一个稳定的,主要由军需品构成的市场;因战争需要而产生的新科技,战后在仍然用于军用生产的同时,又用于民用生产,这是发达国家兴起一批高、精、尖工业部门,并促使经济迅速发展的原因。其次,战争促使发达国家努力发展粮食生产,力图自给,战后由于原殖民地国家的独立,发达国家想像从前那样用压低价格取得廉价的粮食日益困难,更何况落后国粮食日益不能自给,而降低食物价值,是普遍增加剩余价值的物质条件,因此战后以来,发达国家普遍资助农业发展,实现农业现代化,有的国家农业的资本有机构成,已高于社会资本的平均构成。第三,越是贫困的人,寿命越短,出生率就越高,只有这样,才能更快地一茬接一茬,因此贫困国家的出生率

---

① 阿瑟·刘易斯:《国际经济秩序的演变》,乔伊德译,商务印书馆 1984 年版,第 24—25 页。
② 同上。

高于富裕国家;资本主义国家工人阶级的人口出生率,还受经济危机和失业的影响;北美的出生率之所以比西欧高,是因为它原为移民殖民地,缺少工人。这些会分别形成社会习俗。由于这样,战后,发展中国家生活和医疗条件改善,死亡率降低,人口便激增,西欧的人口增长几乎为零。第四,发达国家攫取的垄断利润,其工人从中也得到某些好处,并由此产生轻视"下等"劳动的倾向,于是就从落后国家输入劳动力,从事"下贱"工作。第五,战后以来,民族独立国家利用国家主权,制定发展战略,最初实行的是进口替代战略,即自己制造某些从前需要进口的工业品,但很快就遇到国内市场过小的困难,于是就改为实行出口替代战略,即自己加工制造工业品出口,以减少初级产品的出口。实行后一战略,一般都要实行自由贸易政策①。因此,外资可以在这些国家投资生产本国逐渐不生产的产品,这些产品再运到发达国家和其他发展中国家销售。

(六) 资本有机构成、平均利润率、工资水平问题

研究战后问题,就要分析下列因素对两大类国家之间交换商品时,其生产价格和价值的偏离程度的影响。这主要有三种因素。分析时我们将垄断利润的攫取撇开不谈。

第一,产品的资本有机构成问题。发达国家的高精尖产品,资本有机构成是高的,其生产价格高于价值,情况和从前的重工业产品一样。它们的农产品,由于是现代化的农业生产的,同上述落后国由传统农业生产的不同,其价值低于后者,但其生产价格却高于价值,因为它的资本有机构成已高于该国的资本平均构成。落后国家的工业品,也就是发达国家逐步减少生产的某些产品,其资本有机构成是高的,生产价格高于价值。它们的初级产品,和从前的农产品一样,资本有机构成是低的,生产价格低于价值。这样,双方交换,落后国由于多出口一种从前没有的、生产价格高于价值的工业品,就这一点而言,和从前相比,得到相对的利益。至于这种落后国,向另一种因种种原因不生产这些工业品的落后国输出这种产品,购买其他待分析的产品,情况如何,我们在下面再谈。

---

① 其具体表现是参加世界贸易组织。

第二,两类国家间平均利润率是否存在问题。战后以来,落后国家几乎全部已成为主权国家,同垄断资本主义国家统治殖民地国家之前相类似,在这条件下,这种平均利润率是不存在的。在落后国家实行进口替代战略,因而实行保护主义政策时,尤其是这样。但这段时间很短。从 20 世纪 60 年代开始,它们改为实行出口替代战略,因而也实行自由主义政策,国家间资本流动自由,两类国家间平均利润率形成。刘易斯、法国(原籍希腊)激进经济学家伊曼纽尔和埃及激进经济学家阿明都肯定这一点,并以此为条件,研究两大类国家间交换商品中的价格问题①。现将伊曼纽尔的研究介绍如表3-15 所示。

表 3-15 伊曼纽尔研究的交换

国家类别	所用不变资本	所费不变资本	可变资本	剩余价值	价值	生产成本	平均利润率	利润	生产价格
发达国家	180	50	60	60	170	110	33.3%	80	190
落后国家	60	50	60	60	170	110	33.3%	40	150
两国	240	100	120	120	340	—	—	120	340

此表和前表的不同在于:两类国家间有平均利润率,不变资本分为所用的和所费的(这是固定资本特有的),其差额发达国家较大,一国内部不再分不同部门,或者说视一国为一个部门,这样,两国所费不变资本、可变资本和剩余价值,亦即商品价值相同,但所用不变资本不同,结果所用不变资本多的,即发达国家的生产价格高于价值,落后国家则相反。其实这也是资本有机构成不同所导致的。这样,两种商品交换,就是不平等的交换。

第三,两类国家的工资不等问题。从历史上看,两类国家的工资水平不等,这是不成问题的。现在要研究的是,两类国家有的部门有同样的技术水平,同量劳动创造等量价值,但两者工资水平不同,从而剩余价值量不同,这些剩余价值参加平均利润率的形成,这样,在生产价格形成中,工资水平高的国家就多占工资水平低的国家的剩余价值。伊曼纽尔称由此产生的交换,是狭义的不平等交换,以区别于以前的广义的不平等交换如表 3-16 所示。

---

① 在我看来,刘易斯不是劳动价值理论的拥护者。

表 3-16　不平等的交换

国家 类别	所用不 变资本	所费不 变资本	新创造价值分为		价值	生产 成本	平均 利润率	利润	生产 价格
			可变资本	剩余价值					
发达国家	140	50	100	20	170	150	33.3%	80	230
落后国家	100	50	20	100	170	70	33.3%	40	110
两国	240	100	120	120	340	—	—	120	340

根据以前讲过的原理,就可以理解这里的内容。伊曼纽尔说明其社会意义是:落后国家的人民能够利用现代化的生产工具,而远远得不到现代化的享受(低工资)。这是正确的。但既然用的都是现代化工具,两国所用不变资本就不应不同。设两者相同,都是 120,结论还是一样。阿明说得很清楚,在相同的生产率下,如 A 国的工资比 B 国低,A 国的较高剩余价值率就会提高 A+B 的平均利润,投下等量劳动,A 国在国际交换中的所得,比其贸易伙伴 B 国的所得少。他进一步指出,1966 年,第三世界出口总额的 3/4 是由现代化的资本主义企业(石油、矿产、现代化种植业)提供的,其生产率不低于发达国家,但由于工资较低,这些企业向发达国家转移的价值就达 800 亿美元。刘易斯也是以工资水平的高低,来说明贸易条件的利与不利的。不过,他认为工资取决于农业劳动生产率,则需要研究。

在目前国际平均利润率的条件下,上述落后国家工业资本有机构成高于农业,因而其生产价格高于价值这一点就发生变化,因为这原是从一国内部看,而在国际平均利润率存在条件下,这种工业就要从国际看,亦即从世界内部看。这样看,生产价格是否高于价值,我认为还有待研究。但不管怎样,从世界内部看,其资本有机构成要相对降低,即其高于平均构成的程度随着平均构成的提高而降低。这就制约着生产价格和价值偏离的变化。

(七) 三种水平不同的国家(地区)的交换

现在研究某些原落后国发展了工业,向没有这种工业的落后国输出工业品,以换取它们的初级产品的问题。

这个问题之所以发生,是由于落后国不能都实行出口替代战略而达到目的。因为这一战略是以国外市场为目的,而一部分产品是发达国家转移给落后国生产的,这样,如果落后国都这样做,它们之间就不可能互为市场,或者有一部分必然失败。这是从理论上看的。从事实看,某些具备条件而又先行一步的,就发展为新兴工业化国家和地区。它们除了向发达国家出口工业品外,更向落后国出口工业品。

很明显,它们向落后国出口工业品,以换取对方的初级产品,有绝对的利益。因为前一种产品的资本有机构成高于后一种产品,由此形成的两种生产价格和价值的偏离程度不同,按生产价格交换,新兴工业化国家和地区有利。

发达国家对落后国家的这种工业化,是不会反对的。因为如前所述,这对它们仍然是有利的。但是,它们要阻碍落后国发展成它们那样的发达国家,以便少些竞争者。重要方法之一是对其垄断高科技。因此,落后国家要建设成现代化的工业国,说到底要靠自己发展高科技;有的还要开拓国内市场,即消除封建主义。

(八) 货币相对价值的变动对价格的影响

现在谈论马克思关于由外贸导致的货币价值变化,对价格的影响的理论。我们知道,他反对货币数量论,当然也反对斯密关于欧亚物价不同之原因的解释;又反对李嘉图关于由贸易顺差和逆差导致的货币量变化、对物价发生影响之原因的解释。他认为,有利和不利的外贸,会影响货币的相对价值,再影响物价。这是一段有名的论述:"一个国家的资本主义生产越发达,那里的国民劳动的强度和生产率,就越超过国际水平。因此,不同国家在同一劳动时间内所生产的同种商品的不同量,有不同的国际价值,从而表现为不同的价格,即表现为按各自的国际价值而不同的货币额。所以,货币的相对价值在资本主义生产方式较发达的国家里,比在资本主义生产方式不太发达的国家要小。"①对这段话有不同的解释。我的解释如下:这里说的是不同国家的同种商品,其实也适用于不同种的商品;前面已提到,发达的国家的商品,在世界市场比在国内市场上,实现的价值较大,换得的货币较多,就是说,用耗费劳动生产商品以交换货币的办法取得货币,从取得 1 单位货币

---

① 《马克思恩格斯全集》(第二十三卷),人民出版社 1972 年版,第 614 页。

看,在世界市场所需的劳动较少,货币相对价值较低,由于它的影响,货币在内、在外的相对价值统一地降低,物价就上升;落后国则与此相反。

为了加深对这一原理的理解,我将在其他地方作过的比喻再重复一次:在海外发现一座丰饶的银矿,开采 1 单位白银所需劳动比国内少,它流入国内,白银的绝对价值便下降,物价就上升,其实,这就是欧洲发生"价格革命"的原因;现在不是在国外发现银矿,而是发现一个有利的市场,在那里用出卖商品的办法以取得 1 单位货币,比在国内市场用同样办法取得 1 单位货币,在生产商品上花的劳动比在国内市场少。因此,货币的相对价值降低,物价也上升。其所以是相对价值而不是绝对价值,是由于货币是用生产商品的劳动换来的,而不是用劳动直接生产白银,如果是后者,就是货币的绝对价值下降了。很明显,这是对李嘉图关于贵金属国际分配的变动、会影响货币相对价值这一理论的扬弃。

从上述可以看出,同落后国家相比,发达国家通过外贸,一方面商品价值增大,价格提高,另一方面货币相对价值降低,价格上升,即从两方面提高物价;落后国家则相反。

马克思的世界分工理论,是在资本主义自由竞争阶段条件下提出来的,但它不仅适合当时的情况,只要加上新的条件,也适合资本主义进入垄断阶段的情况。这新的条件是:随着垄断资本主义国家将其控制的殖民地组成殖民帝国,在这个范围内,平均利润率就形成(与斯密说的英国排除他国而独占同北美的贸易,从而在这一范围内形成一个新的平均利润率相似),撇开垄断价格不谈,这两类国家之间的交换,就像一国内部的交换一样,存在着按生产价格交换,其价值却不等的问题;由于殖民地的资本有机构成较低,出口的商品的生产价格低于价值,它就要以大量的劳动交换对方的小量劳动。不同的殖民帝国有不同的平均利润率,各殖民帝国之间的交换规律,也可依上法求得。

马克思的世界分工理论有着重大的现实意义。第二次世界大战后,尤其是 20 世纪 60 年代以来,发达国家的农业现代化了,它们输出高技术的工、农业产品,这些都是资本有机构成高的,生产价格高于价值,它们将一部分构成低的工业转移到发展中国家,后者有的成为新兴的工业化国家和地区,另一部分发展中国家生产原材料,有些国家要进口粮食,所有国家就在这样的分工条件下交换商品。由于大多数发展中国家实行出口替代战略,一般加入世贸组织,实行自由贸易政策。在这条件下,平均利润率规律和生产价格,就能在各国间形成。这样,根据前面的分析,在交换中得利的仍然是发达国家,不利的是另一部分发展中国家,新兴工业化国家和地区,由于不再向发达国家输出有机构成最低的初级产品,而改为输出有机构成较高的工业产品,以换取对方的高、精、尖产品,就可以比以前减少一些损失,即得到相对的利益,而它们向另一种发展中国家输出工业品,以换取对方的农产品和初级产品,则得到绝对的利益。

马克思的货币相对价值理论有重大的理论和现实意义。它为我们提供了一种研究发达国家和发展中国家由交换商品所结成的经济关系的新方法。西方经济学家说,按照马克思的理论,价值和生产价格受劳动生产率制约,而在现实中,劳动生产率是发达国家提高得快,发展中国家提高得慢,这样,发展中国家的初级产品将换到越来越多的发达国家的高精尖产品,就是说,发展中国家不必工业化和现代化,就能得到工业化和现代化的好处。对于这种看法,我认为应该指出:这只是从商品价值和生产价格方面看的,从货币相对价值的变化对商品价格发生的作用看,就不是这样。这是因为,发达国家劳动生产率提高得快,通过对外贸易,其货币相对价值就降低,它应使物价上涨,即对劳动生产率提高使价格降低的作用有所抵消,而发展中国家劳动生产率提高得慢,情况就相反。

第四部分

《资本论》研究

（本部分内容根据陈其人先生著、复旦大学出版社
2003 年 6 月出版的《陈其人文集——政治科学卷》一书的
"《资本论》研究"校订刊印）

引　言

　　剩余价值理论是马克思的经济理论的基石,贯串在《资本论》中的问题,就是剩余价值的生产、流通和分配及其理论的历史问题。剩余价值本来是雇佣工人的剩余劳动创造的,但是它必然被歪曲为是全部资本创造的,于是它就表现为利润。原因是工人出卖劳动力必然被歪曲为出卖劳动,于是劳动力的价格就被歪曲为劳动的价值或劳动报酬,即工资。工资既然是劳动的价值,利润既然是资本创造的,各有来源,无产阶级和资产阶级的关系就被掩盖起来了。由于这样,"工人和资本家的一切法的观念,资本主义生产方式的一切神秘性,这一生产方式所产生的一切自由幻觉,庸俗经济学的一切辩护遁词,都是以这个表现形式为依据的"[1]。所以,剩余价值的历史起源,对资产阶级经济学家来说,是一个爆炸性的问题。正因为这样,我认为政治和法律专业的学生,就有必要研究剩余价值理论。那么,从哪一方面研究剩余价值理论呢? 我认为应从方法论方面研究。结合起来就是研究剩余价值理论的方法论。

　　什么是方法论? 我的水平不高,很难说明。但是我可以举例子:希望大家读一读马克思对别人关于他的《资本论》的方法的说明[2]。之所以要研究方法论,是因为方法论不易掌握,根据我的经验,它更多的是"悟"出来的,而非看出来的;它不是简单地用白纸黑字写出,而是藏在字里行间的。方法论十分重要,它使我们不犯错误,我可以举一个例子来说明,下面将谈到:要从剩余价值的一般形态、不能从其特殊形态去说明其产生,例如,利息如果被孤立起来,单独去说明它的产生,即说明 100 元经过借贷,会变成 100 元＋20

---

①　马克思:《资本论》(第一卷),人民出版社 1975 年版,第 591 页。

②　同上书,第 20—23 页。

元,这20元是如何产生的,那么,除非认为像果树能结果子一样,货币能产仔(日本人就称利息为利子),否则就是无法说明的,或只好胡说八道,如像阿伦德那样,以森林的增长率来说明社会的利息率,这当然是笑话;或者如像凯恩斯那样,将生产黄金(货币)的利润率看成货币的利息率,这就正误难辨了;老实说,有不少经济学家对此是信以为真,奉为圭臬的。下面我将说明,凯恩斯此说是错误的,并且是对李嘉图的谷物比例利润率论的方法论的剽窃;它可以启发我们开辟新的领域,这一点我认为特别重要,下面将谈到:卢森堡的资本积累理论,认为在只有资本家和工人的条件下,不能实现资本积累,因为它要靠非资本家和非工人的第三者来实现,从理论上看,这明显是错误的,因为马克思的积累理论已经说明在只有上述两大阶级的条件下,积累完全可以实现;但从方法论看,则可以启发我们思考:是否有的经济成分是要靠其他的成分提供条件才能进行再生产呢? 由于这一启发,经过周密考虑,我认为奴隶制经济和垄断资本主义经济就是这样。我下面会说明:我的垄断资本主义经济理论,帝国主义是垄断资本主义的世界体系理论,全部就建立在卢森堡错的资本积累论(从理论上看,是错误的)中的方法论(有启发性)这一基础上。所以,有的错误是包含着正确的因素的。我十分感谢她,计划为她写点什么,以表示我衷心的敬意。

那么,就利息这问题而言,一个初步的研究者,怎么才能知道利息不过是剩余价值的特殊形态,因此,直接说明其产生是必然错误的,而要从剩余价值的一般形态去研究它的产生,然后说明它如何分解为几个特殊形态(利润、地租和利息)。没有别的方法,没有先验的现成构想,只能按照这一方法:"研究必须充分地占有材料,分析它的各种发展形式,探寻这些形式的内在联系。只有这项工作完成以后,现实的运动才能适当地叙述出来。这点一旦做到,材料的生命一旦观念地反映出来,呈现在我们面前的就好像是一个先验的结构了。"① 有些人在充分占有材料后,除了罗列材料,就寸步难行。有些人则能从中抽象(其反面是舍象,两者是同一过程)出规律,揭示出本质。研究工作者的水平的不同,就表现在这里了。

写到这里本应结束,只是浏览《历史研究》2002年第3期时,发现有精彩

---

① 马克思:《资本论》(第一卷),人民出版社1975年版,第23—24页。

的论述,不得不再写几句。该文介绍胡绳研究和写作《帝国主义与中国政治》的情况;胡说:"开头大体有个模糊的轮廓,在收集和阅读许多材料的过程中,逐渐接近历史发展的种种曲折复杂的现象,逐渐探寻并发现其中的本质,集中理出帝国主义与中国革命的关系这条主线,撇开那些与主线关系不大的事情。"①这里,最清楚地说明了:"集中理出"和"撇开那些"两者的关系;集中就是抽象,撇开就是舍象;它们是一个过程的两个方面。我的认识与他相同。

---

① 徐宗勉:《胡绳史论二题——读书笔记》,《历史研究》2002 年第 3 期,第 133—139 页。

一、剩余价值规律怎样决定资本主义生产方式发展的主要路线？[①]

我们知道，生产方式的基本经济规律决定生产方式发展的主要路线。根据这一原理，资本主义的基本经济规律（剩余价值规律）决定资本主义生产方式发展的主要路线。

剩余价值规律怎样决定资本主义生产方式发展的主要路线呢？

生产方式发展的主要路线就是生产方式基本矛盾发展的全部过程。任何生产方式的基本矛盾都是生产力和生产关系之间的矛盾。资本主义生产方式的基本矛盾——生产的社会化和私人资本主义占有之间的矛盾的发展，是由剩余价值规律决定的。剩余价值的生产，一方面促使生产力发展，使生产的社会化程度日益提高，另一方面使工人所受的剥削日益加深，使越来越多的生产资料日益集中在越来越少的资本家手中。正是这个基本矛盾使资本主义生产方式的发展周期地经历着危机，最后并走向灭亡。

资本主义生产本身要求不断扩大剩余价值的生产，这样，技术就在一定的界限内发展起来了，生产就扩大了。但是，技术提高下的扩大生产意味着：(1)劳动生产率提高从而剩余价值率提高了，这就是说工人创造的生产物增加，但工人的工资是由劳动力的价值规律决定的，并没有相应于生产的发展而增加。(2)资本的有机构成提高了，资本有机构成的迅速提高，使可变资本增加的速度从超过工人人口增殖的速度（资本的原始积累时期），变为落后于工人人口增殖的速度（资本主义大机器生产占统治地位以后），于是就有一部分工人成为失业者；失业者是没有工资收入的；失业者的存在意

---

①　原载于复旦大学经济系政治经济学教研组编：《政治经济学问题解答》（第四分册），上海人民出版社 1958 年版。

味着劳动力供过于求,因而导致在业工人工资下降。这就是说,由于生产剩余价值,工人的消费就限制在很低下的水平上,就大大落后于生产的扩大。

剩余价值的剥削条件和实现条件是不同的。前者由社会生产力的高度决定,后者由各生产部门的比例性和消费者购买力的高度决定。要增加剩余价值的剥削,就要提高生产力和扩大生产,这样,生产资料在各生产部门间的销售在一定时期内会按比例地大大增加,但生活资料的销售却有所不同。正因为生产力的提高和扩大生产,基本消费者(工人群众)的购买力大大落后于生产的增长,也大大落后于生活资料生产的增长①,这样,生产和消费的矛盾,就直接地使生活资料销售不掉,间接地使生产资料销售不掉。大量而猛烈的销售危机就是生产过剩的经济危机。

经济危机是社会生产力和资本主义生产关系发生冲突的形式。在生产过剩的经济危机中,一方面大批劳动者失业,众多劳动者挨饥受饿,另一方面大批生产物找不到它的购买者,许多生产设备闲置起来。在其他生产方式下,这是不可思议的;但是在社会生产以剩余价值的生产为目的的资本主义制度下,这是合乎规律的。剩余价值规律使生产力遭到很大的破坏。

剩余价值规律一方面将资本主义生产引导到危机,另一方面又将资本主义生产从危机中拯救出来。这是因为:发生经济危机的时候,也就是竞争特别尖锐的时候,破产和死亡威胁着资本家;资本家要在商品价格猛烈下降时不致破产,要在工资普遍下降时取得超额剩余价值,就要采用新技术。但是,资本主义采用新技术是有界限的,即新工具的价钱必须低于它所代替的工人的工资。因而,在工资下降时,只有那威力极大的新技术才有可能被采用。从这意义上说,危机往往又是大量新投资的起点。新的经济繁荣就是这样逐渐引起的。但新技术的逐渐采用,又使剥削程度提高和失业增加,这又潜伏着下一次更厉害的危机,资本主义生产方式就是这样间歇地发展着的。

资本主义生产方式的必然灭亡,是生产关系适合生产力性质的规律决定的。但资本主义生产关系之从适合于生产力的性质到不适合于生产力的性质,并必然被社会主义生产关系所代替,却是由促使生产日益社会化的剩余价值规律决定的。

---

① 这里,我们不像通常的写法那样把小生产者的破产包括进去,是因为:(1)他们在资本主义生产方式以外;(2)不是剩余价值规律而是价值规律使他们破产的。

二、剩余价值理论和马克思主义经济学的阶级性问题[①]

　　有的经济学家认为,新的价值分解为工资和利润(剩余价值),并且此大彼小,反之亦然,即两者对立的理论,总之,阶级利益对立的理论,只是马克思为了无产阶级的利益而故意制造出来的。这种说法的含义是:马克思的劳动价值理论和剩余价值理论,虽然符合无产阶级的利益,却不具有科学性。这是一种误解。

　　严格地说,提出劳动价值理论,坚持投下的劳动决定价值的正确原理,认为新的价值分解为工资和利润两部分,必然此大彼小,反之亦然,因为两者之和是一个常数;并以此为基础,初步说明剩余价值的产生,即说明阶级利益是对立的,首先是李嘉图。他是在1815年发表的《论低价谷物对资本利润的影响》中,揭示工资和利润、地租和利润是对立的。他发表此文的目的,是反对在1815年,即英国在反对法国拿破仑战争获得胜利后,所公布的新的谷物法。根据这一法律,英国国内的谷物价格不超过一定高度,国外的廉价谷物就不能进口;其目的在于维持英国的高价谷物。李嘉图指出:谷物价格提高,工人的名义工资就随之提高,工人虽不受影响,但利润就减少了;谷物价格提高,地租就随之提高,利润也就减少了。因此,实施谷物法,工人不受影响,地主最得益,资本家则夹在当中,最受损。而资本家是发展生产的动力,为了发展生产,就应废除谷物法,让国外廉价谷物进口,以降低谷物价格,再降低名义工资和地租,以提高利润,让资本家增加积累,发展生产。因此,李嘉图已经从经济上揭示了,也就是从分配上揭示了工人和资本家、资本家和地主的对立关系。这种揭示,尽管还只限于分配领域,还没有挖到生

---

　　① 本手稿约写于2002年3月。

产资料所有制问题,但是,应该说是科学的。因为,事物的本质就是:劳动创造的新的价值,除了工人得到的工资外,余下的部分是由地主和资本家分割的,他们两者都是占有工人的剩余劳动,性质相同。李嘉图并不讳言资本家是剥削者,同地主一样。但是又有所不同:地主不是发展生产的动力,资本家则是。这是李嘉图的经济理论的阶级性和科学性的统一。因此,从经济理论看,剩余价值理论和阶级斗争理论,是由李嘉图初步建立的。

正因为这样,马克思才说:从历史上说明阶级斗争的,是法国复辟时期的历史学家,从经济理论上说明阶级斗争的,是英国古典经济学家;他自己的贡献只是将阶级斗争学说归结为无产阶级专政学说。李嘉图派社会主义,就是根据李嘉图的剩余价值理论建立起来的。在美国经济上升时期著书立说的美国经济学家亨利·查尔斯·卡莱尔,反对李嘉图的剩余价值理论和阶级斗争理论,而提出经济和谐论,即阶级利益调和论,认为李嘉图的理论体系是仇恨的体系,总是要在各个阶层之间挑起战争,甚至指控李嘉图是共产主义之父。

我认为李嘉图只是初步建立了剩余价值理论和阶级利益对立的理论,这有两层意思。第一,该理论不是由亚当·斯密初步建立。斯密虽然正确地认为,随着资本积累和土地私有权的产生,劳动者创造的价值,就不能全部归劳动者所有,而要分出一部分为利润,另一部分为地租,因此这两部分合起来就是剩余价值。但是,他错误地认为工人出卖的是劳动,工资是劳动的价值,它等于劳动创造的价值,这就无法说明利润和地租的来源,就只好说,资本主义条件下的商品价值,由交换商品所支配的劳动量决定,它包括工资、利润和地租,而它们又各有来源,这样,利润和地租就不是对工人创造的价值的扣除。因此,这两者就不是剩余的价值。不仅如此,既然工资、利润和地租都是各有来源的,就井水不犯河水,就不存在此大而彼小的关系,就不存在阶级对立的关系。第二,李嘉图只是初步建立,而完成这个理论的是马克思。李嘉图其实也遇到和斯密一样的矛盾而不觉察,他事实上用劳动力的价值代替了劳动的价值。但问题没有最终解决。马克思明确提出劳动力成为商品的理论,问题才最终解决了。马克思将工资和利润的对立,利润和地租的对立,归结为所有制上的对立,要解决所有制问题,矛盾才能解决。这种揭示是科学的,反映社会发展规律的要求,也符合在促进社会发展中解放自己的无产阶级的利益。

因此,马克思的剩余价值理论是李嘉图的剩余价值理论的发展,两者都说明阶级的对立,都说明工人的被剥削。两者不同之处在于:李嘉图认为资本家向与其争夺剩余价值的地主作斗争,多占剩余价值有利于生产的发展;马克思认为随着社会的发展,最终消灭剩余价值的过程,即剩余价值成为社会所有更有利于生产发展的过程。

三、关于我国过渡时期的剩余价值 规律问题[①]

关于我国过渡时期经济规律问题的讨论,我就剩余价值规律问题提出两点意见。第一,关于基本经济规律理论和剩余价值规律理论的方法论问题;第二,关于我国过渡时期的剩余价值规律问题。

(一)

基本经济规律是决定一个生产方式发展方面一切最重要的现象和决定一个生产方式的本质的[②];一个社会形态只有一个基本经济规律;基本经济规律的公式是由一个生产方式的生产目的和达到这目的的手段两个因素构成的。

要说明的是生产方式和社会形态的关系。生产力和生产关系的统一就是生产方式。在分析取决于生产关系的社会关系时,所发现的重复性和常规性可以综合为一个基本概念,这就是社会形态。[③] 社会形态是纯粹的、抽象的概念,而不是实际的、现实的社会。生产方式和社会形态两者在由生产关系构成这一点上来说是一致的,说基本经济规律是决定一个生产方式的本质的,和说一个社会形态只有一个基本经济规律两者也是一致的。

只要在实际社会中存在着几种生产方式也就有几个基本经济规律同时发生作用。但是几种生产方式间的矛盾必然有一组是主要的,矛盾着的两种生产方式发展的情形基本上是不平衡的,社会的性质就由居于矛盾主要

---

① 原载《经济研究》关于我国过渡时期经济规律问题讨论专辑,科学出版社 1956 年版。现有删改。

② 斯大林:《苏联社会主义经济问题》,人民出版社 1952 年版,第 33、35 页。

③ 《列宁文选》(两卷集第一卷),外国文书籍出版社 1949 年版,第 98 页。

方面的生产方式的性质决定。居支配地位的生产方式的基本经济规律也就在实际社会中起着主导的作用。

斯大林认为,最适合资本主义基本经济规律这概念的是剩余价值规律。马克思分析剩余价值时运用了抽象法。实际生活中资本家牟利的方法是形形色色的,这就要把洪水期前商业资本以欺诈生产者和消费者而获利的方法抛开,把实际的资本主义视为纯粹的资本主义。不这样,就无法把资本主义剥削和前资本主义剥削区分开来。分析纯粹的资本主义剥削时,又把各种剥削收入的具体形态(利润、利息、地租)抛开,先研究它们的共同实体即剩余价值,然后再研究其具体形态。不这样,就会被各种剥削收入的具体形态的拜物教性质所迷惑,无法进行科学分析。

马克思论证了:剩余价值的产生要以劳动力买卖为条件,它的实体是使用劳动力所创造的价值大于劳动力价值的差额;它的生产和增殖的方法,在劳动力价值已定时,是增加劳动力的使用时间和强度,由此产生的是绝对剩余价值;在劳动力的使用时间和强度已定时,是提高劳动生产率以减少劳动力价值,个别企业提高劳动生产率所产生的是额外剩余价值,与生产生活必需品有关的部门普遍提高了劳动生产率,一切部门都产生相对剩余价值。[①]

剩余价值是由可变资本推动的活劳动创造的。其他条件相等而资本有机构成不同,或资本有机构成相等而可变资本的周转速度不同,等量资本在同一时间内产生的剩余价值就不等,利润率就不等。在自由竞争下,不等的利润率就转化为平均利润率,剩余价值规律就以平均利润率规律的形式发生作用。

当资本主义从自由竞争变成垄断,保证最高的利润率就成为垄断资本主义发展的条件,又由于垄断了国内经济生活、殖民地和附属国,剩余价值规律就发展起来适应这条件,具体化为最大限度的资本主义利润规律,剩余价值规律就以最大限度利润规律的形式发生作用。

(二)

我国过渡时期既然存在着资本主义经济成分,在逻辑上谁都承认在这

---

① 马克思:《资本论》(第一卷),人民出版社 1975 年版,第 678 页。

成分内存在着剩余价值规律。但是由于方法论不同,就发生两个问题。第一,过渡时期既然是社会主义基本经济规律在国民经济中发生主导作用,剩余价值规律还是不是资本主义的基本经济规律呢?第二,过渡时期既然没有产生垄断资本主义的条件,剩余价值规律以什么形式发生作用呢?

第一个问题,从方法论上说,就是基本经济规律是属于一个生产方式、社会形态的概念呢,还是属于一个实际社会的概念的问题。从以上的分析可以看出,剩余价值规律是我国资本主义的基本经济规律,而不是什么主要经济规律和一般经济规律。

这样,如何将存在着两种基本经济规律的过渡时期和存在着多种基本经济规律的某一实际社会区分开来呢?我认为,从基本经济规律的多少来决定是否过渡时期,在方法论上就等于从生产方式的多少来决定是否过渡时期,而这是错误的。过渡时期的特点不是一般的经济多样性,这是以前的实际社会或多或少都有的;也不是一般的多种经济成分的消长运动呈现着显著的变化,这是任何一个社会形态向另一社会形态的过渡都是相同的,而历史上只有一个过渡时期。在马克思主义中,"过渡时期"是有严格的含义的。马克思在《哥达纲领批判》中说:"在资本主义社会与共产主义社会之间,横着一个从前者进到后者的革命转变时期。同这个时期相适合的也有一个政治过渡时期。"这里的共产主义社会指的是其第一阶段即社会主义社会。我国没有经历资本主义社会阶段,因此,中国的过渡时期,毛泽东的定义是:"从中华人民共和国成立到社会主义改造基本完成,这是一个过渡时期。"

确认剩余价值规律是资本主义的基本经济规律不仅在逻辑上是必要的,而且在实践上也是必要的。否认这一点,就必然承认有其他的经济规律,比如说社会主义基本经济规律决定资本主义生产发展的一切主要方面和主要过程,这就没有必要创设条件使剩余价值规律退出舞台,从而结束过渡时期。

第二个问题比较复杂。王学文同志认为,我国资本主义的主要经济规律的特点和主要要求大致如下:"用在较高技术基础上,剥削无产者与农民手工业者等等办法,发展资本主义的生产,来保证最大的利润。"[①]这是王学

---

① 王学文:《中国新民主主义的几个经济法则》,《新建设》1953年第10期,第9页。

文同志的对我国剩余价值规律的具体化,而这是错误的。

第一,说我国资本主义生产的目的和任何资本主义生产的目的一样都是"最大的利润",这是不对的。我同意许多同志对这问题的意见。第二,我完全同意徐禾同志的意见,"较高的技术基础"并不是资本主义借以剥削剩余价值的必要条件。马克思认为,一般说来,剩余价值有一个自然基础,那就是劳动生产率要达到使必要劳动时间只限制为劳动日的一个部分这样高的水平①,即使在使用手工劳动的单纯协作和手工制造业那样"狭隘的技术基础"②上,也不妨碍资本剥削剩余价值。第三,我完全同意茹季扎同志的基本思想,在流通过程中用不等价交换的方法剥削独立生产者,只要不是通过垄断价格而是通过欺诈,这仍是洪水期前商业资本剥削独立生产者的老方法,不足以表明资本主义生产的本质。从方法论上说,以贱买贵卖来说明利润的产生原是重商主义的说教,如果剩余价值真的是这样产生的,马克思的剩余价值理论的科学基础也就不存在了。这就是说,虽然实际上资本家总剥削独立生产者,揭露这种剥削是必要的,但这并不是也不可能是揭露资本主义生产本质的剩余价值规律的具体化。

为了论证在没有垄断的条件下,也能保证"最大的利润",王学文同志在后来的补充意见中,就只好在垄断以外寻找方法,果然找到了"五毒"行为这方法。

的确,"五毒"是实际生活中资本家攫取暴利的重要方法,在我国条件下具有特别的政治意义。但这并不是产生剩余价值的方法,也不是资本主义所特有的剥削方法。"行贿"是达到其他"四毒"行为的手段,它和"偷税漏税"是自奴隶社会至资本主义社会都有的现象。"偷工减料",从利润来源方面考察,也就是以贱卖贵的欺诈。"盗窃国家经济情报",从利润来源方面考察,或者是出卖情报拿津贴,或者是以各种方法进行不等价交换,也就是欺诈。"盗窃国家财产"是欺骗和强盗行为。这一切都不是资本主义特有的剥削方法,王学文同志在方法论上的错误在于:第一,把非资本主义所特有的剥削方法(五毒)当作是达到资本主义所特有的生产目的(剩余价值)的手

---

① 马克思:《资本论》(第一卷),人民出版社1975年版,第559页。
② 同上书,第407页。

段,因而由此构成的"主要经济规律"只是个"四不像";第二,把经济现象当作经济本质;第三,把一切剥削收入都当作是剩余价值。

总之,在我国条件下,剩余价值规律不可能以最大利润规律的形式发生作用。

在人民政权的限制和强大的国营经济领导下,私人资本在某些部门中的投资是禁止的,但这些部门根本也没有私人资本存在。其他部门的私人投资,根据"私营工商业暂行条例"的规定,虽然要经过地方或中央主管业务部门核准和工商行政机关登记,转业、停业、复业、歇业、变更经营范围及迁移地区亦同,但这只是减少投资的盲目性,而不是绝对阻止资本的自由转移。只要资本自由转移这条件存在,我个人认为剩余价值规律就有条件以平均利润率规律的形式发生作用。

只有正确地认识了剩余价值规律的特点及其作用形式,才能制定正确的政策利用它来为社会主义建设事业服务。

四、最大限度利润规律是剩余价值规律在 垄断统治时期的具体形式①

　　资本主义的发展分为垄断前的和垄断的两个阶段。依据列宁的分析，自由竞争引起生产积聚，生产积聚到一定程度便自然而然地走向垄断。一方面，数十个巨型企业彼此易于成立协定；另一方面，又因企业规模宏大，使竞争受到阻碍，这就产生了垄断的倾向。资本主义从自由竞争向垄断的过渡，是由资本主义经济的矛盾发展的全部过程准备好了的。垄断资本主义的形成，使剩余价值规律的具体形式发生了变化。

　　垄断是从自由竞争中生长出来的。但垄断不仅不消灭竞争，反而使竞争更加尖锐。竞争不仅在经济上进行，而且在经济以外进行。在经济上进行竞争，归根到底就要提高劳动生产率和扩大生产，这就要把巨大的利润转化为资本。在尖锐的竞争下，巨大企业的固定资本的精神磨损十分迅速，这就要有巨大的投资来进行更新。在经济以外进行竞争，包括了收买、恐吓和暴力破坏等，同样要有巨大的利润。但是，占统治地位的巨大企业的资本有机构成很高，平均利润率有显著的下降趋势，这样，垄断企业就不能满足于平均利润和带有不固定性质的、比平均利润稍微高一点的超额利润，而要求最大限度利润。

　　获取最大限度利润的可能性是垄断资本主义本身产生的。既然垄断资本主义把最重要的生产部门、信用机构和原料都垄断了，不仅垄断了经济，而且还掌握了国家机关，不仅控制了本国的经济和政治，而且还控制了殖民地和附属国，这样，当然就不仅能够从经济上，而且还能借助于政治力量来

---

① 节录自陈其人：《论资本主义基本经济规律及其在资本主义各个发展阶段上的具体形式》，上海人民出版社 1957 年版。（参见本书第二卷第一部分——编者注）

获取最大限度利润。

　　垄断资本主义获取最大限度利润的手段是和各种形式的垄断结合在一起的。由于在生产上形成了垄断,并借助国家机关把国内市场垄断起来,垄断资本就可以在商品生产和商品交换的基础上,用按垄断价格出售商品的办法来剥削消费者,和用低价收买产品、高价出售商品的办法来剥削小生产者。由于有了银行的垄断,并形成了财政资本,垄断资本就可以不通过商品生产和商品交换,而通过各种形式的财政活动,如财政欺诈、有价证券投机、高利抵押、创办新企业、改组和合并旧企业等,来获取巨额的利润、利息和创业利润。由于国家机关服从于垄断组织,垄断资本就可以使国家机关执行有利于自己的政策,使国库为自己服务,如执行扩充军备、发展军火生产、增加税收、增发通货和发动侵略战争的政策,以降低工人和广大劳动人民的实际收入,来保证垄断企业的巨额利润。资产阶级国家甚至以各种补助金、奖金的名义,将国家预算的资金直接送给垄断企业。对落后国家输出资本,垄断资本就可以用生产资本的形式获得比本国高得多的利润,也可以用借贷资本的形式获取高率的利息,并增加以垄断价格输出的商品。由于形成了对世界市场、附属国和殖民地的垄断,垄断资本就不仅能够安全地输出资本和巩固国外市场,而且能够进行直接的财政剥削、低价收购原料和掠夺各种重要物资。以上各种办法可以归结为两种:不等价交换和各种财政活动。

　　垄断资本主义是建立在资本主义商品生产的基础上的,因而垄断价格在保证最大限度的利润中就有十分重要的作用。由于垄断企业把某种商品的大部分产量掌握在自己手中,并通过政府机关阻止廉价商品从国外输入,就能够人为地把商品的价格抬高至价值以上,也就是以垄断价格出卖。垄断价格不是一种根据供求关系有计划地订出来的价格(因为竞争和生产无政府状态排除了计划价格的可能性),而是一种市场价格,是垄断企业人为地造成紧张的供求关系的结果。

　　最大限度利润的主要来源是工人创造的剩余价值。在垄断资本主义条件下,工人被剥削的程度大大增高,劳动力价值的一部分往往被垄断资本所劫夺。非垄断企业的部分利润往往也转到垄断企业中。除剩余价值以外,小生产者创造的价值的一部分,甚至相当于生活费用的一部分,也被劫夺而去成为最大限度的利润。用垄断价格出卖商品,等于把消费者的部分收入转到垄断资本家的腰包里。工人作为消费者同样受着沉重的剥削。国家机关用沉重的捐税和增发通货来削减劳动者的收入,以增加垄断资本的利润。最大限度利润的泉源还包括了国民财富的再分配,即把以前的劳动创造的价值转移到垄断资本家手中。①

最大限度利润和平均利润是不同的经济范畴。平均利润的泉源是工人创造的剩余价值,是一般资本都能获得的,它反映了资本家之间在剥削工人的剩余价值上的平等关系,用马克思的话来说,是资本主义的共产主义。最大限度利润的泉源除了剩余价值以外,还有工人工资的扣除、小生产者创造的价值的一部分、劳动者作为消费者时所受的剥削的一部分和国民财富的再分配,这只有垄断资本才能获得,它的数量比平均利润大得多,它反映了资本对劳动剥削的加深,反映了资本家之间在剥削劳动者上的不平等关系。

斯大林认为,最大限度利润规律是剩余价值规律适应垄断资本主义的条件的发展和具体化,并对它下了这样的定义:"用剥削本国大多数居民并使他们破产和贫困的办法,用奴役和不断掠夺其他国家人民、特别是落后国家人民的办法,以及用旨在保证最高利润的战争和国民经济军事化的办法,来保证最大限度的资本主义利润。"②《政治经济学教科书》完全同意斯大林的论述,并沿用了他的定义。这定义存在很多问题。

第一,斯大林虽然认为它是剩余价值规律在垄断资本主义条件下的发展和具体化,但是,既然他并没有对剩余价值规律下定义,所以我们就不能说他下的定义不是剩余价值规律的具体化。但教科书则不同。它不仅同意垄断资本主义基本经济规律是剩余价值规律的发展和具体化,并对后者下了定义。但将这两个定义加以比较就可以看出,如果剩余价值规律的定义是对的,那么,垄断资本主义基本经济规律的定义就是不对的,因为它丝毫没有表现出它是前者的发展和具体化;如果垄断资本主义基本经济规律的定义是对的,那么,剩余价值规律的定义就是不对的,因为它丝毫没有表现出它是前者依以发展和表现的基础。两个定义可能都是不对的,但是却不可能都是对的,两者必居其一。如果两个定义都是对的,那么,它们之间就

---

① 勒·敏捷里松:《论帝国主义基本经济规律的几个方面》,《经济译丛》1955 年第 10 期,第 99 页。

② 斯大林:《苏联社会主义经济问题》,人民出版社 1952 年版,第 34 页。

是没有任何联系的,其一不是另一的发展和具体化。只有这样才能自圆其说。

第二,它没有把垄断资本主义的本质反映出来。人们在定义中简直看不出它应该反映的垄断资本主义的经济实质——垄断。如果一定要在定义中找寻垄断资本主义的经济实质的话,那么,就只有"战争和国民经济军事化"一语勉强可以充数,因为它们的确是垄断资本主义所特有的现象,尽管不是最根本的。但是,正如下面就谈到的,可惜它们并不能给垄断资本带来最大限度利润。至于"剥削本国大多数居民并使他们破产和贫困""奴役和不断掠夺其他国家、特别是落后国家人民",就不仅是描绘现象,而且描绘的并不是垄断资本主义所特有的现象,因为只要不说明这是通过垄断进行的,那么,这现象也是垄断前的资本主义所共有的。

第三,它离开了价值规律和剩余价值规律,去说明垄断资本怎样获取最大限度利润,因而实际上就没有说明获取最大限度利润的方法和最大限度利润的泉源,合起来就没有说明最大限度利润产生的规律。不仅"剥削"和"奴役"不是垄断资本主义所特有的剥削方法,不能说明最大限度利润的泉源,而且战争和国民经济军事化也不是一种剥削方法,也不能说明最大限度利润的泉源。战争不是一种剥削方法,也不能产生什么最大限度利润,因为它不是经济活动。不是国民经济军事化本身,而是构成国民经济军事化的军火生产、通货膨胀和国库补助等,保证垄断资本获取最大限度利润。而这些都可以归结为不等价交换的剥削和各种以财政手段进行的剥削。

第四,它违反了起码的逻辑原则。它说明的是用三种办法来达到获取最大限度利润的目的。但就定义而论,前两种办法和后一种办法的分类是不一致的:前两者说明的是剥削对象(本国的和其他国家的劳动者),后者说明的又不是剥削对象。这样,由于逻辑混乱,就必然发生这样的问题:难道战争和国民经济军事化(从斯大林的观点看来),就不是剥削本国大多数居民和奴役落后国家人民的办法吗?

依我看来,最大限度利润规律,即垄断资本主义基本经济规律的定义,应包括如下的基本要素:在资本不断地扩大剩余价值生产的基础上,垄断资本通过各种形式的垄断,用不等价交换的办法和各种财政活动的办法,不但占有垄断企业的全部剩余价值,而且夺取本国和落后国家非垄断企业的部分剩余价值和劳动群众的部分收入,保证垄断资产阶级占有最大限度利润。

应当指出,某些经济学家谈论垄断资本主义的基本经济规律时,有些论点是错误的。勒·敏捷里松认为:"垄断高额利润,和一切资本主义利润一样,也是剩余价值。"①这是不确切的。这种说法会模糊垄断资本主义剥削的实质,使人产生这样不正确的看法:似乎垄断资本主义的剥削实和"自由"资本的剥削完全一样。如上所述,最大限度利润的泉源,不仅仅是工人创造的剩余价值。事实上敏捷里松这个结论和他的论证也是不相符的,因为他正确地指出,垄断资本还运用了前资本主义的剥削方法,在公开的或隐蔽的奴隶制和农奴制的形式下,把奴隶和农奴的剩余产品,甚至部分的必要产品,变为最大限度利润。大家都知道,剩余产品并不都是剩余价值。

---

① 勒·敏捷里松:《论帝国主义基本经济规律的几个方面》,《经济译丛》1955 年第 10 期,第 98 页。

五、资产阶级经济学家从提出到
反对剩余价值学说①

剩余价值学说最初是资产阶级经济学家提出来的。他们提出这个学说的目的,是要在剩余价值的分配中,使资产阶级多占一些,地主阶级少占一些,并要取消限制自由竞争的行会制度和封建制度,总之,是反对封建主义。但是,由于这个学说从根本上说明劳动是价值的泉源,剩余价值是一种没有对劳动支付等价物便无偿地占有的价值,承认劳动者和剩余价值占有者之间的关系是对立的,因此它不仅受到地主阶级的反对,而且随着形势的变化必然也受到资产阶级的反对。

剩余价值是价值中的一个部分,因此,对价值的看法制约了对剩余价值的看法。最初提出剩余价值学说的经济学家,因受经济条件的限制,对价值的看法是错误的,因此,其学说是错误的或正确中包含着错误。剩余价值是作为商品的劳动力创造的价值大于劳动力本身的价值的差额,因此,不了解劳动力成为商品,就无法建立科学的剩余价值学说。所有提出剩余价值学说的资产阶级经济学家,都无法解决这个问题。剩余价值是纯粹的、抽象的,它要具体地表现为利润、利息和地租,因此,不能从后三者出发去说明前者的产生。有些提出剩余价值学说的经济学家,从剩余价值的一种具体形态去说明剩余价值的产生,就无法说明问题。这说明即使在阶级利益尚允许资产阶级经济学家研究资本主义经济规律,探索剩余价值产生的问题时,他们的学说也不可能是完全科学的。

---

① 陈其人:《资产阶级经济学家从提出到反对剩余价值学说》,载于高崧等编《马克思主义来源研究论丛》(第3辑),商务印书馆1983年版。

（一）

科学的剩余价值学说是从重农主义开始的。它把剩余价值产生的研究，从流通领域转入直接的生产领域，并由此奠定了资本主义生产的分析的基础。重农主义派产生在法国资产阶级革命的前夜，并且严格地说，它只能产生在像法国这样一个小农占优势，贸易、航海不够发达的国家。这都是相对于英国而言的。

重农主义将使用价值看成是价值，因而剩余价值就是生产出来的使用价值量，大于生产这使用价值消耗掉的使用价值的余额，所以它不是在流通中而是在生产中产生的。但是，他们又认为，不是一切物质生产部门都生产剩余价值，只有农业部门才生产剩余价值。因为在他们看来，工人和资本家在生产中分别消耗的工资和利润（把利润等同于工资的原因，下面再谈）的价值，只是不增不减地加到生产物中去，所以，剩余价值不是由工人和资本家的劳动生产的。农业部门之所以生产剩余价值，是由于受到自然的恩惠，它生产的使用价值量，比它消耗的种子、肥料、工资和利润（这些都可以还原为使用价值）大，其余额即农业中的纯生产物，就是地租。工业部门只能使使用价值发生形态的变化，不能增加数量，不能生产纯生产物，因而是不生产的。

既然只有农业部门才是生产的，它生产的纯生产物便是地租，地租就是剩余价值的唯一形态，重农主义者就断然主张，一切赋税都应出自地租，出自土地所有者阶级。在法国大革命前夜，这种政策主张显然是反对封建主义的。

重农主义的剩余价值学说，有正确之处，也有错误因素，两者混在一起。剩余价值确实是在生产中产生的，但不是自然产生的；转化为地租的纯生产物确实是农业中的剩余价值，但农业中的剩余价值不仅仅是地租；剩余价值不仅存在于农业部门，而且也存在于工业及其他物质生产部门；剩余价值的物质担当者是纯生产物，但不能认为剩余价值是生产的使用价值大于消耗的使用价值的差额，因为产出的使用价值和投入的使用价值，严格说来是不可比的，这在工业生产上最为明显，一定要在价值上才能看出剩余价值的大小。

重农主义的成就和错误,和它的故乡——法国当时的经济条件有很大的关系。第一,资本主义生产刚刚发展,雏形的资本家还参加劳动和管理,利润不能纯粹地表现出来,而和资本家兼为劳动者的工资混在一起,这样,人们就错误地把利润认为是资本家的高级工资,认为如同工人的工资一样是生产上的消耗。

第二,在错误地认为利润是生产上的消耗的基础上,由于地租在工业生产中占的地位极不显著,而在农业生产中占的地位却极为显著,人们便认为只有农业中有剩余价值,农业地租是它的唯一形态。

第三,工业中的剩余价值生产是不能在使用价值上表现出来的,因为工业多半不生产劳动者的消费资料,工业劳动者消费的是生产物中的部分价值,所以,离开交换和商业,离开正确的价值概念,便无法理解工业中的剩余价值生产。农业中的剩余价值生产却笼统地能在使用价值上表现出来,因为农业多半是生产劳动者的消费资料,口粮、衣服和种子、肥料一样,直接间接地也是农业生产的使用价值,这样,即使离开正确的价值概念,也能勉强理解农业中的剩余价值生产。

第四,认为只有农业中有转化为地租的剩余价值,工业中没有剩余价值,而在工、农业生产中同样存在着劳动者,这就必然认为剩余价值不是来自劳动,而来自农业生产中的某些特殊因素;工农业生产其实都利用自然力,但农业生产中的劳动对象处在生物学上的生产过程中,就是说,农业的生产过程和自然的生命过程结合在一起,自然的作用很明显,工业的生产过程就不是这样,这就使人们认为农业中的剩余价值是自然生产的,是自然的恩惠。

第五,工农业中的剩余价值生产,都要有一个自然基础,这就是劳动生产力必须达到这样的高度,使劳动者的必要劳动时间仅为劳动日的一部分。在工业生产不很发达,劳动者的消费资料大部分为农业产品时,这个自然基础主要就是农业的劳动生产力。在这个条件下,社会上有多少劳动者能够不是农业劳动者,就取决于农业劳动者能够向社会提供的剩余生产物,赖有这些剩余生产物,那些非农业劳动者才有生存的物质基础,才能在这一基础上生产剩余价值。把这两者合起来,人们便会认为,社会上的剩余价值归根结底是农业生产中的劳动生产力生产的,也就是自然生产的。

在资产阶级的阶级局限内,剩余价值学说在英国古典学派手里达到了它的光辉的顶点。这个学派产生于产业革命的前夜,完成于产业革命的时候,其伟大代表是亚当·斯密和其继承者大卫·李嘉图。

斯密既反对重商主义的价值观,也反对重农主义的价值观,认为价值不仅仅是金银,也不是使用价值,而是商品一般,它的泉源不是生产金银的具体劳动,不是自然力,而是劳动。这都是正确的。斯密的价值学说的缺点在于,不研究劳动为什么会成为价值,即不研究价值的实体,只研究价值量的决定;在这基础上就混淆了价值的内在尺度和价值的外在尺度,将生产者内部生产商品耗费的劳动的量的计算,和社会对这种劳动的质的承认和量的计算混为一谈,只承认劳动是价值的尺度,不理解货币才是真正的价值尺度。此外,他对重农主义的批判不够彻底,遇到困难时,还认为农业由于受到自然的恩惠,它生产的价值比工业多。

在劳动价值学说的基础上,斯密事实上已看到剩余价值的起源。他认为,在资本积累和土地私有产生之前,"劳动的全部生产物都属于劳动者自己。一种物品通常应可购换或支配的劳动量,只由取得或生产这物品一般所需要的劳动量来决定"①。这就是说,资本主义以前的商品,其价值由生产所需的劳动决定,它和交换商品支配的劳动相等。

但是,资本积累产生后,他认为"劳动者对原材料增加的价值,在这种情况下,就分为两个部分,其中一部分支付劳动者的工资,另一部分支付雇主的利润……"②同理,土地私有产生后,还有一部分交给地主,成为地租。很明显,这利润和地租就是剩余价值。所以,斯密已说明了剩余价值的泉源。马克思对此加以很高的评价,他说:"斯密把剩余价值,即剩余劳动——已经完成并物化在商品中的劳动超过有酬劳动即超过以工资形式取得自己等价物的劳动的余额——理解为一般范畴,而本来意义上的利润和地租只是这一般范畴的分枝。"③

困难产生了。斯密认为,工人向雇主出卖的是劳动,劳动的价值是工

---

① 亚当·斯密:《国民财富的性质和原因的研究》(上卷),郭大力、王亚南译,商务印书馆1972年版,第42页。

② 同上书,第43页。

③ 《马克思恩格斯全集》(第二十六卷第一册),人民出版社1972年版,第60页。

资,它等于工人投下的劳动所形成的价值。这样一来,利润和地租的来源就没有了。为了说明利润和地租的来源,斯密只好说,它们是从交换商品所支配的劳动产生的,这劳动包括了工资、利润、地租三部分。他从前认为,这三者是由价值分解而来的;他现在反过来认为价值是由这三者相加而成的。后者其实不是劳动价值学说,而是生产费用说了。

走上岔路后,斯密就越来越错了。劳动形成的价值既然全部成为工资,即劳动是工资的泉源,那么,利润和地租的泉源又是什么呢? 他只好说:"不论是谁,只要自己的收入来自自己的资源,他的收入就一定来自他的劳动、资本或土地。"①这就为其后的生产要素说,即劳动产生工资、资本产生利润、土地产生地租这种学说,准备了条件。

斯密还要说明工资、利润、地租的量的决定。他认为它们有一种自然率或平均率。在说明工资自然率时,由于他将工人出卖劳动力误认为出卖劳动,便认为它取决于工人的生存费用。在说明利润自然率时,他只能求救于什么也不能说明的竞争和资本家的兴趣。离开了劳动价值学说后,他对地租及其量的决定的说明,是很混乱的。当他想到工农业同样使用劳动,但农业资本家要交纳更多的地租时,便认为这地租是农业生产上所特有的自然力产生的,这是重农主义对他的影响;当他想到只要使用土地(没有投下劳动的)就要交纳地租时,便认为这是垄断价格的结果;当他想到较优良的土地的地租较高时,便认为这是由超额利润转化而来的;总起来,他认为地租也有一种自然率,它"部分受土地所在地的社会及其邻近地区的一般情况的支配,部分受土地的天然肥沃与人工改良的支配"②。

斯密认为,由具有自然率的工资、利润和地租构成的自然价格,是等于价值的,它的形成要以自由竞争充分展开为条件。只有在自然价格形成的条件下,生产才能很好地发展。这样,他便以自然价格论为武器,反对封建制度和行会制度,要求自由竞争。

在从劳动价值学说、剩余价值学说变为生产费用说和生产要素说的过程中,斯密始终认为价值只有工资、利润、地租三部分,没有生产资料的价

---

① 亚当·斯密:《国民财富的性质和原因的研究》(上卷),郭大力、王亚南译,商务印书馆1972年版,第47页。

② 同上书,第49页。

值,因为他认为生产资料的价值最终也分解为这三者,即认为 $c+v+m$ 最终等于 $v+m$。这就是错误的斯密教条。其根源在于,当斯密坚持生产商品投下的劳动决定价值的原理时,由于不理解生产商品的劳动具有两重性,没有办法说明生产者的一次劳动,如何既能形成新价值,又能转移生产资料的旧价值到商品中去呢? 于是便认为生产资料的价值最终也分解为 $v+m$。这样,就混同了产品价值($c+v+m$)和价值产品($v+m$),为庸俗政治经济学开了方便之门。

李嘉图在价值学说上和斯密的最根本的不同,是他坚持生产商品投下的劳动决定价值的正确原理,反对交换商品支配的劳动决定价值的错误原理,这是他的伟大功绩,他的许多重要建树就是由此取得的。但是,对于斯密教条即认为商品价值全部分解为收入的见解,他是完全同意的。在这里,他和斯密的争论只在于:他认为价值是前提,收入是结果,这是坚持投下劳动决定价值的原理的必然结论;斯密认为收入是前提,价值是结果,这是他后来错误地提出支配劳动决定价值的原理的必然结论。基于上述两点,李嘉图理应反对斯密的自然价格就是或等于价值的理论,因为斯密所说的自然价格是由具有自然率的工资、利润等构成的,而李嘉图是反对这种收入构成价值的理论的。但是,他竟然会同意自然价格就是价值的理论,并由此产生了足以动摇劳动价值学说的根基的错误。其原因有两点:第一,缺乏抽象力,将在自由竞争中形成的平均利润,看成是剩余价值,这样就必然混同了自然价格(即马克思所说的生产价格)和价值;第二,对斯密的批判不彻底,当斯密说收入构成价值时,他是反对的,当斯密稍微拐个弯,说由具有自然率的各种收入构成等于价值的自然价格时,他就完全同意了。很明显,他是被斯密的自然价格概念俘虏了。

从投下劳动决定价值的正确原理出发,李嘉图认为这价值要分为工资和利润两大部分,因而这利润就是剩余价值。由于李嘉图把劳动日看成是已定的,工资和利润的关系就是对立的,一方的增大,必然是另一方的缩小。这实质上是在分配领域上揭露工人阶级和资产阶级的利益是对立的。但在李嘉图看来,这种对立是自然的,因为工人的工资由工人的生存费用决定是个自然现象,资本家能够获得平均的利润也是个自然现象。

李嘉图认为,正常的农业地租只能是农业资本之间的差额利润,即只能是级差地租。在坚持劳动价值学说和等价交换原理的前提下,他否认有绝对地租。这是他忽视土地私有权的经济作用和混同自然价格与价值的必然结果。

李嘉图还认为,耕种土地的趋势是从优到劣,而农产品价值是由最劣等地的生产条件决定的,这样,随着资本主义生产的发展,粮食价格越来越贵,地租越来越高,工人的实际工资虽然不变,名义工资却随粮价提高而增加,工资增加了,利润便降低——这就是李嘉图对利润率下降趋势规律的说明。在这里,李嘉图通过工资这个环节,论证了利润和地租也是对立的,在分配领域上资产阶级和地主阶级的利益也是对立的。他认为,随着资本主义生产的发展,工人不受影响,地主得益最大,资本家损失最大。

在他看来,这本来是自然趋势,即耕种越来越劣的土地的必然结果,是无可奈何的。但是,假如有一种人为方法,助长这一趋势,就必须废除。他认为,1815年英国重新修订的谷物法就是这样的人为方法,因为它限制国外廉价粮食输入英国,助长英国粮价上涨,因而必须废止。这样,李嘉图便将其剩余价值学说,通过分配学说,反对当时英国封建主义的尾巴——谷物法,为产业资产阶级谋利益。

但是,李嘉图的剩余价值学说并不是完全科学的,由于这样,他的劳动价值学说也不能贯彻到底。前面说过,斯密由于认为工人出卖的是劳动,劳动形成的价值是工资,无法解释利润和地租的来源,便产生种种错误。李嘉图也认为工人出卖的是劳动,理应也遇到利润的来源问题;只是由于他接受了斯密的自然价格等于价值的说法,这个问题便被掩盖了。正因为他混同了自然价格和价值,便无法说明,等量资本因有机构成和周转时间不同,在相同时期内推动的活劳动不同,便应有不同的利润,但为什么在自由竞争中,等量资本获得的利润却是均等的这一问题。最后只好承认,在劳动之外,固定资本和流动资本结合比例不同,商品上市时间不同,由工资变动引起的利润率变动,也是决定价值的因素。虽然他极力说明,劳动决定价值是根本的,其他的只是次要的,上述的不同只是一种例外,但是,这已经等于宣布劳动价值学说是不能贯彻到底的,并为其论敌准备了攻击的对象。

如上所述,斯密和李嘉图的剩余价值学说,各有正确和错误之处。将两人比较,便可以看出特点:斯密明显地感到,劳动决定价值的原理,其作用在资本主义以前和以后，会有不同的特点，但他不能说明它，如果将他说的交换商品支配的劳动决定价值，理解为购买了劳动力、以它支出的劳动来决定价值，这就是正确的，并有可能科学地说明剩余价值的产生，但斯密无法理解劳动力成为商品，李嘉图连这一点感觉都没有，这是他不如斯密的地方；李嘉图将劳动决定价值的原理作为出发点，去研究经济范畴，揭露了工资和利润、利润和地租的对立关系，认为这个原理并不因工资劳动的出现而失效，这是他胜于斯密的地方，他最后的错误的根源，在于不理解剩余价值要转化为平均利润。两者的错误都是由于不理解资本主义生产的历史性。这说明剩余价值学说再也不能在资产阶级世界观内发展了。

（二）

首先起来反对斯密的剩余价值学说的，是庸俗经济学的鼻祖、法国的萨伊。他的经济学说是对在法国大革命中逐渐觉醒的无产阶级的一种反动。他利用重农主义的价值学说和斯密的全部庸俗价值学说，来反对剩余价值学说。

他沿用重农主义的说法，将使用价值或效用说成是价值；并利用斯密的错误，认为价值由工资、利润和地租构成，它们是劳动、资本、土地创造的。劳动—工资，资本—利润，土地—地租。萨伊首创的这个三位一体公式，认为资本主义生产是通力合作的，分配是公平合理的，劳动创造的已全部成为工资，利润和地租分别是资本和土地创造的。这个公式至今仍然是资产阶级用来为剥削辩护的理论基础。

这个公式包含的全部内容都是错误的。首先，公式右面的工资、利润和地租，是具有同一社会性质的，可以放在一起，但公式左面的劳动、资本和土地，并不具有同一社会性质，不应放在一起。其次，劳动、资本（其实应该是工具）和土地结合起来生产的是使用价值或效用，而不是价值，在价值生产上，只有劳动发生作用，资本和土地是没有作用的，而劳动生产的是全部价值，并不仅仅是工资，并且劳动不要求工资，只有雇佣劳动才要求工资，而雇佣劳动得到的实质上不是工资，而是劳动力的价格。

再从具体问题来看其错误。萨伊既然将使用价值或效用说成是价值，他就应该以效用量的大小来决定价值的大小。但效用是不能衡量的，他只好说,效用由价值来衡量。这是循环论证。效用是由劳动、资本、土地三者共同创造的,怎能决定每个因素创造的效用的大小呢? 他只好说这三者创造的价值等于生产组织者购买或租用它们时所付出的费用。这是生产费用论。但仍然没有回答这三者的大小由什么决定的问题。最后他只好求救于什么都不能说明的供求论:工资由工人的生存费用和劳动的供求关系决定,利润由借贷资本的供求关系决定,地租由土地的供求关系决定。

三位一体公式有一个大漏洞:在企业收入上不能自圆其说,因为它是不拥有资本的企业家的收入。没有办法,萨伊只好说,租用劳动、资本和土地的企业家,付给他们的代价,小于他们创造的价值,其差额便是企业收入。由于要弥补这个漏洞,以后的经济学家便说,企业收入是企业家的劳动即组织职能创造的。这样,这个公式中的劳动—工资,就加上企业家的劳动—企业收入或高级工资的内容,与此相应,资本—利润,便应修改为资本—利息。

企业收入、利息和地租,就这样被说成不是劳动创造的。

英国庸俗经济学鼻祖马尔萨斯站在剥削阶级,尤其是地主阶级的立场上,利用斯密的价值由交换商品支配的劳动决定的错误说法,反对李嘉图的剩余价值学说,为地租和为维持谷物法辩护。

马尔萨斯抓住李嘉图的错误,即既承认除了劳动,资本结合比例不同等因素也是决定价值的原因,又认为这只是一种例外,指出随着文明的发展,这例外会成为通例。

为了反对李嘉图,他提出自己的利润学说,认为利润是垫支资本的价值和商品出售或使用后所得价值之间的差额。因此,它只能从贵卖中产生。但它不能由资本家之间相互贵卖而产生。如将商品贵卖给工人,工人便只能以其工资买到他应买的消费品的一部分,其余的部分就不能实现。他由此认为,利润只能由资本家和工人以外的第三者——地主、官僚、僧侣来支付,他们的收入越高,需求越强,卖价越高,利润就越大。结论是:地租越高,利润也越高,谷物法不应废除。我们的问题是:地租不是从天而降,而是从资本家的口袋里分来的,这样,资本家再以贵卖的办法,骗回他给地主等人的货币,这对利润的产生到底有何作用,利润到底是从哪里来的?

李嘉图的门徒、英国庸俗经济学家老穆勒和麦克洛库赫在捍卫古典学派的理论时,使它完全解体。

老穆勒企图这样解决斯密未能解决的矛盾：劳动的价值（工资）由劳动者在生产物价值中占有的份额决定，劳动者和资本家在生产物价值中占有的份额，即工资和利润（剩余价值）由他们之间的竞争，即供给和需要的关系决定。这样，他就认为，劳动和资本之间的交换是等价的，利润的产生也能说明。其实，这样一来，他就放弃了价值由劳动决定的原理，主张价值即工资和利润由供需决定了。

麦克洛库赫企图这样解决李嘉图未能解决的矛盾：决定价值的劳动，除了劳动者的劳动外，还有役畜、工具、自然的"劳动"，因此，等量资本虽然有不同的有机构成和周转时间，但在同一时间内，推动的各种各样的劳动量总是相等的，产生的价值和利润也是相同的。

斯密和李嘉图的剩余价值学说，虽然还不是完全科学的，但毕竟已经揭露了劳动形成的价值要分解为工资和利润两部分，后者就是工人的剩余劳动。这就理所当然地被空想社会主义者利用来攻击资本主义生产。由于这样，资产阶级经济学家就必然要进一步反对剩余价值学说了。

英国庸俗经济学家西尼尔认为利润是对资本家节欲的报酬。这是一种不能说明利润的实体和来源的理论。按照他的说法，似乎构成利润或剩余价值的物质要素的，即物质资料都可以由资本家全部挥霍掉。我们且不说竞争的压力迫使资本家"节欲"，就是构成利润的物质要素也必然有一部分是吃、穿不得的生产资料，是使资本家非"节欲"不可的。其实，这种论调也是来自斯密和李嘉图，他们在理论上遇到困难时，斯密曾以兴趣、李嘉图曾以补偿来说明利润，并且是具有自然率的利润的产生。西尼尔不过改头换面地利用了它。

巴斯夏和凯里利用斯密教条的错误，反对19世纪40年代和50年代的空想社会主义和工人运动，认为随着资本主义的发展，两大阶级的关系不仅是和谐的，而且相对于利润来说，工资占的份额越来越大。

斯密既然认为商品价值全部分解为收入，就必然认为虽然个别资本是由 c 和 v 构成的，但社会资本却只由 v 构成，因为 c 最终是分解为 $v+m$。这样发展下去，就必然混淆了利润率 $m:(c+v)$ 和剩余价值率 $m:v$，将利润率的下降说成是剩余价值率的下降。

法国庸俗经济学家巴斯夏正是这样进行辩护的。他认为在价值的分配中利润率有下降的趋势,就表明工资占有的份额在增大,情况如表 4-1 所示。问题在于把产品价值全部分解为收入,而不分解为不变资本。

表 4-1　利润率与劳动份额变化

时间	产品总额	资本份额	劳动份额	利润率
第一时期	1 000	500	500	50%
第二时期	2 000	800	1 200	40%
第三时期	3 000	1 050	1 950	35%
第四时期	4 000	1 200	2 800	30%

美国庸俗经济学家凯里的辩护论调和巴斯夏基本相同。凯里是在 19 世纪 50 年代的美国这样一个自由殖民地的国度里进行辩护的,所以他认为随着工资份额的增大,工资劳动者有可能成为资本家。这是对于美国殖民初期获得土地容易,工资劳动者有可能成为独立小生产者这种情况的理论反映。正因为这样,他指责李嘉图的理论体系是仇恨的体系,是要在各个阶层之间挑起战争;他甚至指控李嘉图为共产主义之父。

(三)

马克思创立的科学的剩余价值学说,是在无产阶级世界观指导下对古典派剩余价值学说的扬弃。它不仅揭露了资本主义剥削的秘密,而且揭示了资本主义必然被社会主义代替的规律,对资产阶级十分不利。

第一个起来从理论上反对马克思的经济学说的,是 19 世纪 70 年代在西欧诸国同时产生的边际效用或主观效用学派,其重要代表是奥地利或维也纳学派,庞巴维克是其主要代表。

庞巴维克用来反对马克思的剩余价值学说的,是归属论和利息时差说,前者又是建立在边际效用论、代用效用论和补全财货论的基础上的。

边际效用论是用来对抗劳动价值学说的。庞巴维克认为,价值的根源是物品的有用性和稀少性;价值的大小取决于人们对于其拥有的物品的最后单位(所谓边际)的效用的主观评价。这样,他就认为江河中之水无穷无尽,任人汲取,因此毫无价值;沙漠中之杯水,对于迷途的旅客来说,贵于黄金。其实,前者之所以毫无价值,是由于自己汲取,没有耗费别人劳动;后者则是特殊条件下形成的垄断价格。

代用效用论认为,一种物品的边际效用可以由代替它的另一种物品的边际效用决定。如某人大衣被窃后,他可以典当其他物品去买大衣,这样,大衣的边际效用便由其他物品的边际效用决定。

补全财货论认为,有些物品要联合使用,相互补全,才有效用,如针和线,笔和墨。假如甲、乙、丙补全财货在联合使用时,边际效用为100,三者总价值便为100。假如它们都有边际效用较小的代用品,那么,其总价值便由各代用品的价值构成,如甲、乙、丙各自的代用品价值为20、30、40,则补全财货总价值为90。假如丙是不能代替的,那么丙的价值便为原补全财货的价值减掉其余的甲、乙的代用品的价值的余额,即丙的价值为100-(20+30)=50。很明显,庞巴维克的补全财货论,是为其分配论即归属论准备条件的。

他认为,生产要素即劳动、资本和土地是补全财货,它们联合使用,便生产出总效用或总价值,这要在生产要素之间分配。不过,他又认为,这些生产要素有的是有代用品的,如劳动、原料、工具、燃料,在市场上都可以买到价值较低的代用品,唯有土地、矿产、铁路、工厂和企业人才等,是没有代用品的。因此,在总价值中扣除掉代用品的价值后,余下来的价值就属于不能代替的生产要素,分别成为地租、企业收入等等。这就是归属论。很明显,这是萨伊的生产要素论在另一种条件下的翻版。

从辩护的角度看,归属论有一个漏洞:没有说明利息的来源。没有办法,庞巴维克只好说,利息是时间产生的,因为人们对目前财富主观评价较高,对未来财富主观评价较低,贷出的目前财富较小,收进的未来财富较大,其中的差额便是利息。这只是对利息的主观主义的解释,而没有说明其泉源。

美国现代庸俗经济学鼻祖克拉克将萨伊的生产要素论和边际效用论结合起来,提出一套比庞巴维克的理论更为完整的反对剩余价值学说的理论。这就是所谓的边际生产率论。

这种论调认为,价值是由生产三要素创造的,但是,由于是共同创造的,就不能确定每一种要素创造的价值的大小,并根据这一点进行分配。我们说过,萨伊就遇到了这个问题,弄得走投无路。克拉克想用边际生产率论来摆脱困境。这就是说,在生产三要素中,分别设定两个要素不变,增加另一要素,其产量较前增大的部分,便是这个要素创造的。不过,他认为,这样一来,由于破坏了生产三要素的比例,每增加一个要素,即边际要素,其产量是递减的,由此决定,各要素分配到的收入也是递减的。

克拉克由此说明工资取决于劳动边际生产率。他用图 4-1 说明如下:假设资本数量不变,劳动逐渐增加,以 AD 线表示,AB 为第一劳动单位的产量,A^1B^1 为第二劳动单位的产量……DC 为最后或边际劳动的产量。从 C 划一线平行于 AD,与 AB 相交于 E。由此他就认为,既然劳动的边际生产率为 DC,而劳动是可以替代的,那么全体工人的工资都应取决于 DC,全部工资总额为 $AECD$,工人的所得等于其所产,没有剥削。但是 AB 为第一劳动单位的产量,其工资却为 AE,其差额 BE 不是被剥削了吗?BEC 就是全部劳动被剥削的份额,变成资本的利息。

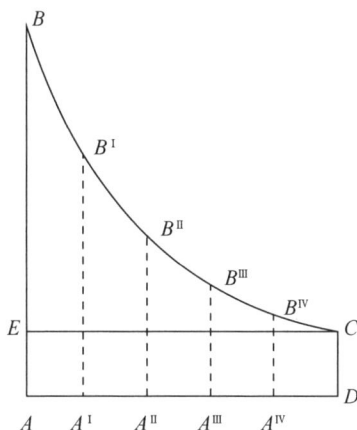

图 4-1 劳动边际生产率

为了辩护,他只好改口,认为第一劳动单位劳动时,使用的是全部资本,因此产量较多,到增加第二劳动单位劳动时,由于资本不增加,新旧劳动共同使用全部资本,各生产出同等的产量。这时旧劳动的生产量比前减少,是由于它使用的资本减少了。由此,他就证明旧劳动的生产量减少的部分,就是它以前使用较多的那部分资本生产的产量。这样推论下去,BEC 就是资本生产的,它成为资本的利息便是天公地道的了。他这样改口,已经将在资本不变的条件下增加劳动时,各劳动单位的产量递减的论点,改为资本和劳动共同生产的产量的论点了,只是认为此一改变便可以说明分别由资本和劳动生产的产量。但这样一来,他不过是改头换面地重版萨伊的生产要素论罢了,其错误相同。

我们再看看他对利息和地租的说明,便很清楚了。

他也用同样的办法,说明利息取决于资本边际生产率。只要假定劳动不变,资本增加,将上图 AD 线表示资本的增加,AB、A^1B^1……表示增加的资本的产量,DC 表示边际资本的产量,则利息应取决于 DC,全部利息应为 $AECD$。依照同样道理,EBC 则为工资。

但是,在说明资本边际生产率降低时,克拉克用的方法和说明劳动边际生产率降低不同。他认为,人们使用的工具在演变,如从斧头到电锯。他假定用斧头伐木,一年中斧头用坏了,但比赤手空拳多伐许多木,其中节省的时间可以造六把新斧头,这样,斧头即资本的利息率为 $(6-1):1$,即 500%。其后用电锯伐木,电锯的成本大于斧头成本的差额,就是增加的资本,它的产量虽然绝对地增加,但扣除了重新生产电锯后的余额,相对于增加的资本来说,却是递减的,比如使用电锯多伐的木头,其中节省的时间可以造五把新电锯,这样,电锯即资本的利息便降为 $(5-1):1$,即 400% 了。

在用同样的办法说明地租的产生时,他遇到了困难。因为土地有限,他就不能假定其他生产要素不变,增加土地以测定土地边际生产率,并由此说明地租。没有办法,他只好认为,土地和劳动共同生产产品,既然增加劳动,其边际生产率是降低的,其余的即上图中的 EBC 便是土地生产的,成为地租。

克拉克的理论,如同一切生产三要素论一样,不能说明与利息相区别的利润,即企业收入的产生。他认为,上述各种收入产生的规律是静态经济学研究的,在这条件下,利润是不存在的。真正的经济是动态的,利润是在动态经济中产生的,它是动态经济学研究的。所谓动态,指的是人口增加、资本增加、技术变动、资本组织变化、人类欲望变化,最重要的是生产方法的改进。新发明刚一产生,就可以产生较多的产量,就得到较多的赢利,这就是利润。但发展下去,大家都提高了,它就变成利息或工资,而归于消灭。待更新的发明产生时,利润又产生。就是说,他将超额利润的产生,说成是利润一般的产生,并且认为它不是劳动产生的。

英国现代庸俗经济学鼻祖马歇尔集历史上所有的庸俗的价值论和分配论之大成,凑成其均衡价格论和以这一理论为基础的国民分配红利论,来反对马克思的剩余价值学说。

马歇尔认为,均衡价格就是价值;所谓均衡价格,就是需求价格和供给价格相均衡时的价格。从这方面看,他的价值论实质上是供需决定价值论。这是错误的。因为供需只能使价格上下波动,而不能说明这种波动依以发生的水平,不能说明供需均等时的价格是怎样决定的。这样,他就有必要说明需求价格和供给价格是怎样决定的。

他认为需求价格是消费者为购买一定数量的商品所愿支付的价格;如果购买者是工业资本家,需求价格最后仍以消费者支付的价格为依据;消费者愿意支付的价格由商品的边际效用决定。他根据边际效用随财富的增加而递减的理论,引申出边际需要价格递减的理论,即如果人们支配的货币不变,财富数量越多,人们对其增加量所愿支付的价格就越低。由此他又引出一条所谓需求规律:价格下降,需求增加;价格上涨,需求减少。需求价格理论的错误,就是边际效用论的错误。

他认为供给价格是人们供给一定数量商品所要索取的价格,它代表供给商品所付出的努力和牺牲,它由生产费用构成。生产费用有两种:真实生产费用和货币生产费用;前者是种种直接劳动、各种形态的间接劳动即资本,以及为了积累资本所忍受的节欲和牺牲;后者是为这种努力(劳动)和牺牲而支付的货币额。所以,和供给价格有直接关系的只是货币生产费用。同理,价格上涨,供给增加;价格下降,供给减小。供给价格理论的错误,就是生产费用论的错误。

在上述理论基础上,他认为在一定时期内,如果某种商品的需求价格大于供给价格,卖主得到的价格就比他希望索取的价格为高,商品的供给量就增加;反之,供给量就减小。当需求价格和供给价格正相等时,生产量就不增不减,供需均衡,这时的价格就是前面说的均衡价格。

他的国民分配红利论就建立在均衡价格论上。均衡价格既然是相均衡的需求价格和供给价格,供给价格是由生产费用构成的,而生产费用又由各种生产要素(包括劳动和资本)的价格构成,生产要素的所有者获得的生产要素的价格或报酬,就成为他们的收入,即工资和利息。

对于工资和利息量的决定,马歇尔同样用供需关系来说明。他认为工资取决于劳动的需求价格和供给价格的均衡,前者取决于劳动边际生产率,后者取决于劳动者的生存费用。他认为利息取决于资本的需求价格和供给价格的均衡,前者取决于资本边际生产率,后者取决于期望即节欲。这里,他在重弹生产要素论和边际生产率论。

马歇尔认为,地租是自然产生的。他说,用于耕种土地的劳动和资本的增加,一般地使所获得的农产品数量的增加在比例上是降低的,也就是存在着土地报酬递减的规律。这样,在土地的边际利用和有利利用之间,便产生产量上的差额,它就是地租。这也是一种生产要素论。

对于利润或企业收入的说明,马歇尔是很含糊的。在这里他遇到了生产三要素论无法说明四种收入(工资、利息、企业收入和地租)的困难。没有办法,他只好说,利润或企业收入是资本家管理企业和组织生产这种劳动的报酬。这种把企业收入说成是资本家的管理劳动的工资的论调,无法解释企业收入的大小为什么不与管理劳动成比例,而与资本成比例。不仅如此,这种论调和其分配论的基础——均衡价格论联系不起来,因为在均衡价格的构成中,没有企业收入的位置。如果用不同企业的供给价格来解释,那就只能说明超额利润即超额企业收入的产生,而不能说明一般利润即企业一般收入的产生。无论如何,在这个问题上,他是不能自圆其说的。

从上述可以看出,既然剩余价值学说由于成为无产阶级的斗争武器而被资产阶级所反对,那么,在阶级矛盾更为尖锐的垄断资本主义条件下,它就更不可能在资产阶级经济学家手中发展了。

六、重商主义派、重农主义派和
古典派剩余价值理论简评[①]

重商主义派、重农主义派和古典派,是资本主义发生和发展初期的资产阶级经济理论。这时,主要的社会矛盾,是新兴的资产阶级(商人和工场主)和衰朽的地主阶级之间的矛盾;资产阶级和无产阶级之间的阶级斗争仍然潜伏着,尚未公然爆发。在这社会条件下,资产阶级的经济理论,是反对封建主义的革命理论的构成部分;在这限度内,它能够是科学。

但是,尽管这时的社会条件允许资产阶级经济学家实事求是地分析经济关系,然而,经济发展过程的不成熟(主要是对重商主义派和重农主义派),特别是资产阶级世界观的缺陷对他们的视野的限制,妨碍了他们的分析,使他们的经济理论或者是不科学的,或者是科学性不高的。这从他们的剩余价值理论中,可以清楚地看出来。

按本质来说,剩余价值是资本主义商品价值的一部分,是工人的剩余劳动创造的;但从现象上看,剩余价值好像是全部资本创造的,这样它就转化为利润。剩余价值或利润不可能纯粹地表现出来,而具体地表现为企业利润、利息和地租。这就是说,剩余价值是企业利润、利息和地租的抽象形态和共同实体,而企业利润、利息和地租则是剩余价值的特殊形态和个别分枝。

正因为这样,缺乏历史观点和辩证方法的资产阶级经济学家,就不可能正确地理解剩余价值的本质,也不可能科学地说明它是怎样生产出来的。

由于剩余价值事实上是商品价值中的一部分,所以,经济学家们的剩余价值理论,很自然地总是和他们的价值理论相联系的。

---

① 陈其人:《重商主义派、重农主义派和古典派剩余价值理论简评》,《学术月刊》1958 年第 4 期,第 77—84 页。

（一）

在重商主义派看来,价值就是价值形态,归根到底就是货币形态和金银货币,因而剩余价值就是金银货币的增加额。他们认为,利润是在交换中产生的,是贱买贵卖的结果。他们把商业的让渡利润看成是剩余价值的唯一形态。他们当然知道,国内贸易中的贱买贵卖,只能改变既有金银货币在不同所有者之间的分配,不能绝对地增加剩余价值,所以,他们就认为,一个国家如果不能用开发金银矿的办法,来绝对地增加金银货币,绝对地增加剩余价值,就只能通过国外贸易中的贸易顺差,即通过输出额大于输入额,才能绝对地增加金银货币,绝对地增加剩余价值。

重商主义派的重要代表、大商人托马斯·蒙这样说过:"国外贸易是增进我们的财富和宝库的普通手段。在这个国外贸易中,我们应当永远遵守下列的原则,即:每年我们所卖给外国人的货物总额,应当多于我们所消费的外国货物。"①

马克思认为,重商主义是最初考察资本主义生产方式的理论。但这理论无一不是错误的,因为它是从流通过程及商业资本运动的表面现象出发的。

重商主义派的错误在于:把价值的表现——价值形态、货币形态,错误地认为是商品固有的价值;把一般等价物和价值的贮藏手段——货币,错误地认为是价值一般;把交换中增加的金银货币额——商业的让渡利润和由国外贸易顺差而输入的金银货币,错误地认为是剩余价值。

为什么交换中增加的金银货币额,不是剩余价值呢? 第一,这增加的金银货币额,如果是由贱买贵卖的不等价交换产生的,那么,交换的双方"一方的剩余价值,是另一方的不足价值"②,因而没有任何的价值增殖。这是让渡利润,而不是剩余价值。资本主义以前的商业利润就是这样来的,资本主义的利润实际上有一部分也是这样来的,但这不是剩余价值的生产。这情况甚至可以不经过交换形式,不经过经济行为,而由行乞、欺骗、盗窃和抢劫发

---

① 托马斯·蒙:《英国得自对外贸易的财富》,转引自卢森贝《政治经济学史》(第一卷),郭从周等译,生活·读书·新知三联书店 1959 年版,第 57 页。
② 马克思:《资本论》(第一卷),人民出版社 1975 年版,第 185 页。

生。这些难道也是剩余价值的生产吗？第二，这增加的金银货币额，如果是由国外贸易的顺差而输入的，那么，就如太阳一样的明亮，绝对不是什么剩余价值，因为这里根本没有"剩余"的价值。从价值方面看，出卖 10 万元商品给外国，和再从外国买进商品 8 万元并输入金银货币 2 万元，是一样大小的，不能从此增殖任何的价值。

总之，在交换中既然不能生产价值，当然也就不能生产剩余价值。

重商主义派的错误，与当时的经济条件有很大的关系。晚期的重商主义派，产生于封建主义瓦解时期、资本原始积累时期的欧洲各国。当时，商业资本在经济生活中发生压倒一切的影响：在国内，到处促使自然经济的瓦解，商人极力欺骗封建主和压榨小生产者；在国外，随着战争、抢劫和欺骗而进行的贸易，使大量金银货币流入欧洲各国。同时，商业资本又是资本的最早存在形式之一，资本主义产生的重要途径是商人把小生产俘虏过来，组织成资本主义生产。在这样的经济条件下，第一，人们的视线就很自然地集中在流通领域上，集中在商业上，而从流通领域出发去研究经济关系，是注定了要跌跤的。

第二，资本主义生产刚刚发生，对市场无知和经济力量脆弱的小生产者，在社会生产中还占统治地位，自由竞争远未充分展开，这样，在市场价格的形成上，欺骗和偶然性还有很大的作用，这情况在国外贸易中尤其显著，因此，市场价格形成的基础——由劳动决定的价值，就不能无掩饰地呈现出来。于是，人们就容易从交换中说明价值的形成，并把价值的形态看成是价值。

第三，资本主义生产的萌芽状态，使产业利润无法显露出来；而在市场价格形成中的欺骗性和偶然性，则使商业中的让渡利润突出地显露出来，这样，就容易使人认为让渡利润是剩余价值的唯一形态，它是由不等价交换产生的。

重商主义派的错误理论，后来被英国最早的庸俗经济学家马尔萨斯改头换面地接受和发展。马尔萨斯认为，价值就是购买者支付的价格，就是市场价格，利润就是购买者支付的价格大于生产者垫支的价格的差额，所以，利润是由购买者支付的。这种支付利润的购买者，只能是单购买不出卖、单消费不生产的地主阶级和其他寄生者。由此他就认为地主阶级对社会的贡献是高于一切的。

马尔萨斯的见解,比起他的前人和同时代人李嘉图来,没有任何进步和正确的地方。他把商品和货币相交换所形成的关系——市场价格,错误地认为是商品固有的价值;把地主阶级的片面购买,错误地认为是剩余价值的泉源。请问马尔萨斯先生:地主阶级不断地用在购买支付上的货币,是从哪里来的? 如果不是从天而降的,在只有工人、资本家和土地私有者三大阶级的资本主义社会内,就只能是从资本家口袋里分来的。这样,资本家不断用高于"垫支价格"的价格出卖商品,来骗回他不断送给地主阶级的货币,对剩余价值的生产到底有何作用? 剩余价值到底从哪里来的?

马尔萨斯当然不能回答这些问题,因为他的全部"科学"活动,就是为了替地主阶级辩护!

(二)

在重农主义派手里,价值最后被还原为使用价值,因而按照逻辑,剩余价值就是生产出来的使用价值量,大于消耗掉的使用价值量的余额。所以,剩余价值不是在交换中,而是在生产中产生的。但是,他们又认为,不是一切生产部门都生产剩余价值,只有农业部门才生产剩余价值。因为在他们看来,工人和资本家在生产中分别消耗的工资和利润的价值,只是不增不减地加到生产物中去,所以,剩余价值不是由劳动生产的;但是,在农业生产中,除了劳动以外还有自然的作用,由于受到自然的恩惠,农业的生产量就比生产中所消耗的种子、肥料、利润和工资要大些,其余额——农业中的纯生产物,就是地租。重农主义派既然把利润和工资等量齐观,看成是生产的耗费,就必然把地租看成是剩余价值的唯一形态。

标志着重农主义学说最高发展的杜尔阁这样说道:"只要耕者的劳动超过他满足需要的程度来进行生产,他就能够用这个剩余,来购买社会其他各成员的劳动。这个剩余,是自然超过他的辛勤劳动的报酬,作为纯粹的赠与提供给他的。只有这种人的劳动,会在工资以上生出一剩余。"[1]又说,自工

---

[1] 杜尔阁:《关于财富的形成和分配的考察》,转引自马克思:《剩余价值学说史》(第一卷),郭大力译,人民出版社1975年版,第24页。

资劳动出现以来,"土地的产品就要分成两部分:一部分包括耕者的生活资料和利润,这是他的劳动的报酬;余下的部分则是土地当作纯粹的赠与,在他的垫付额和他的辛勤劳动应得的报酬以上,交给土地耕作者的"①。还说:"耕者除了生产他自己的工资,还会在这以上生产那种收入,用以报酬整个手工业者及其他雇工阶级。土地所有者除了靠耕者的劳动"(所以并非靠自然的赠与),"再没有什么东西可得。"②

在杜尔阁手中,成为地租的纯生产物,最后已变为"因有农民的劳动"而产生的,实质上也就是农民的剩余劳动生产的。但杜尔阁不能有这种认识,因为他只看见具体劳动而没有看见抽象劳动。

马克思认为,重农主义派把剩余价值起源的研究,由流通领域推移到直接的生产领域,并由此立下了资本主义生产的分析的基础;又认为现代经济的真正科学,是在理论的考察由流通过程过渡到生产过程时开始的。

重农主义的剩余价值理论,有其极珍贵的正确之处,也有极严重的错误,正确和错误是混在一起的。剩余价值的确是在生产中产生的,但不是由自然生产的,因为剩余价值是由劳动者的剩余劳动凝结而成的;转化为地租的纯生产物确实是农业中的剩余价值,因为纯生产物是剩余价值的物质担负者;但农业中的剩余价值不仅包括了农业地租,而且也包括了农业利润;同时,这纯生产物只能从价值形态上来考察,即只能以纯收入表现出来,而不能从物质形态上来考察,即不能以剩余的物质表现出来;把剩余价值归结为纯生产物,就等于把价值还原为使用价值,这是十分错误的。因为使用价值是各个商品不相同的,它是自然和劳动结合起来生产的,而价值则是各个商品都相同的,它只是劳动创造的,在价值的创造上,自然没有任何的作用。

重农主义派的成就和错误,与当时的经济条件有很大的关系。重农主义派的故乡,是资产阶级革命准备时期的法国。当时的法国,是一个农业占优势,工业、商业和航海不发达的国家;资本主义生产还刚刚发展,生产规模很小,雏形的资本家往往还参加生产和管理。在这样的经济条件下,第一,资本主义的利润就不是纯粹地表现出来,而是和资本家兼为劳动者的工资

---

① 杜尔阁:《关于财富的形成和分配的考察》,转引自马克思:《剩余价值学说史》(第一卷),郭大力译,人民出版社 1975 年版,第 26 页。

② 同上书,第 27 页。

收入混在一起,这样,就很容易使人错误地把资本主义的利润,认为是资本家的高级工资,认为如同工人的工资一样是生产上的消耗或垫支。

第二,在把利润错误地认为是生产上的消耗的基础上,地租由于在工业生产中所占的地位是微乎其微的,但在农业生产中所占的地位却十分显著,这样,就很容易使人错误地认为工业生产中没有剩余价值,唯有农业生产中才有剩余价值,并且农业地租就是剩余价值的唯一形态。

第三,在工业中,剩余价值的生产,是不能明确地表现出来的。因为工业多半不生产劳动者的消费资料,工业劳动者消费的多半是他的生产物的价值,而不是生产物的物体。所以,离开了交换和商业,离开了正确的价值概念,是无法理解工业中的剩余价值生产的。但在农业中,剩余价值的生产,却是很突出地表现出来的。因为农业多半生产劳动者的消费资料,农业劳动者消费的多半是他生产的生产物,农业劳动者生产的消费资料是大于他消耗的消费资料的。所以,即使离开了正确的价值概念,也能笼统地理解农业中的剩余价值生产。

第四,工业的再生产,是不能离开交换而独立地进行的。因为工业多半不生产自己用的生产资料,也不生产工业劳动者消费的消费资料。但农业的再生产,却能够在很大程度上离开交换而独立地进行,因为农业不仅生产了农业劳动者消费的大部分消费资料,而且也生产了农业生产用的大部分生产资料。重农主义的反重商主义精神,必然使他们离开流通来寻求剩余价值的起源,而农业生产就是这样一个可以离开流通来寻求剩余价值的起源的部门,这样,他们就必然认为,剩余价值的唯一形态——地租,不是由农产品在流通中增加的价值转化而来的,而是由农业生产中的纯生产物转化而来的。

第五,认为只有农业生产中有转化为地租的剩余价值,工业生产中没有剩余价值,就必然认为这剩余价值不可能是劳动创造的(因为工农业生产中同样存在着劳动),而认为是农业生产中某些特殊因素产生的;工农业生产其实都利用自然力,但农业生产过程中的劳动对象是处在生物学上的生长过程中的,也就是说,农业的生产过程是和自然的生命过程结合在一起的,自然的作用特别大,工业的生产过程往往就不是如此,这样,就容易使人认为农业中的剩余价值是自然生产的,是自然的恩惠。

第六,剩余价值生产要有一个自然基础,这就是劳动生产力必须达到一定的高度,使劳动者的必要劳动时间仅为劳动日的一部分。在工业生产不发达,劳动者的消费资料大部分为农产品时,这个自然基础主要就是农业的劳动生产力。同时,在这条件下,社会上有多少劳动者能够不是农业劳动者,就看农业劳动者能够提供多少剩余生产物,这样,就容易使人认为农业中的剩余价值是劳动生产力生产的,换句话说,是作为具体劳动者的农业劳动生产的。

第七,在一定历史时期下,工资的水平是一定的。重农主义派的资产阶级世界观,使他们认为工资水平是自然决定的,这样,把工资视为已定的,把工资和利润视为生产上的消耗,就必然认为生产量大于生产中消耗量的余额——转化为地租的农业中的纯收入,是剩余价值的唯一形态。本来,这个余额只能从价值形态上来把握,因为把生产量和生产中的消耗量拿来比较,就要找寻这两者间的共同点,这共同点不能是别的,只能是由劳动形成的价值。但重农主义派由于把资本主义生产看成是生产的自然形态,就必然认为价值是产品自然而然地具有的,又由于认为地租是自然生产的,这样就必然不能从价值形态,而只能从物质形态来把握纯收入,从而把它认为是纯生产物。这么一来,就等于把价值还原为使用价值了。

重农主义派理论中的错误部分,后来被法国最早的庸俗经济学家萨伊不加分析地接受和发展。萨伊认为,价值就是财富,就是使用价值,也就是效用。在使用价值的生产上,劳动、劳动手段和劳动对象既然是共同发生作用的,萨伊就把它说成在价值的生产上,劳动、资本①和土地共同发生作用。这样,他就得出结论:劳动创造的价值,就成为它的出租者的收入——工资;资本创造的价值,就成为它的出租者的收入——利息;土地创造的价值,就成为它的出租者的收入——地租。这就是适用于任何时代的三位一体的公式:劳动—工资,资本—利息,土地—地租。根据这种见解,我们认为,萨伊实质上主张剩余价值是由自然生产出来的。

萨伊的见解,比起他的前人和同时代人李嘉图来,没有任何进步和正确的地方。他除了错误地把使用价值认为是价值外,第一,还错误地认为劳动

---

① 萨伊认为资本是存在于一切历史条件下的、土地以外的生产资料。

在任何历史条件下都创造价值,并且这价值就是工资。其实,劳动虽然在任何历史条件下都是生产使用价值的因素,但只有在商品生产的条件下才创造价值,只有在资本主义条件下才创造价值和剩余价值,才要求相当于劳动力价值的工资,这工资只是劳动创造的价值的一部分。第二,又错误地认为资本和土地在任何历史条件下,都分别生产并要求利息和地租。其实,生产资料虽然在任何历史条件下都是生产使用价值的因素,但不可能是生产价值的因素,因为价值是生产商品的劳动创造的。同时,生产资料也不是在任何历史条件下都是资本,都要求利润(包括利息),只有在资本主义条件下,才成为资本,才要求利润,这利润是工人的剩余劳动创造的。同样道理,土地不是生产价值的因素,也不是在任何历史条件下都要求地租,只有在土地私有权存在的条件下,才要求地租。资本主义的地租也是工人的剩余劳动创造的。

(三)

在古典派看来,商品是生产物一般,价值是生产产品所耗费的劳动①,因而剩余价值就是劳动者生产商品的劳动形成的价值,大于劳动报酬的余额;工业部门和农业部门同样生产剩余价值。古典派已从抽象形态上把握剩余价值,将利润和地租看作是它的分枝。

古典派的伟大代表亚当·斯密明白地说:"劳动者对原材料增加的价值,在这种情况下,就分为两部分,其中一部分支付劳动者的工资,另一部分支付雇主的利润。"②又说:"劳动者要采集这些自然物产,就必须付出代价,取得准许采集的权利;他必须把他所生产或所采集的产物的一部分交给地主。这一部分,便构成地租。"③亚当·斯密的理论,在李嘉图手里有了进一步的发展。李嘉图从价值由生产商品所投下的劳动决定的原理出发,论证了:劳动加在原料上的价值,要分割为工资和利润;工资和利润的份额的变

---

① 古典派的奠基者亚当·斯密,有时认为价值由生产商品所投下的劳动决定,有时又认为由交换商品所支配的劳动决定;古典派的完成者李嘉图则坚决主张前者,反对后者。
② 亚当·斯密:《国民财富的性质和原因的研究》(上卷),郭大力、王亚南译,商务印书馆1972年版,第43页。
③ 同上书,第44页。

动,不会影响价值;地租是在一定条件下的超额利润。

古典派的这些见解是十分卓越的,基本上也是正确的。正如马克思所说的:"亚当·斯密把剩余价值,即剩余劳动——已经完成并物化在商品中的劳动超过有酬劳动即超过以工资形式取得自己的等价物的劳动余额——理解为一般范畴,而本来意义上的利润和地租只是这一般范畴的分枝。"①所以,古典派虽然与重商主义派、重农主义派同样的不了解商品、价值和剩余价值的历史性质,但与后两者不同,它不是从剩余价值的某一特殊形态(地租),更不是从不是剩余价值的让渡利润,而是从剩余价值的抽象形态,去探讨剩余价值的生产的,并且实际上已看到剩余价值的泉源是剩余劳动。这种形成剩余价值的剩余劳动是一切生产部门所具有的。

古典派的这些成就,与当时的经济条件有很大的关系。古典派的故乡是英国。它产生于产业革命的前夜——工场手工业时期,完成于产业革命的时候。这是资本主义生产迅速发展、自由竞争充分展开的时期。在这样的经济条件下,第一,在国内市场中,让渡利润的现象已大大减小,市场价格形成中的偶然性和欺骗性已大大减小。随着资本主义生产的发展,流通已成为总生产过程中的一个环节,商业资本已屈从于产业资本,于是,人们的视线就从集中在流通领域上,转而集中在生产领域上。在资本主义生产的消耗中,劳动的耗费是十分显著的,所以,产业资本家是不能离开劳动的耗费来谈价格形成的基础——价值的。价值由劳动决定的原理,必然会产生。

第二,随着资本主义生产的发展,资本主义企业规模日益增大,资本主义的利润就和资本家兼为劳动者的工资收入相区别地显露出来,因为现在看得很清楚:不参加经营和生产的资本家照样得到利润;或者资本家得到的利润和他参加生产、经营所消耗的劳动,没有任何联系。正因为这样,亚当·斯密就有足够的理由,来驳斥那种视利润为监督工资的谬论。

第三,工场手工业的分工,特别是机器时期的机器生产,使劳动的生产力有了显著的提高,在劳动生产力显著提高下,在同一时间内生产的使用价值量增加,价值却不变,个别商品价值下降了,使用价值和价值运动方向的显著差别,使人们清楚地看到使用价值和价值的区别。正因为这样,李嘉图

---

① 马克思:《资本论》(第二卷),郭大力、王亚南译,人民出版社1953年版,编者序第14页。

就有足够的理由,来驳斥那种误认使用价值为价值的谬论。这就可以说明,价值不是自然生产的。

第四,在上述的基础上,就可以认识到,利润和地租都是商品价值中的一个部分,价值既然是劳动形成的,利润和地租就必然是劳动形成的价值的扣除:在劳动形成的价值中,劳动者只占有一部分,其余的部分便分别转化为利润和地租。这样,便能从抽象形态上把握剩余价值,并指出它的泉源是剩余劳动。

但是,由于资产阶级的阶级局限性,古典派的观点和方法都是不完全正确的,因而不能彻底地解决剩余价值生产的问题。第一,他们看不见资本主义生产方式是社会生产的一个历史形态,看不见资本主义生产方式下工人出卖的是劳动力,错误地认为工人出卖的是劳动,从而就错误地认为劳动有价值,劳动的价值就是工资。这样,按照他们所坚持的等价交换规律,工资就应该等于劳动形成的全部价值。但这么一来,剩余价值的泉源就化为乌有。所以,如果劳动是商品,怎样才能说明剩余价值的泉源,就成为古典派的第一个难关①。

第二,他们虽然把剩余价值当作抽象的形态来把握,但是,他们又把自由竞争充分展开时形成的生产价格,直接当作是价值,因此,他们事实上就把平均利润这个剩余价值的特殊形态,看成是剩余价值的抽象形态。这样,他们越是坚持价值由劳动形成的原理,就越不能解决这个问题:垫支资本总量相等,资本的有机构成和周转时间不等,因而在同时间内支配的活劳动不等,生产的价值和剩余价值不等,但在实际中,资本实现的剩余价值为什么是相等的?这是古典派的第二个难关。

古典派在科学的价值理论和剩余价值理论建立的历史过程中,虽然有伟大的贡献和不可磨灭的功绩,但也有重大的由资产阶级世界观带来的缺陷。这些缺陷在资产阶级的阶级界限内是不能克服的。古典派在理论上最后就是被上述两大难关所绊倒的。

李嘉图的门人、庸俗经济学家老穆勒和麦克洛库赫,企图通过上述两大

---

① 古典派的第一个难关在形式上本来不是这样的,而是:如果有剩余价值的生产,工人出卖的活劳动就只能交换小量的物化劳动(工资),但这又是违反价值由劳动决定和等价交换的原理的。现在为了突出地说明剩余价值生产的问题,所以,在形式上作了这样的改变。

难关,其结果不但是一般的失败,而且是李嘉图学派的解体。

老穆勒企图这样克服第一难关:劳动的价值(工资)由劳动者在生产物价值中占有的份额决定;劳动者和资本家在生产物价值中占有的份额,即工资和利润(或剩余价值),由他们之间的竞争,即供给和需要的关系决定;如果劳动者数量增加,资本数量不增加,工资就减小,利润就增大;反之,也就相反;劳动者和资本的关系不变,工资和利润也就不变。这样,老穆勒就认为,劳动和资本之间的交换是等价的,利润的产生也能说明。

其实,这样一来,老穆勒就放弃了价值由劳动决定的原理,而主张价值由供需决定,即工资和利润由供需决定了。看来,我们只能把劳动者当作是供给者,资本家是需要者。那么,劳动者供给什么呢? 供给一定数量具有价值的生产物吗? 不可能。因为按照老穆勒的说法,劳动者在生产物价值中占有的份额,要由他和资本家之间的供需关系决定。这样,就只能供给一定数量的劳动了。如果是这样,这劳动的价值就应等于劳动形成的价值,剩余价值就化为乌有——这正是古典派的第一难关。再说,供需关系的变动,只能使工资和利润发生变动,但不能说明工资依以发生变动的基础是怎样决定的。换句话说,供需均等时,工资是怎样决定的呢? 利润又是怎样决定的呢? 这就绝对不能由供需关系本身来说明了。

麦克洛库赫企图这样克服第二难关:决定价值的劳动,除了商品生产者的劳动外,还有下等动物的"劳动",工具机械的"劳动",自然力的"劳动"。这样,他就实质上主张,等量资本,如果有机构成不同,资本推动的劳动者的劳动不同,它们形成的价值虽然不同,但资本的利润却相同,是由于资本推动的下等动物的"劳动"、工具机械的"劳动"形成的"价值",和劳动者的劳动形成的价值合计起来相同的缘故;换句话说,等量资本虽然有不同的有机构成,但它们推动的各种各样的"劳动"总是相等的,所以生产相同的价值,有相同的利润;等量资本,如果周转时间不同,资本推动的劳动者的劳动不同,它们形成的价值虽然不同,但资本的利润却相同,是由于在资本所经历的时间内自然力的"劳动"形成的价值,和劳动者的劳动形成的价值合计起来相同的缘故。

这表明麦克洛库赫根本就是反对劳动决定价值的原理,而坚持萨伊的劳动、资本和土地创造价值的"原理"的。麦克洛库赫已经荒谬到把代劳家畜、工具机械的使用价值称为"劳动",把自然界的物理、化学和生命过程也称为"劳动"! 既然这些都是"劳动",他为什么不更干脆些,直接称利润为代劳家畜、工具机械、自然力的工资呢! 这样,一切问题都被麦克洛库赫这个天才"解决"了!

(四)

对重商主义派、重农主义派和古典派剩余价值理论的简评,集中地说明了三个重大的问题。

第一,由于剩余价值是资本主义商品价值的一部分,所以,没有正确的价值理论,就根本不可能有正确的剩余价值理论,前者是后者的最一般的理论基础。马克思说过:"剩余价值的定义如何,当然要看价值本身是在什么形式上被把握而定。"①重商主义派把价值形态、货币形态看成是价值,重农主义派把使用价值看成是价值,这就从根基上决定了他们不可能有正确的剩余价值理论;古典派把劳动看成是价值,大体上是正确的,这就从根基上决定了他们可能有大体上正确的剩余价值理论,他们后来遭遇到严重的困难以致归于失败,是由另外的原因决定的。大家知道,马克思正是从建立科学的劳动价值理论出发,去建立科学的剩余价值理论的。这样,剩余价值理论就建立在巩固的理论基础上。

第二,由于企业利润、利息和地租是剩余价值的特殊形态,所以,就不能从某一特殊形态来寻求剩余价值的泉源和说明剩余价值的产生,而要从剩余价值的抽象形态来寻求它的泉源和说明它的产生,然后再说明它如何转化为各种特殊形态。马克思说过:"一切经济学者,都在这点上犯了错误:他们不把剩余价值纯粹地当作剩余价值来进行考察,而是在利润和地租那各种特殊形式上进行考察。"②

重农主义派是从农业地租、古典派后来事实上是由平均利润,去说明剩余价值的生产的,这就当然要归于失败;至于重商主义派,那就更不用说了,因为它是从不是剩余价值的让渡利润,去说明剩余价值的生产的。这些错

---

① 马克思:《剩余价值学说史》(第一卷),郭大力译,人民出版社1975年版,第167页。
② 同上书,第5页。

误,是方法论的错误。大家知道,马克思是从剩余价值的抽象形态出发,先说明它的生产,然后再说明它如何转化为各种特殊形态;表明剩余价值的抽象形态的生产的,是马克思的资本总公式理论。资本总公式不是具体资本,如产业资本、商业资本和借贷资本的公式,因而它表明的就不是剩余价值的特殊形态,如企业利润、利息和地租的生产,而是剩余价值的抽象形态,即企业利润、利息和地租的共同实体的生产。这样,剩余价值理论就建立在正确的方法论的基础上。

第三,由于价值是劳动创造的,所以,成为价值的唯一泉源的劳动就不可能具有价值;同时,劳动永远都是处在流动状态中的,所以,它既没有价值,也不是商品。恩格斯说得好:"劳动作为创造价值的活动,不能有特殊的价值,正像重不能有特殊的重量,热不能有特殊的温度,电不能有特殊的电流强度一样。作为商品买卖的,不是劳动,而是劳动力。"①古典派就是错误地认为工人出卖的是劳动,收入的是劳动的价值,因而就不能解决劳动的价值等于劳动形成的价值,又怎样能有剩余价值,或者有剩余价值,但劳动的价值又怎样能不等于劳动形成的价值的问题。大家知道,马克思从劳动创造价值的原理出发,认为作为价值增殖的剩余价值,只能是一种创造价值的特殊商品生产的,这种特殊商品创造的价值必定比它本身的价值更大,其中的差额就是剩余价值。这种商品不可能是一般的劳动生产物,只能是人类的劳动力。劳动力成为商品的理论,是科学的剩余价值理论的核心。从劳动力成为商品的理论出发,就可以科学地说明工人的收入是劳动力的价值或价格,剩余价值就是工人创造的价值大于劳动力的价值的余额。

① 马克思:《资本论》(第二卷),郭大力、王亚南译,人民出版社 1953 年版,编者序第 24 页。

七、要从剩余价值的抽象形态,不能从其特殊形态(平均利润、利息和地租)去研究其产生

——《剩余价值学说史》概说部分学习笔记①

马克思的遗稿中属于政治经济学批判方面的,有一部分由后人编成《剩余价值学说史》出版②。它有两个版本,都分为三卷。一个版本是考茨基编的,于 1905—1910 年出版。另一个版本是苏联马列研究院编的,于 1954—1961 年出版。两者在结构编排和章节定名方面都有不同之处。它们的不同之处,首先吸引我的是苏联版在全书开始的地方有一个"概说",它本来是遗稿中论述斯图亚特的开头语,是编者将它抽出来,并独立为"概说"的。我这个读书笔记,就是我对它的理解和由它引起的联想。

(一)

"概说"非常简要。内容如下:一切经济学者,都在这点上面犯了错误,他们不把剩余价值纯粹地当作剩余价值来进行考察,而是在利润和地租那各种特殊形态上进行考察。

马克思写的信,内容和"概说"基本相同,至少有下列两处:1867 年 8 月 24 日即《资本论》第一卷出版前致恩格斯的信:"我的书最好的地方是:……研究剩余价值时,撇开了它的特殊形态……利润、利息、地租……古典经济学总是把特殊形态和一般形态混淆起来,所以在这种经济学中对特殊形态的研究总是乱七八糟的。"③1868 年 1 月 8 日为批判杜林致恩格斯的信:"过

---

① 原载于《当代经济研究》1994 年第 5 期,标题是现在加的。
② 这是郭大力的译法,中共中央马克思恩格斯列宁斯大林著作编译局译为《剩余价值理论》。
③ 《马克思恩格斯全集》(第三十一卷),人民出版社 1972 年版,第 331 页。

去的一切经济学一开始就把表现为地租、利润、利息等等固定形式的剩余价值的特殊部分,当作已知的东西来加以研究。"①

这里产生两个问题。第一,历史上的经济学家将剩余价值的特殊形态即利润、利息、地租,当作剩余价值的抽象形态即未分割的剩余价值本身来研究,当然是错误的。但"概说"和两封信,对特殊形态的内容的提法不尽相同。"概说"没有提利息。对特殊形态的排列顺序也不尽相同,有的将地租排在最后,有的则相反排在最前:这种不同有没有实质性的意义?《剩余价值学说史》对剩余价值特殊形态的研究,有没有大致的顺序? 第二,将剩余价值各种特殊形态分别当作剩余价值抽象形态来研究,相应的经济学家是谁?

关于第一个问题,看起来内容、顺序不尽相同,没有实质意义,《剩余价值学说史》上剩余价值特殊形态的研究,大致有顺序,但要留在下面说明;第二个问题,十分重要,我的理解如下。

将地租这个剩余价值的特殊形态当作纯粹形态来研究的,是重农学派诸子。这是公认的,似乎不必再说。但细想一下,还有这样的问题:这个学派一方面将利润看成是经营者的工资(这时雏形的资本家还参加物质生产劳动),因而农业生产者投入的生活资料和生产资料(两者主要是农产品)比产出的少些,其差额即土地纯产品就是地租,这地租事实上是包括了利润在内的,因此它是纯粹形态的剩余价值,同后来李嘉图说的地租(级差地租)和马克思说的地租(绝对地租和级差地租),是特殊形态的剩余价值不完全相同;它另一方面又认为工业生产没有纯产品,因为它的投入和产出,具体的物质不同,不能从物质上看出差额,这样一来,地租即剩余价值就只存在于农业生产中,这地租又确实不同于一般的剩余价值,成为特殊的剩余价值。这就是马克思说的:"在农业上面,地租表现为第三个要素,表现为剩余价值的一个形式,那在工业上面并不存在或只有一个近于消灭的存在。它是剩余价值(利润)以上的剩余价值,因此是最明白最惹人注目的剩余价值形式。"②正因为地租在农业中的表现最为突出,而工农业都要取得平均利润,

① 《马克思恩格斯〈资本论〉书信集》,人民出版社 1976 年版,第 250 页。
② 马克思:《剩余价值学说史》(第一卷),郭大力译,人民出版社 1975 年版,第 16 页。

这地租就有可能被认为是农业特有的自然力生产的。斯密正是这样认识的。他说:"农业资本家所能推动的生产性劳动量最大。他的工人是生产性劳动者,他的牲畜也是生产性劳动者。在农业上,自然也和人一起劳动;自然的劳动……有它的价值。"①其实,重农学派的地租理论和斯密这里的论述,都是将使用价值看成是价值。这一点下面再谈。

将利润即平均利润这个剩余价值的特殊形态当作纯粹形态来研究的,只能是古典学派,尤其是李嘉图,不可能是重商主义,这是马克思在 1867 年致恩格斯的信中说清楚了的。李嘉图由于混淆了平均利润和剩余价值,就必然混淆生产价格和价值,因而就将引起生产价格变动的原因,即由工资变动而引起利润率的相反变动,看成是价值变动的原因。这是他终于不能坚持劳动价值理论的一个原因。

将利息这个剩余价值的特殊形态当作纯粹形态来研究的,似乎是阿伦德。因为他说过:欧洲每 100 棵树木,每年增长 3—4 棵,这就决定欧洲的利息率。但这种"高见"表明他不是马克思说的古典学派。古典学派中研究利息理论最有成就的是马西。但他是将利息正确地看成是利润的一部分的,并没有将这个特殊形态当作纯粹形态来研究。那么,恰当的人是谁呢?看来应该是英国古典学派的鼻祖即配第。不过他认为剩余价值有两种基本形态:土地租金即地租和货币租金即利息。他以前者的存在推论后者的必要,以后者的数量规定前者的货币表现。其后,重农学派的土地纯产品理论就是他的地租理论,已见上述。他的利息理论实质上与此相同:利息是生产和铸造货币的生产部门的纯产品。这部分纯产品就规定地租的货币额。用他的话说就是:"白银的纯产量就是谷物全部纯收获量的价值。"②

(二)

"概说"同遗稿论述斯密关于生产劳动的见解中的一段话,有密切的联系。这就是:"剩余价值的定义,当然要看价值本身是在什么形式上被把握

---

① 亚当·斯密:《国民财富的性质和原因的研究》(上卷),郭大力、王亚南译,商务印书馆 1972 年版,第 333 页。

② 威廉·配第:《赋税论 献给英明的人 货币略论》,陈冬野等译,商务印书馆 1963 年版,第 44 页。

而定。因此,在货币主义和重商主义体系中,它表现为货币;在重农主义者看来,它表现为土地的产品,为农产品;最后在亚当·斯密手里,它表现为商品一般。在重农主义者接触到价值实体问题的限度内,它在他们手里总是完全分解为纯粹的使用价值(物质具体物),好像在重商主义者手里,总是完全分解为单纯的价值形式……即货币;在亚当·斯密手上,商品的这两个条件,使用价值和交换价值,综括在一起了……亚当·斯密再把产品价值当作资产阶级财富的本质来确立。"①很明显,这是在历史上继起的经济学派对价值实体的认识史,它制约了对剩余价值实体的认识史,而对剩余价值实体的认识则制约了对剩余价值纯粹形态和特殊形态的认识。

在重商主义那里,价值就是贵金属货币,亦即只有开采金银矿的具体劳动创造价值,其他的劳动要待其产品交换到货币后,才形成价值;按照这种理论逻辑,如果说有剩余价值,那就只能是生产出来的金银大于生产时投入的金银币的差额——这就是其后的配第的货币租金即利息理论。不仅如此,配第认为土地纯产品的货币表现,要由金银矿的纯产品数量来规定,也是受重商主义的影响。

重商主义认为,在没有金银矿的国家,要增加货币,就只能对国外少买多卖,或取得贸易顺差。这是从流通中观察问题,不能说明剩余价值的产生。它用贱买贵卖来说明商业利润,这种让渡利润也不可能是剩余价值。这是因为,在这条件下,一方是剩余价值,另一方就是不足价值。

重农学派错误地将使用价值看成是价值,就必然认为工业部门不可能有剩余价值。因为工业的投入和产出,从使用价值看完全不相同,不可能有物质上的纯产品,农业部门的投入和产出,大体相同,因而可以视为有土地纯产品,即地租就是剩余价值。当然,发达的大农业生产,投入的生产资料大多是买来的,缺乏正确的价值观念,就不可能理解土地纯产品。正因为这样,马克思指出,这个学派的"出发点是在法国,一个以农业占优势的国家,而不是在英国,一个以工业、商业、航海业占优势的国家"②;法国的农业主要是小农。

---

① 马克思:《剩余价值学说史》(第一卷),郭大力译,人民出版社 1975 年版,第 167—168 页。
② 同上书,第 18—19 页。

英国古典学派，或者说斯密和李嘉图的价值实体观大体上是正确的，如果不涉及由劳动形成的价值如何在资本主义社会三大阶级进行分配的问题，他们的劳动价值理论也是正确的。斯密本来已经正确地在纯粹形态上研究剩余价值。正如马克思所说的，在斯密看来，创造价值的是一般的社会劳动，而不管它是体现在什么使用价值上①；在这基础上，他"已经把剩余价值，也就是把剩余劳动，也就是把已经完成并且已经实现在商品中的劳动在有酬劳动或已经在工资形式上得到一个等价物的劳动以上余额，当作一般范畴来理解，在其中，真正的利润和地租，都不过是一个分枝"②。斯密后来在剩余价值理论问题上犯错误，不是由于从剩余价值的特殊形态出发进行研究，而是由于认为工资既然是劳动的价值，它就应该等于劳动创造的价值，这样一来，利润和地租两者即剩余价值就不是来自劳动，而是来自资本和土地。价值就不再由劳动决定，而由工资、利润、地租构成。由于竞争利润率就趋向于平均化。因此，这种所谓的价值其实是生产价格，亦即斯密所说的自然价格。

李嘉图确实是从平均利润这个剩余价值的特殊形态去研究剩余价值生产的。因为他混淆了平均利润和剩余价值，从而也混淆了生产价格和价值。由于这样，他就认为除了劳动之外，工资变动和由此发生的利润率的相反变动，都使价值（其实是生产价格）变动。他本来有可能区别价值和生产价格。因为他坚持价值由劳动决定时，明确反对斯密认为价值由工资、利润、地租构成的主张。但当斯密变换一下说法，认为由这三者构成的是自然价格，而自然价格等于价值时，他就完全同意了。他说：斯密对自然价格和市场价格"作了极为精辟的讨论"③，他自己的论述，不过是一种复述。很明显，他被斯密的概念俘虏了。但他之所以认为自然价格等于价值，还有更深刻的原因。这就是马克思所说的，他缺乏抽象力，或者说，没有将他使用的抽象法运用到底。批判斯密的理论错误时，他是运用的；但面对由于资本主义竞争而产生的现象，他却认为这就是本质。我们知道，剩余价值是本质。等量资本中

---

① 马克思：《剩余价值学说史》（第一卷），郭大力译，人民出版社 1975 年版，第 62—63 页。
② 同上书，第 58—59 页。
③ 大卫·李嘉图：《政治经济学及赋税原理》，郭大力、王亚南译，商务印书馆 1962 年版，第 76 页。

的可变资本不同,产生的剩余价值就不同,但在自由竞争下,等量的资本都要分配到均等的剩余价值,这样,它就转化为平均利润。平均利润是现象,是剩余价值的转化形态。李嘉图混淆现象与本质。其结果,由于无法说明等量资本推动的活劳动不等为什么有等量的剩余价值(其实是平均利润),就只好说价值不仅由劳动创造,其他因素也有作用。

本节开头引用的那段遗稿,同《资本论》第一卷对资本总公式的矛盾进行分析的内容,也有密切联系。资本总公式的矛盾是:"还只是资本家幼虫的货币所有者,必须按商品的价值购买商品,按商品的价值出卖商品,但他在过程终了时必须取出比他投入的价值更大的价值。"①马克思对他的前人试图解决这一矛盾所作的说明加以评论,其中涉及的主要问题,都同那段遗稿的内容有关。他指出:那些试图把商品流通说成是剩余价值的源泉的人,第一,是把使用价值和交换价值混淆了。两种商品等价交换,交换后的商品对于双方所有者来说,其使用价值都要比原来的大些,但在价值上并没有增殖;第二,不等价交换而又可以相互报复,当然不可能产生剩余价值;不能报复的,只能是"假定有一个只买不卖,从而只生产不消费的阶级",但这样一来,他们"不断用来购买的货币,必然是不断地、不经过交换、白白地、依靠任何一种权利或暴力,从那些商品所有者手里流到这个阶级手里的"。因此,"把商品高于价值卖给这个阶级,不过是骗回一部分白白交出去的货币罢了"②。这一理论的代表者是马尔萨斯。以上两者,都是重商主义的理论。由此马克思得出结论:剩余价值不能从流通中产生。那么,剩余价值能不能从流通以外的什么地方产生呢? 在流通以外,商品所有者就只同自己的商品发生关系。他可以用自己的劳动,给原有的价值添加新价值,但不能创造进行增殖的价值,换句话说,他是个体商品生产者,不是资本家。因此,资本或剩余价值不能从流通中产生,又不能不从流通中产生。它的产生要以劳动力成为商品为条件,而劳动力的买卖是在流通中进行的。从方法论看,重农学派就是离开流通来说明土地纯产品即剩余价值的产生。马克思说:农业部门"总的说来可以和流通或交换分离开来单独考察,并且不是以人和人

---

① 《马克思恩格斯全集》(第二十三卷),人民出版社 1972 年版,第 189 页。
② 同上书,第 184—185 页。

之间的交换为前提,而只是以人和自然之间的交换为前提"①。但是,它只能将使用价值看成是价值,并认为剩余价值是自然的赐予。

将本节开头的那段遗稿归入"概说",它和"概说"原有的那段遗稿,会相得益彰。

<h2 style="text-align:center">(三)</h2>

"概说"不论是否增加内容,都应根据既定的内容,说明由它统率的全书是怎样编排的。这是"概说"的方法论功能的要求。从这一点看,苏联版是有缺点的。因为它没有编者用以说明其编排原则的片言只语。如果说,"概说"的文字只能是选自马克思的遗稿,那么另写一篇起同样作用的编者序,就不仅是应该的,而且是必须的。因为马克思的遗稿,并没有"概说";"概说"是苏联版编者用部分遗稿编成的,这样,他们就有责任说明"概说"是如何统率全书的。现在全书的编排,很难说是受"概说"统率的。

考茨基版与此不同,它没有概说而有编者序。在第一卷的序中,这段话说明全书内容是根据什么原则编排的:马克思对"同一个思想的说明,往往被分裂在极不相同的地方。原来安插在什么地方,不是看说明上的逻辑联系,却看马克思在何处想起它,为了怕忘记,随时记下来的。这里,我屡屡感到不敢自信;因为,对于一个问题,可以发现种种位置是适合的,那要看我们着重的,是年代的次序,还是逻辑的联系,我希望,我到处都能得其当"②。根据这一原则,例如,配第就置于全书之首。这是因为,重农学派是科学的剩余价值理论的开端者,配第放在这里是作为重农学派的先驱:他的土地租金理论影响了土地纯产品理论。当然,他的货币租金理论是受重商学派影响,从这点说,应有托马斯·蒙这样的人的材料。再如,重农学派最高峰的代表者杜尔阁,就安排在其奠基者的魁奈之前。这表明,不论正确与否,编者是根据一个原则来编排的。这一点,苏联版是没有的。撇开该版本的编者将遗稿分为各章节时,对章节加的标题是否恰当的问题,编者的工作大多是技术性的。

---

① 马克思:《剩余价值学说史》(第一卷),郭大力译,人民出版社 1975 年版,第 17 页。
② 马克思:《剩余价值学说史》(第一卷),郭大力译,实践出版社 1949 年版,第 6—7 页。

苏联版应由编者说明,它作为《资本论》第四卷,同前三卷的关系是怎样的。如像恩格斯编《资本论》第二卷和第三卷已做过的那样。

考茨基版没有这个任务,因为它不是作为第四卷,而是作为和《资本论》并行和独立著作出版的。但是,编者序却说明不作为第四卷出版的原因。考茨基说:"在这个著作的整理工作上,我越是向前,我越是明白,要按照恩格斯的预期,把它编成《资本论》第四卷,是我的能力办不到的。……我在进行中,曾尽可能把这些已经编在第二卷、第三卷内的部分勾销,但这些文字,大都这样与全书密切地交织着,单是勾销,是不可能的",因此,"我让这一切文句照样留在书里,它就不能算是《资本论》第四卷,不能算是前三卷的续篇了"。① 看来,考茨基将它编成独立的著作出版,原因是一部著作内容不应该重复,尽管近来有不愿按合同交原出版商出版之说,上述原因仍然存在。

还有两个问题:第一,考茨基版中译本全书之后有译者跋。在其中译者郭大力老师说:"关于原著,编者考茨基的三篇序言,已经说得很详细。大体说来,它的问题和《资本论》的问题,只是一个。那就是剩余价值的性质和起源。但因为马克思以前诸著作家的考察,全是在剩余价值诸特殊形态上进行。所以,这个著作,当作一部学说史,是与《资本论》第三卷讨论的问题,而不是与《资本论》第一卷讨论的问题,更有关联。"②这种理解是对的。③ 只是同第一卷,尤其是其中有关于资本总公式的论述,有同样的关联,即与第三卷的关联相同。

第二,自从苏联版中译本出版后,考茨基版中译本再不印行。其实,后者也有其学术价值;应该再印行,以便让更多的人将两个版本进行比较研究。

---

① 马克思:《剩余价值学说史》(第一卷),郭大力译,实践出版社 1949 年版,第 3—4 页。
② 马克思:《剩余价值学说史》(第三卷),郭大力译,实践出版社 1949 年版,第 591 页。
③ 《"狭义政治经济学史"发轫于威廉・配第》(载《马克思主义来源研究论丛》第 12 辑)的作者李善明对此有不同看法。

八、李嘉图谷物比例利润率理论的
方法和影响

——简评资产阶级经济学的平均利润率理论①

　　李嘉图在写作《政治经济学及赋税原理》之前,曾提出过谷物比例利润率理论,这是他的利润理论和社会平均利润理论。其主要内容是:既从物质形态又从价值形态方面考察谷物生产中的利润,即认为产出的谷物量大于投入的谷物量的差额就是利润,它和投入量之比构成谷物利润率,这利润率决定其他行业的利润率即社会平均利润率。他在《原理》中摈弃了从物质形态考察利润以及以某一生产部门的利润率决定社会平均利润率的方法,提出了以劳动价值学说为基础的利润学说或剩余价值学说,这是他的理论的质的飞跃。但这样一来,他直至与世长辞,也没有办法以劳动价值学说为基础,来说明社会平均利润率的形成。这个问题是马克思在对李嘉图的全部理论加以扬弃中解决的。在马克思解决了李嘉图的问题以后,经济学家凯恩斯和斯拉法,拾起李嘉图予以摈弃的方法,从物质形态考察某一生产部门的利润率,再以这利润率来说明社会平均利润率的形成,这在方法上就不仅是反对马克思,而且也是反对李嘉图的。

1. 李嘉图的谷物比例利润率理论的方法

　　1815 年,李嘉图在《论低价谷物对资本利润的影响》一文中,提出谷物比例利润率理论。这理论包含两部分:(1)谷物利润的产生及其比率的决定;(2)谷物利润率决定社会平均利润率。现分述如下。

　　关于谷物利润的产生及其比率的决定,李嘉图说:"假使某个人在这样

---

　　①　原载于《马克思主义来源研究论丛》第 10 辑,商务印书馆 1988 年版。

的土地上使用的资本,其价值等于小麦 200 夸特",再假使扣除资本后,"余下的产品价值是小麦 100 夸特,或 100 夸特的等值,则所有主资本的净利是 50%,即资本 200 获利润 100"。① 问题说得很清楚,从方法看,这就是既从物质形态方面,又从价值形态方面考察资本和产品两者,产品中扣除了资本后的余额,即从物质形态方面看的纯产品,就是利润,它和资本之比构成利润率。

我曾认为,李嘉图这种理论是深受重农主义纯产品理论的影响,因为它也从物质形态方面考察农业中的纯产品,即农业利润②;经过进一步研究,才认识到不是这样。因为,第一,此时已接受劳动价值学说的李嘉图,从根本上反对重农主义认为农业中的纯产品是自然的赐予的观点;第二,重农主义的纯产品理论,完全从物质形态考察问题,不涉及价值问题。分析一下便可以看出,这理论是深受英国古典政治经济学鼻祖威廉·配第的理论的影响。

配第虽然是第一个提出劳动价值学说的经济学家,但是,他并没有完全摆脱重商主义的影响,因而认为生产金银即货币的劳动创造价值,生产一般商品的劳动要在这商品和货币交换时才形成价值,这就是由商品包含的劳动和货币包含的劳动的比较量决定商品的价值。他说:"假如有人从秘鲁地下获得一盎司银并带到伦敦来,他所用的时间和生产一浦式耳谷物所需要的时间相等,那么,前者就是后者的自然价格(即价值,严格地说是交换价值——引者)。"③其实,商品虽然是用于交换的产品,但其价值是它本身具有的,不是和金银货币交换后才有的,因此,谷物和金或银的价值一样,两者都由其生产上所必需的劳动量决定。配第所以这样说,是由于没有摆脱重商主义的影响。

配第所处的历史时代,使他不可能把利润当作一个独立的经济范畴来考察,他理解的剩余价值就是租金,这又分为土地租金和货币租金,他从前

---

① 大卫·李嘉图:《论低价谷物对资本利润的影响》,载斯拉法主编《李嘉图著作和通信集》(第四卷),蔡受百译,商务印书馆 1980 年版,第 13 页。

② 陈其人:《大卫·李嘉图》,商务印书馆 1985 年版,第 154 页。

③ 威廉·配第:《赋税论》,载王亚南主编《资产阶级古典政治经济学选辑》,商务印书馆1979年第 2 版,第 41 页。

者的必要推论出后者的必要。关于前者,他说:一个种植谷物的人,"从收成中扣除自己的种子,并扣除自己食用的部分以及为换取衣服和其他必需品而给别人的部分之后,剩下的谷物就是当年的自然的真正的地租"①。这就是说,农业生产中的纯产品就是地租。关于后者,他说:"假定让一百个人在十年中生产谷物,又让同数目的人在同一期间内开采银;我认为白银的纯产量将是谷物全部纯收获量的价格。"②这白银的纯产品就是货币租金。虽然土地租金和货币租金分别是谷物和白银生产中的纯产品,但土地租金的价值却要取决于货币租金的数量。配第还进一步说明,在既定条件下,工资大小的变化和地租大小的变化相反。

李嘉图的谷物比例利润率理论,如果撇开其中的农业部门利润率如何决定社会平均利润率这一点,单就农业部门的利润产生和利润率决定这问题来说,那就是建立在配第的理论基础之上的。我们只要将配第如何从白银生产中的纯产品来说明谷物生产中的纯产品的价值即交换价值,同李嘉图的这一理论加以比较,便可以看出李嘉图为什么既从物质形态又从价值形态两方面出发,去考察农业生产中的纯产品。其实,李嘉图的结论和从物质形态方面考察问题毫无关系,他的结论可以并且应该建立在从价值形态方面进行考察的基础上。他没有这样做,显然是由于受到配第的影响。他之所以认为农业生产中的纯产品是利润,而不像配第那样认为是地租,是由于他所处的时代,利润已是独立的经济范畴。他利用配第的工资和地租对立的原理,来说明工资和利润的对立。他将配第的原理运用到一切物质生产部门中。从这方面看,李嘉图的理论是正确的。

李嘉图明确指出,劳动形成的价值要分为工资和利润,两者的变动是相反的,这种关系涉及一切生产部门。他以谷物生产为基础来说明这种关系,即谷物价值变动影响工资,工资再影响农业利润和社会利润。他说:"利润是取决于对粮食的价格,说得贴切些,是取决于粮食的价值的。"③又说:"如

---

① 威廉·配第:《赋税论》,载王亚南主编《资产阶级古典政治经济学选辑》,商务印书馆1979年第2版,第34页。

② 同上书,第35页。

③ 大卫·李嘉图:《论低价谷物对资本利润的影响》,载斯拉法主编《李嘉图著作和通信集》(第四卷),蔡受百译,商务印书馆1980年版,第26页。

果由于国外贸易或由于机器的发现,使劳动者所消费的商品价格低廉得多,则工资将下降⋯⋯由此将使农场主的利润提高。"①这实质上就是李嘉图的以劳动价值学说为基础的利润学说或剩余价值学说,这就是:在劳动日长度已定的条件下,剩余价值量是由剩余劳动时间内的劳动形成的,而剩余劳动时间的长短要取决于必要劳动时间,必要劳动时间的长短则取决于谷物价值即谷物的劳动生产率。至于李嘉图这里说的农场主的利润,如何能影响到其他行业的利润,这是要由他的社会平均利润率形成的理论来回答的。

配第和重农主义一样,都没有提出和解决社会平均利润率的形成问题,严格说来,他们还没有这种历史任务。斯密有此任务,但未能完成。他是在坚持生产商品投下的劳动决定价值,但因不了解工人出卖的是劳动力,无法说明利润的来源,因而提出交换商品支配的劳动(这劳动包括工资、利润和地租)决定价值时,说明平均(自然)利润率的形成。这就是竞争本身使利润趋向于均等。但这不能说明利润率为何是 10%,而不是 50%,即不能说明平均利润率的高度。李嘉图不是这样。他说明了谷物利润的产生和变动的原因后,便以谷物利润率来说明社会平均利润率,以谷物利润率的下降趋势来说明平均利润率的下降趋势。他是用由竞争引起的资本转移,来说明谷物利润率决定其他行业的利润率的。他说,假使谷物资本的利润率是 50%,其他行业也是一样。因为"如果在对外贸易中使用资本的利润超过了 50%,资本将从土地撤出,使用于贸易。反之,如果其利润降低,资本将从贸易转向农业"②。换句话说就是,要按照谷物利润率调整其他行业产品的价格,在此价格下,其他行业的利润率和谷物利润率相同,这就是李嘉图的以谷物利润率为基础的平均利润率理论的方法。但这样一来,他就无法说明,具有平均利润率的其他行业产品的价格,如何能够同由其劳动形成的价值相一致,或总价格和总价值相一致。他又用耕地日益贫瘠,或在同一土地上增加投资,其生产力日益降低,来说明谷物价值增大,工资提高,谷物利润率降低,由它决定的社会平均利润率也降低。由此得出的政治结论,就是应该实行自由贸易政策,废除谷物法,使国外廉价谷物自由输入英国,以便降低粮价,提高

---

① 大卫・李嘉图:《论低价谷物对资本利润的影响》,载斯拉法主编《李嘉图著作和通信集》(第四卷),蔡受百译,商务印书馆 1980 年版,第 26 页注 2。

② 同上书,第 15 页。

社会平均利润率。

李嘉图的这些理论是有缺点的,当时就受到代表地主阶级利益、主张维护谷物法的马尔萨斯的反对。马尔萨斯认为,在任何生产中,投入和产出,即垫支和产品,都不会具有完全相同的自然性质,因此不能从物质形态方面计算利润率;谷物或农业利润不决定其他行业的利润,其他行业的利润也不决定农业利润。前一批评虽然正确,但如前所述,李嘉图的理论并不是真正建立在物质形态上。后一批评并不完全正确,因为农业利润虽然不能决定其他行业的利润,但是其他行业的利润却要决定农业利润。正确的批评应该是这样:资本主义生产先在工业中占统治地位,因此平均利润先在工业中形成;由于土地私有权的存在,后来发展起来的农业资本主义生产,由于资本有机构成较低,相对于工业来说就有一个超额剩余价值,它不参加平均利润的形成,而转化为绝对地租;因此,是工业(加上商业)的平均利润决定农业的平均利润。

由于存在着某些错误,李嘉图在《原理》中,便改变了某些提法,以工人的劳动形成的价值,比工人消费的消费资料价值大些,来说明其中的差额就是利润或剩余价值。这是十分重要的。这时的李嘉图已彻底摆脱配第理论的影响了。但是,李嘉图在改正以谷物利润率来说明平均利润率的错误时,却发生了新的错误,即未经说明便假定了平均利润的存在,这就等于混同了价值和生产价格,以致将生产价格形成和变动的原因,误认为是在劳动之外的形成价值的原因,最终不得不对劳动价值学说加以修正。

在李嘉图和马克思之间这段时间里,对劳动价值学说态度不同的经济学家,都利用李嘉图的谷物比例利润率理论的方法。前者的代表是老穆勒和阿伦德,其特点是从形式上学李嘉图的方法,但阉割李嘉图的理论中的精华——劳动价值学说。老穆勒认为,使用在土地上的资本的收益,决定其他行业的年利润率。但他将劳动价值学说全部抛掉,说什么"新葡萄酒——这是一部机器,被它的产品——陈葡萄酒——所代替了,还加上同使用在土地上的资本所得收益相当的一种增加的价值"①。阿伦德更荒谬地从欧洲树木

---

① 詹姆斯·穆勒:《政治经济学纲要》,载季陶达主编《资产阶级庸俗政治经济学选辑》,商务印书馆 1965 年版,第 165 页。

每年增长的比率,去说明欧洲社会利息率的高低。[①]

后者的代表是想坚持劳动价值学说的拉姆赛。他指出,在一般生产部门里,投入和产出的物质资料不同,因而不能在物质形态上计算利润率,但农业部门却是可以的,从全国各部门的总和看更可以,也就是将各种农产品综合起来是可以的,因为投入和产出的物质资料在这两种范围内都是相同的。[②] 但他事实上并没有从这里说明社会平均利润率的形成。他是从各个特殊部门的利润率为何不同(劳动是原因之一),再从竞争使这些特殊利润率趋于平均,来说明平均利润率的形成。他认为,在这过程中产品的价值是要变化的(其实是生产价格与价值发生偏离)。[③]

马克思怎样解决了李嘉图的问题,是众所周知的。

2. 凯恩斯的在所有利率中货币利率最大,并由它支配其他的利率的理论

1936 年,凯恩斯在《就业、利息和货币通论》中,提出货币利率是"利率之最大者,是利率之王,支配其他利率"[④]的论点。这就是他的利润率理论和平均利润率理论。

凯恩斯认为,利息就是各种资产(不单只是货币)取得的总收益大于该资产的部分;总收益及其中的利息是以各该资产本身来计算的。他认为,各种资产取得的总收益,取决于三个因素:(1)有些资产可以帮助某种生产过程,产生一种产品;(2)除货币外,大部分资产在其存在时间内要支出保藏费,这要从总收益中扣除;(3)资产持有人因资产的便利性或安全性而产生的灵活升值。因此,从方法上看,利息是产出(产品减保藏费加灵活升值)大于投入(资产)的余额,利率就是该余额和投入量之比。由于这三种因素在各种资产中的作用不同,各种资产的利率也就不同。

他就用这种理论说明各种资产的利率是不等的,但又认为它们应该是相等的。要它们相等,凯恩斯认为有两种办法。第一,"假使有一种复合商

---

① 参见马克思:《资本论》(第三卷),人民出版社 1975 年版,第 407 页注 67。
② 乔治·拉姆赛:《论财富的分配》,李任初译,商务印书馆 1982 年版,第 93—94 页。
③ 同上书,第 150 页。
④ 凯恩斯:《就业、利息和货币通论》,徐毓枬译,商务印书馆 1977 年版,第 188 页。

品,可以完全代表商品全体,则此复合商品之本身利率","可以看作是唯一利率"①,但要找出这样的商品是困难的;代表商品全体的复合商品的思想显然是来自拉姆赛。第二,以一种资产的利率为准,调整其他资产的需求价格,在这需求价格下,各种资产的利率都是均等的②。他是按第二种办法做的。他说:他的研究线索,"是本身利率之最大者","支配其他利率"③,便是这个意思。以一个行业的利润率决定社会平均利润率,这种方法显然来自前期的李嘉图。

凯恩斯认为,在各种资产的利率中,货币的利率最大。他说:"货币的确有若干特征,使其本身利率……固然随资产之增加而下降,但其下降速度,不若其他资产之本身利率……之大。"④其理由是:第一,货币的生产弹性为零,其他资产因价格增高,其产量便能增加,而以工资单位计算的货币价格提高,货币(黄金)并不能随意增加;第二,货币的替换弹性为零,当其他资产价格增加时,人们便倾向于用其他因素来替代它,货币不是这样;第三,在一切资产中,人们对货币的灵活偏好最大。就这样,分析到底,他是以货币量不易增加,而人们对其灵活偏好又最大,即以前者代表货币供给,后者代表货币需求,来说明货币利率的下降,不如其他资产下降得快,即货币利率最大。

我认为这些分析是不对的。第一,他把黄金等同于金币,把黄金产量等同于金币供应量,把利息是利润的一部分、利息率在这前提下取决于借贷资本的供求,说成是利息率完全取决于货币的供求关系。第二,他是在混淆利息率和利润率(他称为资本边际效率)的条件下,用说明生产货币(黄金)的利润率下降较慢的办法,来说明货币的利息率是所有资产的利息率中最大的。第三,他认为利润是在流通中产生的,是追加单位产品的卖价高于生产它的成本的差额⑤,它和成本之比就是利润率。其他资产随着产量增加,竞争一方面使卖价降低,另一方面使成本中的工资增加,这使利润率下降。货

---

① 凯恩斯:《就业、利息和货币通论》,徐毓枬译,商务印书馆1977年版,第189页。
② 同上书,第188页。
③ 同上。
④ 同上书,第193页。
⑤ 凯恩斯认为,雇主之所得,等于本期所售产品之价值减去其直接成本。直接成本由使用者成本和原素成本构成,工资属原素成本。参见同上书,第50页。

币的生产不同,它的产量不能随意增加,或增加很慢,而对其需求又很强烈,它的"卖价"不易下降。但由于成本中的工资增加,它的利润还是下降了,但要慢得多。随着生产的发展,生产货币的利润率,亦即货币的利息率,便成为利息率中最大的。

前面说过,配第认为货币租金是由劳动生产的金银纯产品,凯恩斯说的其实也是这个问题,但他认为生产货币的利润,是货币的卖价大于其成本的差额,这是说不通的,因为在这里,投入的是货币,即成本,产出的也是货币,从每一货币价值看,投入前和产出后是相等的,但从物质形态看,产生的货币更多些,差额是哪里来的? 在这里,利润来源之谜表现得最清楚。唯一退路,是把生产货币的利润说成是货币的利息。在否定劳动价值学说的人看来,将货币的生产过程抽掉,那么,生产货币和借贷货币便是一样的,都是以现在的货币交换未来更多的货币,其中的差额是利润或利息。当然,利息的来源也无法说明。

他就以这样的理论来说明货币利息率是利息率中最大的,生产货币的利润率也是利润率中最大的,两者相等,并由它调节其他产品的需求价格,即决定社会平均利润率。

但是,他又认为,当其他产品的数量逐渐增加时,"初时其边际效率至少等于利率,以后则逐渐下降",因此,"除非利率同时下降,否则总会达到这一点,过了这一点以后,即不值得继续生产"[1]。如上所述,他认为利息率是不能同时下降的,这就使投资中断,危机发生。因此,他认为经济危机之所以发生,说到底是由于货币供应量不能随意增加,利息率不能和一般生产部门的利润率同步降低。据此,他说:"唯一补救之道,只要公众相信:纸币也是货币,而由政府来统制纸币工厂,换句话说,由政府来统制中央银行。"[2]这是为垄断资本主义国家实行通货膨胀政策提供理论依据。

---

[1] 凯恩斯:《就业、利息和货币通论》,徐毓枬译,商务印书馆 1977 年版,第 192 页。
[2] 同上书,第 199 页。

3. 斯拉法的标准纯产品和由它产生的利润率决定社会利润率的理论

1960 年,斯拉法在《用商品生产商品》中,提出标准体系中的纯产品分为工资和利润,标准体系的利润率决定实际体系利润率即社会平均利润率的论点。这是他的利润率理论和平均利润率理论。

斯拉法是新李嘉图学派的领袖,是《李嘉图著作和通信集》的主编。他在为该集第一卷即《政治经济学及赋税原理》写的编者序言里,极力挖掘李嘉图本人予以摈弃的谷物比例利润率理论中的思想。值得注意的是,他认为李嘉图的谷物利润起决定性作用这原理的理论基础在于,在农业中,同一种产品谷物形成了资本和产品二者,因此,确定其利润对资本的比例时,是直接按谷物数量进行的,不涉及任何估价问题;谷物的特殊地位在于,它不用其他行业的产品作资本,而所有其他行业都必须用它的产品作资本(工资),他以为这是李嘉图用谷物利润率来决定其他行业利润率的原因。他的理论就是按照李嘉图后来摈弃不用的这种方法和找寻过的不变价值尺度而建立起来的。不同的只是,李嘉图认为工资是垫支,因此纯产品不包括工资,而只是利润;斯拉法认为工资不是垫支,因此,纯产品还要分解为工资和利润,纯产品是国民收入。

前面说过,马克思解决了李嘉图未能解决的平均利润问题。在这条件下,经济学家如果不像马克思正确地做过的那样,从各生产部门的特殊利润率出发,去说明平均利润率的形成,而仍然不合理地从一个生产部门的利润率,来决定平均利润率,那么这个生产部门的利润率就一定要等于平均利润率,只有这样,才能以劳动价值学说来说明平均利润率的形成。按照马克思的有关说明,这个部门要具备这样的条件:资本有机构成和周转时间以及资本在社会总资本中占的比重即权数[1]共同发生的作用,使该资本在一年中所能使用的可变资本量,在全社会企业中居于中位,因此它生产的剩余价值,也是中位的,即等于平均利润。上述情况如表 4-2 所示(假设剩余价值率为 100%):

---

[1] 我在《大卫·李嘉图》(商务印书馆 1985 年版)中谈论生产价格永远等于价值的条件时,还没有考虑到这个权数问题。参见该书,第 94 页。

表4-2　平均利润的情况

资本	以一年为单位的									一次周转时间的生产价格
	周转次数	使用的 v	新创价值	剩余价值	商品价值	特殊利润率	平均利润率	平均利润	生产价格	
I $900c+100v$	5	500	1 000	500	5 500	50%	40%	400	5 400	1 080
II $800c+200v$	2	400	800	400	2 400	40%	40%	400	2 400	1 200
III $700c+300v$	1	300	600	300	1 300	30%	40%	400	1 400	1 400
合计	3 000	—	1 200	2 400	1 200	9 200	—	—	1 200	9 200	—

　　在这里,资本Ⅱ在一年中使用的可变资本量,在全社会企业中是中位的,因此,它生产的剩余价值是中位的,它的特殊利润率与平均利润率相等。

　　在这里还要指出,根据马克思的分析,资本Ⅱ的产品就是李嘉图所寻求的那种其价值(其实是生产价格)不会因工资或利润的变动而变动的商品,即不变的价值尺度。这是因为,资本Ⅱ具备的条件,使其推动的活劳动创造的价值,在各资本中是中位的,这样,社会工资水平无论发生何种变动,平均利润率无论发生何种相反的变动,资本Ⅱ的工资和平均利润合起来总是等于这活劳动创造的价值,它的产品的生产价格永远等于其价值。① 以前表为基础,假设工资水平提高 1/2,则各种资本的产品的生产价格或者发生变动,或者不变动,情况如表4-3所示。

表4-3　条件变化后的平均利润情况

资本	以一年为单位的									一次周转时间的生产价格
	周转次数	使用的 v	新创价值	剩余价值	商品价值	特殊利润率	平均利润率	平均利润	生产价格	
I $900c+150v$	5	750	1 000	250	5 500	23.80%	18.18%	190.89	5 440.90	1 088.18
II $800c+300v$	2	600	800	200	2 400	18.18%	18.18%	200.00	2 400.00	1 200.00
III $700c+450v$	1	450	600	150	1 300	13.04%	18.18%	209.07	1 359.07	1 359.07
合计	3 300	—	1 800	2 400	600	9 200	—	—	599.96	9 199.97	—

---

① 马克思:《资本论》(第三卷),人民出版社1975年版,第224—225页。

在这里,由于工资水平提高了,平均利润率便下降为18.18%,资本Ⅱ的总资本为1 100,按此利润率计算,得到的平均利润为200,同资本Ⅱ的剩余价值相等,因此,资本Ⅱ产品的生产价格不变,等于其价值;在前表,平均利润率为40%,资本Ⅱ的总资本为1 000,得到的平均利润为400,同资本Ⅱ的剩余价值相等,因此,资本Ⅱ产品的生产价格等于其价值。这就是说,分配上发生的变化,不影响资本Ⅱ产品的生产价格,它永远等于价值。其中的规律是:资本Ⅱ具备的条件,使其工资增加(或减少)的部分,同平均利润减少(或增加)的部分刚好相等。资本Ⅰ和资本Ⅲ就不是这样。所以,它们的产品的生产价格就不等于价值,工资增加时,资本Ⅰ产品的生产价格上升,资本Ⅲ产品的生产价格下降;工资降低时,情况就相反。当然,要使资本Ⅱ的产品的生产价格真正永远等于其价值,如马克思所指出的,资本Ⅱ使用的各层次不变资本,其被生产时的资本也要具有资本Ⅱ那样的条件。①

马克思虽然指出商品的生产价格永远等于其价值的条件,解决了李嘉图的问题,但是他没有提出不变的价值尺度问题。这是因为,即使是符合上述条件的商品,它的价值和生产价格,也因生产它的劳动生产率发生变化而变化,因而没有绝对不变的价值尺度。更其重要的是,价值尺度首先要对生产一般商品的私人劳动的质予以承认,然后才对其量进行衡量,使其实现为社会劳动,这就不是不变的价值尺度所能解决的了。

斯拉法探索过一个生产部门要具备什么条件,其利润率才等于平均利润率的问题。他假定生产周期为一年,即各部门资本周转时间相等,这样,"在那些劳动对生产资料比例很低的生产部门中,在支付工资和利润时,将出现赤字,而在另一些这种比例很高的生产部门中,则将产生剩余"②。就是说,由于资本有机构成不同,有的部门的利润率高于平均利润率,有的部门则相反。这样,逻辑的结论就必然是:那种处在"赤字"和"剩余"部门之间的分水线,其劳动对生产资料有一种"临界比例"的生产部门③,它的利润率就

---

① 参见马克思:《资本论》(第三卷),人民出版社1975年版,第179、185页。某些反对马克思的价值转化为生产价格的理论的经济学家,常常抹杀马克思的这些论述。

② 斯拉法:《用商品生产商品》,巫宝三译,商务印书馆1979年版,第19页。

③ 这种比例还要再现于这个生产部门所使用的各层次的生产资料。参见同上书,第21—22页。

同平均利润率相等。换句话说就是,假定资本周转时间相同,具有中位资本有机构成的生产部门,其利润率等于平均利润率。这是马克思早已谈过的。

但是,斯拉法并不以这样的生产部门的利润率来决定社会平均利润率。他利用李嘉图摈弃了的谷物比例利润率理论的方法和李嘉图关于不变价值尺度的设想,认为决定社会利润率的生产部门,应该具备这样的条件:同一产品构成资本和产品两者,因而可以直接从物质形态上确定利润率;它的生产可以不用其他部门的产品,而其他部门却要用它的产品作为工资;无论工资和利润发生何种变动,它的产品的价值都不变。他认为这样的具体产品是没有的,但是合成产品是有的。显然,合成产品这提法是来自凯恩斯的复合商品的设想。他认为要产品的价值不变,即产品成为不变价值尺度的条件,是生产这产品所使用的各层次的生产资料和其相对应的纯产品(其实是国民收入,它还要分解为工资和利润)的比例都相同,要做到这一点,这些产品生产中消耗的生产资料和这些产品要相同,生产资料各个部分的比例和产品各个部分的比例要相同。这样,这些产品就不仅价值不变,而且可以直接从物质形态上计算利润率。这样,再加上其他行业要用这些产品作为工资这个条件,斯拉法便列举出这样的合成商品。

$$90 \text{ 吨铁} + 120 \text{ 吨煤} + 60 \text{ 夸特小麦} + \frac{4}{16} \text{ 劳动} \rightarrow 190 \text{ 吨铁}$$

$$30 \text{ 吨铁} + 75 \text{ 吨煤} + 90 \text{ 夸特小麦} + \frac{4}{16} \text{ 劳动} \rightarrow 285 \text{ 吨煤}$$

$$30 \text{ 吨铁} + 30 \text{ 吨煤} + 150 \text{ 夸特小麦} + \frac{8}{16} \text{ 劳动} \rightarrow 380 \text{ 夸特小麦}$$

总计 150 吨铁 + 225 吨煤 + 300 夸特小麦 + 1 劳动

在这里,投入和产出的产品相同;投入的生产资料的比例是 $150 : 225 : 300$,产出的产品的比例是 $190 : 285 : 380$,两者都是 $1 : \frac{3}{2} : 2$;各种纯产品对其生产资料的比例,铁为 $(190 - 150) \div 150 \approx 26.7\%$,煤为 $(285 - 225) \div 225 \approx 26.7\%$,小麦为 $(380 - 300) \div 300 \approx 26.7\%$,三者都相同。这样,作为不变价值尺度的商品,由这个比例合成:1 吨铁:1.5 吨煤:2 夸特小麦。他称这种商品为标准商品,这种纯产品为标准纯产品,这种体系为标准体系。

他认为,这里所说的比例和前面谈平均利润率时所说的"临界比例"并不是无条件地相等的。① 在这里,他没有说明纯产品为何这么大,也没有说明它如何分为工资和利润;只说明必须符合这条件,商品价值才不变。

斯拉法以标准纯产品理论为基础,提出标准体系利润率,并认为由它支配实际体系的利润率的理论。标准体系利润率,就是标准纯产品中扣除了工资后的余额,即利润和生产这标准纯产品的生产资料之比。假定在26.6的纯产品中,工资为 6.6,利润便为 20,和这纯产品相对应的生产资料为100,这样,利润率便为 20%,这是标准体系利润率。

他认为,只要工资由标准商品来表示,标准体系利润率便完全由商品数量之间的比率来决定,不涉及价值问题;标准体系利润率决定实际体系利润率。本来,实际体系的纯产品和标准体系的纯产品不等,因而扣除了用和标准商品相同的等价物支付的工资后,余下的利润和生产这纯产品的生产资料之比即利润率,也和标准体系利润率不同。但是,他认为这时实际体系中商品的价格,就要按这原则调整,即价格中的利润,要等于生产这商品使用的生产资料的价值的 20%(标准体系利润率)。由此他认为,"相同的利润率,在标准体系中是作为商品的数量之间的比率得出的,在实际体系中则是由价值总量的比率得出的"②。这就是由合成商品的利润率决定社会平均利润率。值得注意的是,由于他认为工资不是垫支,所以这里的利润率都是以生产资料即不变资本计算的,而不是以总资本计算的。

经济学界对斯拉法的理论有不同的看法。有人认为他解决了马克思和李嘉图都未能解决的价值转型和平均利润形成的问题。这种对于马克思的非难,我已在前面的脚注中提出看法。这里只谈一谈他是否按照李嘉图的根本原理——劳动价值学说——来研究问题。首先,标准纯产品是决定标准体系利润率和实际体系利润率的,但其量的大小却不能由劳动来说明,而只能由技术,或非如此大小,则合成商品的价值就不能不变来说明。其次,最重要的是,以标准体系利润率决定实际体系利润率时,要两者相等,便要以前者来调整实际体系中的商品价格,但调整后商品价格的总和不可能和商品价值的总和相等,即使将工资列入垫支资本,而以总垫支资本计算标准

---

① 斯拉法:《用商品生产商品》,巫宝三译,商务印书馆 1979 年版,第 22 页注 1。
② 同上书,第 29 页。

利润率,然后以它来决定实际体系利润率和调整实际体系的商品价格,也是如此。问题在于:斯拉法探索过的具有"临界比例"的生产部门的利润率确实等于平均利润率,如果由它调整其他商品的价格,那么总生产价格便等于总价值,这实质上是马克思作了说明的;但现在却由标准体系利润率来进行这种调整,而标准体系依以建立的比例,如前所述,不能无条件地和"临界比例"相同,因此标准体系利润率就不能无条件地和平均利润率相同,这样,由其调整的商品价格,从而总生产价格就不能无条件地和总价值相同。总的来说,我认为斯拉法的理论是不符合李嘉图的根本原理的。

第五部分

经济规律方法论、价值规律和
剩余经济规律

（本部分内容根据陈其人先生著、复旦大学出版社
2005 年 3 月出版的《陈其人文集——经济学争鸣与拾遗
卷》一书的"第一部分：经济规律方法论、价值规律和剩余
经济规律"校订刊印）

引　言

　　规律是表示本质的,它们是同一层次的范畴;现象总比规律丰富;假如现象和本质一致,那么科学就是多余的了;自然科学家是在实验室中,排除了其他无关的因素,才揭示自然规律的,经济学家也应排除了非经济因素,在纯粹条件下揭示经济规律。排除是舍象,揭示是抽象,是一个过程的两面。

　　比例分配社会劳动是物质生产的规律,它可以是自发地或自觉地实现。在商品生产条件下,布哈林认为它表现为价值规律。这看法值得重视。在劳动力成为商品的条件下,价值规律发展为剩余价值规律。在自由竞争条件下,剩余价值规律发展为平均利润率规律,价值规律和平均利润率规律转化为生产价格规律。

一、评布哈林关于劳动消耗规律及其
历史表皮等问题的论述①

（一）劳动消耗规律及其历史表皮

布哈林的经济理论著作,同其他马克思主义者的经济理论著作相比,有一个十分显著的特点,那就是他用马克思于 1868 年 7 月 11 日致库格曼的那封著名的信,作为他研究经济关系的重要方法。马克思在信中说:"任何一个民族,如果停止劳动,不用说一年,就是几个星期,也要灭亡,这是每一个小孩都知道的。人人都同样知道,要想得到和各种不同的需要量相适应的产品量,就要付出各种不同的和一定数量的社会总劳动量。这种按一定比例分配社会劳动的必要性,决不可能被社会生产的一定形式所取消,而可能改变的只是它的表现形式,这是不言而喻的。自然规律是根本不能取消的。在不同的历史条件下能够发生变化的,只是这些规律借以实现的形式。而在社会劳动的联系体现为个人劳动产品的私人交换的社会制度下,这种劳动按比例分配所借以实现的形式,正是这些产品的交换价值。"②

据此,布哈林认为,在一切社会形态中,都存在着按比例分配社会总劳动的规律,这是社会平衡的必要条件,他称为劳动消耗规律。这个规律在不同的历史条件下,有不同的表现形式,或他所说的历史表皮。在自发的经济过程的条件下,由于平衡社会劳动的各个部分不是自觉地进行的,它就表现为价值规律,即价值规律是劳动消耗规律的表现形式,或历史表皮。只有在自发的经济过程的条件下,劳动生产物才表现为商品,商品价值的实体就是

---

① 节录自陈其人:《布哈林经济思想》,上海社会学院出版社 1992 年版。
② 《马克思恩格斯全集》(第三十二卷),人民出版社 1974 年版,第 541 页。

自发地交换的分配在各生产部门的劳动。在这条件下,存在着商品拜物教,人与人的关系被掩盖起来。

布哈林认为,自发的经济过程和自觉的经济过程,同生产资料私有制和生产资料公有制并无必然的联系。当然,生产资料公有制是同自觉经济过程相联系的,但庄园经济、种植园经济,是以生产资料私有制为基础的,它们的经济过程却是自觉的;垄断经济的情况同样如此。只有相互分立的私人生产者,他们之间的经济过程才是自发的。

在他看来,人类社会发展,就存在于其中的经济过程来说,是从自觉的,到自觉与自发并存,到自发为主,再到自发与自觉并存,最后到自觉的完全统治。

他就以这样的基本方法,去研究非常复杂的经济关系;这种经济关系,经过他的抽象研究,都归结为按比例分配社会劳动的破坏、建立、再破坏、再建立。这被称为布哈林的平衡论。

对平衡论的议论很多。本文不对此予以评论。我只表明我的基本看法,我认为,生产要素合乎比例地分布在各生产部门之间,这可以说是生产的自然规律,无法改变;能改变的,只是它的表现形式。布哈林这些看法是正确的。至于他由此论及的自发的和自觉的经济过程、商品和产品的转化等等,可以作为一种看法,留待实践的检验。

(二)价值规律的转化和旧经济范畴的消灭

在布哈林看来,从经济规律的角度来看过渡时期,就是自发的因素向自觉的因素过渡,其中最重要的是价值规律转化为,或者更精确地说还原为劳动消耗规律。他根据1868年7月11日马克思致库格曼那封信中所阐述的原理指出:"在一切社会历史形态中,按比例的劳动消耗规律,或者简单地说劳动消耗规律,是社会平衡的必要条件。它可以有不同的表现形式,特别在商品社会(无论在商品资本主义社会,无论在任何一个商品社会),它给自己穿上了价值规律的拜物教外衣。价值规律是历史相对的规律,是一种特殊的形式……它'是属于生产过程支配人而人还没有支配生产过程的那种社会形态的'①,不能把价值规律只看成是劳动消耗规律,因为这意味着忽视价

---

① 马克思:《资本论》(第一卷),人民出版社1975年版,第98页。

值规律的特殊历史意义和性质。但是,从另一方面来说,也不能在社会历史形式之外来考察这一规律的物质劳动内容。"①这就是说,既然在各生产部门之间合乎比例地分配劳动是社会生产的根本条件,那么在布哈林看来,劳动消耗规律就是"经济平衡的普遍的和万能的规律。可见,问题只能是它(这一规律)的社会形式的变换"②。这个变换的社会形式是价值规律,价值规律依以变换的自发经济过程消失后,它就还原为劳动消耗规律。

布哈林进一步指出,"价值规律转变为劳动消耗规律的过程表现在,在计划的程序中扮虚报职能的'价格'(即已经不是从'市场晴雨表的波动'观点来决定的价格)是自觉形成的,而和自发形成的不同"③。这包括两方面:首先是国营工业和农民的简单商品经济的存在及其相互关系。在这里,他特别强调既非资本家又非工人,而是他们之外的"第三者"的农民,认为其存在是过渡时期这个范畴能够成立的前提。因为如果不是个体农民众多,其组织化需要一个较长的过程,那么过渡时期将是非常短暂的。正是他们的存在以及国营工业要和他们发生联系,商品和自发形成的价格才存在,而当他们开始走向组织化的道路,能够按合同规定的价格出售产品时,这价格由于是自觉制定的,价值规律就不复存在,而还原为劳动消耗规律了。至于国营工业的产品按计划价格出售,布哈林认为是不需论证的。其次是私人资本主义的存在及其变化。依照同样道理,它使劳动消耗规律,从表现为价值规律及其转化形态即生产价格规律,再还原为劳动消耗规律。只要它的价格不是由"市场晴雨表的波动"来决定的,在布哈林看来,起作用的就是劳动消耗规律。

进一步论述问题时,布哈林指出,由计划决定的价格取代由市场波动决定的价格,其所以意味着价值规律还原劳动消耗规律,不仅是由于"这里是预先估计到(先想到)在自发的调节下事后才能确定的东西",而且是由于"整个的中介的机制,生产的刺激,生产与消费间的相互关系等等"都发生了变化,因为在这里,"不是平均利润,而是满足群众的需要越来越成为(虽然是逐渐地)生产的有计划活动的基本原则,所以生产的比例同私人资本主义

---

① 尼古拉·布哈林:《布哈林文选》(中册),人民出版社 1981 年版,第 91—92 页。

② 同上书,第 93 页。

③ 同上书,第 99 页。

社会结构下的比例也将是不同的"。①

在布哈林看来，从经济范畴的角度来看过渡时期，就是旧的经济范畴逐渐消灭的时期。最根本的就是"工人阶级专政消灭了各阶级的形式上的平等，但是却使工人阶级在物质上不受奴役。'契约自由''贸易自由'一起消失"，即劳动力再也不是商品了。"但是对资本家阶级'自由'的这种侵犯，乃是对劳动群众真正自由的保障。"②

由于这个根本性的变化，"当我们第一次认真地试图真正科学地掌握我们称之为过渡时期经济的那种极不安静的具体的东西时，我们发现理论经济学的旧概念霎时间拒绝服务，我们看到奇怪的矛盾，政治经济学的旧范畴仍然是实际概括不断变化着的活的经济现实的形式"。但是，"这些范畴没有任何可能透过'表面现象'深入进去，即摆脱庸俗的思维，在整体上和发展中理解经济生活的过程"。因此，"马克思在相应的生产关系的非常现实的存在的基础上清清楚楚地说出来的马克思主义思想的经过考验的旧工具开始失效了"。③

由于劳动力再也不是商品，作为它的价值或价格的转化形态的工资当然再也不存在了。"工资只留下它的外壳——货币的形式，而这种形式也将同货币体系一起自行消灭。在无产阶级专政体系下，'工人'领得的是社会劳动份额，而不是工资。"④与此相应，剩余价值和利润范畴就都同样消失了。这是阶级关系发生根本变化的必然结论。

随着价值规律还原为劳动消耗规律，如上所述，商品和价值范畴消失了。而"这一现象本身又同货币体系的崩溃联系着。货币是联结整个发达的商品生产体系的物的和社会的纽带、枢纽。显而易见，在过渡时期，在消灭商品体系本身的过程中也进行着货币的'自我否定'过程"，"货币不再是普遍等价物，而成为产品流动的约定的——并且是极不完善的——符号"。⑤

---

① 尼古拉·布哈林：《布哈林文选》（中册），人民出版社1981年版，第99—100页。
② 尼古拉·布哈林：《布哈林文选》（上册），人民出版社1981年版，第19页。
③ 尼古拉·布哈林：《过渡时期经济学》，余大章、郑异凡译，生活·读书·新知三联书店1981年版，第108—109页。
④ 同上书，第116页。
⑤ 同上。

（三）自发因素和自觉因素的矛盾及其解决

在上述基础上，布哈林指出，问题很清楚，"社会主义计划原则胜利的过程无非是劳动消耗规律脱去自己身上罪恶的价值外衣的过程，也就是说，是价值规律转变为劳动消耗规律的过程，是社会基本调节者消除拜物教的过程"①。从另一方面看，这就是在社会生产中的自觉因素逐步克服自发因素，最后成为唯一的社会生产调节者的过程。

布哈林充分估计到这个过程的复杂性。他说，"用社会规律来替换它们的历史表皮"，例如用劳动消耗规律来替换价值规律，"这比起更替脏衬衫来，当然是一个更为长期得多的过程，分析过渡时期的全部不同寻常的复杂性就在于外衣是形形色色的，如果这个国家的经济机体总和是由各种最不同的经济形式结合而成的，情况就更加如此了"。这就意味着，落后国家比发达国家，过渡时期中的自发因素要多得多，情况也复杂得多，因为它的个体经济太多，垄断资本主义经济太少。这构成下面将论述的落后的社会主义和发达的社会主义理论。他继续说："无产阶级取得政权和'剥夺剥夺者'，是社会规律开始换毛过程的前提条件。这一过程是以国家经济及其影响的增长作为基础的。这一过程是在许多复杂的，并且常常是最矛盾的形式中进行的，计划因素本身在很大程度上是建立在对起同样作用的各自发因素的预见上的。因此，在每一个有关的时期，都必须避免对计划因素估计不足和估计过高，还要记住对立本身的历史相对性。当然，与此有关的还有在理论上对社会规律换毛程度的估价问题。分析所有这些最复杂的情况和找出发展的基本规律性，组成了过渡时期的理论。"②

普列奥布拉任斯基反对布哈林这些看法。他认为，布哈林所说的无产阶级计划原则，不是同按比例的劳动消耗规律的价值外壳作斗争的原则，而是同这些规律的物质实体作斗争的原则。换句话说，他认为"无产阶级计划是要使社会经常地失去平衡，经常地破坏不同生产部门之间的社会必要的比例，也就是说，经常同社会存在的最基本条件作斗争。"③因此，他就在劳动

---

① 尼古拉·布哈林：《布哈林文选》（中册），人民出版社 1981 年版，第 93—94 页。
② 同上书，第 86—87 页。
③ 转引自同上书，第 94 页。

消耗规律之外,提出一个"社会工艺学"作为社会生产的调节者。

布哈林指出,这样一来,就有两个社会生产的调节者,亦即劳动消耗规律和"社会工艺学",这是错误的。如果确实有一门计划社会生产的科学的话,那么它只能是在对劳动消耗规律认识了的基础上,用综合性的应用科学来体现它的要求,即表现为自觉的计划社会生产。"社会工艺学"在这一点上同价值规律是相同的,即价值规律也体现劳动消耗规律的要求,只不过它是自发的;即使在过渡时期,价值规律处在逐步脱下自己的历史表皮,而还原为劳动消耗规律的过程中的时候,它经过迂回曲折仍要自发地体现劳动消耗规律的要求。因此,布哈林说:"不能这样设想,存在着两个就实体而论是对抗性的调节者,我们知道,无论从现实观点来看,也无论从同马克思主义最起码原理相抵触的观点来看,这都是毫无意义的";普列奥布拉任斯基的错误在于不理解,"在目前的场合,问题不可能是指(就其实质来说)规律的物质内容的对抗性,而只可能是指社会形式的对抗性"。这个错误的根源,是由于"他用价值规律转变为他自己所喜爱的'社会主义原始积累规律'的过程来'替代'价值规律转变为劳动消耗规律的过程"。① 由于这样,他就有必要在劳动消耗规律之外,杜撰一个"社会工艺学"作为社会生产调节者。关于"社会主义原始积累规律"等问题,我们在下面再论述。

从上述可以看出,布哈林关于过渡时期中价值规律还原为劳动消耗规律,以及自觉因素取代自发因素的论述,其实是一个问题,即由社会预见来计划的生产取代由市场波动来调节的生产。这个过程从垄断资本开始,到过渡时期终结全部完成,它和公有制代替私有制并无必然的联系。所不同的是,在私有制下,它为资本的利益服务,在公有制下,它为人民的利益服务。在论述中,他的逻辑推论多于事实分析,以致常常要狭隘的实践服从其理论。这一点,在他关于社会主义经济方法论的论述中,也有所表现。

---

① 尼古拉·布哈林:《布哈林文选》(中册),人民出版社 1981 年版,第 94 页。

二、从暴力即超经济力量中
不能抽象出经济规律①

　　卢森堡在《国民经济学入门》中,有一段很深刻的描述:16 世纪西班牙和葡萄牙因有利可图就肆意狂暴地抢劫贵金属、香料、贵重装饰品及奴隶,掠夺新发现的热带国家的财宝、天然资源和人;17 世纪由荷兰开端而给英国提供示范的,就是单纯利用商业冒险,把大西洋彼岸国家的各种原料输入欧洲市场,同时对于那些国家的土著人则强迫他们交换形形色色的毫无价值的废物。在这里暴力发生重大的作用,无规律性统治一切,或者说无规律性就是规律。

　　根据卢森堡的资本积累理论,即在资本主义只有两大阶级:资产阶级和无产阶级的条件下,资本积累是不可能的,只有将用于积累的剩余价值的体现物,即生产资料和消费资料卖给资产阶级和无产阶级以外的"第三者",主要是小生产者,资本积累才能实现。这就是说,实现资本积累要有非资本主义的环境。

　　卢森堡由此就提出帝国主义定义,就是争夺尚未被占领的非资本主义环境以进行资本积累的竞争。这个定义布哈林开始时看不懂:以为要争夺这样的环境,是由于遇到的阻力小些,不是的。因为已被占领的,它就慢慢地也资本主义化了,它同样需要进行积累,它同样需要非资本主义环境。所以,只有争夺未被占领的非资本主义环境,才能实现资本积累。这种争夺就是帝国主义。

　　根据卢森堡的资本积累理论,国内的和国外的非资本主义环境对实现

---

　　① 本文写于 2002 年中期。

剩余价值,都能起同样的作用。如果说国外的这种环境是殖民地的话,那么,国内的这种环境也应是殖民地。这样,殖民地理论的方法论才是统一的。但是,由于卢森堡囿于实际,或缺乏抽象力,认为殖民地只能是在国际舞台上出现的,只能是政治殖民地,反过来说,也就是由于经济殖民地概念的阙如,她就认为只存在丧失主权的国外殖民地,或殖民地国家,而不存在经济殖民地,因而也不存在国内殖民地,因为这两者都不涉及国家主权问题。这一点,她比列宁后退了。

从上述我们可以清楚地看到,卢森堡的帝国主义和殖民地理论的方法论是二元的:前者用的是抽象法,层层理论分析,然后得出结论;后者用的则是记录法,只能根据经验,只能将看到的事实记录下来,而所能看到的,就是政治上的暴力,因而,就只有政治殖民地的概念。经济殖民地是要通过分析经济关系才能认识的,她试图从暴力中进行分析,但是白花力气,终于失败。其实,这个问题,是可以用理论来解决的。她不是说过英国资本如何逐渐控制埃及,而于 1882 年才占领埃及吗?从占领日起,埃及丧失主权了,成为政治殖民地了,但是,占领的目的,应该是确保英国的经济利益,而这种利益是占领前就已经存在的,这就是经济殖民地。占领之前和之后,这种关系都是存在的。只要这种关系没有改变,经济殖民地的性质就依然不变。政治殖民地是经济殖民地在政治上的表现。

三、论比例分配社会劳动及其实现的两种方法
——兼论决定价值的二层含义的必要劳动时间①

  马克思在 1868 年 7 月 11 日致库格曼的信中说:"要想得到和各种不同需要量相适应的产品量,就要付出各种不同的和一定数量的社会总劳动量。这种按一定比例分配社会劳动的必要性,决不可能被社会生产的一定形式所取消,而可能改变的只是它的表现形式,这是不言而喻的。……在社会劳动的联系体现为个人劳动产品的私人交换的制度下,这种劳动按比例分配所借以实现的形式,正是这些产品的交换价值。"②本文以此为指导说明以下几个问题:(1)社会劳动比例分配的重要层次;(2)社会劳动比例分配的实现方法;(3)社会劳动比例分配和价值决定中的二层含义必要劳动时间;(4)对某些问题的错误认识给社会主义实践带来的消极影响。

(一)

  我们不要认为,既然社会生产的条件是社会劳动合乎比例地分配在各个生产部门之中,那么,随便哪一个部门作为比例依以建立的基础都是可以的。不是的。马克思明确指出,这个基础是农业,即首先要从社会总劳动中合乎比例地划分农业劳动和非农业劳动。马克思说:"把对外贸易撇开不说(如不撇开就以全球为对象——引者)……能够用在工业等等上面……的劳动者人数……要由农业劳动者在他们本人的消费额以上能够生产的农产品总量决定。"③这是因为人们必需的消费资料,直接间接都来自农业,因而农

---

  ① 原载于《复旦学报》(社会科学版)1993 年第 4 期,第 2—7 页。
  ② 《马克思恩格斯全集》(第三十二卷),人民出版社 1974 年版,第 541 页。
  ③ 马克思:《剩余价值学说史》(第一卷),郭大力译,人民出版社 1975 年版,第 16 页。

业部门的剩余产品,就制约了非农业人口的数量。换句话说,从全社会看,必须有一部分人从事农业劳动,他们不能离开农业,并且要生产超过自己所必需的消费资料,这些消费资料的数量制约非农业劳动者的数量,这些人在经济学上被称为"自由人手",即他们可以脱离农业,然后按比例从事工业和非物质生产的劳动。

根据由马克思提出来的再生产理论,就可以认识到:农业生产规模决定工业生产规模和内部结构,工农业生产规模决定运输业的规模。详细点说就是:A.农业劳动者和"自由人手"对由工业生产的消费品的需求(如衣服),决定生产消费品的工业部门(如服装业)的规模;B.上述规模(如服装业)决定生产用来制造工业消费品的生产资料(如缝纫机)的工业部门(如缝纫机业)的规模;C.农业部门对由工业生产的生产资料的需求(如农业机械),决定用来制造农用生产资料的工业部门(如农业机械业)的规模;D.由 B 的规模和 C 的规模(如缝纫机业和农业机械业)合起来,决定生产用来制造工业用生产资料的工业部门(如采矿、冶炼和动力业)的规模;E.上述工农业的规模决定运输业的规模,运输业的规模又反过来影响生产运输业用的生产资料的工业部门(如车辆制造业)的规模,等等。

我无意也无法详细谈论农业规模对工业规模和内部结构的决定性作用。但从上述已可看到,如发展经济学家刘易斯所说,撇开对外贸易不谈,工业的大小是农业劳动生产率的函数。

前面分析问题时,我们已涉及工业生产中的消费品生产和生产资料生产,它们之间是有比例的;其实,农业生产中也是这样,也就是直接生产食物的劳动生产率要高到这样的程度,"使生产食物的农民和生产原料的农民有实行分工的可能"①。不言而喻,这种分工也是有比例的。这样,我们就可以看到,社会劳动要按比例分配在制造生产资料的部门和制造消费品的部门,这和社会劳动要按比例分配在农业部门和工业部门,是同一规律的两个方面。

在劳动生产率提高的条件下,随着生产的扩大,分配在制造生产资料的生产资料部门的社会劳动增加最快,制造消费品的生产资料部门的社会劳动增加较慢,制造消费品的部门的社会劳动增加最慢。

---

① 马克思:《资本论》(第三卷),人民出版社 1975 年版,第 716 页。

（二）

社会劳动比例分配的实现有两种方法：一种是自觉的，一种是自发的。一般说来，前者同自然经济和产品生产，即以生产使用价值为目的的生产相联系，后者同商品经济和商品生产，即以生产价值为目的的生产相联系。但手工业行会的商品生产、垄断资本主义，尤其是国家垄断资本主义的商品生产，则有自觉的因素。

原始社会后期的农村公社①，奴隶制度第一阶段即主要为自身需要而从事经营的家长制②，封建领主的庄园和附属于奴隶制度、封建制度为满足自己的消费而进行经营的个体经济，生产的是产品，是供本身用的使用价值，其劳动分配是自觉的。

资本主义商品生产制度促使生产社会化，从这时开始，比例分配劳动才真正以社会为范围进行。自由竞争条件下的资本主义生产，其社会劳动的比例分配是自发地实现的。这就是社会劳动分配过多的部门，商品价格下降，利润下降，甚至亏本，于是就减少这部门的劳动，社会劳动分配过少的部门，情形则相反。

要特别谈一谈经济危机对资本主义自发地比例分配社会劳动所起的作用。资本主义信用的发展使企业为订单而生产。这样，价格和利润的波动会被削弱，其自发调节社会劳动分配的作用就被麻痹了，于是就要靠经济危机来调节。首先是局部的经济危机。从上述可以看出，一些部门劳动分配过多，另一些相关部门的劳动分配就过少，反之亦然，而不可能所有部门过多，或所有部门过少。局部经济危机，就是劳动分配过多部门，突然价格下降、利润下降或全无，从而使过多的劳动转移到过少的部门，使社会劳动分配符合比例，这时社会总劳动并没有减少。

其次是普遍的经济危机。即使社会劳动的分配是符合比例的，资本主义再生产的实现也会遇到困难③。问题在于资本主义特有的生产无限扩大趋势和群众消费相对落后之间的矛盾，首先使消费品成为过多的，又使生产

---

① 马克思：《资本论》（第一卷），人民出版社 1975 年版，第 395—396 页。

② 马克思：《资本论》（第三卷），人民出版社 1975 年版，第 906 页。

③ 《列宁全集》（第四卷），人民出版社 1984 年版，第 71 页。

消费品的生产资料成为过多的,最终使生产生产资料的生产资料成为过多的,这些部门的产品都是过多的,都发生危机,尽管它们之间是符合比例的。这些部门的生产都下降,都减少分配到的社会劳动。社会生产要下降到同群众消费相适应的程度,然后再恢复即回升,并在这基础上重新比例分配社会劳动。普遍危机时,社会总劳动是减少了的,减少的部分就是闲置、毁灭的设备和失业的工人。

垄断资本主义的产生,意味着在垄断范围内社会劳动的比例分配开始有了自觉的因素。恩格斯说:"历来受人称赞的自由竞争已经日暮途穷,必然要自行宣告明显的可耻破产。这种破产表现在:在每个国家里,一定部门的大工业家会联合成一个卡特尔,以便调节生产。一个委员会确定每个企业的产量,并最后分配接到的订货。"①列宁在专门研究垄断资本主义的著作中明确指出:既然垄断企业十分庞大,并且根据大量材料的精确估计,有计划地取得数千万居民所必需的原料的 2/3 甚至 3/4,运送这些原料到最便利的生产地点是有步骤地进行的,产品分配给数千万、数万万的消费者是按照一个计划进行的,这就不仅是生产社会化,而且是生产计划化。国家垄断资本主义更是这样。因为它是根据国家指令或根据政府部门的订货而进行生产的。列宁认为,资本家根据政府订货而生产,其市场是已知的,有保证的。至于他认为这种产品是否商品,下面再谈。

从上述可知,自觉和自发比例分配社会劳动,同社会形态是公有还是私有,同生产资料所有制的性质,并无必然的联系。

尽管我们还没有研究社会主义制度下,社会劳动比例分配规律是如何发生作用的,但从上述就可以看到,也有两种方法,它们同生产资料所有制的形式并无必然的联系。但在谈论前,先要论述价值规律和社会劳动比例分配规律的关系。

(三)

经济学一类著作常说,价值规律的作用能使商品的供给和需要趋于均衡。这当然正确。但是,单是这样说,还没有说明它能否使生产某一种商品

---

① 马克思:《资本论》(第三卷),人民出版社 1975 年版,第 495 页。

的社会劳动符合比例地进行分配,即没有说明它和社会劳动比例分配规律的关系。

让我们进一步研究这问题。

价值规律是商品生产的基本规律,它指的是作为商品交换基础的价值量是由生产商品的社会必要劳动时间决定的。根据马克思的全部说明,社会必要劳动时间有两层含义。《资本论》第一卷的有关说明,还只是第一层含义的社会必要劳动时间。这就是:"在现有的社会正常的生产条件下,在社会平均的劳动熟练程度和强度下制造某种使用价值所需要的劳动时间。"①这是大家都很熟悉的,不必赘述。

值得注意的是第一卷中这一段话:"即使某种劳动,例如我们这位织麻布者的劳动,是社会分工的特许的一部分,这也决不能保证他的 20 码麻布就有使用价值。社会对麻布的需要,像对其他各种东西的需要一样,是有限度的。如果他的竞争者已经满足了这种需要,我们这位朋友的产品就成为多余的、过剩的,因而是无用的了。"②这就是说,使用价值是价值的物质担当者,这使用价值指的不只是有用性,而且指的是有用性基础上的适量性,或比例性。正是从后一意义上马克思强调说:"假定市场上的每一块麻布都只包含社会必要劳动时间。即使这样,这些麻布的总数仍然可能包含耗费过多的劳动时间。如市场的胃口不能以每码 2 先令的正常价格吞下麻布的总量,这就证明,在全部社会劳动时间中,以织麻布形式耗费的时间太多了。其结果就像一个织布者花在他个人的产品上的时间都超过了社会必要劳动时间一样。"③这就是说,不能只从平均条件的意义去理解决定商品价值量的社会必要劳动时间,还要在这基础上从生产一种使用价值的总量是否符合比例去理解。正因为这样,马克思在 1878 年致《资本论》第一卷俄文译者的信中提出:将"每 1 码的价值也只是同种人类的同一的社会规定的量的化身",改为"每 1 码的价值也只是耗费在麻布总量上的社会劳动量的一部分的化身"。④ 这值得我们注意。我认为这一修改意味着开始谈论第二层含义的

①　马克思:《资本论》(第一卷),人民出版社 1975 年版,第 52 页。
②　同上书,第 125 页。
③　同上书,第 126 页。
④　同上书,第 126 页及同页注 2。

社会必要劳动时间了。

马克思全面论述第二层含义的社会必要劳动时间是在《资本论》第三卷和原来计划作为《资本论》第四卷,但后来作为独立的著作《剩余价值学说史》(考茨基编辑的。后来苏联编辑的则作为《资本论》第四卷。两个版本,郭大力都译为《剩余价值学说史》。我国编译局只译了苏联版,译为《剩余价值理论》)中。因为马克思在《资本论》第二卷已全面论述了社会资本的再生产条件,即论述了各种使用价值是有一定的比例关系的,完全有条件谈论这一问题了。

我们接着前面提到的麻布价值谈论。如上所述,每1码麻布所耗费的时间都符合第一层含义的社会必要劳动时间,例如1小时,价值2先令。但用在生产全部麻布的时间,仍可高于或低于按照比例分配社会劳动所需的时间。从比例分配的观点出发,"必要劳动时间就取得了别一种意义"。就是说,"如果有数量过大的劳动时间被用在一个部门,那也只会被付以这样多的代价,好像只有适当的数量被使用一样":总产品的价值,这时"将不等于其中包含的劳动时间,而只等于它的总产品和其他部门的生产保持比例时按比例应当使用的劳动时间"。① 如果按比例所需的麻布为4 000码,总价值8 000先令,但生产了6 000码,就只能卖8 000先令,每码价格为1.33先令,低于它的价值(2先令)1/3,等于每一码麻布的生产已经多用了1/3的劳动时间。麻布生产过少时,每码价格也可按上法求得。

当然,各个生产者条件不同,生产同种产品中的每件产品所需的时间不可能都符合第一层含义的必要劳动时间。这时第二层含义的必要劳动时间如何决定?马克思的市场价值或社会价值理论就是解决这个问题的。他说:"市场价值,一方面,应看作是一个部门所生产的商品的平均价值,另一方面,又应看作是在这部门的平均条件下生产构成该部门很大数量的那种商品的个别价值。只有在特殊的组合下,那些在最坏条件下或在最好条件下生产的商品才会调节市场价值。"②特殊组合是:"如果需求非常强烈,以致当价格由最坏条件下生产的商品的价值来调节时也不降低,那么,这种在最

---

① 马克思:《剩余价值学说史》(第一卷),郭大力译,人民出版社1975年版,第241页。
② 马克思:《资本论》(第三卷),人民出版社1975年版,第199页。

坏条件下生产的商品就决定市场价值";相反,"如果所生产的商品的量大于这种商品按中等的市场价值可以找到销路的量,那么,那种在最好条件下生产的商品就调节市场价值"。① 在这两种情况下,价格都较大地偏离价值。在这里,供需关系所起的作用,是调节依以计算第一层含义的社会必要劳动时间的商品的数量,并由此使这种时间发生变化,即形成第二层含义的社会必要劳动时间。所以,从发展的观点看,两层含义的社会必要劳动时间是均等的。因为价格变动会导致供需均等。

因此,价值规律的作用是导致社会劳动的比例分配,从这一点看,同比例分配社会劳动规律的要求是一致的。

(四)

前面谈到资本主义垄断阶段的商品生产有了计划的因素,它连同资本主义商品生产原有的自发调节,应该同样存在于社会主义的商品生产中。但是,长期以来,社会主义的理论和实践并不是这样,并带来很大的消极作用,直到最近 10 余年,情况才发生变化。现在谈其中的原因。

首先,这同否认社会主义存在商品生产有关。这里我不从社会主义所有制的性质这一角度,而从社会生产的计划指导和自发调节的角度谈问题。有一种观点认为,商品生产只是自发的经济过程的产物,它和自觉调节或计划指导生产是不相容的。首先提出这问题的是希法亭。他说:卡特尔化的结果是一个总卡特尔,这样,整个资本主义生产由一个主管机构有意识地加以调整,这个机构决定一切生产领域的生产规模,随着生产的无政府状态的消失,商品的价值对象性消失了,从而货币消失了。布哈林深受他的影响,因此说:假如能够"通过组织全世界经济成为单一的巨大的国家托拉斯……那么,就会有一个全新的形式,这将不再是资本主义,因为商品生产消失了,更不是社会主义,因为一个阶级对另一个阶级的统治依然存在……这样的经济结构,就像是没有奴隶市场的奴隶占有制经济"②。列宁的看法与此十分相似。他说:"资本家为国防即为国家工作,这已经不是'纯'资本主义了

---

① 马克思:《资本论》(第三卷),人民出版社 1975 年版,第 200 页。

② 尼古拉·布哈林:《世界经济和帝国主义》,蒯兆德译,中国社会科学出版社 1983 年版,第 126 页注①。

（这是明显的事实），而是国民经济的一种特殊形式。纯资本主义是商品生产，而商品生产是为不可知的自由市场工作的。为国防'工作'的资本家则完全不是为市场'工作'，而是按照国家订货甚至往往是为了取得国家贷款而'工作'的。"①

正因为这样，列宁对布哈林对商品下的定义是持肯定态度的。布哈林在《过渡时期经济学》中说：商品"这一范畴首先是以社会分工或其分裂及因此造成的缺乏经济过程的自觉调节者为前提的。……因此，当生产过程的不合理性消失的时候，也就是当自觉的社会的调节者出来代替自发势力的时候，商品就变成产品而失去自己的商品性质"②。列宁对此的评注是："对！不确切：不是变成'产品'，而是另一种说法。例如变成一种不经过市场而供社会消费的产品。"③这样一来，就将商品生产和自觉调节或计划对立起来。

社会主义经济是无产阶级政党领导劳动人民自觉革命而产生的。因此，按照上述理论逻辑，它应该消灭商品生产，而不必考虑所有制性质问题。十月革命后，1919年3月俄共召开的"八大"，规定了消灭商品生产的做法："继续有计划地组织全国范围的产品分配以代替贸易。其目的在于……将所有居民都组织在……消费公社网中。"④因此，俄国的战时共产主义政策，即全部消灭商品生产的政策，是上述理论的产物，战争不过使其实施更迅速。1921年即从战时共产主义政策变为实行新经济政策的第一年，列宁自我批评时说：我们没有充分根据就假定，直接用无产阶级国家的法令，在小农国家里按共产主义原则来调整国家的生产，并由国家进行产品的分配。⑤

新经济政策的核心问题是承认市场的存在。这意味着承认商品生产和商品交换。但是，其理论基础仍然是：商品生产与自发的经济过程相联系。

① 《列宁全集》（第二十五卷），人民出版社1958年版，第52—53页。
② 尼古拉·布哈林：《过渡时期经济学》，余大章、郑异凡译，生活·读书·新知三联书店1981年版，第115页。
③ 列宁：《对布哈林〈过渡时期的经济〉一书的评论》，人民出版社1958年版，第50页。
④ 《联共党（布）关于经济建设问题的决议》，施滨、伊真译，新华书店华东总分店1950年版，第8—9页。
⑤ 《列宁全集》（第三十三卷），人民出版社1957年版，第30页。

俄国有众多的个体农民,他们不能一挥手就组织起来,因此,在组织起来之前,就要允许商品生产和市场的存在。列宁逝世后,布哈林一度是解释新经济政策的权威。他说:市场"这种生产关系的特征是形式上独立的个体生产者的分散劳动。因此,在没有小生产者的地方,大家就可以完全放心地反对'新经济政策',反对市场关系和类似的其他事物"①。

于是,随着农业集体化的进行,个体农民的分散劳动不复存在,商品生产和市场就不应存在,新经济政策结束,被认为与商品生产相对立的计划经济体制产生。但是,苏联事实上是存在着商品生产的,这就产生以下的问题:

编制经济计划时一方面利用价值规律,另一方面又违反它的要求,使价格不反映价值和供需关系,以麻痹它调节劳动的作用。曾任苏共政治局委员,主管计划工作的沃兹涅辛斯基试图解释这个问题,提出苏联存在的是"被改造了的价值规律"的看法。他认为,这个"被改造了的"规律要求:A.对生产社会产品所支出的社会劳动进行实物的和货币的计算;B.通过国家计划实现社会劳动与社会产品的生产和分配的必要的比例;C.在个别产品的价格和价值可以不一致的条件下,总价格要等于生产产品投下的总社会劳动;D通过国家计划在各个经济部门间正确分配社会劳动②。从这全部内容看,价值规律所谓的"被改造"之处,指的大概是C项。

我们不全部研究上述所有内容,只研究其中的C项和D项的关系。我们可以将D项理解为实现比例分配社会劳动规律的要求,将C项理解为利用价值规律发生作用的形式——价格环绕着价值波动,这种波动在自发的条件下,可以还原为价值,并由此使社会劳动的分配符合比例;现在,在计划经济条件下,价格却被钉死在固定的计划价格上,价值规律调节社会劳动的分配的作用就被麻痹了,以致同比例分配社会劳动规律的要求相矛盾。这样一来,社会劳动在各部门的分配是否符合比例,就不能通过价格变动予以验证。其结果就是产品价格高于价值的,相对地说生产较多,价格低于价值的则相反,使经济比例失衡。

① 尼古拉·布哈林:《布哈林文选》(下册),人民出版社1981年版,第392页。
② 沃兹涅辛斯基:《沃兹涅辛斯基经济论文选》,人民出版社1983年版,第517—518页。

分析了这些问题,我们就可以看出,斯大林提出如下的看法,是基于苏联计划经济的狭隘经验。他认为,苏联的长期计划和年度计划,是根据社会主义特有的国民经济有计划(按比例)发展的要求制订的,社会劳动的比例分配只由计划决定,价值规律不可能是各生产部门比例分配劳动的调节者。他举的实例就是苏联优先发展盈利少,甚至亏本的重工业。工人不能从盈利少的企业流向盈利多的企业。我们分析一下这个例子。重工业盈利少是计划价格定得过低,即低于生产价格(生产成本加平均利润)的结果。在这条件下重工业能够进行再生产,甚至优先发展,是由于得到财政补贴。这恰恰反过来说明,投下的社会劳动多,实现的社会劳动少的企业,要补足差额才能进行再生产,这正是价值规律的要求。沃兹涅辛斯基说的"被改造了的价值规律"要求在各个经济部门之间正确分配劳动,这一点在斯大林所说的价值规律中根本不存在,他理解的社会必要劳动时间只是第一层含义的。苏联的计划价格不反映价值,更不反映供求关系,这一点限制了他的认识。

应该说,苏俄实行战时共产主义政策,苏联农业全面集体化以后建立高度集中的统一的计划经济体制,是有其客观的实际需要的。如果不是这样,这个当时是世界上唯一的社会主义国家就无法赢得反武装干涉的战争和反对法西斯的战争。这其实就是通常所说的,战争需要实行统制经济的政策。但是,在这样做的时候,他们并没有清楚地看到特殊的实际需要和普遍的经济规律是两回事,以致在特殊情况变化了,仍然无视经济规律,例如价值规律的要求,仍然将计划经济和商品生产对立起来,就是错误的。

苏联和平时期的计划经济模式,对其他社会主义国家,程度不同地发生消极影响。

同样应该说,计划经济体制对我国战胜帝国主义对我们实行的封锁禁运政策起过很大的作用。但其后就越来越显出消极作用。我国从理论上冲破这体制,始于1978年的"实践是检验真理的唯一标准"的大讨论;从那时以来,我们逐步深入认识市场和商品经济在社会主义中的存在、地位和作用,以及它同计划和宏观调控的关系。从我们研究的角度看,这就是比例分配社会劳动的自觉和自发方法在社会主义社会的存在、地位和作用问题。

四、关于我国过渡时期的剩余价值规律[①]

我国过渡时期既然存在着资本主义经济成分,在逻辑上谁都承认在这成分内存在剩余价值规律。但是由于方法论不同,就发生两个问题:第一,过渡时期既然是社会主义基本经济规律在国民经济中发生主导作用,那么剩余价值规律还是不是资本主义的基本经济规律呢?第二,过渡时期既然没有产生垄断资本主义的条件,那么剩余价值规律以什么形式发生作用呢?

第一个问题,从方法论上说,就是基本经济规律是属于一个生产方式、社会形态的概念呢,还是属于一个实际社会的概念的问题。从以上的分析可以看出,剩余价值规律是我国资本主义的基本经济规律,而不是什么主要经济规律和一般经济规律。

这样,如何将存在着两种基本经济规律的过渡时期和存在着多种基本经济规律的某一实际社会区分开来呢?我认为,从基本经济规律的多少来决定是否过渡时期,在方法论上就等于从生产方式的多少来决定是否过渡时期,而这是错误的。过渡时期的特点不是一般的经济多样性,这是以前的实际社会或多或少都有的;也不是一般的多种经济成分的消长运动呈现显著的变化,这是任何一个社会形态向另一社会形态的过渡时都相同的,而历史上只有一个过渡时期。过渡时期的必要和特点是:社会主义经济不可能自发地产生,而要无产阶级自夺取政权之日起利用政权来创造,它也不可能和非社会主义经济成分的残余长久地并存而要无产阶级政权对其进行社会主义改造。所以,自无产阶级夺取政权起到社会主义改造完毕就是过渡

---

① 原载于《经济研究》1955 年特辑,有删节。

时期。

确认剩余价值规律是资本主义的基本经济规律不仅在逻辑上是必要的,而且在实践上也是必要的。否认这一点,就必然承认有其他的经济规律,比如说社会主义基本经济规律决定资本主义生产发展的一切主要方面和主要过程,这就没有必要创设条件使剩余价值规律退出舞台。

第二个问题比较复杂。王学文同志认为,我国资本主义的主要经济规律的特点和主要要求大致如下:"用在较高技术基础上,剥削无产者与农民手工业者等等办法,发展资本主义的生产,来保证最大的利润。"[①]这是王学文同志的对我国剩余价值规律的具体化,而这是错误的。

第一,说我国资本主义生产的目的和任何资本主义生产的目的一样都是"最大的利润",这是不对的。我同意许多同志对这问题的意见。第二,我完全同意徐禾同志的意见,"较高的技术基础"并不是资本主义借以剥削剩余价值的必要条件。马克思认为,一般说来,剩余价值有一个自然基础,那就是劳动生产率要达到使必要劳动时间只限制为劳动日的一个部分这样高的水平[②],即使在使用手工劳动的单纯协作和手工制造业那样"狭隘的技术基础"[③]上,也不妨碍资本剥削剩余价值。第三,我完全同意茹季扎同志的基本思想,在流通过程中用不等价交换的方法剥削独立生产者,只要不是通过垄断价格而是通过欺诈,这仍是洪水期前商业资本剥削独立生产者的老方法,不足以表明资本主义生产的本质。从方法论上,以贱买贵卖来说明利润的产生原是重商主义的说教,如果剩余价值真的是这样产生的,马克思的剩余价值理论的科学基础也就不存在了。这就是说,虽然实际上资本家总是剥削独立生产者,揭露这种剥削是必要的,但这并不是也不可能是揭露资本主义生产本质的剩余价值规律的具体化。

为了论证在没有垄断的条件下,也能保证"最大的利润",王学文同志在后来的补充意见中,只好在垄断以外寻找方法,果然找到了"五毒"行为这方法。

的确,"五毒"是实际生活中资本家攫取暴利的重要方法,在我国条件下

① 王学文:《中国新民主主义的几个经济法则》,《新建设》1953年第10期,第9页。
② 马克思:《资本论》(第一卷),人民出版社1975年版,第559页。
③ 同上书,第407页。

而且具有特别的政治意义。但这并不是产生剩余价值的方法,也不是资本主义所特有的剥削方法。"行贿"是达到其他"四毒"行为的手段,它和"偷税漏税"是自奴隶社会至资本主义社会都有的现象。"偷工减料",从利润来源方面考察,也就是以贱卖贵的欺诈。"盗窃国家经济情报",从利润来源方面考察,或者是出卖情报拿津贴,或者是以各种方法进行不等价交换,也就是欺诈。"盗窃国家财产"是欺骗和强盗行为。这一切都不是资本主义特有的剥削方法,王学文同志在方法论上的错误在于:第一,把非资本主义所特有的剥削方(五毒)当作是达到资本主义所特有的生产目的(剩余价值)的手段,因而由此构成的"主要经济规律"只是个"四不像";第二,把经济现象当作经济本质;第三,把一切剥削收入都当作是剩余价值。

总之,在我国条件下,剩余价值规律不可能以最大利润规律的形式发生作用。

在人民政权的限制和强大的国营经济领导下,私人资本在某些部门中的投资是禁止的,但这些部门根本也没有私人资本存在。其他部门的私人投资,根据"私营工商业暂行条例"的规定,虽然要经过地方或中央主管业务部门核准和工商行政机关登记,转业、停业、复业、歇业、变更经营范围及迁移地区亦同,但这只是减少投资的盲目性,而不是绝对阻止资本的自由转移。只要资本自由转移这条件存在,我个人认为剩余价值规律就有条件以平均利润率规律的形式发生作用。

只有正确地揭示了剩余价值规律的特点及其作用形式,才能制定正确的政策,利用它来为社会主义建设事业服务。

五、论资本主义基本经济规律及其前垄断阶段的具体形式①

（一）关于基本经济规律的理论

关于基本经济规律和资本主义基本经济规律的理论，是由斯大林首先在《苏联社会主义经济问题》中提出来的。但他写此书的任务，不是全面地论述这些理论，因此，这些理论还需要我们加以探讨和研究。现在我将个人的看法提出来，希望得到指正。

大家知道，历史上有五种基本生产方式类型，它们有相同的生产物质资料的基础，并以此相互联系；它们也有不同的生产力水平及由此决定的生产关系，并以此相区别。

在五种生产方式中，人们生产物质资料的过程的共同点，就是五种生产方式共有的经济规律。这种共有的经济规律是很多的，并且构成一个体系，因为人们生产物质资料的总过程是多方面的。这些共有的经济规律既然构成一个体系，那么，它们之间就必然有一个共同点（否则就不能构成一个体系），它们不过是这共同点在各方面的表现。这共同点就是物质资料生产本身。譬如，物质资料生产表现为人与自然的关系和人与人的关系的统一，就是社会生产中生产力和生产系统一的共有经济规律；物质资料生产表现为生产资料生产和消费资料生产，就是社会生产分为两大部类的共有的经济规律；等等。

在不同的生产方式中，人们生产物质资料的过程的社会特点是不同的，

---

① 节录自陈其人：《论资本主义基本经济规律及其在资本主义各个阶段中的具体形式》，上海人民出版社 1957 年版，第 1—36 页。（参见本书第二卷第一部分。——编者注）

这些特点就是各生产方式特有的经济规律。同样道理,在构成一个体系的这些特有经济规律中,必然有一个共同点,这些特有经济规律不过是这个共同点在各方面的表现。这个共同点就是不同历史条件下物质资料生产的最根本的社会特点。譬如,在社会主义制度下,物质资料生产最根本的社会特点,亦即社会主义生产方式与其他生产方式的根本不同点,就是使用公有的生产资料的劳动者,在高度的技术基础上,为社会和自己的需要进行生产。这社会特点表现在生产上,就是生产不断增长、劳动生产率不断提高的社会主义特有经济规律;这社会特点表现在分配上,就是按劳分配的社会主义特有经济规律;等等。

我认为,反映不同历史条件下物质资料生产的最根本的社会特点,亦即反映一种生产方式同其他生产方式的根本不同点的,就是某特定生产方式的基本经济规律。

从这意义上说,基本经济规律是反映生产方式的本质的。某特定生产方式同其他生产方式的根本不同点,就构成它的基本经济规律的内容。既然基本经济规律是反映生产方式的本质的,那么,它就决定这生产方式发展的一切社会特点,因为一种生产方式的发展之所以与其他的生产方式有不同的社会特点,归根到底是由于这种生产方式的本质与其他的生产方式不同。譬如,社会主义的基本经济规律既然反映了社会主义生产方式的本质,它就决定社会主义生产方式发展的一切社会特点——生产力的迅速发展、生产力和生产关系不会发生冲突、生产无危机的发展,等等。

从另一意义上说,基本经济规律又是反映生产关系的本质的。某特定生产关系的诸方面,即某特定物质资料生产总过程中人与人的关系的诸方面,必然有一个共同点(否则就不能构成一个生产关系的诸方面),这个共同点就是该生产关系的本质。譬如,社会主义生产关系诸方面的共同点就是:劳动者使用公有的生产资料为社会和自己的需要进行生产。这就是社会主义生产关系的本质。由基本经济规律反映的一种生产方式区别于其他生产方式的根本特点,必然同时是构成这种生产方式的生产关系诸方面的共同点,也就是这种生产关系的本质。因为从某一点上看,区别生产方式的因素,也就是区别生产关系的因素,而生产关系是有几个方面的,在这几个方面之间必然有一个共同点,这个共同点同时也就是区别生产关系的因素。

基本经济规律既然是反映生产关系的本质的,那么,它就决定这生产关系发展的一切社会特点,因为一种生产关系的发展之所以与其他的生产关系有不同的社会特点,归根到底是由于这生产关系的本质与其他的生产关系不同。

还要谈一谈基本经济规律定义的公式的问题。首先要解决的是定义的公式有没有必要。回答是肯定的。这是因为,基本经济规律既然是反映不同历史条件下物质生产的根本社会特点的,那么,各生产方式的基本社会经济规律之间必然有一个共同基础。这个共同基础就构成基本经济规律定义的公式的基本要素。各生产方式的基本经济规律的定义,不过是这基本要素在不同历史条件下的不同表现。

这基本要素就是物质资料生产本身。人们生产物质资料为的是消费,没有消费的生产是没有意义的。这是物质资料生产本身的目的。人们为了消费,就要使用一定的生产资料并构成一定的社会关系来进行生产。这是达到目的的手段。在不同的历史条件下,这生产的目的和达到目的的手段,有不同的社会特点,并且由此把各生产方式区别开来。所以,我认为,斯大林提出来的、由生产的目的和达到目的的手段两个要素构成的基本经济规律定义的公式,是正确的。

(二) 剩余价值规律是资本主义的基本经济规律

资本主义的基本经济规律反映了资本主义生产方式的本质,即反映了资本主义生产的决定性的特征。

资本主义生产的特征是什么呢? 资本主义生产是社会生产的一个历史形态,它首先一个惹人注目的特征是商品生产。但是,商品生产和商品流通不仅存在于资本主义生产方式内,而且也存在于其他生产方式内,虽然在不同的生产方式内它们的广度和社会本性是有所不同的。所以,单从商品生产这一点,就不能看出资本主义生产的特征,就不能把资本主义生产和其他的生产形态相区别。可是,商品生产的普遍化,即绝大多数劳动生产物成为供出卖的商品这一点,却使资本主义生产和其他的生产形态区别开来。

所以,商品生产一般的规律如价值规律、生产资料私有制下商品生产的规律如竞争和生产无政府状态的规律,以及经济发展不平衡的规律,都不可能是资本主义的基本经济规律,因为它们并不反映资本主义生产的决定性的特征。

在资本主义生产方式下,商品生产之所以成为普遍的现象,那是和资本主义生产的另一特征即剩余价值生产相联系的。剩余价值生产以生产资料归资本家所有、劳动者一无所有,从而劳动力成为商品为前提。既然劳动者是一无所有的,他就不能直接为自己生产消费资料,因而消费资料成为商品。生产资料也成为商品,因为这是归不同的资本家生产和所有而又为资本家组织生产所必需的。所以,如果没有劳动力成为商品这个历史条件,商品生产就不会普遍化。一旦劳动力成为商品,生产的就不是一般的商品,而是包含了剩余价值的商品,即生产剩余价值。所以,生产剩余价值,这是资本主义生产区别于其他生产形态的决定性的特征。可见资本主义生产的本质不是商品生产,而是剩余价值生产。

资本主义为什么一定生产剩余价值呢?剩余价值为什么是资本主义生产的目的呢?

关于这个问题,在政治经济学的教学中没有得到应有的阐述。有的教师认为这是一个有目共睹的事实,用不着解释,这当然是不正确的。有的教师用资本家的经营活动的主观目的来解释,这显然是错误的。有的教师在分析资本总公式($G—W—G'$)的矛盾时,顺便指出这公式就表明资本主义生产的目的是剩余价值,这是十分不够的。因为资本总公式只表明资本主义生产的目的是剩余价值,而不能说明资本主义生产的目的为什么是剩余价值。在资本主义生产方式下,剩余价值的具体形式是这样明显地存在着,就连某些资产阶级经济学者也早承认的。但是,他们既然是资产阶级的学者,就必然把资本主义生产看作是生产的自然形态,从而也就把剩余价值看作是生产本身所固有的。因此根据他们的逻辑就根本不存在资本主义生产的目的为什么是剩余价值的问题。这正如马克思一针见血地批评的:"这些资产阶级经济学者,实际上有这种健全的本能,知道深入论究剩余价值起源这个爆炸性的问题,是极其危险的。"①可见不说明资本主义生产的目的为什么是剩余价值的问题,是极其错误的。

---

① 马克思:《资本论》(第一卷),郭大力、王亚南译,人民出版社 1953 年版,第 634 页。

　　资本主义生产的目的为什么是剩余价值的问题,可以区分为资本主义为什么生产剩余价值和为什么不断扩大剩余价值生产这两个问题。关于第一个问题,其实就是剩余劳动在资本主义条件下为什么表现为剩余价值的问题。在一切存在阶级剥削的生产方式中,被剥削者的劳动必然有一部分是由剥削者占去的剩余劳动,因为只有这样剥削者才能生存。但在不同历史条件下,剩余劳动的表现形式是不同的。在资本主义条件下,它之所以表现为剩余价值,是因为资本主义的生产要素是由资本家垫支了一个价值(货币)额买来的,并且它的生产物又全部是商品,因而劳动者的劳动全部凝结为价值。这样,剩余劳动也就凝结为剩余价值——生产物价值大于垫支价值的部分。就这一点而论,生产剩余价值是资本家的个人消费所必需的,正如生产剩余生产物是奴隶主和封建主的个人消费所必需的一样。

　　关于第二个问题,是因为资本主义生产的是商品,同时,竞争也在这里发生作用。由于资本主义生产的是商品,资本家消费的常常不是他的企业生产的商品,而是交换来的商品,这样,随着商品生产和交换的发展,资本家的消费要求就越大,剥削剩余价值的要求也就越大,这正如随着商品交换的发展,封建主对农奴的剥削就不再受肠胃的限制而越来越大一样。但就这一点而论,扩大剩余价值生产还是为了资本家的个人消费。然而,在资本主义商品生产的竞争的压力下,资本家就必须不断地进行扩大再生产,把部分的剩余价值用于积累,这就要扩大剩余价值的生产。我认为,就这一点而论,资本主义不断扩大剩余价值生产才是与消费无关的,而是为了积累,也就是为了扩大再生产而扩大剩余价值生产。

　　当然,资本主义生产剩余价值和不断扩大剩余价值生产两者是结合在一起的。但从分析中可以看出,资本主义生产剩余价值并不是和资本家的个人消费毫无关系,只不过随着资本主义生产的发展,竞争越来越尖锐,不断扩大剩余价值生产主要的是为了积累罢了。基于这个理由,我认为,那种认为资本主义生产的目的完全不是消费的主张是片面的[①]。因为这种主张只看到资本主义生产的特殊性,而没有看到资本主义生产和其他的存在剥

　　[①]　不久以前,我曾在《两种社会制度下生产与消费的关系》(上海人民出版社 1955 年版)这本小册子中,宣传过这种主张。

削关系的生产方式之间的共同性,从而把资本主义生产过分地加以绝对化。

剩余价值的源泉是什么呢?达到生产剩余价值这个目的的手段是什么呢?

在实际生活中,资本家获取利润的办法和利润的源泉是多种多样的。最初的资产阶级经济学者——重商主义者,看到实际生活中是有贱买贵卖的,在商业经营中是有欺诈的,并且这在资本原始积累的当时(现在也一样)是非常明显的事实,他们就用贱买贵卖来说明资本主义利润的源泉,认为利润是在流通中产生的。这当然是错误的。正如马克思所说的,偶然的和欺诈的利润,当然和我们所考察的问题没有关系,因为我们只考察正常的剩余价值的形成。如果价格在现实上与价值不一致,就必须把这种不一致看成是偶然的,把它抽去,把价格还原为价值。只有这样,才能在纯粹的形态上把握对象,才不致在考察时把与问题无关的扰乱因素插进来;同时,这种还原决不单纯是一种科学手续,因为现实上价格的不断涨落会还原为与价值相符的平均价格。在实际生活中,资本家当然是剥削小生产者和消费者,并且往往是在价值以下购买劳动力的,这当然能给资本家带来巨大的利润。但是,既然在流通中不会增加价值的一个原子,而只会改变既有的价值在不同所有者之间的分配,因此,在流通过程中买卖双方一方如多取得价值,他方便少取得价值。这情形和劫夺事实上是相同的。资本主义以前的商业利润就是这样来的。但这不是资本主义剩余价值的源泉。资本主义这个生产机构当然是有许多污点的,但我们不能以此为借口来消除理论上的困难。

在实际生活中,剩余价值总是具体化为利润、利息和地租等特殊形式的。某些只注意经济现象的资产阶级经济学者,就把剩余价值的某一特殊形式看成是剩余价值本身,并错误地企图由此特殊形式出发来说明剩余价值的产生。资产阶级经济学的古典学派就犯了这个错误。虽然古典学派大体上已经建立了劳动价值学说和工资决定的规律,因而就比重商主义前进了一步,能够从生产过程去寻求剩余价值的源泉,并且实际上已经看到了这个源泉,尽管他们并不真正了解剩余价值。但是,第一,由于阶级的限制,他们不认为劳动力是商品,而认为劳动是商品,劳动有价值,这就不仅陷入劳动的价值由劳动决定的循环论证中,而且按照劳动决定价值和等价交换的规律,全部价值就应属于出卖劳动的劳动者,这就不可能有剩余价值;第二,由于缺乏抽象力,他们把利润和剩余价值相混同,因而就无法说明这问题:等量资本推动的活劳动不等,生产的剩余价值不等,但在自由竞争下等量资本获得的利润却是相等的。古典学派最后就是被这两块拦路石绊倒的。关于前一点,马克思指出,只要把工资劳动当作商品看待,问题就是不能解决的;关于后一点,马克思指出:"所有经济学家都犯了这样一种错误;他们不把剩余价值纯粹地当作剩余价值来考察,却到利润和地租那些特殊形态中去考察。"①

马克思科学地说明了剩余价值的源泉和实体。科学的劳动价值学说和劳动力成为商品的学说,是马克思的剩余价值学说的重要构成部分。把剩余价值的各种特殊形式还原为它们的共同实体即剩余价值本身,先说明剩余价值的产生,然后再说明它如何转化为各种特殊形式,——这是马克思的剩余价值学说的方法论。

马克思特别看重他的方法论。他说:"我此书的最优点是……讨论剩余价值时,我把它的各种特殊形态,如利润利息地租等等丢开了。"②只有这样,才能从具体到抽象地说明剩余价值的产生,又从抽象到具体地说明剩余价值如何转化为利润、利息和地租等特殊形式。如果不是这样,一开始就从剩余价值的某种特殊形式来分析它的产生,就无法说明问题。譬如,平均利润的形成和剩余价值的产生就好像是矛盾的;不是魔术师就不能说明借贷资本本身怎样能生产利息;等等。

在科学的劳动价值学说、劳动力成为商品的学说和科学的方法论的基础上,马克思论证了剩余价值的实体和源泉是工人的劳动所创造的价值,超过他的劳动力的价值的余额。

资本主义生产的客观规律要求不断地扩大剩余价值生产。扩大剩余价值生产的方法,在劳动力价值不变时,是延长劳动力的使用时间和加强劳动力的使用强度,以生产绝对剩余价值(普遍地提高了劳动强度所生产的剩余价值是相对剩余价值);在劳动力的使用时间和使用强度不变时,是提高劳动生产率来减缩劳动力的价值,以生产相对剩余价值(包括超额剩余价值)。

---

① 马克思:《剩余价值学说史》(第一卷),考茨基编,郭大力译,生活·读书·新知三联书店1951年版,第32页。

② 马克思:《资本论》(第一卷),郭大力、王亚南译,人民出版社1953年版,第987—988页。

当客观条件具备时,资本就有一种直接劫夺劳动力价值(在价值以下购买劳动力,将劳动力的部分价值变成剩余价值)的倾向;这种剩余价值是变则的剩余价值①。剩余价值的源泉和实体以及它的产生的规律性,就是如此。

《政治经济学教科书》(苏联版)确认剩余价值规律是资本主义的基本经济规律②,并对它下了这样的定义:"在生产资料的资产阶级所有制的基础上,用不断加强剥削雇佣劳动和扩大生产的办法,日益增多地生产剩余价值,并由资本家占有。"③这个定义值得商榷。

首先,它事实上没有说明剩余价值是怎样产生的,因为它没有包括劳动力成为商品和劳动者创造的价值大于劳动力的价值这两点。定义中的"剥削雇佣劳动"云云,是常识性的说法;"扩大生产"云云,是多余的说法,并且也不应和"剥削雇佣劳动"平列起来。因为如果不是在加强剥削中扩大生产,即不是用延长劳动时间和提高劳动生产率的办法,而只用增加劳动者人数的办法来扩大生产,那么,从每个劳动者来说,就不会"日益增多地生产剩余价值"的,因此,在竞争的压力下,是很少用这种办法来增加剩余价值生产的。所以,不是扩大生产、而是扩大生产中的延长劳动时间和提高劳动生产率,使劳动者日益增多地生产剩余价值。

其次,"剥削雇佣劳动"云云,既然不能说明剩余价值是怎样产生的,当然也就不能说明资本主义剥削同其他剥削形式的区别,即不能说明资本主义剥削的本质。表面上看来,"掠夺式地剥削奴隶""剥削依附农民"和"剥削雇佣劳动"三者是有区别的,但这种区别是字面上的。问题在于:怎样才是"剥削奴隶""剥削依附农民"和"剥削雇佣劳动"? 因为奴隶、依附农民和雇佣劳动者三者的区别,如果不从法权的角度而从经济的角度来看,就只能从剥削形式不同来说明。

依我看来,剩余价值规律的定义应包括如下的基本要素:在生产资料的资产阶级所有制的基础上,用延长劳动力的使用时间、加强劳动力的使用强

① 所谓变则的剩余价值,就是破坏了劳动力等价交换的法则而产生的剩余价值;正因为这样,我就没有把它包括在剩余价值规律的定义中。
② 下定义时,教科书只说剩余价值生产是资本主义的基本经济规律;但在其他地方,则说剩余价值规律是资本主义的基本经济规律。
③ 苏联科学院经济研究所编:《政治经济学教科书》,人民出版社 1956 年增订第 2 版,第 117 页。

度和提高劳动生产率的办法,来不断扩大劳动者创造的价值超过劳动力的价值的差额,保证资产阶级占有日益增多的剩余价值。

剩余价值规律不仅反映了资本主义生产方式的本质,而且也反映了资本主义生产关系的本质,因为资本主义生产关系的诸方面,就是剩余价值生产总过程的诸方面,资本主义生产关系诸方面的共同点就是剩余价值生产的总过程。

资本主义生产关系是社会生产力发展的一个历史形式。一般说来,只要生产工具发展到不是劳动者个人所能使用的这样的水平,生产资料就和劳动者相脱离并集中在少数人手中,为了进行生产,这样的历史过程就是必然的:分别属于不同所有者的生产资料和劳动力,要按一种特别的原则结合起来,并由此结成一定的社会关系。这时,生产资料的资本主义所有制和雇佣劳动就相互依存地在历史上出现了。

但是,资本主义所有制和雇佣劳动,同其他形式的所有制和雇佣劳动的区别是什么呢?是生产资料集中在少数人手中,劳动者丧失生产资料因而要出卖"劳动"吗?不是。因为在古代和中世纪,都有过生产资料集中在少数人手中,劳动者没有和不完全有生产资料的事实,也有过用货币来支付劳务的现象(虽然是小量的现象),但是却没有资本主义。

区别在这里:资本主义制度下的生产资料成为榨取和吸收剩余价值的物质手段,劳动则成为剩余价值的源泉,它们结合起来的产物——资本主义的商品,便是剩余价值依以对象化的物质材料。所以,生产资料的资本主义所有制和劳动的资本主义性质,是相互依存地一起取得的,赋予它们这种社会性质的,便是它们结合起来由劳动生产的剩余价值。

资本主义流通同其他形式的流通最明显的不同点,是劳动力的买卖。但劳动力怎样才是当作商品来买卖的呢?一个劳动者,今天在资本家的公司里做卖给顾客的点心,明天在住宅里做给资本家享用的点心,拿同样多的工钱,在哪个场合下的劳动力是作为商品买卖的呢?

分界线是这种劳动是否生产、实现和带来剩余价值。在第一种场合,劳动的结果是包含了剩余价值的商品,和劳动力相交换的货币就转化为资本。在这里,劳动力是作为商品买卖的。在第二种场合,劳动的结果(或劳动过程本身)是直接满足别人的需要,不是生产、实现和带来剩余价值,而只提供了一种服务,和这种劳动相交换的货币就当作收入而支出了。在这里,劳动力不是作为商品买卖的。所以,劳动力是否成为商品,是不能从劳动力的使用形式,甚至也不能从劳动者是否拿到工资来区别的,而只能从劳动者是否生产、实现和带来剩余价值这一点来区别。

劳动力成为商品是剩余价值生产的前提,剩余价值生产则决定了资本主义流通的另一特点——剩余价值流通。

资本主义分配的表面特点是各种收入都表现在货币形式上,如货币的工资、利润、利息和地租等。但这并不是资本主义所特有的,在有商品生产和货币经济的地方,或多或少都有这种货币形式的收入。所以,单从这一点是不能说明资本主义分配的特点的。资本主义分配的真正特点,是由剩余价值生产决定的。因为生产的特点是剩余价值生产,所以价值生产物就要在质上分割为可变资本的价值和剩余价值,剩余价值再分解为利润、利息和地租。而可变资本则转变为工资,它的量的大小是由劳动力的价值决定的。

由此可见,资本主义生产关系的诸方面,就是剩余价值依以产生、生产、流通和分配的总过程的诸方面。

关于剩余价值生产如何决定生产力和生产发展的社会特点,那是不难了解的,这里就不谈了。

所以,剩余价值规律是资本主义的基本经济规律,因为它反映了资本主义生产方式和生产关系的本质,决定了资本主义生产发展的特点。

剩余价值生产是资本主义生产方式的绝对规律,它和资本主义共存亡。但是,剩余价值规律却是过于一般的规律,因为剩余价值本身是抽象的。在资本主义生产关系下,工人出卖的好像不是劳动力而是劳动,因而劳动力的价格就被歪曲为劳动的价格或劳动的报酬,就转化为工资。既然在工资形式下全部劳动都表现为好像是有报酬的,由剩余劳动生产的剩余价值就必然好像不是由劳动产生的,而好像是由资本产生的,并且好像是全部垫支资本产生的。这样,剩余价值就直接转化为利润。这就是说,只要劳动力的价格转化为工资,剩余价值就必然转化为利润。从这意义上说,剩余价值规律就直接具体化为利润的产生和增殖的规律。但是,利润一般还是抽象的,它还要转化为企业利润、利息和地租。所以,剩余价值规律只表明企业利润、利息和地租的共同源泉和实体,而剩余价值本身却要具体化在各种特殊形式之中。各种特殊形式的剩余价值虽然都是由资本所推动的劳动生产的，但资本所能实现的只是利润（包括企业利润和利息），因为地租不是资本、而是土地所有权所要求的。一般说来，地租不能侵蚀利润，它是超额利润的转化形式。所以，在剩余价值转化为它的各种特殊形式的过程中，利润居于支配的地位。在整个资本主义时期中，由于剩余价值转化为利润的条件不同，利润的具体形式不同，剩余价值规律的具体形式也就不同。

资本主义生产的本质是剩余价值生产，但是资本主义生产的发展经历了几个阶段，因此，剩余价值规律本身虽然能把资本主义生产从其他的生产形式中区别开来，但是不能把资本主义生产发展的各个阶段区别开来。要反映资本主义生产发展的阶段性，就要在剩余价值生产的一般基础上，找出剩余价值在各个阶段上的特殊形式，也就是找寻剩余价值规律在各个阶段上的具体形式。只有这样，才不仅能够把资本主义生产从其他的生产形式中区别开来，而且能够把资本主义生产发展的各个阶段区别开来，从而就能具体地了解资本主义生产的本质。

（三）剩余价值规律在简单协作和工场手工业时期发生作用的形式和特点

资本主义是在封建社会内部产生出来的。资本主义产生以前，商业资本和高利贷资本就已经存在了。商人活动的动机和目的是获取利润。组织在行会中的商人，按照平均权利和平等义务的马尔克原则，用同一的价格购买和出售商品以及支付运输费用，从而保证商业利润成为均等的。当然，这种均等只限于行会的范围之内。在一个国家，甚至在一个地方的市场内，当初都有多少不一的不同的利润率，这种不同的利润率后来由于竞争而归于均等。中世纪的利息是离开商业利润而存在的，并且由不同的规律决定。高利贷没有统一的利息率。

封建主义向资本主义的过渡是通过两种方式实现的：生产者成为资本家和商人成为产业资本家。

封建主义末期的商品生产分化出资本主义。在商品生产不发达的时候，行会能够限制手工业者的竞争和分化。手工业者行会的种种限制，如工作日长度、工艺规程、帮工和学徒人数的限制等等，使它的生产目的不可能是发财致富,使它的师傅不能变为资本家;手工业者行会的师傅不仅要参加生产,而且还要以其高明的手艺来教授学徒;学徒、帮工和师傅各等级之间,起初并没有不可逾越的界限:这一切就使利润的范畴对行会手工业的生产来说是不存在的。随着商品生产的发展,竞争愈趋激烈,行会的种种限制和规定也就变成有名无实了,其后也就废除了。于是,工作日延长了,帮工和学徒的人数增加了,帮工和学徒再也不能成为师傅了,逐渐地最富裕的师傅成为资本家,贫苦的师傅、帮工和学徒成为工人。资本主义就这样产生了。

商业资本在促进资本主义的产生上有过重大的作用。在商品货币关系发展的基础上,商业资本到处加速自然经济的瓦解,使生产品日益变成商品。资本主义以前的商业利润是靠不等价的交换产生的,是让渡利润。商人原来是从小生产者中产生出来的,随着商品生产的发展,商人就从定期购买小生产者产品的包买商,变成发原料和酬金给小生产者而把产品拿去的发货人,再从发货人变成连生产工具也供给劳动者的产业资本家,而小生产者也就变成完全的雇佣工人。资本主义就这样产生了。

商人参与这个过程的目的是获取较高的利润。这是有可能的。作为发货人的商人的特征,是购买暂时还有生产工具但已经不再有原料的劳动力。如果说,从前的商业利润只是小生产者的部分的剩余劳动,那么,现在的商业利润则是全部的剩余价值,甚至是部分的工资的克扣了。这是封建主义向资本主义过渡中的利润,是剩余价值生产的最初的开端。当然,为了加速资本周转和扩大销路,商人会比他的竞争者更便宜地售卖商品,以便获取超额利润。但是,这些竞争者也会变成发货人,于是他们全体都有超额利润,这样的超额利润就成为一般利润。利润率的均衡又恢复了。

这样,我们就可以看到,封建主义社会和封建主义向资本主义过渡中的商业利润率是均等的,这种均等的利润率是在流通领域内形成的。均等的利润是资本主义的历史出发点之一。

资本最初是按照它在历史上遇到的技术条件来支配劳动的。这就决定了资本主义在工业中发展的最初阶段是简单协作。资本主义的最初的工业企业,无论是从手工业者分化而产生的,或者是由商人把破产的小生产者俘虏过来而产生的,一般都是简单协作的企业。

资本主义的简单协作,第一,是以手工技术为基础的,因而它们之间的技术水平就不可能有很大的差别;第二,同时雇佣较多的工人,因而同一生产部门的同量资本所推动的劳动是近于均等的,生产的价值和剩余价值是近于均等的①;第三,企业规模相差不远,因而无所谓大生产的显著的优越性。所有这一切就使同一生产部门各个企业的利润率是近于均等的。但是,不同的生产部门,由于有不同的资本有机构成和周转时间(尽管其差别还是很小的),同量资本在同一时间内推动的活劳动量不等,生产的价值和剩余价值不等,因而利润率也就不等。

资本主义的简单协作不能构成一个历史时期,因此,当我们把它当作资本主义劳动协作的唯一形态来研究时,就意味着这时的资本主义还刚刚萌芽,封建统治还很牢固。简单协作的手工技术不能有效地摧毁自然经济,因此市场是狭小的,统一的国内市场尚未形成。这样,资本的自由转移就受到很大的限制,生产部门之间也缺乏联系,不均等的利润率的平均化就受到很大的限制。

这时资本主义既然还刚萌芽,商业资本还是前资本主义的,它尚未屈服于产业资本,商业利润依然是前资本主义的,还不是产业利润的一部分。同样道理,这时的生息资本是高利贷资本,农业生产是封建主义的小农生产,所以,利息依然是前资本主义的、地租依然是封建主义的,还不是产业利润的一部分。

工场手工业时期是资本主义在工业中发展的第二个阶段。依照马克思的说明,这时期大体上是 16 世纪中叶到 18 世纪末叶。资本主义的工场手工业和简单协作的差别,是企业内部有了分工,和由此产生的专门化的工具,从而就有较高的劳动生产率。但是,工场手工业仍然是以手工技术为基础的,因而对手工业生产还没有绝对的优越性。它一方面以其较高的劳动生产率,缓慢地摧毁城市手工业和农村家内工业,另一方面又需要它们为其加工制造原料,从而又使手工业恢复起来。所以,工场手工业不能全部占领社会生产,从而资本主义的国内市场的开拓是非常缓慢的。工场手工业的迅速发展,在历史上是靠国外市场的开拓来促进的。殖民制度为它保证了国外市场。

---

① 马克思:《资本论》(第一卷),郭大力、王亚南译,人民出版社 1953 年版,第 387 页。

　　分工的优越性和劳动者的人数有很大的关系。在同一生产部门内,大的工场手工业企业比小的工场手工业企业,有较高的劳动生产率和其他的经济优越性,因而部门内大小不同的企业的利润率,就开始有某种程度的差别。

　　和简单协作的资本主义企业相同,不同生产部门的工场手工业企业的利润率也是不等的,而且不等的程度会大些。因为市场扩大了,不同生产部门资本的流通时间会有较大的差别,同时生产工具的专门化,又使不同生产部门的资本有机构成有较大的差别。这时资本主义既然有了相当的发展,行会制度和其他的封建限制就逐渐废除了。但是,由于自然经济未完全破灭,统一的国内市场尚未形成,很大部分的劳动力还相当牢固地束缚在土地上(这时的工人往往还有部分的个人经济),因而生产资料和劳动力在生产部门之间的自由转移虽然较前增进了,但是却未在整个社会范围内全部展开。这样,同一竞争地区内不同生产部门的工场手工业的利润率,便有了较为显著的平均化的趋势,但是,全社会的一个统一的平均利润率还没有形成。

　　工场手工业的迅速发展以国外市场的迅速发展为前提。这时的国外贸易是以国家为后盾的,具有垄断的和显著的劫夺的性质;利润率无疑是非常高的,但在这个范围内仍然是趋向于平均的。国内市场的利润率,由于历史的影响,还是趋向于平均的。这种平均化的国内商业的利润率,对于产业资本的利润率的平均化发生重大的影响。

　　工场手工业比与它同时大量存在的手工业有较高的劳动生产率,因而它的商品的个别价值是低于商品的社会价值的,它的利润率是高的。但是,为了有更大的销路和打倒他的对手,工场手工业的企业主会比他的竞争者——手工业者更便宜地售卖商品。这时候,如果有高于已有的国内商业利润率的剩余价值,那就可以毫无姑息地赠送给购买者①。这样,它的利润率就和国内商业利润率近乎相等。这情形只有在工场手工业时期才是显著的,因为在简单协作时,资本主义商品的个别价值和手工业商品的个别价值之间没有很大的差别;而资本主义机器工业产生后,手工业又很快地濒于破

---

① 马克思:《资本论》(第三卷),郭大力、王亚南译,人民出版社1953年版,第1185—1186页。

灭了。

表面看来,某些工场手工业企业的利润是很高的。这是因为,"商业资本与工业资本间的最密切与不可分离的联系,是工场手工业的最突出的特点之一"①。大的工场手工业企业大规模地购买原料和售卖品,把原料高价转卖给手工业者,并低价收购他们的产品转手出卖,它的利润实际上就包含有前资本主义的商业资本的利润和高利贷资本的利息。

资本主义工业发展到这一阶段,生产社会化的程度有所增进,近代信用制度开始形成,它和高利贷之间展开了激烈的斗争。新兴的资产阶级,在18世纪全世纪所发出的要求生息资本服从于商业资本和产业资本的呼声,就是这种斗争的反映。但是,有封建主义的存在,高利贷就不会消灭。把利息一般地限制为产业利润的一部分,是资本主义机器生产确立了统治地位、近代银行制度形成后的事情。

国外市场、商业和工场手工业发展到相当高度,资本家租赁土地的现象就出现了,以资本主义方式经营的农业就产生了,封建主义的地租就逐步变为资本主义的地租。资本主义的地租不可能是全部的剩余劳动,而只能是利润(剩余价值)的一部分。但是,这时农业资本家交纳的地租,还不是农产品的价值超过生产价格的余额和个别生产价格与社会生产价格之间的差额。这是因为,第一,资本主义最初经营的农业部门是畜牧业,资本主义初期,羊毛工场手工业兴起,羊毛需要大增,它的市场价格高涨至价值以上(如16世纪的英国),因而提供了一个可以转化为地租的利润余额。但这个利润余额是市场价格高于价值的结果,而不是价值高于生产价格的结果。第二,资本最初经营的是有利的土地(这不等于说资本经营的土地必然是从优良地到劣等地),资本主义的农业亦较与它同时大量存在的小农有较高的劳动生产率,因而有较高的利润,这也提供了一个可以转化为地租的利润余额。但这个利润余额,不是生产条件较优的农业资本,对生产条件较劣的农业资本的超额利润,而是资本主义经营的农产品个别价值,低于由小农生产条件决定的农产品社会价值的部分。一旦资本主义在农业中已广泛发展,资本主义的地租已经生根,它就只能限制为农产品价值高于生产价格的超额利

---

① 列宁:《俄国资本主义的发展》,曹葆华译,人民出版社1953年版,第397页。

润和农产品个别生产价格低于社会生产价格的超额利润。这要到资本主义生产确立了统治地位之后,才成为普遍的。

总之,简单协作和工场手工业时期都是以手工技术为基础的,还不能从经济上彻底战胜封建主义,资本主义生产方式还没有居于统治地位,社会的性质还是封建主义的;封建主义的束缚,使资本的自由转移受到限制,使全部资本生产的剩余价值还不能完全平等地在资本之间进行分配,因而利润率的不均等还是存在的;同时,近代的银行制度和资本主义大农生产尚未完全确立,因而利息还没有限制为利润的一部分,地租还不是农产品价值高于生产价格和农产品个别生产价格低于社会生产价格的超额利润。

资本主义生产方式尚未居统治地位时,剩余价值规律作用的形式和特点,粗略说来就是如此。

(四) 平均利润率规律是剩余价值规律在自由竞争时期的具体形式

资本主义在工业中发展的第三个阶段是机器时期。资本主义使用机器来生产,是由资本家追逐相对剩余价值所引起的;而在资本主义工业生产中广泛使用机器,则是资产阶级革命之后的事情。机器的高度的劳动生产率,是资本主义经济彻底战胜封建经济,并在社会生产中确立绝对统治地位的物质基础。这样,自然经济彻底被扫除了,手工业者多数破产了,自由竞争充分展开了,统一的国内市场形成了,社会的性质就由封建主义的变成资本主义的。这些经济条件对剩余价值规律的具体形式,发生重大的影响。

在使用机器的条件下,不同生产部门的资本有机构成是极不相同的,即使剩余价值率是相同的[①],等量资本由于推动极不等的活劳动,仍然有极不等的利润率。即使资本有机构成和剩余价值率是相同的,不同生产部门的资本周转时间,由市场的扩大和生产过程的深刻的技术变革,是极不相同的,等量资本在一年中生产的剩余价值是不等的,从而年利润率也是不等的。这样,资本的有机构成极高,周转时间极长的重工业就不能发展,从而

---

① 这假设好像是不合理的,因为不同生产部门工人工资的水平是不同的。其实,这一点是不会影响不同生产部门的资本的剩余价值率的。参见马克思:《资本论》(第三卷),郭大力、王亚南译,人民出版社 1953 年版,第 157—158 页。

资本主义生产也不能发展。但是,资本主义大工业生产本身会使问题解决。因为它使资本主义彻底战胜封建主义,使自由竞争充分展开,生产部门内部的竞争,使商品的不同的个别价值转化为社会价值,生产部门之间的竞争,使商品的社会价值转化为生产价格,商品按照生产价格出卖,利润率就是均等的。正如恩格斯所说的,资本主义大工业生产,"它还使不同的商业部门和工业部门的利润率,均衡为一个一般的利润率,最后并为工业在这个均衡过程内保证一个和它相适合的统治地位,因为它把最大部分一向来阻碍资本由一个部门移到另一个部门的障碍扫除了。就全部交易而言,由价值到生产价格的转化,也就大体上由此完成了"①。

资本主义生产的绝对统治,使商业资本完全服从于产业资本,商业资本当作社会资本的一个部分,参加剩余价值总额的分配,于是就有了一个更低的平均利润率。

这样,我们就可以看到,正如马克思所指出的,在科学的分析中,平均利润率的形成,是由产业资本及其竞争出发,然后再由商业资本的介入而被补充和修正。但是,历史的过程却与此相反,商业资本的一般利润率是早就形成了的。

现在我们来看看,价值转化为生产价格之后,剩余价值规律和价值规律的具体形式发生了怎样的变化。

按照价值规律的要求,商品交换是按照相等的价值量来进行的,剩余价值生产既然不能废弃这个规律,那么每一生产部门获得的剩余价值就应该和它生产的剩余价值相等。而剩余价值规律的要求是尽可能地使资本自行增殖,当自由竞争充分展开时,这个要求就成为:在机能中的资本,不论投在哪一部门,也不论它生产的剩余价值量的大小如何,同样大的机能资本就要获得和实现同样大的剩余价值或利润。这样剩余价值就转化为平均利润。全部剩余价值和全部垫支资本的比例的百分数,就是平均利润率;平均利润率的高度,取决于各个生产部门的特殊的利润率和各个生产部门的资本在社会总资本中的比重,即取决于全部资本对全部劳动的剥削程度。商品的生产费用,加全部垫支资本按照平均利润率计算的平均利润,就是生产价

---

① 马克思:《资本论》(第三卷),郭大力、王亚南译,人民出版社 1953 年版,第 1186 页。

格。在自由竞争下价值转变为生产价格,剩余价值就从利润的形式再转化为平均利润的形式,因而平均利润率规律就是剩余价值规律在资本主义自由竞争时期的具体形式。价值规律由于服从了剩余价值规律的这种要求,就具体化为生产价格规律。依据生产价格的学说,马克思解决了古典学派不能解决的难题:价值规律和平均利润似乎是相矛盾的。

在自由竞争的条件下,取得平均利润,这是保存资本的起码条件;平均利润是最低下的盈利。不能取得平均利润的企业,就无法进行正常的扩大再生产,在竞争中就被淘汰。在同一生产部门内,大小不等的企业的利润率是不同的,大企业可能得到超额利润,迅速扩大生产,从而把得不到平均利润,无法进行正常扩大再生产的小企业挤倒。各生产部门内部的竞争,使社会资本的有机构成提高,从而平均利润率就有下降的趋势。

平均利润,这是每一个按照社会平均条件发生机能的资本都能获取的。但是,如果资本的所有权和使用权相分离了,同一资本当作资本使用了两次(在借贷资本家手中当作借贷资本,在机能资本家手中当作产业资本和商业资本),但当作真正的资本来发生机能只有一次,它只带来一次利润,而两种资本的权利都要求利润。这样,利润就要在两种资本家之间进行量的分割,其比重由竞争决定。由于有了这种量的分割,利润才在质上分割为利息和企业利润这两部分。在生产社会化程度相当高、近代银行制度已经确立的条件下,利息率一般是低于平均利润率的,利息是平均利润的一部分。

在自由竞争的条件下,如果某些生产部门和企业,在经营上和所有权上存在着垄断,妨碍了资本的自由流入,以致这些生产部门和企业的剩余价值不参加平均利润的形成,那么,超过平均利润的剩余价值余额,不论形式如何,实质上都要转化为地租。资本主义农业中的土地作为经营对象的垄断,使某些生产条件较好的农场的资本的超额利润转化为级差地租;资本主义农业中土地私有权的垄断,使农业资本所得到的超过工业资本的平均利润的利润余额(因为农业资本有机构成较低而产生),转化为绝对地租。这样,农业资本大体上都获得平均利润。

由此可见,在自由竞争条件下,尽管资本总是要求尽可能获得和实现尽量多的剩余价值的,但它所实现的利润却是平均利润。因此,平均利润率规律,就是资本主义的基本经济规律——剩余价值规律——在自由竞争时期的具体形式。

《政治经济学教科书》（简称《教科书》）确认平均利润率规律是剩余价值规律的具体化①，并对它下了这样的定义："不同生产部门因资本有机构成不同而形成的不同的利润率，由于竞争而平均化，成为一般（平均）利润率。"②这个定义是极不完全的。

第一，它没有体现出是剩余价值规律的具体化。剩余价值规律的具体化应该是指：剩余价值规律有了具体的形式，但不论形式如何，它的基础和它反映的本质总是剩余价值规律。但这定义丝毫没有这意思。这就不能自圆其说。

第二，它只从竞争来说明平均利润率的形成，而没有提到平均利润和生产价格的关系，这归根到底就是离开了价值规律和剩余价值规律来说明平均利润率规律。这是不科学的。因为单从竞争来说明平均利润率的形成，是那些否认劳动价值学说的资产阶级经济学家也能办到的。正是这样，恩格斯在维护马克思的经济学说，反驳资产阶级经济学家时，曾两次强调："相等的平均利润率，怎样能够并且必须不但不与价值规律相违背，反而是以价值规律为基础来形成的。"③马克思是经过了生产价格的中项，才把平均利润率的形成和价值规律联系起来的，但《教科书》里的定义没有提到生产价格的问题。

第三，它只说明不等的利润率由于竞争而成为平均利润率，但没有说明不等的利润率是怎样形成的，这归根到底就是离开了剩余价值的产生来说明平均利润率的形成。这是不对的。马克思说过："这些特殊的利润率，……要由商品的价值来说明。没有这种说明，一般利润率……便依然是一个无意义无内容的观念。"④因为只有依据价值由劳动决定，总价值规定总

<hr>

① 它没有明白地这样说，而说："剩余价值规律具体化了，表现为平均利润率的形式。"参见苏联科学院经济研究所编：《政治经济学教科书》，人民出版社1956年增订第2版，第172页。但它也使用平均利润率规律的术语。

② 苏联科学院经济研究所编：《政治经济学教科书》，人民出版社1956年增订第2版，第172页。

③ 马克思：《资本论》（第二卷），郭大力、王亚南译，人民出版社1953年版，第24页；马克思：《资本论》（第三卷），郭大力、王亚南译，人民出版社1953年版，第9页。

④ 马克思：《资本论》（第三卷），郭大力、王亚南译，人民出版社1953年版，第177页。

剩余价值,总剩余价值和垫支总资本规定平均利润的原理,才能说明平均利润率的形成及高度。马克思说得好:"没有这个,平均利润便是一个没有什么的平均,只是妄想。那可以是10%,同样可以是1 000%。"①《教科书》的作者们显然没有考虑到这个根本性的问题。

第四,在剩余价值率相等下,利润率不等的基本原因是等量资本在相等时间内用来购买劳动力的份额不等,这是由资本的有机构成和周转时间不等所造成的。但《教科书》里的定义只提到资本有机构成不等,而没有提资本周转时间不等。《教科书》谈到资本周转时间对利润率的影响②,但没有把它和资本有机构成同样列为定义的要素,这是很奇怪的。

依我看来,平均利润率规律的定义应包括如下的基本要素:在资本不断地扩大剩余价值生产的基础上,因资本的有机构成和周转时间不等,等量资本在相等时间内推动的活劳动不等,就有不等的剩余价值和利润率,由于自由竞争使价值转化为生产价格,不等的利润率就转化为平均利润率。

有人认为平均利润率规律不是剩余价值规律的具体形式。他们的意见有三种。(1)平均利润不是资本主义生产的目的,平均利润率又有下降的趋势,因而平均利润率规律就不可能是资本主义基本经济规律的具体形式。(2)平均利润虽然是利润的转化形式,而利润又是剩余价值的转化形式,但平均利润率规律却不可能是剩余价值规律的具体形式,因为前者说明的是剩余价值如何在资本家之间进行分配,后者说明的是剩余价值如何生产出来。(3)平均利润率规律只在分配领域中发生作用,与生产和交换毫无关系,因而它不可能是资本主义基本经济规律的具体形式。这些意见是可以商讨的。

先谈第一种意见。当然,资本主义生产的目的不是平均利润,而是尽可能大的剩余价值或利润。但是,平均利润率规律并不是表明资本主义生产的目的是平均利润,而是表明资本要尽可能地占有或实现尽量多的利润,因而在自由竞争下,资本就流向利润率最高的部门,其客观结果则是利润率趋

---

① 马克思:《剩余价值学说史》(第二卷上册),考茨基编,郭大力译,生活·读书·新知三联书店1951年版,第36页。
② 苏联科学院经济研究所编:《政治经济学教科书》,人民出版社1956年增订第2版,第168页。

向于平均化。平均利润率之所以有下降的趋势,是因为每个企业都要获取超额利润,生产部门内部的竞争使资本有机构成普遍提高。所以平均利润率的平均化和利润率的下降趋势,都是在自由竞争下,资本要尽可能获得和实现更多的利润的结果。

再谈第二种意见。这种意见既然承认平均利润是剩余价值的转化形式(不承认是不行的),在逻辑上就必然要承认平均利润率规律是剩余价值规律的具体形式。这好比承认生产价格是价值的转化形式,在逻辑上就必然要承认生产价格规律是价值规律的具体形式一样。当然,剩余价值规律具体化为平均利润率规律,并不像它具体化为利润的产生和增殖的规律那样,是直接的、无任何中项的具体化,而是间接的、经过中项的具体化。这中项就是生产价格的形成。

为了深刻地了解这问题,不妨看看古典派的最伟大的代表李嘉图对剩余价值规律的认识,和马克思对他的批评。正如前面说过的,古典派是看到了剩余价值并认识它的源泉的,但是他们却把剩余价值的转化形式——平均利润,当作剩余价值来考察。这样,从劳动价值学说出发,不经过任何中项,是无法说明平均利润的形成如何能与劳动价值学说不相矛盾的。李嘉图在这个问题上失败了。马克思对他批评道:李嘉图"虽然有时正确叙述了剩余价值规律,但他立即把这种规律弄得错误了,因为他把这个规律,直接当作利润规律来讲。反之,他又把利润规律,直接的、无任何中项的,当作剩余价值的规律来叙述。"[1]可见,利润规律(即平均利润率规律)是剩余价值规律的具体形式,只不过不是直接的、无任何中项的具体形式。

认为平均利润率规律只是说明剩余价值如何在资本家之间进行分配的同时,大概是根据《政治经济学教科书》对这个规律所下的定义。对这定义,我已提出不同的意见。依我看来,剩余价值规律说明剩余价值是如何生产出来和扩大生产的;而平均利润率规律则以此为基础进一步说明:等量资本如何在相等时间内生产不等的剩余价值,有不等的利润率;在自由竞争下,不等的利润率又如何因价值转变为生产价格而成为平均利润率。

---

[1] 马克思:《剩余价值学说史》(第二卷上册),考茨基编,郭大力译,生活·读书·新知三联书店1951年版,第92页。

所以,那种认为平均利润率规律只是说明剩余价值的分配的看法,是不全面的。

最后谈第三种意见。平均利润率规律当然在分配领域中发生作用,但不是同生产、交换无关。前面已经说过,平均利润率的高度,取决于各个生产部门的特殊利润率和各生产部门的资本在社会总资本中的比重,即取决于各个生产部门的剩余劳动对必要劳动与物化劳动之和的比率(工人的活劳动分为必要劳动和剩余劳动是资本主义生产的条件,而活劳动与物化劳动之间的比例关系则是物质生产的条件),和各个生产部门在社会总劳动按比例分配(这是进行社会生产的条件,在资本主义下,这种比例性具有资本主义的特点)中所占的份额。所以,平均利润率归根到底是由资本主义生产的条件决定的。正是这样,马克思才说:"利润不是表现为生产物的分配的主要因素,而是表现为它们的生产的主要因素,当作资本和劳动自身在不同生产部门间的分配的部分。"①

在自由竞争充分展开、价值转化为生产价格、剩余价值转化为平均利润的条件下,如果某一生产部门的利润率和平均利润率刚好相等,这就意味着它的商品的市场价格和生产价格刚好相等,也就是供给和需要刚好相等。正是这样,我们就可以看出平均利润率规律对生产的调节作用。如果某一生产部门的供给超过需要,商品的市场价格就会落到生产价格以下,它的利润率也就落在平均利润率以下,这就要缩小生产;反之,情形也就相反。所以,这时的生产再也不是由市场价格和价值之差、特殊利润率的上升或下落来调节,而是由市场价格和生产价格之差、特殊利润率和平均利润率之差来调节。

平均利润率规律不仅对生产起着调节的作用,而且对交换也起着支配的作用。在上述的条件下,商品已不是当作单纯的商品来交换,而是当作自由竞争下资本的生产物来交换。因而,按照生产中耗费的社会必要劳动量进行交换,已经不够了。现在,在交换中,不仅要等价补偿在生产中所耗费的资本,而且还要按照在生产中所使用的资本量,在社会资本生产的剩余价值中分配到符合于平均利润率的一份。因此,在大多数场合下,生产商品所

① 马克思:《资本论》(第三卷),郭大力、王亚南译,人民出版社 1953 年版,第 1156 页。

耗费的劳动量和交换商品所得到的劳动量是不一致的,因为大多数商品的价值和生产价格不一致(市场价格和生产价格的不一致除外)。这种不一致,也就是商品中包含的剩余价值和它实现的平均利润的不一致。这就是平均利润率规律支配交换过程。

六、对剩余价值规律、平均利润率规律和垄断资本主义基本经济规律之定义的商榷①

剩余价值规律和平均利润率规律,是马克思首先揭示的,但他没有对它们下定义。垄断资本主义基本经济规律,是斯大林根据列宁的研究而首先表述出来的。斯大林在政治经济学中首先提出了一个生产方式的基本经济规律的理论,认为基本经济规律决定生产发展的一切主要方面和主要过程,因而决定生产的本质,并认为最适合于资本主义基本经济规律这个概念的,是剩余价值规律,而垄断资本主义的基本经济规律,则是剩余价值规律适应于垄断资本主义条件的发展和具体化。

《政治经济学教科书》(第二版,下文简称为《教科书》),除了将斯大林提出的基本经济规律决定生产方式本质,改为表现生产方式本质(这是正确的,因为事物的本质不能由事物的规律决定)外,就全部接受了斯大林的论点,即肯定了剩余价值规律是资本主义的基本经济规律、垄断资本主义的基本经济规律是它的发展和具体化,同时还认为平均利润率规律也是剩余价值规律的具体化,并表述了剩余价值规律和平均利润率规律定义,以及沿用了斯大林对垄断资本主义基本经济规律下的定义。

斯大林和《教科书》对这三个经济规律下定义这件事情本身就是一个功绩。但是,这些定义似乎还可以商榷。

我同意剩余价值规律是资本主义的基本经济规律、平均利润率规律和垄断资本主义基本经济规律是它的具体化,并认为垄断资本主义基本经济

---

① 约写于 1956 年下半年或 1957 年上半年。

规律是加了新的因素的剩余价值规律的具体化[①],因而最大限度利润的源泉不单是剩余价值。所以,关于这些问题的争论,我是存而不论的。我只对三个规律的定义提出不同的看法。同时,当我的意见会相应地涉及《教科书》对其他生产方式的基本经济规律所下的定义时,我也是存而不论的。

我所提的意见,完全是就斯大林而论斯大林,就《教科书》而论《教科书》的角度出发的。换句话说,完全是从能否"自圆其说"的角度出发的。因此,我的原则如下:(1)资本主义的和垄断资本主义的基本经济规律,是表现资本主义的和垄断资本主义的生产本质的;(2)剩余价值规律是资本主义的基本经济规律,而平均利润率规律和垄断资本主义基本经济规律是它的具体化;(3)一般的逻辑要求。

除了对已有的定义提出意见外,我也正面地提出这些定义应该包括的基本要素,以供大家讨论。

(一)

剩余价值是资本主义特有的经济范畴。在资本主义制度下,剩余价值,尤其是剩余价值各种特殊形态的存在,是明明白白的事实。所以,马克思并不是剩余价值的发现者,而是剩余价值的性质和起源的科学的说明者。这就是说,马克思以前的资产阶级经济学家,就已经同他们的价值学说相联系,从剩余价值的某种特殊形态去考察剩余价值,有的甚至已经无意地,也是正确地从剩余价值的抽象形态去考察剩余价值,并且事实上已经看到剩余价值的起源。但是,他们的资产阶级立场,使他们不了解资本主义生产、商品生产的历史性质,不了解价值的性质,看不见劳动力成为商品,因此就不能科学地说明剩余价值的性质和起源。

大家知道,在重商主义者看来,价值就是货币(固定在金银上的),因而剩余价值就表现为货币,剩余价值是在流通中产生的。但是,国内贸易中的贱买贵卖,只能改变既有货币在不同的所有者之间的分配,而不能绝对地增加剩余价值。只有国外贸易中的有利贸易差额,才能增加一国的货币,才能

---

① 陈其人:《论资本主义基本经济规律及其在资本主义各个阶段中的具体形式》,《复旦学报(人文科学版)》1956年第1期,第111—133页。

绝对地增加剩余价值。

在重农主义者看来,价值就是使用价值,因而剩余价值就是生产出来的使用价值量,大于消耗掉的使用价值量的余额,剩余价值不是在流通中,而是在生产中产生的。但是,制造业的劳动,只能改变既有使用价值的形态,而不能增加它的量,所以,它不产生剩余价值,只有农业的劳动是生产剩余价值的,因为它享受到自然的恩惠,使农业的产量,比农业在生产中所消耗的种子、肥料和农业劳动者的口粮大些,其差额——农业中的纯生产物,就是剩余价值。

在古典学派看来,商品是生产物,价值是生产物品所耗费的劳动,因而剩余价值就是劳动者生产商品投下的劳动形成的价值,大于他的工资的价值的余额,剩余价值不但是在生产中产生的,而且是一般社会劳动产生的。所以,古典派虽然不了解价值和剩余价值的历史性质,但实际上是看到剩余价值的起源的。可是,古典派,第一,看不到劳动力是商品,认为工资劳动是商品,劳动的价值就是工资,按照等价交换规律,工资就等于劳动产生的价值,这样当然就不能科学地说明剩余价值的起源;第二,把平均利润认为就是剩余价值,这样就不能说明等量资本在相等的时间内支配的活劳动不等,生产的价值和剩余价值不等,但为什么实现的剩余价值是相等的。

马克思认为价值是在劳动生产物掩盖下人们交换劳动的关系,是劳动的一种社会表现,它不是在流通中,而是在生产中产生的。剩余价值是创造价值的劳动的一种特殊的社会表现,是剩余劳动的资本主义表现,是资本主义企业利润、利息和地租的共同实体。剩余价值的产生要以劳动力成为商品为前提,它是劳动创造的价值大于劳动力价值的余额。资本的生产条件要求不断地扩大剩余价值的生产,扩大剩余价值生产的办法是:在劳动力价值不变时,是延长劳动时间以扩大工人创造的价值;在劳动时间不变时,是提高劳动生产率以降低劳动力的价值;当失业者众多时,是把劳动力的价格压到价值以下,来劫夺劳动力的部分价值①。这三者的共同点是:扩大劳动者创造的价值和劳动力价值和价格之间的差额。

---

① 这种剩余价值是破坏了劳动力等价交换规律(法则)而产生的,因而是变则剩余价值。但剩余价值产生的科学说明是要遵守等价交换规律的。所以,我提出来的剩余价值规律之定义的要素,并没有将这一点包括在内。

马克思的伟大贡献是说明了剩余价值的性质和起源,说明了剩余价值是劳动者创造的价值大于劳动力的价值的余额及其扩大生产的规律。马克思虽然没有对剩余价值规律下定义,但他常常使用剩余价值规律这一术语[1]。

《教科书》确认剩余价值规律是资本主义的基本经济规律[2],并对它下了这样的定义:"在生产资料的资产阶级所有制的基础上,用不断加强剥削雇佣劳动和扩大生产的办法,日益增多地生产剩余价值,并由资本家占有。"[3]

这个定义虽然是正确的,但是它的科学性是不高的。

首先,它没有将马克思对剩余价值生产的理论分析和加以概括,其中最重要的是劳动力成为商品和劳动者创造的价值大于劳动力的价值这两点。没有这两点,就很难科学地说明剩余价值是怎样产生和怎样扩大的。定义中的"剥削雇佣劳动"云云,只是常识性的说法,只是描绘现象,而没有说明本质。假使不着眼于字句,而着眼于精神实质,我们未尝不可以说,古典派也知道剩余价值是靠剥削雇佣劳动而产生的;然而大家都认为古典派并没有科学地说明剩余价值的起源,因为它不了解劳动力是商品。定义中的"扩大生产"云云,与问题的实质是无关的,因而是多余的,并且也不应该和"剥削雇佣劳动"平列起来。因为如果不是在加强剥削中扩大生产,即不是用延长劳动时间和提高劳动生产率的办法,而只是用增加劳动者人数的办法来扩大生产,那么,从每个劳动者来说,就不会日益增多地生产剩余价值的,因而在竞争的压力下,很少用这种办法来增加剩余价值生产。所以,不是扩大生产本身,而是延长劳动的时间和提高劳动生产率(伴随着发生的是扩大生产),会使劳动者日益增多地生产剩余价值。

第二,和《教科书》对奴隶占有制、封建主义生产方式的基本经济规律下的定义对比起来,就可以看出,这定义没有表现出资本主义生产方式的本

---

① 参见马克思 1868 年 4 月 30 日致恩格斯的信;马克思:《剩余价值学说史》(第二卷),郭大力译,人民出版社 1978 年版,第 429 页。

② 在下定义时,《教科书》只说剩余价值生产是资本主义的基本经济规律。但在其他地方,则说剩余价值规律是资本主义的基本经济规律。苏联科学院经济研究所编:《政治经济学教科书》,人民出版社 1956 年增订第 2 版,第 19 页。

③ 苏联科学院经济研究所编:《政治经济学教科书》,人民出版社 1956 年增订第 2 版,第 117 页。

质。这里,我们就遇到了什么是生产方式的本质的问题。生产方式的物质基础,或者不如说生产方式本身,就是物质资料的生产,因而各种不同的生产方式的本质,不可能是物质资料生产本身,而只能是物质资料生产的不同的社会性质。这种不同的社会性质,在不同的生产目的和不同的达到目的的手段中表现出来。大概正是这样,《教科书》对这三种生产方式的基本经济规律下定义时,除了表明它们的生产目的不同外①,还特别使用了"掠夺式地剥削奴隶""剥削依附农民"和"剥削雇佣劳动"的不同术语,来表明它们的达到目的的手段不同。但问题就发生在这里。这三种生产方式都是存在着剥削关系的,而剥削就是无偿地占有剩余劳动,因此,只说剥削,而不说怎样剥削,只说"剥削奴隶""剥削依附农民"和"剥削雇佣劳动",而不说明怎样才是"剥削奴隶""剥削依附农民"和"剥削雇佣劳动",那么,事实上还是没有对这三种达到三种生产目的的手段的社会特点加以说明,而没有这种说明,就不能表现这三种生产方式的本质。

第三,把这三种生产方式的基本经济规律的定义,加以比较就可以看出,《教科书》对剩余价值规律下定义时,违反了它的一贯的方法:表述达到目的的手段时,前两种定义说的是对劳动者(奴隶和农民)的剥削,后一定义说的,又不是对劳动者,而是对雇佣劳动的剥削。这就违反了逻辑原理。

依我看来,剩余价值规律的定义应该包括如下的基本要素:在生产资料的资产阶级所有制和劳动力成为商品的基础上,用不断扩大劳动者创造的价值超过劳动力的价值的差额的办法,保证资产阶级占有日益增多的剩余价值。

(二)

剩余价值是资本主义的企业利润、利息和地租的共同实体,它不是一个暴露于外的、一望而知的经济范畴,而是一个埋藏于内的、待去发现的经济范畴。在资本主义自由竞争充分展开的条件下,平均利润的存在是明明白白的。所以,马克思不是平均利润的发现者,而是平均利润的形成的科学说明者。这就是说,在马克思之前,处在资本主义自由竞争已经展开条件下的

---

① 在《教科书》的定义中,奴隶占有制和封建主义的生产目的,没什么不同。

资产阶级经济学家,已经看到平均利润存在的事实,并且同他们的价值学说相联系地来考察平均利润的形成。但是,由于他们的价值学说是错误的,或者他们的价值学说大体上虽然是正确的,但是,却错误地认为平均利润就是剩余价值,因而就不能说明平均利润率形成的规律。

最早的庸俗经济学家萨伊认为,价值就是物品的客观效用即使用价值,在价值的生产上,劳动、资本和土地同样发生作用;利息就是资本生产的价值;利息率的高低取决于资本的借贷关系,即取决于竞争;竞争使利息率趋于均等。

古典经济学的伟大代表李嘉图提出了生产商品所投下的劳动量决定商品价值量的原理,这原理大体上是正确的。李嘉图从斯密的分析中看到剩余价值是由劳动者的劳动所形成的。但是,他错误地把现实中存在的平均利润认为就是剩余价值,把利润的规律直接等同于剩余价值规律,并从他建立的价值由劳动决定的原理出发,直接地即不经过中间环节去说明平均利润和这原理的一致性。这样,他就不能解决既然价值是由劳动决定的,那么等量资本在相同的时间内支配的活劳动不等,生产的价值和剩余价值不等,但为什么它们会有相等的利润的问题。由于不能否认平均利润这明显的事实,李嘉图就只好承认决定价值的因素除了劳动以外,还有利润和工资。这就完全修正劳动价值学说,宣告了自己的失败。

马克思从科学的劳动价值学说和剩余价值学说出发,经过了生产价格这个中间环节,科学地说明了平均利润的形成。他指出:资本主义的生产条件本身,使人们把剩余价值看成是全部资本的产物,这样的剩余价值就转化为利润;剩余价值与全部垫支资本之比就是利润率;假设各生产部门的剩余价值率是相同的,那么,利润率的高低就取决于资本有机构成的高低和资本周转速度的快慢,而这两者又可还原为在相等时间内等量资本中用来购买劳动力的份额的不同,因而生产的剩余价值也就不同;商品如果按价值出卖,资本所实现的就是它所支配的劳动所生产的剩余价值,那么,利润率就必然不同;但自由竞争的充分展开,资本流向利润率高的部门,就会在商品的个别价值形成为社会价值的基础上,使社会价值变形为生产价格,商品按生产价格出卖,资本实现的利润就是均等的;平均利润就是在社会总资本之间均等地分配的剩余价值;平均利润的成立,要以价值变形为生产价格为条件;平均利润率的形成及其高度,要依据劳动创造价值,总价值决定总剩余价值,总剩余价值决定平均利润的原理来说明。

马克思的伟大贡献在于:他依据劳动价值学说和剩余价值学说,科学地说明在自由竞争充分展开的条件下,随着价值变形为生产价格,转化为利润的剩余价值又如何转化为平均利润。马克思的生产价格学说,解决了劳动价值理论和平均利润的实际之间的虚假的矛盾。

马克思揭露了平均利润率形成的规律,但没有对平均利润率规律下定义。他有时称这规律为"利润与资本量成正比,从而等量资本在相等时间内提供等量利润的规律"①。有时又称为:"利润与垫付资本的量成比例的规律。"②

《教科书》在确认平均利润率规律是剩余价值规律的具体化时③,对它下了这样的定义:"不同生产部门因资本有机构成不同而形成的不同的利润率,由于竞争而平均化,成为一般(平均)利润率。"④

这个定义是极不完全的,它的科学性是不高的。

第一,这定义没有体现出是剩余价值的具体化。所谓剩余价值规律的具体化应该是指:剩余价值规律有了具体形式,但是,不论表现形式如何不同,它的基础和它反映的本质始终是剩余价值规律。可是,这个定义丝毫没有这样的意思。从这定义中人们实在找不到剩余价值规律的影子。

第二,这定义只从竞争的过程来说明平均利润率的形成,而没有提到平均利润和生产价格的关系,这归根结底就是离开了价值规律和剩余价值规律来说明平均利润率规律,这是错误的。因为从竞争来说明平均利润率的形成,是那些否认劳动价值学说的资产阶级经济学家也能办到的。恩格斯反驳资产阶级经济学家时特别强调:"相等的平均利润率怎样能够并且必须不仅不违反价值规律,而且反而要以价值规律为基础来形成的。"⑤李嘉图在这里之所以会跌跤,就是因为他把生产价格等同于价值,把平均利润等同于

---

① 马克思:《资本论》(第三卷),郭大力、王亚南译,人民出版社 1953 年版,第 171 页。

② 马克思:《剩余价值学说史》(第一卷),郭大力译,人民出版社 1975 年版,第 71 页。

③ 《教科书》没有明白地这样说,而说"剩余价值规律具体化了,表现为平均利润的形式"。(参见该书第 172 页)但它承认有平均利润率规律。

④ 苏联科学院经济研究所编:《政治经济学教科书》,人民出版社 1956 年增订第 2 版,第 172 页。

⑤ 马克思:《资本论》(第二卷),郭大力、王亚南译,人民出版社 1953 年版,第 25 页。

剩余价值。马克思是经过了生产价格的中间环节,才把平均利润率的成立和劳动价值学说相互联系起来的。但定义没有提到生产价格的问题。

第三,这定义只说明不等的利润率由于竞争而成为平均利润率,但没有说明不等的利润率是怎样形成的。没有这说明,平均利润率便是一个无意义、无内容的观念。这样就不能说明平均利润率的高度是怎样决定的,比如说,平均利润率为什么是 20%,而不是 200%? 如果一定要在这定义中找寻不等的利润率形成的原因的话,那么,只能找到资本有机构成不同一语。但是,如果从平均利润率规律是剩余价值规律的具体化的角度来看,不提劳动创造价值(包括了剩余劳动创造剩余价值),单说资本有机构成不同,是不能说明不等的利润率的形成的。

最后,在剩余价值率相等下,利润率不等的基本原因是等量资本在相等的时间内,用来购买劳动力的份额不等,这是由资本有机构成不等和资本周转时间不等所引起的。但定义只包括了资本有机构成不等,而没有包括资本周转时间不等。《教科书》谈到资本周转时间对利润率的影响,但没有把它和资本有构成同样列为定义的要素。这种做法是很奇怪的。

依我看来,平均利润率规律的定义应该包括如下几个要素:在资本不断地扩大剩余价值生产的基础上,等量资本在相同时间内推动的活劳动不等,就有不等的剩余价值和不等的利润率,由于自由竞争,价值就变为生产价格,不等的利润率就转化为平均利润率。

(三)

垄断前的资本主义就已经有了少量的垄断现象,垄断价格也就随着垄断的存在而出现。马克思从劳动决定价值的原理出发,科学地说明了垄断价格高度的决定因素和垄断利润的来源。他指出,垄断价格通常是购买者的购买欲望和支付能力决定的,而与一般的生产价格或由价值决定的价格无关(在这里,马克思看到的垄断是排除了竞争的,只有一个供给者的垄断);垄断价格虽然高在生产价格或价值以上,但由商品价值给予界限,仍然不全因此废止;垄断价格不过把其他生产者的部分利润,移到垄断价格的商品上面来,剩余价值在不同生产部门之间的分配,会有一些变化,但剩余价值的界限仍然不变;如果以垄断价格出卖的商品,会直接间接地加入到劳动者的必要消费中,而工资虽有提高,但没有相应提高,那么,垄断利润就是工人实际工资和资本家利润的部分扣除(在这里,马克思假定只有无产阶级和资产阶级两个阶级)。这就是说,除了工资的扣除外,垄断利润的来源和平均利润同样都是剩余价值,不过后者是均等地在社会资本中分配的剩余价值,前者却是垄断企业借助其特殊地位,用不利于非垄断企业的办法,在社会总剩余价值中夺取过来的那一部分剩余价值。马克思这些说明的某部分,显然是适合用于垄断资本主义的。

对垄断资本主义的科学分析,是列宁的重大贡献。他指出:垄断资本主义是资本主义发展的一个历史阶段,它是作为一般资本主义基本特征的发展和直接继续而成长起来的;垄断资本主义的经济实质,就是垄断代替了自由竞争;垄断资本主义有五大经济特征:在工业生产中的垄断占了统治地位,工业垄断资本和银行垄断资本融合成的财政资本对全部经济和政治的统治,资本输出有特别重要意义,国际垄断组织在经济上瓜分世界和帝国主义列强在领土上把世界瓜分完毕。垄断资本主义用下列方法攫取垄断利润:在价值以下购买小生产者生产的产品,在价值以上即以垄断价格出卖产品(这两者可归结为不等价的交换)、高利放债、有价证券投机、创办和改组企业获取创业利润,让政府执行通货膨胀政策,和赤字财政政策,掠夺人民……在这些剥削方法中,以垄断价格出卖产品是最重要的,因为垄断资本主义是建立在一般商品生产和商品交换基础上的。这样,垄断资本主义的剥削对象就是:垄断资本主义统治下的工人、小生产者和剥削者以外的一般成员;除了垄断资本主义企业的全部剩余价值和非垄断资本主义企业的部分剩余价值以外,垄断利润的源泉是:工人工资的部分扣除(劳动力买卖的不等价)、小生产者和中小职员收入的部分扣除。

列宁虽然没有对垄断资本主义的基本经济规律下定义,但他已对垄断资本主义的经济实质和政治特点作了详尽的分析,从而为垄断资本主义基本经济规律的定义准备了足够的理论材料。

斯大林在列宁的分析的基础上,提出了垄断资本主义基本经济规律,是最适合于资本主义基本经济规律这概念的剩余价值规律,在垄断资本主义条件下的发展和具体化,并对这规律下了这样的定义:"用剥削本国大多数居民并使他们破产和贫困的办法,用奴役和不断掠夺其他国家人民,特别是落后国家人民的办法,以及用旨在保证最高利润的战争和国民经济军事化的办法来保证最大限度的资本主义利润。"①

斯大林所说的最大限度的资本主义利润,就是列宁所说的垄断利润。

《教科书》完全同意斯大林的关于垄断资本主义基本经济规律的理论,并沿用了他对这规律所下的定义。

这定义存在很多问题。

第一,斯大林认为这规律是剩余价值规律在垄断资本主义条件下的发展和具体化,但并没有对后者下定义,所以就斯大林而论斯大林,我们就不能说他下的定义不是剩余价值规律的发展和具体化。但《教科书》则不同。它不仅揭示了垄断资本主义基本经济规律是剩余价值规律的发展和具体化,并且对后者下了定义。但将这两个定义加以比较就可以看出,如果剩余价值规律的定义是对的,那么,垄断资本主义基本经济规律的定义就是不对的,因为它丝毫没有表现出它是前者的发展和具体化。如果垄断资本主义基本经济规律的定义是对的,那么,剩余价值规律的定义就是不对的,因为它没有表现出它是前者依以发展和出现的基础。两个定义可能都是不对的,但两个定义却不可能都是对的。

第二,这定义没有把垄断资本主义的本质表现出来。人们从定义中简直看不出它应该表现的垄断资本主义经济的实质——垄断。如果一定要在定义中找寻垄断资本主义经济实质的话,那么,只有"战争和国民经济军事化"勉强可以充数,因为它们的确是垄断资本主义所特有的现象。但是,它们都不是最本质的东西。同时,正如下面将指出的,国民经济军事化,尤其是战争本身,并不能给垄断资本主义带来垄断利润。至于"剥削本国大多数人民,并使他们破产和贫困","奴役和不断掠夺其他国家,特别是落后国家人民",就不仅是描绘现象,而且描绘的并不是垄断资本主义所特有的现象。只要不说明这是通过垄断进行的,这现象也是垄断前的资本主义所共有的。

第三,这定义离开了价值规律和剩余价值规律,去说明垄断资本主义怎样攫取垄断利润,因而实际上就没有说明攫取垄断利润的方法,也没有说明垄断利润的源泉,合起来就是没有说明垄断利润产生的规律。不仅"剥削"

---

① 斯大林:《苏联社会主义经济问题》,人民出版社1952年版,第34页。

和"奴役"不是垄断资本主义特有的剥削方法,不是垄断利润的源泉(这是显而易见的),而且连国民经济军事化本身也不是一种剥削方法,也不能产生什么垄断利润,因为战争本身不是经济活动。不是国民经济军事化本身,而是构成国民经济军事化的军火生产、通货膨胀、国库补贴等,保证垄断资本主义攫取垄断利润。而这些都可以归结为不等价交换的剥削和以财政手段的剥削。

第四,这定义违反了逻辑原则。它说明的是用三种办法来达到攫取垄断利润的目的。但就这定义而论,前两种办法和后一种办法是不一致的:前两种说明的不是剥削方法,而是剥削对象;后一种说明的又不是剥削对象,而是剥削方法(从斯大林的观点来看是这样)。这定义和《教科书》对各存在剥削关系的生产方式的基本经济规律下的定义,也不一致。因为后者都说明剥削什么劳动者,而前者所包含的战争和国民经济军事化,则没有说明剥削什么劳动者。

依我看来,垄断资本主义基本经济规律的定义,应该包括如下的基本要素:在资本主义不断地扩大剩余价值生产的基础上,占统治地位的垄断资本主义,用不等价交换的办法和各种财政的办法,不但占有垄断企业的全部剩余价值,而且夺取本国和落后国家非垄断企业部分剩余价值和劳动群众的部分收入,保证垄断资产阶级占有垄断利润。

七、《剩余价值理论》叙述方法研究
——与兰宗政同志商榷

马克思于 1859 年出版了《政治经济学批判》(第一分册)之后,从 1861 年 8 月到 1863 年 6 月就同一问题写了大量手稿;手稿中的一部分,由考茨基编辑,分为三卷以《剩余价值理论》(郭大力译为《剩余价值学说史》)为名,于 1905—1910 年出版;苏联马列研究院认为考茨基对马克思的手稿做了许多删改和变动,于是按马克思手稿的次序,重新编辑,同样分为三卷,以《剩余价值理论》(郭大力译为《剩余价值学说史》)为名、以《〈资本论〉第四卷》为副题,于 1954—1961 年出版俄文版。两个版本的叙述方法有所不同。对此,兰宗政同志先后发表三篇文章进行探讨,并提出自己的看法①。读了这些文章,结合平时对两个版本《剩余价值理论》的研究,我想谈几点看法。

这里我先要指出,兰同志在文章中说的"研究的起点"和"开始研究"中的"研究",在我看来应该是"叙述"。他似乎将"叙述方法"看成是"研究方法"了。其实,这两者是不同的。马克思说:"在形式上,叙述方法必须与研究方法不同。研究必须充分地占有材料,分析它的各种发展形式,探寻这些形式的内在联系。只有这项工作完成以后,现实的运动才能适当地叙述出来。这点一旦做到,材料的生命一旦观念地反映出来,呈现在我们面前的就好像是一个先验的结构了。"②明白了这一点,我们就可以将兰同志的有关说法理解为叙述起点和叙述方法;同时,也有助于我们探讨问题。

---

① 这三篇文章是:《〈剩余价值理论〉研究的起点问题》,《四川大学学报(哲学社会科学版)》1958 年第 3 期;《〈剩余价值理论〉是从配第开始的吗?》,《四川大学学报(哲学社会科学版)》1988 年第 2 期;《〈剩余价值理论〉不是从重农学派开始研究的》,《学术月刊》1989 年第 3 期。

② 马克思:《资本论》(第一卷),人民出版社 1975 年版,第 23—24 页。

　　为了使探讨的问题具有针对性,我以谈论《剩余价值理论》叙述的起点和全书引言最好包括哪些内容的问题为主。共有三点:第一,如何理解两个版本的叙述起点及其优劣;第二,引言最好包括哪些内容;第三,如由我解说《剩余价值理论》,我将如何处理叙述上的理论逻辑和历史次序问题。

(一)

　　考茨基编辑的《剩余价值理论》在叙述形式上可以不必考虑和《资本论》的联系,因为他不是将其编辑为《资本论》第四卷,而是编辑为同《资本论》并行的独立著作,犹如《政治经济学批判》同《资本论》是并行的著作一样。马克思和恩格斯原来是想将有关的手稿编辑成《资本论》中的一卷的(马克思的计划是第二卷,恩格斯的计划是第四卷),恩格斯将它交给考茨基时,希望也是这样。考茨基对手稿进行编辑时,曾努力将那些已经编入《资本论》第二卷和第三卷的部分去掉,"但这些文字,大都这样与全书密切地交织着,单是勾销,是不可能的";因此,"要照恩格斯的预期,把它编成《资本论》第4卷,是我的能力办不到的"。① 由于这样,他就将其编成独立的著作,并由此考虑其表述形式。他将全书分为重农主义派、古典派的亚当·斯密、古典派的李嘉图和李嘉图学派的解体几大部分,而在第一部分《重农主义派:其先驱和同时代人》中,又以威廉·配第开头,即以威廉·配第作为全书叙述的起点。对于这种叙述方法,考茨基的解释是:"对于一个问题,可以发现种种位置是适合的,那要看我们着重的,是年代的次序,还是逻辑的联系。我希望,我到处都能得其当。"②上述几大部分,就是根据这两者来安排的;在每一部分中,有的内容则是按逻辑联系来安排的,如在《重农主义派》这部分中,标志着这个学派发展的高峰的杜尔阁,就安排在历史上早于他的魁奈之前,等等。

　　苏联编辑的《剩余价值理论》同考茨基编辑的相比较,其主要不同是将全书分为重商主义派(以斯图亚特为代表)、重农主义派、古典派和以李嘉图为代表的古典派的解体,即多了一个重商主义派,并以其作为叙述的起点。此外,更为重要的不同是,它将马克思论述斯图亚特部分的开头语,即指出

① 马克思:《剩余价值学说史》(第一卷),郭大力译,实践出版社 1949 年版,第 3—4 页。
② 同上书,第 7 页。

以往的经济学家都犯了从利润和地租这些特殊形态的剩余价值来考察剩余价值本身的错误，将这段话独立出来作为统率全书的引言(《总的评论》)。这种安排完全按照马克思手稿的次序。

在我看来，两种版本各有优劣。考茨基版最大的优点是将配第这位近代政治经济学的建立者作为叙述的起点。这样安排的理由，不仅他是手稿中论述得较详细的最早的经济学家，其内容可以独立成节，而且更为重要的是，它的经济理论既有重商主义的残余，又有重农主义和古典派的萌芽。最大的缺点是在结构上缺乏重商主义的部分，尽管相应的内容是有的，那就是关于斯图亚特的一节，但它却安排在重农主义派这一部分中，被看成是这个学派的"同时代人"。本来，最理想的方法，是将历史上先于重农主义的重商主义独立成为一个部分，并在叙述上安排在重农主义之前(苏联版就是这样)，由此，就要选择这样的重商主义者，他从事理论工作不仅在重农主义之前，而且要在存在着重商主义残余的配第之前，这样的重商主义者不应是斯图亚特，而应该是略早于配第的托马斯·蒙，但手稿缺乏相应的内容，因此无法将以他为代表的重商主义派作为叙述的起点，这又使重商主义派不能独立为一个部分(苏联版这样做是有缺点的)。此外，考茨基版虽然有编者序，说明编辑的原则和方法，但没有从手稿中精选足以统率全书的论述，作为引言，这也是不足之处。

苏联版《剩余价值理论》是作为《资本论》第四卷按照手稿原有次序编成的。它的最大优点是将重商主义派(以斯图亚特为代表)独立为一部分，并有一个引言，以此作为叙述的起点。但缺点也从这里产生。由于这种安排，配第的理论就不仅分为两处[①]，而且都放在历史上晚于他的重农主义、斯图亚特和斯密之后，这样重农主义和斯密的基本理论受他的影响(即将财富或使用价值看成是价值和劳动价值理论的萌芽)，以及他受重商主义的影响(即作为土地纯产品的地租，其货币表现要由金银矿的纯产品来规定)，就无法从历史上或思想渊源上说明，如要说明，就要回过头来讲历史。这种缺点，本来可以在引言中予以弥补，但现在的引言中却缺乏这内容，而手稿中是有这内容的(下面说到)。这就是说，现在的引言不足以全面地统率全书。

---

① 一处事实上放在论述斯密的生产劳动理论那里，一处放在附录里。

此外,更重要的,该书既然是《资本论》第四卷,就应说明它同前三卷有何联系,这种说明最好选用手稿中的论述,写进引言中,或者用其他形式说明。它没有这样做,这是不足之处①。

兰宗政同志对这两个版本的评价与我不同。他否定考茨基版,肯定苏联版,理由是《剩余价值理论》"研究"的起点不应是重农主义派,尤其不应是"没有剩余价值理论"的配第,而应是重商主义派,是斯图亚特。

为此,兰同志指责考茨基只"按年代次序安排结构体系,竟把《剩余价值理论》第一卷正文只编为两篇:《重农学派:其先驱和同时代人》与亚当·斯密与生产劳动的概念"②,而这部著作根据马克思的原意,应是资产阶级政治经济学史,而不是古典政治经济学史,这就应有重商主义派。我在前面已说明:考茨基并非完全按照年代次序来安排结构,重商主义派的内容也是具有的,否则"同时代人"就无法解释了。至于这本著作,按照马克思的原意,应是论述前人的剩余价值理论。其实,不论它论述的是什么,都应有配第的位置,并且手稿如无对历史上先于他的经济学家的相应论述,他应该是该书正文叙述的起点。

为了取消配第这种地位,他又认为配第"没有剩余价值理论"③。理由是配第只看到体现在地租上的剩余产品,而没有看到剩余价值,尤其是没有看到地租以外的剩余价值,原因是配第论述的是独立的个体农民,而不是同资本家对立的工人。④ 我认为这可以商榷。配第是在《赋税论》中谈这问题的。他认为赋税应由地租交纳,这样是否分析雇用工人,是无关紧要的。更何况他在同书中研究了工人的工资(劳动价值)是怎样决定的,对此马克思在手稿中是有论述的⑤。至于说他不认识地租以外的剩余价值,即使真的是这样,这也不能说他没有剩余价值理论,比他晚得多的重农主义派诸子,不也是这样吗? 更何况手稿明确说:"在配第看来,剩余价值只有两种形式:土地

---

① 这里我不谈编辑技术上的缺点,如将配第分在两处论述,其中有的引文全部重复之类的缺点。

② 兰宗政:《〈剩余价值理论〉研究的起点问题》,《四川大学学报(哲学社会科学版)》1958 年第 3 期,第 31 页。

③ 同上。这已经暗含着该书的对象是剩余价值理论了。

④ 同上。

⑤ 《马克思恩格斯全集》(第二十六卷第一册),人民出版社 1972 年版,第 380 页。

的租金和货币的租金"，"前者，在他看来，正如后来在重农学派看来一样，是剩余价值的真正形式"。①

为了强调以斯图亚特为叙述起点的正确，兰同志认为"他是位承上启下的过渡人物，既有早期和晚期重商主义思想，又有古典派的思想"；这样，"就既可以承上说明他并没有超出早期重商主义的看法，又可以启下说明他对重农学派、特别是对亚当·斯密的影响"。② 这里的论述，除了对重农学派的影响尚需研究外，都是正确的。但如上所述，时间比他早的配第更是这样的人物，既有重商主义的残余，又有重农主义派和古典派的萌芽。这样，除了以虚构的配第没有剩余价值理论为由，再也找不出其他理由不以配第为叙述的起点了。

（二）

兰同志探讨《剩余价值理论》一书的引言究竟在哪里的问题指出，就是苏联版的《总的评论》，亦即手稿中论述斯图亚特部分最前面的一段话，我同意这看法。这段话是："所有经济学家都犯了一个错误：他们不是就剩余价值的纯粹形式，不是就剩余价值本身，而是就利润和地租这些特殊形式来考察剩余价值。"③这段话如兰同志所说，起了评介全书要旨或中心内容的作用。在论述这段话时，他又引用了马克思在 1867 年 8 月 24 日即《资本论》第一卷出版前致恩格斯的信，但他只引了这一段："我的书最好的地方是：……研究剩余价值时，撇开了它的特殊形态"，与此连接的一段，他没有引，这段是：特殊形态表现为"利润、利息、地租……古典经济学总是把特殊形态和一般形态混淆起来，所以在这种经济学中对特殊形态的研究是乱七八糟的"④。这段之所以重要，是因为它既表明特殊形态中有利息（《总的评论》中无），又说明古典派研究方法的错误。

据此，我要指出两点。第一，正是从马克思的信中可以看出，兰同志肯

---

① 《马克思恩格斯全集》（第二十六卷第一册），人民出版社 1972 年版，第 381 页。

② 兰宗政：《〈剩余价值理论〉研究的起点问题》，《四川大学学报（哲学社会科学版）》1958 年第 3 期，第 32 页。

③ 《马克思恩格斯全集》（第二十六卷第一册），人民出版社 1972 年版，第 7 页。

④ 《马克思恩格斯全集》（第三十一卷），人民出版社 1972 年版，第 331 页。

定苏联版《剩余价值理论》将配第的理论不独立列节的做法,是错误的。因为正是配第,既将地租又将利息视为剩余价值本身;重商主义、重农主义、斯密和李嘉图,都没有将利息视为剩余价值本身。

第二,兰同志既然从手稿以外找材料补充引言,就更应从手稿亦即《剩余价值理论》的正文中,找出能统率全书的论述,补充进引言中。我认为这是非常必要的。因为现在的《总的评论》只是说,以往的经济学家错误地将利润、利息和地租当作剩余价值本身,而没有指出,他们所理解的剩余价值的基础及价值的实体是什么,这就不能全面地统率全书。在我看来,这样的论述在正文中是有的,这就是:"如何给剩余价值下定义,自然取决于所理解的价值本身具有什么形式。因此,剩余价值在货币主义和重商主义体系中,表现为货币;在重农学派那里,表现为土地的产品;最后,在亚当·斯密那里,表现为一般商品",这里是从剩余价值理论的发展历史来叙述的。"重农学派只要接触到价值实体,就把价值仅仅归结为使用价值(物质、实物),正如重商学派把价值仅仅归结为价值形式,归结为产品借以表现为一般社会劳动的那种形式即货币一样。在亚当·斯密那里,商品的两个条件,使用价值和交换价值①合并在一起……亚当·斯密同重农学派相反,重新提出产品的价值是构成资产阶级财富的实质的东西;但是另一方面,又使价值摆脱了纯粹幻想的形式——金银的形式,即在重商学派看来价值借以表现的形式"②,这里是从商品的使用价值、价值形式和价值的逻辑联系来叙述的。

这段论述对全书的统率作用在于:第一,它说明马克思对前人的剩余价值理论的论述,既按照历史次序,又按照理论逻辑;而根据马克思的《政治经济学批判》和《资本论》第一卷的实际情况,是先谈理论后谈历史,恩格斯编《资本论》第二卷和第三卷也是这样,因此,论述中的理论逻辑部分,就可以统率全书按历史次序进行评论的部分,论述中的历史次序部分,又可以说明是按那种次序安排的;第二,这样,按历史次序排在最前面的配第,其理论中的重商主义残余部分就可以从上述理论逻辑部分得到说明。

---

① 后来,在《资本论》第一卷中,马克思认为是使用价值和价值。
② 《马克思恩格斯全集》(第二十六卷第一册),人民出版社1972年版,第166—167页。

最后,引言应该具有说明《剩余价值理论》同三卷《资本论》的关系的内容。我并不赞成将它编成《资本论》第四卷。但不管怎样,它同三卷《资本论》的关系要讲清楚。前面提到的马克思给恩格斯的信,已从某一角度说明这问题;先师郭大力教授①可能根据此信,在考茨基版《剩余价值学说史》的《译者跋》中说,"这个著作,当作一部学说史,是与《资本论》第3卷讨论的问题,而不是与《资本论》第1卷讨论的问题,更有关联"②。在我看来,这不全面;手稿中有些论述,表明它同《资本论》第一卷的关联非常重要。第一卷说:"资本不能从流通中产生,又不能不从流通中产生。它必须既在流通中又不在流通中产生。"③因为资本是带来剩余价值的价值,而剩余价值是由在流通中购买到的劳动力,在生产中生产出来的。手稿中说:"重农学派把剩余价值起源的研究从流通领域转到直接生产领域,这样就为分析资本主义生产奠定了基础"④,这表明它和第一卷的关联。但它又说:为了反对重商主义从流通过程引出剩余价值的观点,重农主义派"必然从这样的生产部门开始,这个生产部门一般可以同流通、交换脱离开来单独考察,并且是不以人和人之间的交换为前提"⑤。这除了说明它和第一卷的关联、说明重商主义的方法论的错误外,又使人产生疑问:既然同流通相脱离,重农主义派为何能提出剩余价值理论? 这同它将使用价值看成是价值有关,即同前面谈的问题有关。这一切最好能在引言中反映出来。

(三)

我这些建议,兰同志肯定反对;因为他说过,除了恩格斯,包括考茨基在内的任何人,都没有权"任意颠倒手稿次序、随便修改、删减手稿"⑥。既然这样,我就对完全按照手稿次序编辑的苏联版的《剩余价值理论》,联系马克思的有关著作,对《总的评论》和第一卷作些解说吧。

---

① 郭老师(指郭大力)是先师王亚南教授的挚友和合作者,我一直视为老师。
② 马克思:《剩余价值学说史》(第三卷),郭大力译,实践出版社1949年版,第591页。
③ 马克思:《资本论》(第一卷),人民出版社1975年版,第188页。
④ 《马克思恩格斯全集》(第二十六卷第一册),人民出版社1972年版,第19页。
⑤ 同上书,第23页。
⑥ 兰宗政:《〈剩余价值理论〉研究的起点问题》,《四川大学学报(哲学社会科学版)》1958年第3期,第32页。

在《总的评论》中,要说明重商主义将金银看成是价值,将商业利润看成是剩余价值本身,从流通中说明它的产生,是错误的,因为这时一方的剩余就是另一方的不足;说明古典学派将劳动看成是价值,并从资本家在市场上购买工人的"劳动",在生产中创造的价值,扣除了工资后的余额,去说明这就是剩余价值,这是正确的,因为这确实是剩余价值本身或纯粹形态,这个学派在这个问题上的错误,则是李嘉图错误地将平均利润等同于剩余价值。兰同志说,"把剩余价值和它的表现形式混为一谈",使古典学派无法解决"价值规律与劳资交换之间的矛盾"。[①] 不是的。这个矛盾的产生是由于古典派误将工人出卖劳动力看成是出卖劳动,误将劳动力的价值看成是"劳动价值";误将剩余价值和它的表现形式混为一谈无关。

重农主义派将使用价值看成是价值,并且脱离流通过程,怎么能够说明剩余价值的产生呢?或者换个说法,它把土地纯产品看成是剩余价值本身,同它将使用价值看成是价值有什么关系呢?前面提到,它的反重商主义精神,使它选择一个可以脱离流通、只以人和自然之间的交换为条件的部门进行考察,这样的部门只能是能够再生产自己所需的绝大部分生产资料和几乎全部消费资料的农业,而不是工业。农业和工业相比,它的一个显著特点就是经营上要缴纳比工业多得多的地租,生产上劳动过程和作物的生长过程结合在一起,即自然的作用特别明显,这样,地租就被误认为是自然的产物,是一种物质,即农业生产中生产的物质,大于生产中消耗的物质(包括生产资料和消费资料)的余额,这就导致将使用价值看成是价值。因此,重农主义派虽然看到工资,即看到"劳动"的买卖,但这与它对剩余价值或地租的产生的分析无关,因为它认为构成工资(包括利润,因资本家还劳动,利润就包括在工资中)的消费资料只是转移到农产品中,它不会增大,构成地租的土地纯产品不是劳动的产物,而是自然的赐予。

作了上述解说之后,我还要对我主张将配第的理论放在正文的开端予以解说。苏联版是将其分为两部分,分别在附录和正文中的;对于附录的部

---

① 兰宗政:《〈剩余价值理论〉不是从重农学派开始研究的》,《学术月刊》1989 年第 3 期,第 42—43 页。

分它冠以《历史方面》的标题,这是正确的①。正因为是历史方面,就应该开始解说正文时就解说,以便后面按历史次序解说重农主义派和斯密时,能分别说明这两者的思想渊源。苏联版正文中的配第的理论,同附录中的有密切联系,并且其中有些引文是重复的,应该同附录中的合并,放在正文的开端予以解说。解说时围绕着剩余价值理论谈三个问题。第一,重商主义的残余:生产金银这种具体劳动创造价值,生产其他商品的劳动,则要这种商品同金银交换后才创造价值。配第认为剩余价值有土地租金和货币租金两种形态,前者是土地纯产品,后者是开采金银矿的纯产品,前者的价值要由后者的数量来规定——这就是重商主义的残余。第二,上述土地纯产品理论是重农主义派的思想材料。第三,此外,劳动价值理论的萌芽,对斯密有很大的影响。这样解说配第,就能承上启下,顺理成章。

解说了配第之后,就按历史的次序谈晚期重商主义、重农主义和古典派,即可按苏联版正文的结构予以解说。

这也是一种叙述方法,特提出来与兰同志讨论。

---

① 苏联版加的标题,有些是不正确的,例如对拉姆赛关于监督劳动的理论,冠以"辩护论因素"的标题。马克思认为,拉姆赛关于监督劳动的论述,是他的著作中最合理的东西。参见陈其人:《乔治·拉姆赛经济思想述评》,载高崧等编《马克思主义来源研究论丛》(第6辑),商务印书馆1984年出版,第185页注②。

附录:中国新经济学会研究会上海分会的两次座谈情况[①]

第一次座谈会

中国新经济研究会上海分会研究组在 1954 年 12 月 5 日举行了"关于我国过渡时期的经济法则问题"的第一次座谈会,出席座谈会的有上海高等学校经济理论教师、经济科学研究者和财政经济工作者等共 20 余人。

座谈会拟定的讨论提纲是:第一,我国过渡时期有没有自己的基本经济法则? 如果有,它是如何支配我国过渡时期的经济的发展? 如果没有,那么支配我国过渡时期经济发展的是哪些法则? 第二,如果说,我国过渡时期五种经济成分中,社会主义经济存在着社会主义基本法则,私人资本主义经济存在着固有的剩余价值法则,那么国家资本主义经济、合作社经济(半社会主义性质的)和个体经济有没有自己固有的经济法则? 如果有,那是什么,如何表述? 如果没有,那么是哪些经济法则支配这三种经济成分的发展? 同时座谈会认为,讨论上述问题时可以适当对各杂志上展开争论的各种意见加以讨论。

在讨论时,大家认为,首先明确"基本经济法则"的概念,将有利于座谈的进行,接着大家就对这个问题展开讨论,经过讨论后,绝大部分与会者认为基本经济法则的概念是这样的:斯大林的关于基本经济法则的理论要点是:基本经济法则是决定一种生产方式发展的一切主要方面和主要过程,因而是决定一种生产方式的本质的;一个社会形态只有一个基本经济法则。

[①] 陈其人:《中国新经济学会研究会上海分会的两次座谈情况》,载《学习》第二辑《关于我国过渡时期经济法则讨论专辑》,学习杂志社 1955 年 3 月 10 日。

　　大部分与会者认为，基本经济法则是决定一种生产方式的本质的，根据斯大林的说明，这应该是没有疑问的了，但是，关于如何把基本经济法则是决定一种生产方式的本质这一理论和一种社会形态只有一个基本经济法则这一理论联系起来，还是值得进一步研究的，因为除了原始公社初期和社会主义这两种社会形态是单一的生产方式外，奴隶社会、封建社会和资本主义社会都不是单一的生产方式，而是既有旧的生产方式的残余，又有新的生产方式的萌芽(资本主义社会中不可能有社会主义生产方式的萌芽)的。

　　关于这个问题，大部分与会者的初步意见是这样的：如果一个社会只有单一的生产方式，那么就以这一种生产方式的基本经济法则为这个社会的基本经济法则；如果一种社会形态同时有几种生产方式，它们的消长呈现着相对静止的状态，这个社会形态就是独立的社会形态，它的性质就由支配或统治地位的生产方式的性质决定，这个生产方式的基本经济法则就是这个社会形态的基本经济法则；如果一种社会形态同时有几种生产方式，其消长运动呈现着显著变动的状态，这种社会形态就不是独立的社会形态，没有哪一种生产方式的基本经济法则可以成为这种社会形态的基本经济法则。因为没有哪一种生产方式是居于支配或统治的地位并以自己的性质来决定社会形态的性质的。

　　根据对基本经济法则这个概念的了解，座谈会一致认为各种经济成分的主要经济法则是不存在的。

　　座谈会一致认为，我国过渡时期不是一个独立的社会形态，它在经济中的特征是：经济多成分性，它们的消长运动呈现着显著变动的状态，没有哪一种是居于支配或统治的地位，对立的成分是社会主义和资本主义；社会主义在国民经济中居于领导地位；社会主义经济逐渐增长为唯一的成分，非社会主义经济逐渐被改造而消灭，这就意味着过渡时期结束和社会主义建成。由此座谈会一致得出结论，我国过渡时期没有自己独特的基本经济法则，但这并不是说过渡时期中没有基本经济法则发生作用，大家都认为，在国民经济中起领导作用的是社会主义基本经济法则。

　　基于上述认识，座谈会一致认为，那种认为过渡时期有自己的基本经济法则的意见和那种把过渡时期各种经济成分消长的趋向表述为过渡时期的基本经济法则的做法，是不正确的，因为它们和基本经济法则的概念是相矛盾的。

接着就讨论我国过渡时期各种经济成分的经济法则问题。座谈会一致认为,社会主义经济成分中存在着社会主义基本经济法则,它在国民经济中起主导的作用。个别同志认为,我国社会主义基本经济法则发生作用的形式与苏联的有所不同,因为我国生产的技术基础还不是高度的,还不能最大限度满足人们的需要。对于社会主义经济成分的其他经济法则没有深入讨论。

关于私人资本主义经济法则的问题争论较多,座谈会虽然一致认为私人资本主义经济存在着它固有的剩余价值法则,但是关于能不能把剩余价值法则当作资本主义基本经济法则来表述,则有两种相反的意见。

认为不能把剩余价值法则当作私人资本主义经济的基本经济法则来表述的理由如下。

从理论上说,第一,一种社会形态能不能同时存在两个基本经济法则,我国过渡时期就是社会主义基本经济法则在国民经济中发生、扩大其作用范围,最后起完全支配作用的时期。第二,我国私人资本主义经济不能用延长劳动日和提高劳动强度的办法来增加绝对剩余价值的生产;也不能增加相对剩余价值的生产,因为工人的工资水平随着生产发展在增长着。私人资本主义注定了要被改造而消灭,这就是说剩余价值法则已不能决定我国私人资本主义发展的一切主要方面和主要过程。以上两点决定了在我国条件下剩余价值法则不是私人资本主义经济的基本经济法则。从实践上说,如果认为剩余价值法则是私人资本主义经济的基本经济法则,那么我国过渡时期就有社会主义基本经济法则和资本主义基本经济法则同时发生作用,这就不能说明我国向社会主义过渡的必然性。

另一部分同志反对上述意见,认为剩余价值法则在我国条件下也是可以称作资本主义经济的基本经济法则的,其理由如下。

第一,从逻辑上说,既然同意基本经济法则是决定一种生产方式的本质的,就必然同意剩余价值法则是私人资本主义经济的基本经济法则,斯大林的关于一种社会形态只有一个基本经济法则的理论,如前所述,应当是指独立的社会形态,而不适用于过渡时期这个过渡的社会形态,否认剩余价值法则是私人资本主义基本经济法则的理由,显然是把基本经济法则理解为是一种社会形态的生产发展的一切主要方面、主要过程和本质的。这就要回到关于基本经济法则这概念的讨论了。第二，认为在我国条件下剩余价值法则不能决定私人资本主义生产发展的一切主要方面，是不正确的，反对论者所说的理由，实际上只是说明在社会主义基本经济法则的主导作用下，国家政策对剩余价值法则作用范围的限制，但国家政权并不能改变法则的性质，因此，只要同意基本经济法则是决定一种生产方式的本质的，就必然要同意剩余价值法则并不因其作用范围受到限制而不成其为基本经济法则。至于我国私人资本主义经济是否不能增加相对剩余价值（包括额外剩余价值）的生产，乃是一个与争论无本质关系因而可以另外讨论的问题。第三，明确剩余价值法则是私人资本主义经济的基本经济法则，是有重大的实践意义的。这样就可以确知资本主义经济不可能自发地跟着社会主义经济走，资本主义和社会主义之间的矛盾是过渡时期的主要矛盾，也就可以使我们对资本主义加强警惕，认识它的基本经济法则，从而求得"驾驭"它、限制它的作用范围，并且逐步创造条件使它退出历史舞台。至于认为把剩余价值法则作为私人资本主义经济的基本经济法则就不能说明我国向社会主义过渡的必然性，这是大可不必的。即使在资本主义社会里，资本主义基本经济法则也是促使资本主义灭亡的，何况我们大家都同意，我国过渡时期是社会主义基本经济法则起主导作用，国家政权对剩余价值法则的作用范围是有所限制的。

关于个体经济有没有自己固有的经济法则的问题争论最多。主要的有以下几种意见。

一种意见认为，个体经济存在于各种社会形态中，不是基本的独立的生产方式，它的运动要依赖与其并存的占统治地位的生产方式。例如：在奴隶制社会中，个体经济的运动由奴隶制生产方式决定；在封建社会中，个体经济的运动又由封建生产方式决定；在资本主义社会中，则由资本主义生产方式决定。因此，个体经济没有自己固有的经济法则，也没有基本经济法则。

另一种与此相反的意见认为，个体经济本身是一种经济条件，在这基础上当然产生它所固有的经济法则，这在理论上是肯定的，虽然一下子还不能把这个法则表述出来。这种意见还认为动辄表述法则的态度是不严肃的。

有一种意见认为，基本经济法则既然是决定一种生产方式的本质的，个体经济、私人资本主义经济和社会主义经济是我国过渡时期三种基本成分,个体经济就应和私人资本主义经济与社会主义经济一样,有自己的基本经济法则。持此意见的部分同志认为个体经济的基本经济法则就是价值法则。

另一种意见与此稍有不同。它认为个体经济是小商品经济,其生产是由价值法则调节的,价值法则是小商品经济固有的,但不是它的基本法则。

上述两种意见有共同之处,这就是:个体经济是小商品经济,其生产是由价值法则支配的,因此,价值法则就是个体经济的法则(或者是基本的,或者是固有的)。

另一种反对上述基本思想的意见认为,价值法则首先是商品生产的法则,是各种商品经济所共有的法则,它不是小商品经济所特有的,因此不同意把价值法则说成是个体经济所固有的经济法则。

部分同志认为,个体经济虽然脱离不了商品生产,但是总或多或少有一部分自给自足的自然生产,因此,要发现个体经济运动的全部规律性,还要下功夫。

关于国家资本主义经济和合作经济(半社会主义的)有没有自己所固有的经济法则问题以及过渡时期社会主义基本经济法则如何起主导作用问题,由于时间不够,要留待第二次座谈会讨论。

从讨论中可以看出,与会者对基本经济法则这概念的了解还是有出入的,焦点在于:基本经济法则是决定一种生产方式的本质的呢,还是决定一种社会形态的本质的? 这两者的关系如何? 个体经济是不是一种生产方式? 只有解决了这些问题之后,才能彻底解决过渡时期有没有自己的基本经济法则,以及过渡时期各种基本经济成分是否都有其基本经济法则等问题;然后才能在这基础上进一步研究过渡时期中各种经济法则的作用和互相影响的问题。

第二次座谈会

中国新经济学会研究会上海分会研究组 12 月 19 日举行的"我国过渡时期经济法则问题"第二次座谈会,是以第一次座谈会的"记录"①为讨论的基

---

① 这里所说的"记录",就是指本刊在前面所刊第一次座谈会的报道。因为这个报道原来由中国新经济学研究会上海分会以"记录"的形式印发给与会人员。

础的。

部分同志指出,"记录"说明基本经济法则是决定一种生产方式的本质和一种社会形态只有一个基本经济法则这两者的关联时,分为三种情况来谈是不必要的。实际上只有两种情况:独立的社会形态和过渡的社会形态。另一部分同志认为,按照"记录"区分为三种情况也是可以的。上述两种意见都没有提出关于过渡社会形态中发生作用的基本经济法则的新见解。

个别同志认为,在一种社会形态中,由某一种生产方式居于支配或统治地位和由某一生产方式居于领导和主导地位两者只有量的差别,而没有质的不同。过渡时期到社会主义之间是没有鸿沟的。这个意见的逻辑结论必然是:过渡时期和社会主义同样只有一个基本经济法则发生作用,这就是社会主义基本经济法则。

另一种与此相反的意见认为,某一种生产方式居于支配地位和居于领导地位两者有本质的不同。过渡时期社会主义经济和非社会主义经济之间存在着矛盾,前者只能对后者起领导作用而不能起支配作用,因为后者不会自发地跟着前者跑,即自发地发展为社会主义经济,这情形和在资本主义社会里小商品经济会自发地发展为资本主义经济有所不同。过渡时期中,社会主义经济逐渐由领导地位发展为支配地位,从而终结过渡时期,建成社会主义社会。

个别同志指出,从"记录"中可以看出,大家是把"一种社会形态"解释为"一个社会"的,因此才发生了所谓一种社会形态存在几种生产方式的问题。"社会形态"和"社会"是否同一概念?"社会形态"可以包括几种生产方式吗?

绝大部分与会者认为"社会形态"和"社会"不是同一概念。社会形态和社会经济形态的意义相同,只是一种生产方式的体现,不能包括几种生产方式。大多数与会者认为社会经济形态就是基础及其上层建筑的总和。部分同志由此得出这样的结论:没有过渡的社会经济形态,因为基础与上层建筑是没有"过渡的";过渡时期不是过渡的社会形态而是过渡的社会。部分同志对上述意见采取保留的态度。

座谈会至此转入过渡时期基础和上层建筑问题的讨论。

少数同志认为过渡时期的基础是以社会主义经济为领导的各种经济成

分的有机体(大意如此),大多数同志不同意这看法。因为它否认了基础是单一的经济制度这一基本原理,并且会产生由这样的基础所产生的上层建筑就必然对各种经济成分一视同仁地服务的结论,而这种结论对于实践是有害的。

另外,部分同志认为,过渡时期各种经济成分都有自己的基础。反对上述意见的同志指出,只有形成一个独立经济制度的经济成分才形成基础。

大多数与会者认为过渡时期资本主义经济没有自己的政治上层建筑,而有其思想上层建筑。

第二次座谈会至此结束。

此次座谈会内容虽然比较混杂,但是,还是有其积极因素的。值得指出的是:明确了社会形态的科学概念,就能廓清由于把"社会"和"社会形态"混淆起来而发生的混乱,从而有利于问题的解决。

译 名 表

阿尔弗雷德·马歇尔	Alfred Marshall
埃蒂耶纳-加百利·摩莱里	Étienne-Gabriel Morelly
安·罗伯特·雅克·杜尔阁	Anne Robert Jacques Turgot
奥古斯特·孔德	Auguste Comte
保罗·冯·兴登堡	Paul von Hindenburg
保罗·马洛·斯威齐	Paul Marlor Sweezy
大卫·李嘉图	David Ricardo
大卫·卢森贝	David Rosenberg
大卫·休谟	David Hume
斐迪南·拉萨尔	Ferdinand Lassalle
弗朗索瓦·魁奈	François Quesnay
哈里·塞缪尔·马格多夫	Harry Samuel Magdoff
赫伯特·斯宾塞	Herbert Spencer
亨利·查尔斯·卡莱尔	Henry Charles Carlyle
亨利·德·圣西门	Henri de Saint-Simon
亨利·凯里	Henry Carey
亨利·斯托赫	Henry Storch
加布里埃尔·博诺·马布利	Gabriel Bonnot de Mably
杰里米·边沁	Jeremy Bentham
卡·阿伦德	Karl Arnd
卡尔·考茨基	Karl Kautsky
克洛德-弗雷德里克·巴斯夏	Claude-Frédéric Bastiat
拉迪斯劳斯·鲍特基维茨	Ladislaus Bortkiewicz
路德维希·库格曼	Ludwig Kugelmann
罗伯特·欧文	Robert Owen

罗莎·卢森堡	Rosa Luxemburg
纳索·威廉·西尼尔	Nassau William Senior
尼古拉·布哈林	Nikolai Bukharin
尼古拉·沃兹涅先斯基	Nikolai Voznesensky
庞巴维克	Böhm-Bawerk
皮耶罗·斯拉法	Piero Sraffa
乔治·拉姆赛	George Ramsay
让-巴蒂斯特·萨伊	Jean-Baptiste Say
让·博丹	Jean Bodin
萨米尔·阿明	Samir Amin
托马斯·马尔萨斯	Thomas Malthus
托马斯·蒙	Thomas Mun
托马斯·莫尔	Thomas More
托马索·康帕内拉	Tommaso Campanella
威廉·阿瑟·刘易斯	William Arthur Lewis
威廉·李卜克内西	Wilhelm Liebknecht
威廉·配第	William Petty
夏尔·傅立叶	Charles Fourier
亚当·斯密	Adam Smith
叶夫根尼·普列奥布拉任斯基	Evgenii Preobrazhensky
伊曼纽尔·沃勒斯坦	Immanuel Wallerstein
约翰·贝茨·克拉克	John Bates Clark
约翰·格雷	John Gray
约翰·雷姆赛·麦克洛库赫	John Ramsay McCulloch
约翰·梅纳德·凯恩斯	John Maynard Keynes
约翰·斯图尔特·穆勒	John Stuart Mill
詹姆斯·穆勒(老穆勒)	James Mill
詹姆斯·斯图亚特	James Stuart